SCHIFFE IN NOT

Strandungen
und Seeunfälle um Fehmarn

1857–1987

Walter Bölk · Erich Landschof

SCHIFFE IN NOT

Strandungen und Seeunfälle um Fehmarn

1857–1987

Verlag Heinrich Möller Söhne
GmbH & Co. KG

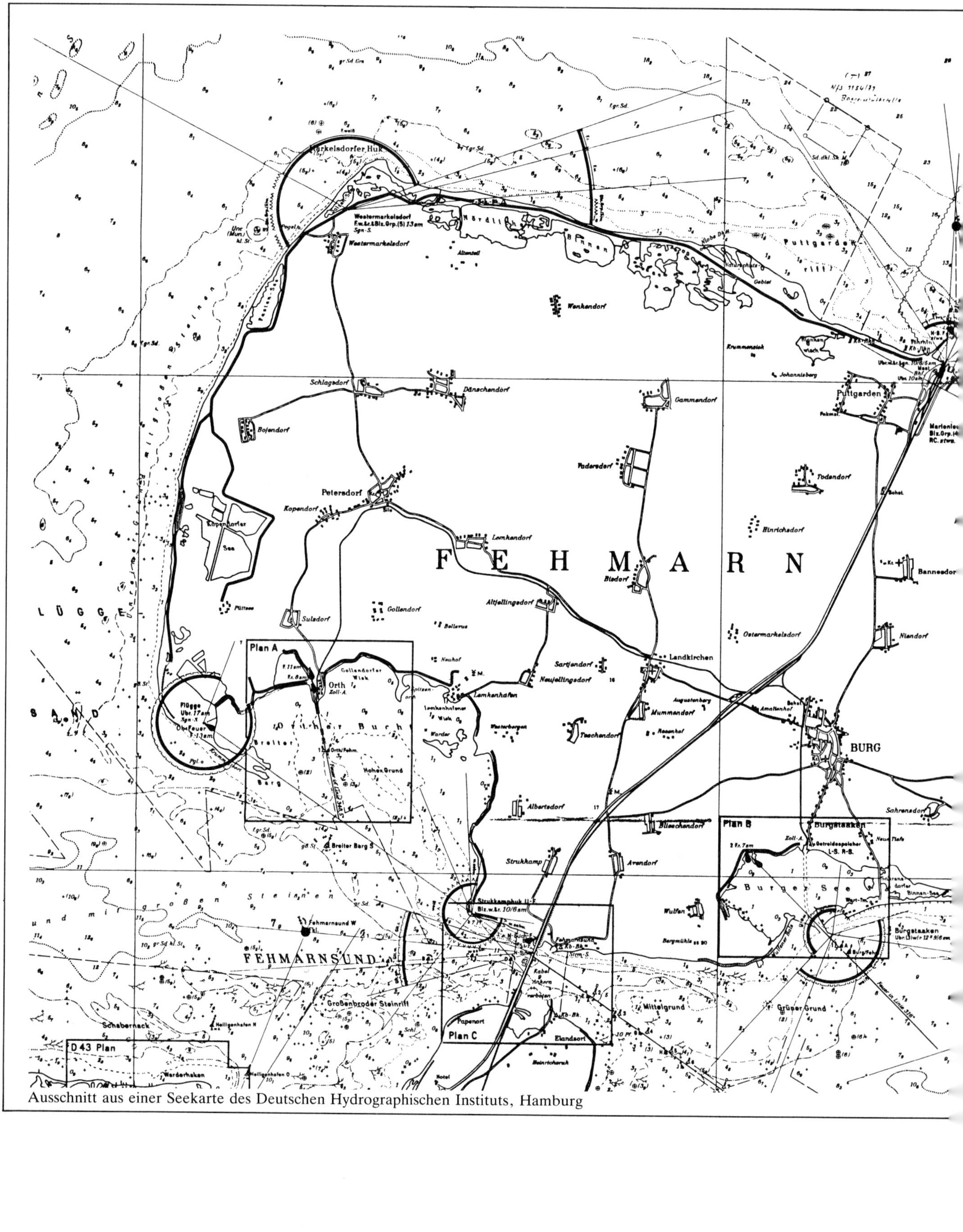

Ausschnitt aus einer Seekarte des Deutschen Hydrographischen Instituts, Hamburg

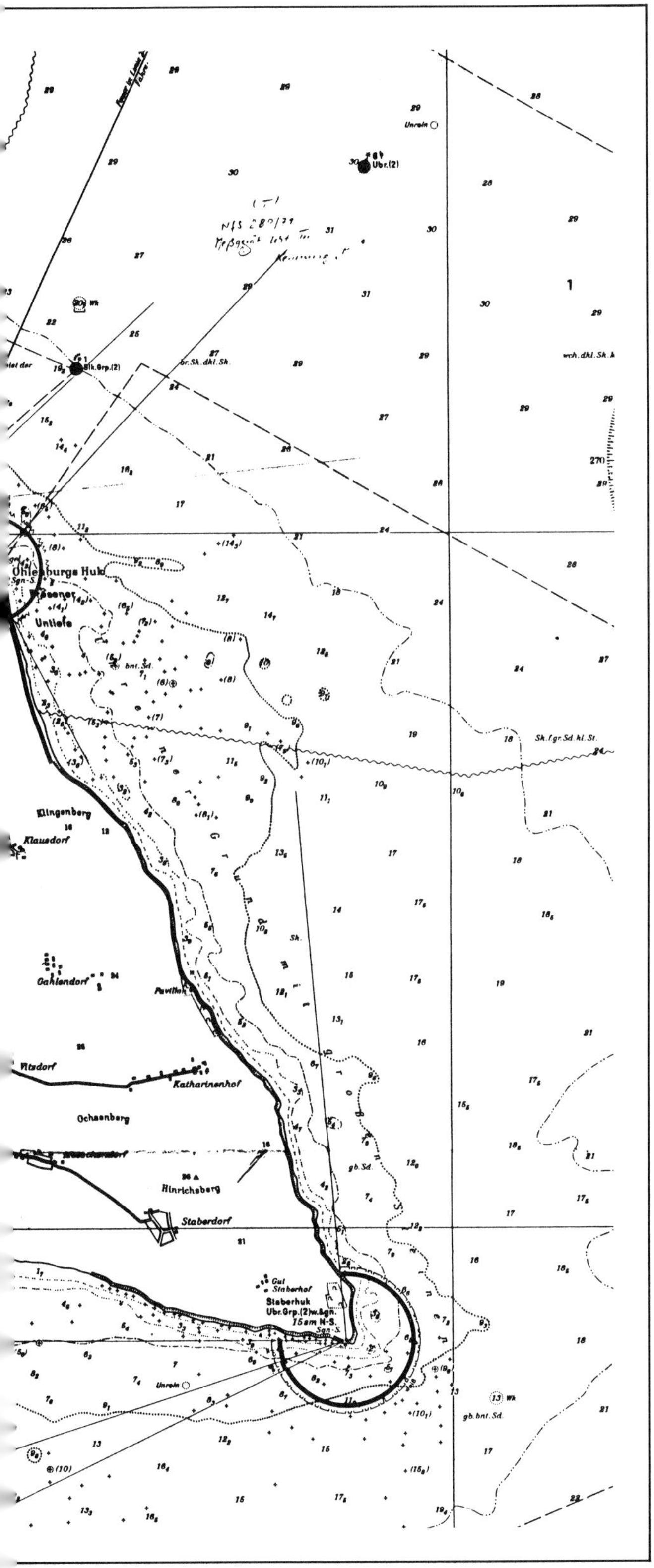

Inhaltsverzeichnis

ISBN: 3-87550-090-3

Layout: Jens Sandleben
Lithos: Nordklischee KG, Rendsburg
Gesamtherstellung:
Druckhaus Heinrich Möller Söhne
GmbH & Co. KG, Rendsburg

Vorwort

„Wir haben in dieser Schrift nichts Neues, Eigenartiges oder vielleicht Vollendetes geschaffen, sondern vielmehr das, was andere vor uns aufgeschrieben haben, gesammelt, gesichtet und im Zusammenhang dargestellt." Diese Worte, die Johann Voß 1889 seiner „Chronik der Insel Fehmarn" voranstellte, treffen zum größten Teil für die vorliegende Arbeit zu, auch wenn aus der neueren Zeit eigene Erlebnisse und Erinnerungen mit einflossen. Beide Verfasser haben aus ihrer Verbindung mit der See und dem Interesse am Thema „Schiffbruch" versucht, ein besonderes Kapitel Fehmarner Heimatgeschichte darzustellen. Hier sind keine sensationellen Ergebnisse zu erwarten, wohl aber interessante Einblicke in die Küstenschiffahrt der Ostsee. Neben den Gefahren, mit denen der Seemann zur Zeit der Segelschiffahrt mehr als heute leben mußte, werden auch die Verflechtungen des Ostseehandels aufgezeigt.

An erster Stelle danken wir Herrn Professor Theodor Siersdorfer, einem der besten Kenner dieser Materie, für seine Unterstützung. Er war uns nicht nur mit vielen Informationen behilflich, sondern ihm gelang es immer wieder, Schiffe zu identifizieren, deren Namen in den Archiven falsch geschrieben wurden. Dank sagen wir allen Schiffahrtsfreunden, die mit Auskünften und Bildern zur Vervollständigung beitrugen. Das gilt besonders für unsere ehemaligen Kollegen aus der Seefahrt und Fischerei. Erst durch ihre persönlichen Erinnerungen konnten die Verhältnisse zur See rund um Fehmarn nach dem Zweiten Weltkrieg weitgehend rekonstruiert werden. Wir bedanken uns bei dem Stadtarchiv von Burg auf Fehmarn, dem „Fehmarnschen Tageblatt", der Wasserschutzpolizei-Dienststelle Heiligenhafen sowie anderen öffentlichen Institutionen. Dank sei auch der Duisburger Stadtbibliothek gesagt für die Beschaffung der benötigten Literatur, insbesondere zahlreicher Schiffsregister aus dem In- und Ausland.

Wir saßen am Fischerhause

Wir saßen am Fischerhause
und schauten nach der See;
die Abendnebel kamen
und stiegen in die Höh.

Im Leuchtturm wurden die Lichter
allmählich angesteckt,
und in der weiten Ferne
ward noch ein Schiff entdeckt.

Wir sprachen von Sturm und Schiffbruch,
vom Seemann und wie er lebt,
und zwischen Himmel und Erde
und Angst und Freude schwebt.

Wir sprachen von fernen Küsten,
vom Süden und vom Nord,
und von den seltsamen Völkern
und seltsamen Sitten dort.

Die Mädchen horchten ernsthaft,
und endlich sprach niemand mehr;
das Schiff war nicht mehr sichtbar,
es dunkelte gar zu sehr.

Aus einem Gedicht von Heinrich Heine

Einleitung

Schiffahrt und Schiffbruch sind von alters her nicht voneinander zu trennen, weil sich die Naturgewalten immer stärker als der Mensch erwiesen haben. Aber auch der Mensch verursachte durch Fehlverhalten solche Unglücksfälle. Sein Versagen läßt sich selbst heute nicht ausschließen, wo die Schiffe immer größer, die Maschinen stärker werden und Computer die Navigation und das Steuern übernehmen.

Zu allen Zeiten zogen Schiffbrüche die Unbeteiligten als Zuschauer an. Vom sicheren Land aus sahen sie die Seefahrer hilflos den Elementen ausgeliefert und oft genug als deren Opfer. Ganz früher nahm man diese Ereignisse wie ein unabänderliches Schicksal hin. Das Leben eines schiffbrüchigen Seemannes zählte wenig oder gar nichts, außer für seine eigenen Angehörigen.

In ältester Zeit waren Überlebende bei Schiffbrüchen sogar lästig, da sie die Strandräuber beim Beutemachen störten. Bei Strandungen standen die materiellen Dinge im Vordergrund in Form von angespülten Waren aus der Ladung und Schiffstrümmer. Davon profitierten viele Jahrhunderte lang die herrschenden Obrigkeiten. Unerlaubt und trotz Androhung schwerster Strafen versuchten die Küstenbewohner, einen Teil für sich zu bergen, um damit ihren kargen Lebensunterhalt aufzubessern.

Eine große Plage für die Schiffahrt waren die Seeräuber. Die Insel Fehmarn ist durch ihre geographische Lage vor der Halbinsel Wagrien ein natürliches Hindernis, trennt sie doch die westliche Ostsee in die Kieler und die Mecklenburger Bucht. Alle Schiffe, die von Westen nach Osten oder in der umgekehrten Richtung fahren, müssen den Fehmarnbelt oder den Fehmarnsund durchqueren. Damit bot die Insel den Piraten die beste Gelegenheit, Handelsfahrzeuge zu überfallen und auszurauben, da bei guter Sicht kein Schiff ungesehen die Meerengen passieren konnte. So war neben Rügen auch Fehmarn schon sehr früh als Schlupfwinkel der Seeräuber verrufen. Die damals wendische Bevölkerung wurde um das Jahr 1000 dazugerechnet. So schrieb 1076 der Chronist Adam von Bremen wörtlich: „Diese Insel ist voll von Seeräubern und den blutigsten Banditen, die keinen schonen, der über das Meer fährt, denn alle, die andere (als Sklaven) zu verkaufen pflegen, erschlagen sie.“ Später spielte die erstmals 1286 erwähnte Burg Glambeck auf Burgtiefe eine wichige Rolle als Sitz der Seeräuber. – 1420 fiel Erich der Pommer, König von Dänemark, Schweden und Norwegen, im Krieg gegen die Hanse und die Grafen von Holstein auch über Fehmarn her und ließ den größten Teil der Bevölkerung in einem grausamen Blutbad abschlachten. Danach waren die wenigen Übriggebliebenen darauf angewiesen, gestrandete Schiffe auszuplündern, um zu überleben. – Neben zahlreichen anderen mit einem bestimmten Beruf verbundenen Gilden (Zünften) existierte bis 1812 auf Fehmarn die Seglergilde. Sie war schon über 400 Jahre alt, und in ihr hatten sich die Seefahrer zusammengeschlossen. Eine ihrer späteren selbstgesetzten Aufgaben bestand darin, die auf der Insel angespülten Leichen verunglückter Seeleute zu bergen und ihnen ein christliches Begräbnis zu bereiten. Vorher hatte man die oft namenlos Angetriebenen einfach am Strand verscharrt.

Erst im frühen 19. Jahrhundert setzte sich allmählich eine humanere Einstellung durch. Man begann jetzt auch den Schiffbrüchigen als hilfsbedürftigen Mitmenschen anzusehen, wie es bei anderen Katastrophen, zum Beispiel bei Feuersnot oder Deichbrüchen, schon längst der Fall war. Das führte um 1840 zur Gründung der ersten noch rein staatlichen Rettungsstationen an der preußischen Ostseeküste. Diese waren je nach der Beschaffenheit des Strandes entweder mit Ruderrettungsbooten oder Leinenmörsern ausgerüstet. Nach einigen schweren Schiffsunglücken an der Nordseeküste, bei denen Hunderte von Menschen ertranken, kam es dann am 29. 5. 1865 in Kiel zur Gründung der „Deutschen Gesellschaft zur Rettung Schiffbrüchiger“ mit Sitz in Bremen. Unter deren einheitlicher Leitung entstanden in wenigen Jahren zahlreiche Rettungsstationen entlang der ganzen Nord- und Ostseeküste an deren gefährlichsten Orten für die Schiffahrt. Von Anfang an stand dabei das Prinzip der freiwilligen Helfer im Vordergrund. Diese kamen aus der einheimischen Küstenbevölkerung und setzten ihr eigenes Leben ein, um in Seenot geratene Mitmenschen aus der Gefahr zu retten. Durch die Wandlung im Denken vollzog sich hier innerhalb kurzer Zeit eine erstaunliche Änderung: Der Strandräuber wurde zum Helfer! – Geblieben sind jedoch die

„Strandläufer“, Menschen mit dem alten Jagdtrieb, die bei auflandigen Stürmen nach angespültem Strandgut suchen. Heute besteht dieses hauptsächlich nur aus Holz, das aber immer noch als zusätzliches Heizmaterial gefragt ist. Die große Zeit der Strandgutfunde waren die Kriegs- und Nachkriegsjahre, als von den vielen Wracks in der Ostsee nicht nur Holz in großen Mengen antrieb. Da gab es Butter in Fässern, Konserven, Seife, Textilien oder Alkoholika, um nur einiges zu nennen, doch wurden solche Funde selten öffentlich bekannt. Entsprechend groß war damals die Konkurrenz bei den Strandgutsuchern. Diese sind inzwischen auch schon moderner geworden: Manche fahren heute mit Autos an den Strand und haben eine Motorsäge im Kofferraum. Damit zerkleinern sie an Ort und Stelle größeres Holz und nehmen es im Wagen mit.

Viele Menschen, zum Beispiel die Badegäste, kennen die Insel Fehmarn nur vom Sommer her. Selten denkt jemand von ihnen an den Spätherbst, wenn von Westen die atlantischen Tiefdruckgebiete mit orkanartigen Stürmen und Regen über die Insel hinwegziehen, oder an den Winter mit oft langandauernden eisigen Ostwinden, die über See kommend Fehmarn ungehindert treffen. Im Frühjahr und Herbst hüllen manchmal tagelang dichte Seenebel die Insel ein. In solchen Situationen werden auch heute noch die Küsten Fehmarns trotz modernster elektronischer Navigationshilfen zu einer Gefahr für die Schiffahrt.

Im Zeitalter der Segelschiffe wirkten sich diese Elemente weit bedrohlicher für den Seemann aus. Der Meeresgrund um Fehmarn herum ist verhältnismäßig flach, da die Insel einst Teil einer Landbrücke zwischen Dänemark und dem Festland war. Ihre 78 km lange Küste weist außerdem eine Reihe gefährlicher Untiefen auf. Von den früheren Seeleuten war das „Puttgarden-Riff“ besonders gefürchtet, das sich westlich des Dorfes Puttgarden als riesiger Sandrücken weit nach Norden in die See erstreckt. Von diesem Riff zieht sich nach Westen bis zum Niobe-Denkmal bei Gammendorf ein großes Flach hin in Form stetig sich verändernder Sandbänke mit tieferen Rinnen dazwischen. Bei den vorherrschenden westlichen Winden wird dem Puttgarden-Riff immer neuer Sand zugeführt, weshalb es sich langsam, aber stetig nach Osten verlagert. Aus diesem Grund sah man 1959 davon ab, den Fährhafen der Vogelfluglinie westlich vom Dorf Puttgarden zu bauen, wie es vor dem Zweiten Weltkrieg eigentlich vorgesehen war. Daran erinnert heute noch die 1941 gebaute alte Steinmole bei Puttgarden, die keine Verbindung mit dem Land hat.

Die See vor der „Markelsdorfer Huk“ an der Nordwestecke der Insel ist ebenfalls ein gefährlich flacher Punkt. An der Südwestküste liegt der weit in die See reichende „Flügge-Sand“, und in der Orther Bucht finden wir die Untiefen „Breiter Barg“ sowie „Hoher Grund“. – Gegen Ende des 19. Jahrhunderts wurden von Steinfischern viele Steine vom einst viel flacheren Meeresboden des Fehmarnsunds geholt. So entstand ein relativ tiefes und sicheres Fahrwasser zwischen dem südlich gelegenen „Großenbroder Steinriff“ und Struckkamphuk. Gefährlich ist die Ostseite des Sundes mit dem steinigen „Mittelgrund“ und dem „Grünen Grund“ (= „Grönwoldsbrink“) an der fehmarnschen Seite der schmalen Fahrrinne. Der „Grüne Grund“, der seinen Namen nach dem mit grünem Tang bewachsenen Meeresboden erhielt, erstreckt sich fast bis zur Westmole von Burgstaaken.

Nach dem Puttgarden-Riff ist die gefährlichste Stelle die Südostecke von Fehmarn mit dem weit in die See reichenden Steinriff vor Staberhuk. Es besteht aus riesigen Findlingen aus der Eiszeit. An diesem Ort führten Schiffbrüche häufig zu Totalverlusten. Steinig ist der gesamte Vorstrand an der Ostküste von Staberhuk bis Marienleuchte. Vor Presen liegt etwas weiter in der See die „Presener Untiefe“. Im Gegensatz zu früher ist sie heute nicht mehr mit einer Boje gekennzeichnet, da der Schiffahrtsweg weiter draußen im Meer verläuft. Im Fehmarnbelt zwischen Marienleuchte und dem Fahrwasser liegen angeblich einige große Steine, die vom Grund mehrere Meter hoch reichen und in Seekarten nicht verzeichnet sind.

Um die Schiffahrt an der gefährlichen Nordküste der Insel in der Nähe des Puttgarden-Riffs sicherer zu machen, errichteten die Dänen, die damals das zum Herzogtum Schleswig gehörende Fehmarn verwalteten, 1832 den ersten Leuchtturm. Als Platz wählten sie hierfür die Nordostecke der Insel, die „Ohlenburger Huk“, so genannt nach der sagenhaften Ohlenburg, die einst dort gestanden haben soll. Es handelte sich hierbei nicht um einen richtigen Turm, sondern um ein großes Gebäude mit erhöhtem Mittelteil, auf dessen Flachdach in 18 m Höhe die mit Rüböl gespeiste Laterne gestanden hat. Die Einweihung des Leuchtfeuers und erste Inbetriebnahme fand am 28. 10. 1832, dem Geburtstag der Königin Maria Sophia Friederike von Dänemark, Gattin des von 1784 bis 1839 regierenden Königs Frederik VI. statt. Bei der Einweihung war die Königin nicht dabei, aber das Leuchtfeuer wurde nach ihr benannt. Der dänische Kammerherr Friis verlas dazu ein Wort von ihr: „Marienleuchte soll dein Name sein! Den Schiffen an Fehmarns Küste mögest du den Weg zeigen und sie warnen in Sturm und Gefahr."

Der Name Marienleuchte hat sich inzwischen ganz an Stelle der alten Bezeichnung Ohlenburger Huk durchgesetzt. – Das Wort Huk benennt in Schleswig-Holstein einen markanten Küstenvorsprung. Deshalb heißt außer der schon erwähnten Nordostecke die Nordwestecke Fehmarns „Markelsdorfer Huk", die Südwestspitze „Struckkamphuk" und die Südostecke „Staberhuk". – 1879 erhielt der Leuchtturm Marienleuchte ein mit Dampf betriebenes Nebelhorn.

Da in den Strandungsberichten auch alle anderen Fehmarner Leuchttürme häufig vorkommen, sollen sie hier kurz erwähnt werden. Das zweite Leuchtfeuer war das 1870/71 erbaute, und 1872 in Flügge mit einer Höhe von 16 m in Betrieb genommene. Es wurde 1916 durch einen neuen Turm von 40 m Höhe ersetzt.

1881/82 entstand der zuerst nur 12 m hohe Turm von Westermarkelsdorf, der 1902 um etwa 5 m erhöht wurde und 1950 eine neue Laterne bekam. Als letztes baute man 1903 das 22 m hohe Leuchtfeuer Staberhuk, das 1904 seinen Betrieb aufnahm. Es erhielt das Laternengehäuse und die Optik des 1902 außer Dienst gestellten alten Helgoländer Leuchtturms, der noch aus der englischen Zeit der Insel stammte. – Wichtig ist auch der kleine Turm von Struckkamphuk als Unterfeuer in Verbindung mit dem Leuchtturm von Flügge für alle Fahrzeuge, die von Osten kommend den Fehmarnsund passieren wollen. Dieses Feuer wurde 1872 zum ersten Mal angezündet. Es war anfangs nur eine weiße Laterne, die man jeden Abend an einem Mast hochzog. 1896 trat an Stelle des Mastes ein fünf Meter hohes Laternenhäuschen, das 1934 durch den heute noch vorhandenen zylindrischen kleinen Stahlturm ersetzt wurde. Nicht vergessen werden soll das Richtfeuer am alten Fährhafen von Fehmarnsund für die Ansteuerung des Sundes von Westen. Es stand auf einem stählernen Gittermast. Als dieser von der neuen Fehmarnsundbrücke verdeckt wurde, erhielt es einen Platz direkt an der Brückenkonstruktion. Nach Fertigstellung des Puttgardener Fährhafens entstand zwischen diesem und der alten Marienleuchte 1964 ein neuer 33 m hoher Leuchtturm in moderner Betonbauweise. Dieser kam erst 1967 zum Einsatz, wobei das alte Feuer von 1832 für immer verlosch. Auch das dortige Nebelhorn, das natürlich längst modernisiert war, wurde nun im Zeitalter der Funkfeuer nicht mehr gebraucht. Inzwischen sind alle Leuchttürme auf Fehmarn vollautomatisiert und wärterlos geworden. Sie werden von einer Schaltzentrale auf dem Festland in Heiligenhafen überwacht. Damit entfiel jedoch die direkte Beobachtung des Seeraumes durch die Leuchtturmwärter, die früher so manches in Seenot geratene Schiff als erste sahen und meldeten.

Die wichtigste Navigationshilfe für die Schiffahrt zwischen Fehmarn und den dänischen Inseln blieb aber das Auslegen des ersten Feuerschiffes im Fehmarnbelt am 21. 3. 1902. Es handelte sich dabei um ein 1866/67 in Emden gebautes hölzernes Schiff mit drei Pfahlmasten, das bisher auf den Nordseestationen Außeneider und Borkumriff gelegen hatte. Nun wurde es 5,5 sm nordöstlich von Westermarkelsdorf und 5,5 sm nordwestlich von Marienleuchte verankert. An seinem Hauptmast zeigte es in 14 m Höhe und am Fockmast in 11 m Höhe je ein weißes Licht. Bei Nebel gab eine Sirene in jeder Minute fünf Töne von sich. Dieses erste Feuerschiff lag nur drei Jahre aus und wurde jeweils über Winter eingezogen. Ab März 1905 kam dann ein für diese Station gebautes Stammschiff **„Fehmarnbelt"** auf die gleiche Position und blieb dort auch über Winter liegen. (Einzelheiten über das Schiff sind in der Chronologie für das Jahr 1905 zu finden.) Aber trotz des Feuerschiffes kam es häufig zu Strandungen, wenn auf westlichem Kurs Schiffsführer irrtümlich das Feuer von Marienleuchte für das Licht des Feuerschiffes hielten und nördlich oder südlich von Marienleuchte auf Grund liefen. – Daß die Besatzungen aller Feuerschiffe mit der ständigen Gefahr lebten, gerammt zu werden, bedarf kaum einer Erwähnung. Auch auf den Fehmarnbelt-Feuerschiffen kam es mehrfach zu solchen Zusammenstößen.

Zum Glück verlief der größte Teil der zahlreichen Schiffsunfälle vor Fehmarn glimpflich, und es kam nur in wenigen Fällen zu größeren Menschenverlusten. Die kleinen Handelssegler wurden bei Strandungen oft so weit auf den flachen Strand geworfen, daß die Besatzung sich entweder selbst in Sicherheit brachte, oder vom Land aus Hilfe kam. Das traf auch für die Schiffbrüche auf dem Puttgarden-Riff zu. Die Brandung verlor dort schnell ihre größte Kraft auf dem flachen Grund. Wegen der Begrenzung des Seeraumes durch die nahen dänischen Inseln kann vor Fehmarn nicht die schwere Dünung entstehen, wie man sie von der Küste der mittleren und östlichen Ostsee her kennt. Die Verhältnisse sind erst recht nicht vergleichbar mit der weitaus stärkeren Nordseebrandung. Diese zerschlug ein gestrandetes und aus Holz gebautes Schiff in kürzester Zeit in Stücke. Das erklärt dann auch, warum es trotz der zahlreichen Schiffsunglücke vor Fehmarn erst 1898 zur Errichtung einer Rettungsstation der Deutschen Gesellschaft zur Rettung Schiffbrüchiger bei Puttgarden kam.

Eine besondere Gefahr in diesem Seegebiet sind die sehr starken und häufig wechselnden Strömungen, die im engen Fehmarnbelt und Fehmarnsund auftreten. Sie können eine Geschwindigkeit von 3 sm oder mehr pro Stunde erreichen und brachten die früher nur auf den Wind angewiesenen Schiffe leicht vom Kurs ab. Wir finden deshalb auch in den Strandungsberichten oft „Stromversetzung“ als Ursache angeführt.

Im Zusammenhang mit den geographischen Bedingungen in der westlichen Ostsee steht der hier stark schwankende Wasserstand. Bei schweren Stürmen aus südwestlichen bis südöstlichen Richtungen und günstigen Bedingungen fällt das Wasser bis 1,50 m unter Normalnull. Es kann sogar bei ganz schwachen Winden, wenn auch nicht ganz so stark, fallen, verursacht allein durch heftige Strömung oder Stürme in anderen Teilen der Ostsee. Bei extrem niedrigem Wasser ist die See in Küstennähe noch gefährlicher; Hafeneinfahrten werden unpassierbar, und das Puttgarden-Riff liegt kilometerweit trocken, so daß es wie bei Ebbe an der Nordsee aussieht. Das wirkte sich auf manche Strandungen aus. Ein bei fallendem Meer gestrandetes Schiff kam erst frei, wenn das Wasser wieder anstieg. Andererseits wurden Schiffe, die bei steigendem Wasserstand auf Grund liefen, später ohne fremde Hilfe flott.

Bis 1914 waren die Gewässer um Fehmarn mit ihren vielen Schiffsunfällen eine wahre Goldgrube für Bergungsdampfer. Sie leisteten zwar schnell Hilfe, ließen sich aber auch gut dafür bezahlen. Anfangs lag dieses Geschäft fast ausschließlich bei dem größten dänischen Unternehmen dieser Art, der „Em. Z. Svitzer Bjergning-Entreprise“ in Kopenhagen. Es hatte vor dem Ersten Weltkrieg 14 Bergungsdampfer im Einsatz, allerdings nicht alle in der Ostsee. Früh an den Geschäften beteiligte sich die Greifswalder Reederei Spruth, deren Einsatzstation im Winterhalbjahr Warnemünde war. Später kam die „Neue Dampfer-Compagnie“ aus Kiel hinzu. Wenn sie es mit ihren Linienfahrten zeitlich vereinbaren konnten, traten auch die auf Fehmarn beheimateten Dampfer immer mehr bei Rettungsaktionen in Erscheinung. Die Puttgardener Fischer werden sehr oft beim Abbringen aufgelaufener Schiffe erwähnt. Besonders aktiv war auf diesem Gebiet die in Burgstaaken ansässige Fischer-, Seefahrer- und Lotsenfamilie Schwenn. Aber auch hier galt, daß Hilfe nicht aus reiner Nächstenliebe erfolgte. Bei Schiffen mit wertvoller Ladung ging es immer um hohe Gebühren. Anfangs wurden diese noch frei zwischen den Kapitänen und den Bergern ausgehandelt. Später weigerten sich Reeder und Versicherungen häufig, die vorher ausgemachten Beträge zu zahlen, und ließen es auf gerichtliche Entscheidungen ankommen nach dem Grundsatz, daß unter Not getroffene Vereinbarungen nicht bindend sind.

Fehmarn selbst besaß schon früh eine umfangreiche Handelsflotte, denn alle Waren von und zur Insel konnten nur über See verschifft werden. Die Hauptausfuhr bestand wie auch heute aus landwirtschaftlichen Produkten, insbesondere Weizen und Raps. Außerdem spielten die Steinfischerei und der Seegrasversand eine Rolle, während die Fischerei nicht von großer Bedeutung war. Haupteinfuhrerzeugnisse der waldarmen Insel waren Brennmaterial in Form von Steinkohlen und Holz sowie Futter- und Düngemittel. Neben der Landwirtschaft war die Handelsschiffahrt einst der wichtigste Erwerbszweig auf Fehmarn. 1790 waren auf der Insel 36 Kauffahrteischiffe beheimatet. In zwei kurz aufeinander folgenden orkanartigen Stürmen im Dezember 1792 erlitt die Fehmarner Handelsflotte so schwere Verluste, daß sie sich nur schwer davon erholte. So zählte man 1797 nur noch elf Schiffe auf

der Insel. 1880 waren dagegen außer 26 Seglern schon zwei Dampfschiffe registriert. Einige Zahlen zeigen, wie rege der Seehandel zu dieser Zeit war. 1884 wurde Burgstaaken von 542 Schiffen mit insgesamt 20 879 Registertonnen angelaufen, Orth von 317 Schiffen mit 8767 Registertonnen und Lemkenhafen von 30 Schiffen mit 1115 Registertonnen.
Alte Berichte über Strandungen sind leider recht kurz und enthalten oft keine Angaben über das Schiff, seine Herkunft und Zielhafen. Weder ist festgehalten, wie das Unglück geschah, noch ob die Mannschaft gerettet wurde. Häufig ist es nur die Ankündigung über den Verkauf eines Wracks oder seiner Ladung, aus der man überhaupt erfährt, daß ein Schiff verlorenging. Im redaktionellen Teil des „Fehmarnschen Wochenblattes" fanden früher solche Nachrichten keine Erwähnung. Man sieht daraus, daß die menschliche Seite des Unglücks nicht von Interesse war. Ausführliche Aufzeichnungen über Schiffsunfälle begannen erst, als die Insel 1864 im preußisch-österreichischen Krieg gegen Dänemark von Preußen besetzt wurde und nach der folgenden Auseinandersetzung 1866 ganz zu Preußen kam. Danach entstanden auf Fehmarn neue Verwaltungsstrukturen, die mit der Einsetzung von Strandvögten auch die Erfassung aller Seeunfälle zur Folge hatten.
Bei den Nachforschungen in den Archiven stößt man mehrfach auf Schiffsnamen, die in keinem Register zu finden sind. Wahrscheinlich hatten die Strandvögte fremdartige Namen einfach nach dem Gehör aufgeschrieben, ohne nach der genauen Schreibweise zu fragen. Einige dieser verstümmelten Namen lassen sich nur unter großen Schwierigkeiten identifizieren, zum Beispiel anhand näherer Angaben zum Schiff wie Heimathafen oder Baujahr. So hieß der „Sinesea" genannte englische Dampfer in Wirklichkeit „White Sea". Ein Schwede stand als „Gaubuck" im Archiv, sein richtiger Name lautete „Gunlög", und der mit „Gobelas" eingetragene Dampfer hieß „Goliar". Große Mühe machte es auch, den Namen des erst 1946 vor Westermarkelsdorf gesunkenen „Pfefferdampfers" wiederzufinden. Im Volksmund war er stark vereinfacht zu „Baltic" geworden, tatsächlich lautete er „Balteako".
Im chronologischen Teil dieser Aufzeichnungen werden in den ersten Jahren unterschiedliche Schiffsmaße angegeben. Dazu ist eine kurze Erklärung notwendig. So hat die alte Bezeichnung „Last", je nach Ländern und Provinzen, ein unterschiedliches Gewicht. Die „Schiffs-Last", auch „Ostsee-Last" oder „Normal-Last", beträgt 4000 Pfund = 2000 kg oder 2 Tonnen. Dagegen hat die „Commerz-Last" oder „Wismarer Roggenlast" ein Gewicht von 6000 Pfund = 3000 kg oder 3 Tonnen. Es gibt außerdem „Schwere Lasten" zu 9000 Pfund = 4,5 Tonnen. Dies sind reine Gewichtsmaße und geben nur an, wieviel Fracht ein Schiff tragen kann. Sie sagen nichts aus über seine Größe, auf die nur indirekt geschlossen werden kann.
Nach der am 5. 7. 1872 eingeführten deutschen Schiffsvermessungsordnung wurde die englische „Register-Tons" als einheitliches Schiffsraummaß eingeführt. Eine Register-Tons entsprach 100 englischen Kubikfuß gleich 2,832 deutschen Kubikmetern. Anfangs gab die Vermessung in Register-Tons nur den reinen Frachtraum eines Schiffes an. Später, als man begann, den gesamten Rauminhalt eines Schiffes in gleicher Weise zu vermessen, bezeichnete man den Frachtraum mit Nettoregistertonnen (NRT). Der Gesamtrauminhalt wurde mit Bruttoregistertonnen (BRT) angegeben. Als dritte Maßeinheit wäre noch die Angabe der Tragfähigkeit zu erwähnen, die außer in den ersten Jahren als „Last" unberücksichtigt bleibt. Heute gibt es dafür den englischen Namen: „tons deadweight" (tdw), wobei eine englische Gewichtstonne = 1016 kg entspricht. Die Tragfähigkeit in tdw wäre vergleichbar mit dem alten Maß „Last".
In den Strandungsberichten ist ab 1869 hinter den Schiffsnamen in Klammern die vierstellige Buchstabengruppe des Internationalen Unterscheidungssignals gesetzt, soweit es sich ermitteln ließ. Erhielt das Schiff bei einem Besitzerwechsel einen neuen Namen, so wird der frühere mit dem Wort ex . . . aufgeführt. Bei allen Exnamen ist der zuletzt genannte der ursprüngliche Name des Schiffes.
Wird bei einer Strandung der Einsatz eines Bergungsdampfers, Schleppers oder anderen Fahrzeuges erwähnt, folgen im Anschluß einige kurze Angaben dazu. Dabei werden die auf Fehmarn beheimateten Schiffe etwas ausführlicher beschrieben.

Chronologischer Teil, 1. Abschnitt 1857–1899

1857

In Stralsund war die pommersche Slup (Schaluppe) **Vorwärts**, Schiffer Fäcks, beheimatet. Sie befand sich mit einer Ladung eichenem Schiffsbauholz auf der Reise von Stettin nach Assens in Dänemark und strandete am 9. Oktober in der Mittagszeit auf dem Puttgarden-Riff. Der Kapitän hoffte, alleine wieder freizukommen und weigerte sich am ersten Tag, Hilfe vom Lande anzunehmen, obwohl sich sein Schiff immer tiefer in den Sand einwühlte. Das nutzten die Helfer aus Puttgarden zu ihren Gunsten aus, indem sie am nächsten Tag ihre Forderungen für das Abbringen erhöhten. Notgedrungen mußte Schiffer Fäcks darauf eingehen. In den folgenden Tagen wurde die Slup dann durch Puttgardener Fischer wieder flottgemacht, das gelang allerdings erst nach dem Überbordwerfen der ganzen Deckslast. Mit dem Rest seiner Ladung erreichte Fäcks dann Assens.

Die Slup **Mathilde,** Schiffer Borgward, stammte von der Insel Rügen und segelte in Ballast von Kiel nach Stralsund. Am 12. November abends wurde sie bei nebligem Wetter zwischen Fehmarn und Gedser von einem großen Schoner, wahrscheinlich einem Schweden, gerammt. Dieser setzte unbekümmert seine Fahrt fort, während die *Mathilde* innerhalb weniger Minuten sank. In höchster Not gelang es der dreiköpfigen Besatzung, das sinkende Schiff zu verlassen und sich ins Boot zu retten. Dabei mußten sie alle Effekten und bares Geld zurücklassen. Am nächsten Tag landeten die Schiffbrüchigen auf der Insel Fehmarn.

1858

Heimathafen der holländischen Tjalk **Twee Gebroeders** war Harlingen. Unter ihrem Eigner, Schiffer de Boer, hatte sie in Danzig Roggen für Holland geladen und sprang auf der Fahrt dorthin in der Ostsee leck. Am 8. August wurde sie in sinkendem Zustand im Fehmarnsund angetroffen. Mit Hilfe von Lotsen gelang es aber, sie noch bis Heiligenhafen zu bringen. Hier wurde die teilweise schon nasse Ladung gelöscht und die Tjalk aufgeslipt. Es stellte sich heraus, daß umfangreiche Reparaturen notwendig waren. Um die anfallenden Kosten zu decken, ließ der Schiffer einen Teil der Roggenladung in Heiligenhafen versteigern.

Ohne daß der Name des Schiffes genannt wird, heißt es am 11. Oktober, daß am Morgen eine holländische Tjalk auf dem Puttgarden-Riff festkam. Sie segelte von Osten nach Westen und hatte Getreide geladen. Trotz starken Seegangs kam sie ohne fremde Hilfe wieder frei und setzte die Fahrt fort.

1859

Der preußische Schoner **Marianne,** Schiffer Völsch, kam von Königsberg mit einer nach Bremen bestimmten Ladung Roggen, Erbsen und Kleesamen. In der Nacht vom 20. auf den 21. November strandete er vor Fehmarn, ohne daß der genaue Ort genannt wird. Um den Schoner wieder flottzubekommen, mußte ein Teil des Roggens über Bord geworfen werden. Danach segelte er weiter in Richtung Bremen.

1860

Eine dänische Jacht mit Namen **Tre Brødre,** Schiffer Kromann, befand sich mit einer Ladung Zink auf der Fahrt von Stettin nach Hamburg. In einem schweren NW-Sturm sprang sie leck und sank am 7. August zwischen Fehmarn und Gedser. Die Besatzung wurde unter großen Anstrengungen von dem preußischen Schoner *Hermann und Marie*, Kapitän Runck, gerettet und später in Holtenau an Land gesetzt.

Am Morgen des 23. September fanden Puttgardener Fischer einen mit Holz beladenen Schoner auf dem Riff festsitzen. Der Kapitän lehnte die ihm angebotene Hilfe ab. Er kam am nächsten Tag alleine wieder vom Riff herunter und setzte seine Reise fort. Der Name des angeblich aus Preußen stammenden Schiffes ist nicht bekannt.

Der Schoner **Anna Marie,** Schiffer Schultz, kam ebenfalls aus Preußen. Er war mit einer Ladung Rundholz unterwegs von Kolberg nach Eckernförde. Am 25. September lief er auf das Puttgarden-Riff auf, wurde jedoch schon nach einigen Stunden alleine wieder flott.

In Altona war der Ewer **Elbe,** Schiffer Tode, beheimatet. Er hatte angeblich Eisenbahnwagen geladen, die von Hamburg nach Königsberg bestimmt waren. Am 17. November strandete der Ewer bei dichtem Nebel auf dem Puttgarden-Riff und stieß leck. Er konnte aber trotzdem abgebracht werden und mußte zurück nach Kiel. Dort wurde seine Ladung gelöscht und das Schiff repariert.

1861

Der preußische Schoner **Einigkeit** befand sich auf der Fahrt von Hamburg nach Libau. Über seine Ladung oder ob er in Ballast segelte, wird nichts erwähnt. Am 16. April lief er bei stürmischem WNW-Wind und sehr niedrigem Wasserstand im Fehmarnsund auf Grund und blieb sitzen. Seine Lage wurde jedoch nicht als gefährlich angesehen. Er kam am nächsten Tag bei steigendem Wasser ohne fremde Hilfe wieder frei.

1862

Aus diesem Jahr ist nur die Strandung der dänischen Jacht **De fire Brødre,** Schiffer Severin, aus Nakskov bekannt, und dies auch nur durch die nebenstehende Zeitungsanzeige vom 26. 4. 1862 im „Fehmarnschen Wochenblatt“.

1863

Die norwegische Schaluppe **Drammens Paket** war in Frederikstadt beheimatet. Sie sollte in Ballast von Hadersleben nach Danzig segeln und fiel den schweren Herbststürmen dieses Jahres zum Opfer. Am 24. Oktober strandete sie vor Puttgarden. Es konnte nur ein Teil des Inventars geborgen werden, danach zerschlug die Brandung das Wrack. Über das Schicksal der Besatzung wird nichts gesagt.

Mit einer Ladung Holz war der schwedische Schoner **Avika** unter Kapitän J. G. Gahnström unterwegs von Hernösand/Schweden nach Kiel. Er strandete am 28. Oktober bei stürmischem Wetter auf dem Puttgarden-Riff und ging bis auf etwas geborgenes Inventar total verloren. Dies kam dann, wie aus der folgenden Anzeige ersichtlich ist, am 23. November meistbietend zur Versteigerung.

Ohne genaues Datum ist aus dem Jahr 1863 noch bekannt, daß die deutsche Kuff **Wilhelmina,** ex Vrouw Kea, aus Hooksiel vor Fehmarn verloren-

Auction,

über ein Schiff, so wie über geborgene Waaren und Güter.

Am Donnerstage den 1. k. Mts. und folgende Tage sollen die aus dem in der Nähe der Fehmarnschen Küste gesunken gewesenen Jachtschiffe *„de fire Brödre“* Capt Severin aus Naskov, geborgenen Waaren und Güter, als:

circa 400 Pfund Flachs, ca. 2000 Pfund Hanf, in Abtheilungen von 14 Pfd. 4 Oxhoft Rum, 2 Anker Wein, Häckerlingmesser, allerlei kurze Waaren, als: Koffergriffe, Schlösser, Feilen, Rasirmesser, Gardienenhalter, Scheeren, Spiegel, Blasebälge, Bürsten, Pulverhörner, Peitschen, Nägel, Hanfgarn, Nähgarn, Strickgarn, Twist, Messingplatten, Messing- und Eisendrath, mess. Leuchter und Lichtscheeren, Messer und Gabel, Eß- und Theelöffel, ferner Fajence aller Art; Stangeneisen, Stahl, Spaten, mehrere Kisten, Glanzwichse, Pfeifengeschirr, Manufacturwaaren als: Tuch, Buckskin, Atlas und Futter, Schustergeräthe, Schiefertafel, div. Gebinde Wagenschmiere, 1 Jagdflinte, Sägeblätter, Zwirn, Seide, 1 Kiste Indigo, und allerlei sonstige Waaren und Sachen, so wie das obgedachte Jachtschiff mit den vorhandenen Inventar,

unter den *in termino* zu verlesenden Bedingungen öffentlich meistbietend versteigert werden, und kommt genanntes Jachtschiff c. p. am Sonnabend, den 3. k. M. zum Aufbot.

Burg den 26. April 1862.

Bürgermeister und Rath
in fidem
Boie.

Strandauction.

Am Montage den 23sten dieses Monats soll das aus dem gestrandeten schwedischen Schooners Avika nach Puttgaarden geborgene Schiffsinventar öffentlich meistbietend verkauft werden.

Kaufliebhaber werden demnach geladen sich am gedachten Tage, Vormittags 10. Uhr, beim Gastwirth Kahl in Puttgaarden einzufinden.

Königliche Fehmarnsche Amtstube den 14. Novbr. 1863.

Massmann.

ging. Das Schiff wurde 1854 in Rhauderfehn gebaut, es hatte eine Tragfähigkeit von 24 Roggenlasten und gehörte ab 1861 dem Kapitän Johannes Borchers aus Hooksiel. Auf einer Reise nach Stettin strandete es vor Presen und sank. Ein Teil der Ladung wurde von der Jacht *Aveta*, Schiffer Hans Lange aus Burgstaaken, übernommen und an Land gebracht.

1864

Einer Auktionsankündigung vom 13. Mai 1864 ist zu entnehmen, daß die englische Brigg **Queen** aus West-Hartlepool auf dem Puttgarden-Riff strandete und verlorenging. Das Wrack nebst Inventar sollten öffentlich versteigert werden.

Heimathafen der pommerschen Kuff **Biene** war Stralsund. Ab 1863 gehörte sie dem Schiffer Hinkeldey aus Altefähr auf Rügen. Im Sommer 1864 sollte die *Biene* eine Ladung Holz von Stettin nach Rendsburg bringen. Sie erreichte ihr Ziel aber nicht, denn am 24. August strandete sie in einem schweren NO-Sturm auf dem Puttgarden-Riff. Die Mannschaft rettete sich an Land, während das Schiff wrack stieß und später zum Abbruch verkauft wurde. Die Holzladung konnte allerdings geborgen werden.

Der Schoner **Amazone** war in Barth in Pommern zu Hause. Dort war er um 1860/61 auch gebaut worden und war Eigentum des Schiffers Kraeft aus Prerow auf dem Darß. Die *Amazone* hatte in Königsberg Roggen für Kiel geladen und strandete am 27. Oktober vor Presen. Sie stieß schnell leck und lief voll Wasser, die Besatzung erreichte alleine den nahen Strand. Später wurden auch noch 800 t Roggen naß geborgen. Sie kamen zusammen mit den Überresten des Schiffes zur Versteigerung. Nach dem Verlust der *Amazone* ließ Schiffer Kraeft sich eine Galeasse bauen, die er *Laura* nannte und 1866 in *Gustav* umtaufte.

Anfang November strandete das holländische Schiff **Jantje Martens,** Kapitän Ales, mit einer Ladung Rapssaat am fehmarnschen Südstrand. 200 t Raps konnten geborgen und nach Burgstaaken gebracht werden. Hier wurden sie später auch versteigert. Über das Schicksal des Schiffes und dessen Besatzung ist nichts bekannt.

Ende November ging die aus Flensburg stammende Jacht **Dora Hagen** durch Strandung vor Staberhuk verloren. Von der Hanfladung wurden 55 000 Pfund Hanf durchnäßt geborgen und in einer öffentlichen Auktion meistbietend versteigert.

1865

Gleich zu Jahresbeginn lief ein Schoner **Sophie** bei „Meislahnfelde“ (ein alter Flurname am Fehmarnsund) auf Grund und wurde wrack. Am 19. Januar wurde die Anzeige für die Versteigerung von Schiff und Inventar veröffentlicht.

1866

Ebenfalls nur durch die Auktionsankündigung für den 14. November 1866 ist die Strandung und der Verlust der schwedischen Jacht **Magdalena,** Schiffer Sornesen, auf dem Puttgarden-Riff bekannt. In der Anzeige werden Wrack und Inventar zum Verkauf angeboten.

Mitte November sank die dänische Jacht **Doris,** Schiffer Madsen, vor Burgtiefe. In einer Anzeige vom 24. 11. 1866 wurden folgende geborgene Ladungsteile zum Verkauf angeboten, die alle beim Lotsen Peter Adam auf Burgtiefe lagerten. Es handelte sich um 13 t Weizen, 678 Pfund Butter,

172 Säcke mit nasser Gerste, 42 Schuhblätter, 26 Rinderhäute und zehn Kalbsfelle.

Die in Hohwacht in Holstein beheimatete Jacht **Margaretha Catharina** segelte ohne Ladung von Sonderburg nach ihrem Heimatort. Am 19. Dezember strandete sie bei einer steifen Brise aus SW und Nebel vor Bojendorf. Nach Aussage des Schiffers hatte er beim Kreuzen die Jacht nicht durch den Wind bekommen und war deshalb zu nahe an die Küste Fehmarns geraten. Ob die Jacht abgebracht wurde oder verlorenging, ist nicht bekannt.

Nachdem Preußen 1866 den Krieg gegen Österreich gewonnen hatte, wurde die Insel Fehmarn dem holsteinischen Kreis Oldenburg zugeschlagen und kam damit endgültig zu Preußen. Das brachte erhebliche Veränderungen mit sich und, was den Küstenbereich betraf, die Einsetzung eines preußischen Strandamtes und Aufteilung in vier Strandvogteien. Es führt zu weit, hier die ganzen Pflichten der Strandvögte aufzuzählen. Unter anderem mußten sie alle Schiffsunglücke in ihrem Bezirk auf sogenannten Zählkarten erfassen. Diese wurden an das Strandamt weitergereicht und dienten neben statistischen Zwecken zur Information der Seeämter. In der Strandungsordnung für das Deutsche Reich vom 17. 5. 1874 wurde die Einrichtung von Strandämtern für die gesamte deutsche Küste zwischen Nimmersatt im Osten bis Borkum im Westen angeordnet. Die Organisation wie Abgrenzung der einzelnen Bereiche und Einsetzung von Strandvögten blieb den Landesregierungen überlassen. Außerdem wurden die Aufgaben der Strandvögte einheitlich geregelt, die zuständig für Bergung und Hilfe bei in Seenot geratenen Schiffen waren und für angespülte oder geborgene Wracks und Ladungen. Zusätzlich zu dieser Strandungsordnung wurde am 24. 11. 1875 eine Instruktion veröffentlicht, um einige Punkte näher zu erläutern. Große Bedeutung hatte das am 27. 7. 1877 erlassene Gesetz für die Untersuchung von Seeunfällen im Deutschen Reich. Darin wurde die Einsetzung von Seeämtern als „kollegiale Behörden" befohlen. Ihre Aufgabe sollte es sein, die Seeunfälle deutscher Handelsschiffe zu untersuchen sowie die von ausländischen Kauffahrteischiffen, wenn der Unfall sich innerhalb der deutschen Küstengewässer ereignete. Während es dem Seeamt überlassen blieb, ob es einen Seeunfall untersuchte oder nicht, war es gesetzlich dazu verpflichtet, sobald Menschen dabei verunglückten oder Schäden an Schiff und Ladung vorkamen, erst recht beim Verlust eines Schiffes. Außerdem bestand noch die Möglichkeit, daß der Reichskanzler eine seeamtliche Untersuchung anordnete. Zugleich wurde in dem Gesetz vom 27. 7. 1877 die Einsetzung eines Oberseeamtes als oberste Revisionsbehörde beschlossen, das seinen Sitz in Berlin hatte. Seeämter gab es damals in Deutschland zwölf, und zwar in: Königsberg, Danzig, Stettin, Stralsund, Rostock, Lübeck, Flensburg, Tönning, Hamburg, Bremerhaven, Brake und Emden.

Das Königlich Preußische Strandamt Fehmarn in Burg auf Fehmarn umfaßte die gesamte Küste der Insel und war zuständig für alle Seeunfälle am fehmarnschen Strand und den Küstengewässern einschließlich des Fehmarnsundes. Ausgenommen davon blieb die Festlandküste des Sundes. 1874 war der Kirchspielvogt Herr von Linstow in Burg auf Fehmarn Preußischer Strandamtsvorsteher. Ihm unterstanden vier Strandvogteien: a) **Fehmarnsund** mit Strandvogt Fährpächter Adam aus Fehmarnsund mit dem Bereich vom Flügger Leuchtturm bis zum Wulfener Hals; b) **Burgstaaken** mit Strandvogt Steuermann Tardel, der dort auch Hafenvogt war. Ihm unterstand die Küste vom Wulfener Hals bis zur Gahlendorf-Klausdorfer Scheide; c) **Puttgarden** mit Strandvogt Altschiffer Beyer auf Johannisberg, der den Küstenstreifen von der Gahlendorf-Klausdorfer Scheide bis zur Wenkendorf-Dänschendorfer Scheide unter sich hatte; und d) **Westermarkelsdorf** mit Strandvogt Richter Kruse von dort. Sein Bezirk ging von der letztgenannten Grenze bis zum Flügger Leuchtfeuer.

1935 war Strandamtsvorsteher der Bürgermeister Martens in Burg auf Fehmarn und Strandvögte in den gleichen Bereichen: a) Rentner M. Hofeld aus Orth, b) Oberlotse Fritz Schwenn aus Burgstaaken, c) Bürgermeister Christian Rauert aus Puttgarden und d) Landwirt Kruse aus Westermarkelsdorf.

Fehmarn ist auch heute, 1987, noch in vier Strandvogtbezirke eingeteilt, die nur wenig von denen vor hundert Jahren abweichen. Es sind in der gleichen Reihenfolge: a) **Lemkenhafen** mit Schlosser Ewald Schmidt aus Westerbergen: vom Flügger Leuchtturm bis zur Westmole von Burgstaaken; b) **Burgstaaken** mit Hafenmeister Erich Landschof: von der Westmole Burgstaaken bis zum Gahlendorfer Strandweg; c) **Puttgarden** mit Wasserwerker Kurt

Raabe aus Todendorf: vom Gahlendorfer Weg bis zur Bake Wenkendorf; und d) **Westermarkelsdorf** mit Bauer Karl Voderberg: von da bis Flügger-Leuchtturm. Strandhauptmann ist heute Bürgermeister Feilke aus Burg auf Fehmarn.

1867

Der deutsche Schoner **Gerhard Heinrich,** Schiffer Kempen, hatte in Burgstaaken bei dem dort ansässigen Kornhändler Hans Lafrenz eine Ladung Roggen eingenommen. Kurz nach dem Verlassen des Hafens strandete der Schoner in der Nacht vom 23. auf den 24. Juni bei Staberhuk. Ein Teil der Getreidesäcke mußte vorübergehend gelöscht werden, danach bekam man das dicht gebliebene Schiff wieder flott.

1868

Heimathafen des schwedischen Schiffes **Karl Johann,** Schiffer Burman, war Hudiksvall. Es befand sich auf der Reise von Gotland nach Lemkenhafen auf Fehmarn und strandete am 10. April in einem Schneesturm auf dem Puttgarden-Riff. Die Besatzung konnte sich an Land retten, das Schiff ging verloren. Am 1. Mai wurde das Wrack nebst Inventar in einer öffentlichen Auktion am Strand von Puttgarden versteigert.

Der in Ballast segelnde dänische Schoner **Hesyrus,** Schiffer Hansen, geriet am 31. Mai auf das Puttgarden-Riff und blieb bei vier Fuß Wassertiefe sitzen. Dort saß er mehrere Tage fest und konnte erst am 5. Juni von einem dänischen Bergungsdampfer abgebracht und nach Kopenhagen geschleppt werden.

Aus seiner schwedischen Heimat kam der Schoner **Orion** unter Schiffer Hansen mit einer Ladung Holz, die für Kiel bestimmt war. Am 26. September nachmittags lief er bei böigem Westwind vor der Ostküste Fehmarns ca. drei Kabellängen von Land entfernt auf einen Unterwasserfelsen. (Eine Kabellänge entspricht dem zehnten Teil einer Seemeile = 185 m.) Nach dem Löschen der Deckslast kam das Schiff am 27. 9. 1868 wieder frei und setzte seine Reise fort.

Die niederländische Tjalk **Koophandel** trug 16 Com.-Lasten. Am 27. Oktober lief sie gegen 6 Uhr morgens 300 m westlich von Staberhuk und ca. 100 m von Land entfernt auf Grund. Nach Aussage des Schiffers van der Well hatte sich ein altes Leck immer mehr vergrößert, so daß die Tjalk nicht mehr lenz zu halten war. Um möglichst viel von Schiff und Ladung zu retten, habe er sie deshalb auf den Strand gesegelt. Als man einen Teil der nicht genannten Ladung geborgen hatte, zerschlug ein Sturm das Schiff vollständig.

Aus Windau in der russischen Provinz Kurland stammte die Schaluppe **Anna,** Schiffer H. Lüdke, die Ladung für Papenburg/Ems an Bord hatte. Am 12. November um 3 Uhr früh strandete die *Anna* bei einer frischen Brise aus Nordost etwa zwei Kabellängen östlich der Markelsdorfer Huk. Stromversetzung und ein Unwohlsein, das den Schiffer zwang, sich in der Kajüte aufzuhalten, sollen die Ursache gewesen sein. Nach dem vorübergehenden Löschen eines Teiles der Ladung kam das Schiff durch Abhieven alleine wieder frei und segelte durch den Eiderkanal weiter in die Nordsee nach Papenburg.

Der deutsche Schoner **Clara und Meta,** 23,5 Com.-Lasten, befand sich unter Schiffer Spiegelberg mit einer Ladung Zucker auf der Reise von Kiel nach Königsberg. Am 10. Dezember strandete er bei schwerem SW-Sturm auf dem Puttgarden-Riff, als der Schiffer wegen des Sturmes unter der Küste Schutz suchen wollte und dabei dem Land zu nahe kam. Mit Hilfe des Lotsen Adam von Burgtiefe wurde der Schoner am nächsten Tag wieder abgebracht und setzte seine Fahrt fort.

1869

Nachdem 1867 im Norddeutschen Bund für alle Schiffe das Führen der schwarz-weiß-roten Flagge angeordnet wurde, kam es 1869 auch in Deutschland bzw. dem Norddeutschen Bund zur Einführung des Internationalen Signalbuches. In Verbindung damit erhielten alle Schiffe ein Unterscheidungssignal, das aus vier Buchstaben der Internationalen Signalflaggen bestand und ein eindeutiges Kennzeichen des betreffenden Schiffes war. Es wurde in Deutschland aus 16 Konsonanten des Alphabetes gebildet, wobei die Buchstaben A, E, I, O, U, X, Y und Z nicht vorkamen. Jede deutsche Provinz oder Freistaat erhielt einen bestimmten

Buchstaben als ersten innerhalb der Gruppe als bleibendes Merkmal zugeteilt. So begann das Unterscheidungssignal aller schleswig-holsteinischen Schiffe einheitlich mit „L", zum Beispiel LBFW. Die pommerschen Schiffe führten als ersten Buchstaben „J", die ostpreußischen „H" und die mecklenburger „M". Der Freistaat Hamburg bekam „R" zugeteilt und Lübeck „P", um nur einige Beispiele zu nennen. Die Buchstaben der 2., 3. und 4. Stelle in der Gruppe wechselten in fortlaufender Folge, wobei der 2. in den Provinzen auch noch für einen bestimmten Hafen stand. Bei Verkäufen innerhalb Deutschlands verfuhr man so, daß ein Schiff sein ursprüngliches Unterscheidungssignal behielt und erst bei einem Wechsel ins Ausland verlor. Durch das „US" war es jetzt möglich, die zahlreichen Schiffe mit gleichem Namen leichter auseinanderzuhalten bzw. sie zu identifizieren. Ab 1869 wird deshalb das Unterscheidungssignal direkt nach dem Schiffsnamen in Klammern gesetzt, soweit es zu ermitteln war.
Die Brigg **Waterkelpi** (MCDT), 147 Com.-Lasten, später mit 244 Register-Tons vermessen, war in Rostock registriert. Sie wurde 1847 in Sunderland erbaut und 1864 von Rostocker Partengebern erworben. Die Bewirtschaftung erfolgte durch den ebenfalls dort ansässigen Korrespondenzreeder E. Brockelmann. Unter Führung von Schiffer P. F. Voß und mit zehn Mann Besatzung lief die Brigg am 3. Januar 1869 nachmittags bei dichtem Nebel auf das Puttgarden-Riff auf, kam aber nach einigen Stunden alleine wieder frei. 1879 wurde die *Waterkelpi* in Rostock abgebrochen.

Schweden war die Heimat des Schoners **Fördernestlandet,** 27 Com.-Lasten groß. Von dort kam er unter Schiffer E. P. Sjögren mit einer Ladung Planken und Brettern, die für Holtenau bestimmt waren. Am 1. März strandete er bei frischem NW-Wind angeblich durch Stromversetzung auf dem Steinriff vor Staberhuk, etwa 120 Faden vom Land entfernt. (Ein Faden = ca. 1,88 m.) Nachdem die Mannschaft die gesamte Ladung über Bord geworfen hatte, wurde der leicht leckgestoßene Schoner alleine wieder flott.

Die pommersche Jacht **Robert,** 24 Com.-Lasten, war in Osternothafen bei Swinemünde zu Hause. Sie war 1828 erbaut, 1855/56 neu aufgezimmert worden und gehörte ab 1859 dem Schiffer Friedrich Viebrantz in Osternothafen. Sie befand sich mit einer Ladung Bretter auf der Reise nach Kiel und strandete in der Nacht vom 15. auf den 16. März bei Oststurm mit Schnee auf dem Puttgarden-Riff. Während sich die Besatzung an Land rettete, wurde die Jacht vollständig wrack. Nach dem Sturm konnte die Ladung geborgen werden. Am 1. April 1869 kamen die Überreste des Schiffes zusammen mit etwas geborgenem Inventar am Puttgardener Strand zur Versteigerung. Schiffer Viebrantz führte später den Schoner *Lupus.*

Aus Norwegen stammte die Schaluppe **Norden,** die unter Schiffer Bergeysen mit einer Holzladung von Friedrichsfeld nach Kiel segelte. Am 23. Oktober lief sie beim Passieren des Fehmarnsundes angeblich infolge schlechten Steuerns des Mannes am Ruder auf „Grönwoldsbrink" auf und blieb sitzen. Erst nachdem man einen großen Teil der Ladung vorübergehend geleichtert hatte, konnte die Schaluppe mittels ausgebrachtem Warpanker wieder von der Untiefe abgehievt werden. – Warpanker, die noch häufig erwähnt werden, waren leichtere zusätzlich an Bord vorhandene Anker im Gegensatz zu den schweren Bugankern. Warpanker wurden mit einem Boot an langen Trossen ausgebracht, an denen man das Schiff von Hand oder mit Winden, z. B. auf der Reede an einen anderen Platz brachte. Dieses Verholen von Hand nannte man auch „warpen". Auf die gleiche Weise wurden Warpanker dazu benutzt um ein aufgelaufenes Schiff freizuhieven.

Heimathafen der Bark **Anna Krell** (MSBN), war Wismar, die dort auch 1857 gebaut worden war. Sie war zuerst mit 143 Com.-Lasten, später 410 Register-Tons vermessen und gehörte der Wismarer Reederei J. C. Thormann. Mit 13 Mann Besatzung an Bord geriet das Schiff am 21. November 1869 kurz vor Mitternacht bei mäßigem SW-Wind und hellem Mondschein vor Staberhuk auf Grund. Ursache war Nachlässigkeit des wachhabenden Steuermannes, der zu spät wenden ließ. Die Bark stieß schnell leck und lief voll Wasser, doch blieb die Mannschaft an Bord. Das Schiff wurde später durch Taucher der Firma Svitzer aus Kopenhagen provisorisch abgedichtet, dann gehoben und zur Ausbesserung nach Wismar geschleppt.

Die *Anna Krell* ging am 13. 3. 1873 im Indischen Ozean verloren, als sie sich mit einer Ladung Zucker auf der Reise von Probolingo nach Lissabon befand. Sie wurde in einem Orkan so schwer beschädigt, daß die Besatzung das Schiff aufgeben und sich in die Boote retten mußte.

1870

Der Schraubendampfer **Lübeck** (PBWF), wurde 1866 in West-Hartlepool auf der Werft von J. Richardson aus Schweißeisen erbaut. Er war anfangs zu 91 Lasten, nach der neuen deutschen Schiffsvermessungsordnung vom 5. 7. 1872 dann mit 321 englischen Register-Tons vermessen. Das Schiff gehörte der Lübecker Reederei Gaederts sen. & Co. und sollte unter Kapitän Langhoff eine Ladung Stückgut von Lübeck nach Gothenburg bringen. Am 2. April gegen 11 Uhr vormittags lief der Dampfer bei dichtem Nebel westlich von Staberhuk auf Strand. Nach dem Löschen eines Teiles der Ladung in einen Leichter wurde er später von einem Lübecker Schlepper abgebracht und konnte nach Übernahme seiner Fracht die Fahrt fortsetzen.

Heimathafen der Galiote **Anna** (LQDW), 69 Register-Tons, war Rendsburg. Sie wurde 1852 in Nübbel bei P. Sievers gebaut. Unter Schiffer J. H. Coltzau segelte die *Anna* im November 1870 in Ballast von Kiel nach Karlshamn in Schweden. Unterwegs strandete sie am 12. November spätabends in der Nähe von Westermarkelsdorf. Einzelheiten sind nicht bekannt, doch muß das Schiff wieder abgekommen sein, da es in späteren Jahren in den Registern noch aufgeführt wird.

Der schwedische Schoner **Balder,** Schiffer Matsson, befand sich mit einer Ladung Bretter auf der Fahrt von Västervik/Schweden nach Flensburg. Am 3. Dezember strandete er gegen 6 Uhr morgens bei NNO-Sturm auf dem Puttgarden-Riff und stieß leck. Er wurde jedoch nach einigen Stunden durch steigendes Wasser alleine wieder flott. Ein unbekannt gebliebener Dampfer nahm ihn in Schlepp und brachte ihn in den Fehmarnsund. Hier wurde die Holzladung gelöscht und nach einer gründlichen Untersuchung des Rumpfes das Schiff für reparaturunwürdig erklärt. Es kam einige Wochen später nebst ganzem Inventar beim Lotsen Adam in Burgtiefe zur Versteigerung.

1871

Ein Fußgendarm namens Lauenstein von der 9. Gendameriebrigade, die im Deutsch-Französischen Krieg 1870/71 auf Fehmarn stationiert war, entdeckte auf einer Küstenpatrouille ein gestrandetes Schiff. Er meldete es der Königlichen Kirchspielvogtei in Burg auf Fehmarn. Es handelte sich dabei um die norwegische Jacht **Christine Marie,** Schiffer Ydsteböe, aus Stavanger. Sie kam in Ballast von Lübeck und strandete am 26. September vor Staberhof. Sie wurde schnell wrack und ging total verloren, während sich die Besatzung an Land rettete.

1872

Auch der nächste Schiffbruch wurde vom Gendarm Lauenstein zuerst gesehen und gemeldet. In diesem Fall war es der schwedische Schoner **Emmelie,** Schiffer Sandbrech, der mit einer Ladung Bretter unterwegs nach Lübeck war. Er strandete am 15. Oktober westlich von Staberhuk in Richtung Katharinenhof, und auch in diesem Fall gelangte die Mannschaft sicher an Land. Lotse Adam aus Burgtiefe, der damals auch Strandvogt war, hielt ein Abbringen des zwischen großen Steinen liegenden Schiffes für schwierig. Tatsächlich gelang es nicht mehr, es flottzumachen. – Am 16. November erschien folgende Anzeige im „Fehmarnschen Wochenblatt“:

Auctions-Anzeige.

Am **Sonnabend,** den 23. d. Mts. Vormittags 10 Uhr soll das Inventar und die Stücke des zerschlagenen Wracks des am 15. October d. J. bei Staberhuck gestrandetrn schwedischen Schoonerschiffes Emilie, u. A.

Segel, Ketten, Tauwerk, Compas u. s. w.

für Rechnung Beikommander bei dem Hause des Eingesessenen Herrn Kock in Staberdorf a. F. gegen Baarzahlung oder 14tägigen Credit durch den unterzeichneten, beeidigten Auctionator versteigert werden.

Burg a. F. den 14. November 1872.

J. Oehl.

Die unvergessene Jahrhundertsturmflut am 12. und 13. November 1872 wirkte sich besonders verhängnisvoll in der westlichen Ostsee aus. Das hier vom orkanartigen NO-Sturm angestaute Wasser konnte nicht schnell genug durch Belte und Kattegat in die Nordsee abfließen und führte auch auf Fehmarn zu schweren Überschwemmungen. Die damals bedeutend niedrigeren Deiche brachen, viele Dörfer wurden überflutet und Häuser und Hausrat zerstört. Da andere Publikationen die große Flut ausführlich beschreiben, wird hier nur erwähnt, was die Schiffahrt betrifft. Während an diesen zwei Novembertagen an den deutschen und ausländischen Ostseeküsten insgesamt 515 Schiffe verunglückten, wovon ca. 100 total verlorengingen, ereigneten sich bei Fehmarn nur zwei Schiffbrüche. Vor Puttgarden strandete auf dem Riff ein unbekannter Segler, der so vollständig zerschlagen wurde, daß man nicht einmal seinen Namen erfuhr. Von der Besatzung wurde niemand gerettet.

Die norwegische Brigg **Industrie,** Schiffer Jacobsen, befand sich mit einer Ladung Bretter auf der Reise von Schweden nach England. Sie hatte bei dem Orkan im Fehmarnsund vor Anker Schutz gesucht, doch wurde sie auch dort noch vollständig wrack. Die beiden Ankerketten brachen, beide Masten gingen über Bord, und anschließend strandete das hilflose Schiff. Die Besatzung rettete sich an Land, und nach dem Sturm konnte die Holzladung geborgen werden, während die Brigg verloren war.
An den beiden Sturmtagen lag der gerade ein Jahr alte Kieler Dampfer *Sedan* (LBWM), 121 Register-Tons, im Hafen von Burgstaaken. Seine Besatzung kam unter Einsatz ihres Lebens mit dem Rettungsboot Burgstaakener Einwohnern zu Hilfe, die in ihren Häusern vom Hochwasser eingeschlossen und in Gefahr waren.
Als am 13. November auf dem Höhepunkt der Sturmflut das Haus des Lotsen Kruse am Fehmarnsund von der See weggespült wurde, ertranken beide Eltern und ein Kind. Der zwölf Jahre alte Sohn Fritz Kruse hatte sich auf das Dach seines Elternhauses geflüchtet. Darauf wie auf einem Floß sitzend, wurde er von der See so weit fortgetrieben, daß er den weißen Leuchtturm von Fakkebjerg an der Südspitze Langelands sah. Später führte ihn die Strömung in Richtung Kieler Bucht. Nach 24 Stunden wurde er am 14. November 15 sm nordöstlich der Kieler Förde von der französischen Brigg *Locquirec* gesichtet. Obwohl sein Schiff vom Sturm ebenfalls schwer havariert war, ließ der Kapitän ein Boot aussetzen, das vom Steuermann und zwei Matrosen bemannt war. Diesen gelang es unter eigener Lebensgefahr, den Jungen aufzunehmen und an Bord der Brigg zu bringen, die ihn dann in Kiel an Land brachte. Die Brigg *Locquirec* stammte aus Morlaix und war mit einer Ladung Flachs unterwegs von St. Petersburg nach Dünkirchen. Ihr Kapitän René Cabon erhielt von Kaiser Wilhelm I. für die Rettung des Fritz Kruse einen Orden, der Steuermann das Verdienstabzeichen für Rettung aus Gefahr und die beiden Matrosen je 25 Taler. Trotz seiner schlechten Erfahrungen mit dem Wasser wurde Fritz Kruse Seemann und später Kapitän.
Als Folge der großen Überschwemmungen von 1872 kam es dann auf Fehmarn zum Bau neuer und höherer Deiche, die 1876 fertig waren.

1873

In Stettin war die Schaluppe **Marie** (JCLP), 20,5 Lasten groß, beheimatet. Sie war 1860 erbaut worden und wurde 1873 von ihrem damaligen Eigner, Schiffer Kroll, geführt. Die *Marie* hatte Holz geladen und strandete am 5. Februar abends bei einer fixen Brise aus SSO und diesiger Luft auf dem Puttgarden-Riff. Dabei wurde sie schnell leck und lief voll Wasser, die Besatzung rettete sich im eigenen Boot an Land. Da das in der Brandung liegende Schiff sich tief in den Sandgrund des Riffes eingewühlt hatte, war ein Abbringen unmöglich, und es ging mit Ausnahme von etwas Inventar total verloren.

Der zwei Jahre alte Schoner **Robert Bluhm** (JMCP), 24 Lasten, war in Barth in Pommern zu Hause. Unter Führung von Schiffer C. H. Behrens segelte er mit Westkurs durch den Fehmarnbelt und hatte Erbsen geladen. Am 29. März strandete er bei frischem Ostwind ebenfalls auf dem Puttgarden-Riff und wurde wrack, während sich die Mannschaft an Land rettete. Unachtsamkeit des Schiffers soll zu der Strandung geführt haben. Ein Teil des geborgenen Inventars kam in Burgstaaken zur Versteigerung, das Wrack wurde zum Abbruch verkauft.

Aus Schweden stammte der Schoner **Nikolaus,** Schiffer Landgreen, der eine Ladung Holz nach

Burgstaaken bringen sollte. Obwohl sich schon ein Lotse aus Burgstaaken an Bord befand, strandete der Schoner am 6. Oktober abends angeblich durch Stromversetzung vor Staberhuk. Die Mannschaft und der Lotse konnten sich an Land retten, das Schiff stieß leck und ließ sich nicht mehr abbringen. Am 25. 10. 1873 wurde der Verkauf des Wracks am Staberhofer Strand angekündigt, dazu 150 Stück 12zöllige Bretter und zehn Stück 12zöllige Balken. In Burgstaaken kamen 280 Balken und 50 Sparren aus der Ladung des schwedischen Schoners zur Auktion.

Die 29 Jahre alte Jacht **Aveta** (LBDH), 8 Com.-Lasten, war in Burgstaaken zu Hause. 1873 gehörte sie dem Schiffer Hans Lange aus Burg auf Fehmarn und hatte auf der Reede von Gold in der Orther Bucht Seegras für Lübeck geladen. Man war bis Dahmeshöved gekommen, hatte dann aber wegen immer mehr auffrischenden SW-Sturmes unter der Küste vor Anker Schutz gesucht. Als die Kette brach, segelte Schiffer Lange zum Fehmarnsund zurück und ging nördlich des Großenbroder Fährhauses erneut vor Anker. Aber auch die zweite Ankerkette brach, und die Jacht geriet ins Treiben. Sie stieß erst auf ein paar große Steine und strandete dann am 16. Dezember spätabends auf „Grönwoldsbrink". Dabei fiel sie auf die Seite und lief voll Wasser, während Lange und sein Matrose Osterkamp aus Vadersdorf auf Fehmarn auf den Mast kletterten. Hier mußten sie die ganze Nacht, von der Gischt durchnäßt, frierend aushalten und hatten keine Möglichkeit, sich bemerkbar zu machen. Erst am nächsten Vormittag gegen 10 Uhr wurden sie endlich vom Fährpächter Adam aus Fehmarnsund entdeckt. Zusammen mit den Fährknechten Ferdinand Unbehauen aus Fehmarnsund und Friedrich Kühlsen aus Großenbrode ruderte Adam zu dem Wrack. Nach zwei vergeblichen Versuchen erreichte man das Wrack in der Brandung und warf den Schiffbrüchigen ein Tau zu. Mit großer Mühe konnte man die beiden fast schon erstarrten ins Boot holen und anschließend nach Burgstaaken bringen. Schiff und Ladung gingen verloren. Das „Fehmarnsche Wochenblatt" vom 19. 12. 1873 schreibt dazu wörtlich im Stil der damaligen Zeit: „Schiff und Ladung sind die Betreffenden unvorsichtig genug gewesen, nicht zu versichern, und so ist der Schade für den Verlader (des Seegrases) ein nicht unbedeutender, für den Schiffer Lange aber ein nahezu unerschwinglicher."

Im Zusammenhang mit der Strandung der *Aveta* steht eine Nachricht vom April 1874, die zeitlich hier vorweggenommen wird. Darin heißt es: „Seine Majestät der Kaiser und König (Wilhelm I.) haben mittels Allerhöchster Ordre vom 9. des Monats geruht, dem Fährpächter Adam zu Fehmarnsund bei dem Unfall am 17. 12. 1873 geleistete Hilfe das Verdienst-Ehrenzeichen für Rettung aus Gefahr, den höchsten Orden diese Kategorie, zu verleihen."

Die Fährknechte Unbehauen aus Fehmarnsund und Kühlsen von Großenbroder Fähre erhielten in Anerkennung ihrer Hilfeleistung bei der Rettung der Besatzung der *Aveta* jeder ein goldenes 10-Mark-Stück.

Am gleichen Tag, an dem die *Aveta* verlorenging, am 16. 12. 1873, saß ein unbekannter großer Dampfer auf dem Puttgarden-Riff fest. Da nichts Näheres darüber bekannt ist, wird er mit eigener Kraft wieder freigekommen sein.

1874

Der vier Jahre alte dänische Schoner **Anna Catharina,** 67,5 Lasten groß, wurde vom Schiffer J. C. Steen geführt. Das Schiff kam ohne Ladung von Apenrade und strandete am 31. März abends bei schwerem Oststurm angeblich infolge Vertreibung der Seezeichen vor der Westermarkelsdorfer Huk. Die fünfköpfige Besatzung rettete sich im Boot an Land. Der Schoner wurde vollständig wrack.

In Hohn bei Rendsburg war der 42 Jahre alte Ewer **Cito** (LQBP), 26,5 Lasten groß, beheimatet. Unter Schiffer Heinrich Speck hatte er am 2. April Windau mit einer Ladung Bretter verlassen, die nach Bockhorn bei Rendsburg bestimmt war. Als man am 13. April Fehmarn sichtete, wehte Oststurm Stärke 7–8, und am Nachmittag am hellen Tag strandete der Ewer östlich von der Markelsdorfer Huk. Die Mannschaft hielt noch 42 Stunden auf ihrem voll Wasser geschlagenen Schiff aus, ehe sie sich am Morgen des 15. April im Boot an Land rettete. Der Ewer konnte nicht geborgen werden. Sein Verlust wurde dem Schiffer angelastet, da der gesteuerte Kurs auf Land geführt hatte. Am 2. 5. 1874 kam das Wrack der *Cito* zum Verkauf.

Dem in diesen Tagen tobenden Sturm aus östlicher Richtung fielen noch zwei Schiffe zum Opfer. Das nächste war der 20 Jahre alte schwedische Segler **Argo** zu 25 Schiffslasten. Er wurde von Schiffer Wiemann geführt und hatte in Slitehamn/Schweden im Raum ungelöschten Kalk und an Deck Holz für Burgstaaken geladen. Am 14. April strandete die *Argo* bei schwerem Oststurm und Nebel auf dem Puttgarden-Riff, nur 30 Faden vom Land entfernt. Drei Mann der Besatzung brachten sich im Boot in Sicherheit, während Wiemann sein Schiff noch nicht verlassen wollte. Als dieses aber leckstieß und voll Wasser lief, entzündete sich die Kalkladung in Verbindung mit dem Wasser von selbst. Nun geriet Schiffer Wiemann in große Not. Unter eigener Lebensgefahr kämpfte sich der Puttgardner Fischer Heinrich Lehmbeck zusammen mit dem Lotsengehilfen Fritz Holst aus Burgstaaken in einem kleinen Boot durch die Brandung und holten den schwedischen Kapitän von dem brennenden Schiff. Für diese mutige Tat ließ ihnen der schwedische König Oskar II. durch seinen Vizekonsul in Lübeck eine goldene Medaille überreichen.

Das dritte Opfer des gleichen Sturmes war ebenfalls ein Schwede. Der Schoner **Marie,** 17,5 Com.-Lasten, befand sich unter Schiffer August Andersen mit einer Ladung Bretter auf der Reise von seinem Heimathafen Oskarshamn nach Kolding. Am 14. April vormittags strandete die *Marie* bei ONO-Sturm und Nebel vor Presen. Sie lag so dicht an Land, daß man von dort aus den Leuten an Bord lange Leitern zuschob. Diese verlängerten sie mit Brettern aus der Ladung, bauten auch noch ein Floß, und so gelangten alle drei Mann sicher an Land. Das Schiff wurde wrack und kam später zum Abbruch zum Verkauf. Von der Holzladung spülte der größte Teil an die Küste. Die Presener Einwohner, die den Schiffbrüchigen Hilfe leisteten, hießen Bugislaus, Buttschaft, Rehr, Schuldt und Wulf.

Holz am Strand wie im vorher erwähnten Fall war immer ein freudiges Ereignis für jede Küstenbevölkerung, und das traf nicht nur für die Bewohner der waldarmen Insel Fehmarn zu. „Holz am Strand", das sprach sich wie ein Lauffeuer in den Küstendörfern herum, und die Jagd nach dem begehrten Strandgut trieb jeden, der es möglich machen konnte, ob Männer oder Frauen, an den Strand. Durch uralte Überlieferungen sahen die Menschen alles, was die See an den Strand spülte, wie ein Geschenk und damit als ihr Eigentum an. Tatsächlich war das aber nicht so. In ganz alten Zeiten beanspruchte die jeweils herrschende Klasse das Strandrecht für sich. Die private Aneignung von Strandgut wurde schwer bestraft. Zur Zeit der Hanse erwirkten die einflußreichen Kaufleute dann entsprechende Gesetze, um ihre Eigentumsrechte an den wertvollen Ladungen der gescheiterten Schiffe zu behalten. Den Findern stand nur eine geringe Entschädigung zu. Auch unter diesen Verhältnissen war die Versuchung groß, Strandgut für sich beiseite zu schaffen. Im 19. Jahrhundert kam es dann zu staatlichen Regelungen im Strandrecht. So mußten alle größeren Funde an Gütern dem zuständigen Strandvogt gemeldet werden. Neues Schnittholz wurde von ihm aufgemessen, und das Strandamt versuchte den Eigentümer zu ermitteln. Bei einem in der Nähe gestrandeten Schiff war das natürlich einfach. Konnte der Besitzer nicht gefunden werden, kam es zu einer öffentlichen Versteigerung zugunsten des Fiskus. Auch in diesem Falle erhielten die Finder nur einen geringen Bergelohn, der bei an den Strand gespültem Holz (strandtriftiges) niedriger war als bei solchem, das aus der See aufgefischt wurde (seetriftiges genannt). Später schaltete sich überall an den Küsten des Deutschen Reiches auch die Zollbehörde ein, denn die Küste galt zugleich als Zollgrenze, und angespültes Strandgut, auch ausländische Schiffswracks, galten wie aus dem Ausland eingeführt. Die Mentalität der Küstenbewohner, ob in Deutschland oder im Ausland, war überall gleich: Nur unter dem Zwang der bestehenden Gesetze wurde bei größeren Funden, wie neuem Schnittholz, ein Teil offiziell beim Strandvogt angemeldet. Der andere Teil, und das war oft der größere, verschwand in den verschiedensten Verstecken, auf Fehmarn in Scheunen, „uppn Böhn" oder „achterm Diek". Er wurde nachts in Sicherheit gebracht und später privat verbraucht oder verkauft.

Nach dem alten deutschen Seerecht aus dem 19. Jahrhundert hatte das Überbordwerfen von Ladung sogar einen offiziellen Namen und hieß „Seewurf". Dieser war nur erlaubt, wenn Gefahr für Menschen, Schiff oder Ladung bestand und dadurch die Möglichkeit gegeben war, größere Gefahr und Schäden abzuwenden. Der Verlust mußte zur einen Hälfte vom Schiffseigner, zur anderen vom Befrachter getragen werden. Später kamen die Versicherungen auch dafür auf. Bis heute, 1987, trieben zum letzten Mal im Herbst 1955 Teile einer Decksladung neuen Schnittholzes an der Nordküste Fehmarns an Land. Wie vorher beschrieben, war der Strand innerhalb kurzer Zeit voller Menschen, die daran teilhaben wollten. Der Eigentümer der Ladung konnte damals ermittelt werden. Das Holz stammte von dem gesunkenen schwedischen Dampfer *S.M. Stjärna,* von dem später ausführlich berichtet wird.

Doch zurück zur Chronologie des Jahres 1874. Die Schaluppe **Bertha** (JLTM), 28 Register-Tons, stammte aus Cammin in Pommern, war aber in Stettin registriert. Sie war 1857 erbaut worden und befand sich 1874 im Alleineigentum von Frau Johanna Krüger aus Cammin. Ihr Mann Carl Krüger führte das Schiff. Die Schaluppe war mit einer Ladung Zement in Fässern von Stettin nach Odense auf Fünen unterwegs. Am 29. April vormittags kam sie bei frischem NW-Wind in einer schweren Regenböe der Küste Fehmarns zu nahe und lief ca. 100 m südöstlich von Staberhuk auf Grund. Dabei wurde sie leicht leck, konnte aber wieder abgebracht werden. Am 11. 10. 1880 ging die *Bertha*, die nicht versichert war, in einem schweren NO-Sturm durch Strandung bei Rewa auf der Halbinsel Hela verloren. Die Besatzung wurde gerettet.

Heimathafen der Galeasse **Hercules** (JLTN), 46 Register-Tons, war Barth in Pommern. Sie lief 1858/59 in Prerow/Darß bei M. H. Zaage als Schoner vom Stapel. 1866/67 wurde sie verlängert und zur Galeasse umgetakelt. Ihr Eigner und zugleich Schiffsführer war von Anfang an Johann Blatt aus Wieck/Darß. Die Galeasse hatte Petroleum geladen, ob in Fässern oder Blechkanistern ist nicht bekannt, und segelte von Bremen nach Kopenhagen. Am 4. Oktober gegen 1 Uhr früh strandete sie bei SW-Sturm mit Regen infolge der schlechten Sicht vor Bojendorf. Da sie dicht an Land lag, erreichte die dreiköpfige Besatzung sicher die Küste. In der Brandung erlitt das Schiff so schwere Schäden, daß man es aufgab und später zum Abbruch verkaufte. Die Petroleumladung wurde geborgen. 1875 ließ Schiffer Blatt sich den Gaffelschoner *Johann Friedrich* bauen, der 1889 von einem anderen Fahrzeug übersegelt wurde.

Die Kuff **Lina** (KBCW), 10,5 Normallasten, war in Westrhauderfehn zu Hause. Sie gehörte dem dort ansässigen Schiffer Jürgen Ulpts, der einen Matrosen und einen Jungen mit an Bord hatte. Die *Lina* hatte am 2. 12. 1874 Memel mit einer Ladung Bretter für Geestemünde verlassen und stand am 9. 12. im Fehmarnbelt nordwestlich von Marienleuchte. Es herrschte strenger Frost mit Schneetreiben, und das total vereiste Schiff hatte so starke Schlagseite, daß es jeden Moment zu kentern drohte. Da die Deckslast ein einziger Eisklumpen war, ließ sie sich nicht mehr über Bord werfen, wie man es sonst in gefährlichen Situationen machte. Schweren Herzens entschloß sich Schiffer Ulpts am 9. 12. gegen 14 Uhr dazu, die beiden Masten zu kappen. Mit dem ganzen stehenden Gut ging dabei auch das Schiffsboot verloren, aber die Gefahr des Kenterns war vorerst gebannt. Das hilflose Wrack trieb nun bei leichtem NW-Wind nach Südosten und kam am nächsten Morgen nicht weit vom Land entfernt an Staberhuk vorbei. Ohne Boot konnte man jedoch nicht von Bord gehen. Nach einigen Stunden traf man eine auf Fehmarn beheimatete Jacht. Sie nahm die Mannschaft der *Lina* auf und setzte sie in Burgstaaken an Land. Die Kuff trieb später bei auf Süd drehendem Wind an der holsteinischen Küste vor Siggenbusch an Land und wurde geborgen.

1875

Der russische Schoner **Marie,** 120 Register-Tons, segelte unter Schiffer Schloßmann mit einer Ladung Holz von Windau nach Holtenau. Am 24. Mai spätabends wollte er bei gegenan wehendem starkem Westwind und diesiger Luft östlich von Fehmarn über Nacht vor Anker gehen. Noch ehe man Land sah, stieß der Schoner auch schon vor Staberhuk auf Grund, blieb sitzen und wurde leck. Am nächsten Tag erschien der Dampfer *Fehmarn*, Kapitän Johannsen, aus Burgstaaken an der Unglücksstelle. Er übernahm die Ladung der *Marie* und schleppte diese dann in den Hafen von Neustadt/Holstein. Hier wurde der Schoner nach eingehender Besichtigung am 2. Juni 1875 für reparaturunwürdig erklärt und als Wrack verkauft. Er war in Hamburg bei der Assekuranz mit 5500 Mark, seine Ladung zu einem Betrag von 12 856 Mark versichert.

Bei dem letzten Ereignis wurde zum ersten Mal ein Fehmarner Dampfschiff bei einer Bergung erwähnt. Der Schraubendampfer *Fehmarn* (LBJF),

1890 – Dampfer »Fehmarn« (1). Auf der Brücke am Ruder: Kapitän Theodor Schacht.

ex Neustadt, war 78 BRT/46 NRT groß. Er wurde 1862 in Hamburg auf der Reiherstiegswerft noch mit der klassischen Form eines Segelschiffsrumpfes aus Eisen erbaut und besaß eine Maschine von 85 PSi. 1870 erwarb der Reeder Julius Lafrenz aus Burg auf Fehmarn den Dampfer und setzte ihn im Liniendienst für Passagiere und Frachtbeförderung zwischen Burgstaaken–Neustadt–Lübeck und zurück ein. 1897 verkaufte er das Schiff nach Dänemark. Schon ein Jahr vorher, 1896, hatte er sich einen größeren Dampfer bauen lassen, der ebenfalls den Namen *Fehmarn* bekam und von dem später berichtet wird.

Zu der Tjalk **Roelfina** gibt es keine näheren Angaben, doch stammte sie sicher aus den Niederlanden. Unter Schiffer de Vries befand sie sich mit einer Ladung von 500 Barrels Petroleum auf der Reise von Bremen nach Riga. Am 14. August berichtete das „Fehmarnsche Wochenblatt", daß die Tjalk bei Westermarkelsdorf gestrandet sei, die Besatzung aber geborgen wurde. Der Kapitän hoffte jedoch, sein Schiff wieder flottzubekommen. Sicherlich hatte er damit bei dem meist schönen Wetter im August auch Erfolg, denn vom Verlust der *Roelfina* ist nichts bekannt.

Im schwedischen Oskarshamn war der Schoner **Rapide** (HMLZ) beheimatet. Hier hatte er auch unter Schiffer Niels Peter Petersson eine Ladung Holz für Flensburg eingenommen. Auf der Fahrt dorthin strandete der Schoner am 3. Oktober um 5 Uhr morgens bei schwerem Südsturm mit Regen und schlechter Sicht auf dem Puttgarden-Riff. Die Mannschaft und ein Passagier retteten sich im eigenen Boot an Land. Über das Schicksal des Schiffes liegen keine Nachrichten vor.

Heimathafen des Gaffelschoners **Franz** (JCLT), war Stettin. Er wurde 1858 erbaut und hatte eine Tragfähigkeit von 25,5 Lasten. Später war er mit 38 Register-Tons vermessen und gehörte 1875 dem Schiffer Friedrich Wilhelm Jürgens aus Altwarp am Kleinen Haff. Der Schoner befand sich mit einer Ladung Mauersteine auf der Fahrt von Barhöft nach Jägersberg bei Kiel. Am 20. November gegen 20 Uhr strandete er bei ONO-Sturm mit Regen und sehr niedrigem Wasserstand im Fehmarnsund vor „Haakenort" (zwischen Gold und Orth). Angeblich hatte ein harter nach Westen setzender Strom das Schiff zu nahe an Land gebracht. Die dreiköpfige Besatzung wollte sich im Boot retten, doch schlug dieses beim Aussetzen voll Wasser. Der Schiffer konnte sich noch an der Bordwand festhalten, während die beiden Decksleute an seinen Beinen hingen und sich daran festklammerten. Nach einiger Zeit ließen sie los und wurden von den Wellen an Land gespült. Schiffer Jürgens zog sich wieder an Deck, befreite sich von seiner Kleidung und schwamm ans nahe Ufer. Später wurde die gesamte Ladung geborgen, doch mußte der schwer havarierte Schoner aufgegeben werden. Vier Wochen später kamen das Wrack nebst Inventar sowie die 19 000 zwölfzölligen Mauersteine aus der Ladung zur Versteigerung.

Die Danziger Bark **Berlin** (HFJD), ex Friedrich Wilhelm IV., wurde 1840 in Elbing bei Michael Mitzlaff gebaut. Sie war anfangs mit 204 Lasten, später mit 327 BRT/316 NRT vermessen. 1875 war sie Eigentum der Reederei Hermann Weinberg & Co. und wurde von Kapitän Ludwig Wilhelm Lüdke aus Rügenwaldermünde geführt. Die *Berlin* hatte in Leith/Schottland Steinkohlen für Danzig geladen. Am 12. Dezember spätabends strandete sie bei frischem WNW-Wind und diesiger Luft vor Bojendorf. Weder für die Mannschaft noch das Schiff bestand ernsthafte Gefahr, und nach dem Überbordwerfen von ca. 80 t Steinkohlen wurde die Bark alleine wieder flott.

Von einer Hilfeleistung der Besatzung des Kieler Dampfers **Sedan** (LBWM), wurde schon in Verbindung mit der Sturmflut von 1872 berichtet. Im Dezember 1875 befand sich der Dampfer unter Schiffer E. Moritz mit einer Ladung Weizen auf der Fahrt von Kolberg nach Kiel-Neumühlen. Am 19. Dezember um 12 Uhr mittags lief er aus unbekannter Ursache auf das Puttgarden-Riff auf. Schiffer Moritz lehnte aber jede fremde Hilfe ab und kam nach einigen Stunden mit eigener Kraft wieder frei.

1876

Die 28 Jahre alte englische Brigg **Moca** (WSKF), 186 Register-Tons groß, war mit einer Ladung Steinkohlen auf der Reise von Hartlepool nach Flensburg. Unter Führung von Schiffer Henry Beane strandete sie am 16. April abends infolge von Stromversetzung und Niedrigwasser auf dem Puttgarden-Riff. Die fünfköpfige Besatzung ging ins Boot, das sie an dem leckgewordenen Schiff anband, und wartete darin auf den Morgen. Dann ruderte sie an Land. Schiff und Ladung gingen verloren, nur von der Takelage konnte noch etwas geborgen werden.

Aus Norwegen stammte der Dampfer **Kongen Oscar** (JPRW), unter Kapitän Julius Mowinckel. Die Besatzung bestand aus 14 Mann. Das Schiff hatte am 9. 6. 1876 Riga mit einer Ladung Roggen für Kiel verlassen und am 11. 6. abends Gedser Reff passiert. Das Feuer von Marienleuchte bekam man aber nicht in Sicht, da dichter Nebel herrschte, und über die Lage des Puttgarden-Riffs war die Schiffsführung nicht informiert. Am 12. Juni morgens lief der Dampfer bei einer frischen nördlichen Brise und immer noch Nebel auf das Riff vor Puttgarden auf. Mit Unterstützung von Leuten aus Puttgarden wurden ca. 1000 t Roggen in tagelanger Arbeit in Leichter gelöscht. Danach konnte das unbeschädigt gebliebene Schiff abgeschleppt werden. Der Oberlotse Adam aus Burgtiefe brachte es sicher nach Kiel.

Ebenfalls in Norwegen war die Bark **Fled** (HWCS) zu Hause. Mit zehn Mann Besatzung segelte das 324 Register-Tons große Schiff in Ballast von Flensburg nach Kotka im damals noch russischen Finnland, um hier Holz zu laden. In der Nacht vom 6. auf den 7. September segelte die Bark bei frischem SW-Wind durch den Fehmarnbelt. Am 7. September um 2 Uhr früh erblickte man das Feuer von Marienleuchte und setzte den Kurs neu fest, doch wurde der Abstand zum Land falsch eingeschätzt. Eine Stunde später lief das Schiff auf das Puttgarden-Riff auf. Nachdem mit Hilfe der Puttgardener Fischer der Ballast in die See geworfen war, wurde die Bark wieder flott und konnte die Fahrt fortsetzen.

Aus Wiborg im damals noch russischen Finnland stammte der vier Jahre alte Schoner **Onnen Toivo,** ca. 200 Register-Tons, über den nichts Näheres bekannt ist. Unter Führung von Kapitän Israel Hovi sollte das Schiff eine Ladung Bretter von Wiborg nach Kiel bringen. Als man am 17. Oktober in der Mittagszeit bei leichtem SO-Wind und Nebel plötzlich Brandung voraus hörte, ließ man sofort einen Anker fallen. Gleich darauf saß der Schoner bereits auf dem Puttgarden-Riff fest. Fischer aus Puttgarden halfen die Deckslast zu leichtern. Einige

Tage später war die *Onnen Toivo* wieder flott, so daß sie nach Kiel segeln und ihre restliche Ladung löschen konnte. Kurz nach der Ausreise von Kiel in Ballast kenterte das Schiff bei stürmischem Wetter. Die Besatzung wurde vollzählig von einem Dampfer aufgenommen. Das verlassene Wrack trieb schon am 31. 10. 1876 an der Küste Bornholms südlich von Rönne an Land. Es wurde geborgen, repariert und zu einer Brigg umgetakelt. Ab 1878 fuhr sie als *Aldebaran* unter dänischer Flagge mit Heimathafen Rönne. Die Brigg ging am 19. 11. 1883 durch Strandung vor Skagen verloren, ihre Mannschaft wurde gerettet.

In Barth in Pommern war der Schoner **Schwark** (JLVK), beheimatet. Dort wurde er 1861 auf der Werft von J. H. Braunschweig erbaut und war anfangs mit 28,5 Lasten, später 46 Register-Tons vermessen. 1876 gehörte er dem Schiffer A. Wiese aus Bresewitz bei Barth. Der Schoner hatte in Pillau Erbsen für Orth auf Fehmarn geladen und stand kurz vor seinem Ziel. Am 17. Dezember wartete er bei frischem Ostwind vor Burgstaaken auf den Lotsen, der ihn durch den Fehmarnsund in den Hafen von Orth bringen sollte. Durch Stromversetzung trieb er auf den „Grünen Grund" (identisch mit „Grönwoldsbrink") und setzte nach dem Festkommen sofort die Notflagge. Daraufhin brachte der Lotse gleich den Strandvogt Tardel und vier Hilfsleute von Burgstaaken mit. Man lud zuerst das Lotsenboot voll Erbsensäcke, doch brachte das keinen Erfolg. Es mußten weitere 100 Sack Erbsen in die See geworfen werden, ehe der inzwischen leckgestoßene Schoner wieder freikam. Anschließend brachte man ihn zur Ausbesserung nach Heiligenhafen. Der seltsame Name des Schiffes *Schwark* ist in Pommern der plattdeutsche Name für Böe.

1877

Heimathafen des Schoners **Garibaldi** (JHFM), 56 Register-Tons, war Stettin. Er war 1862 bei Spörk in Greifswald gebaut worden und wurde 1877 von seinem derzeitigen Eigner, dem Schiffer Carl August Haak aus Gollnow, geführt. Der Schoner hatte am 27. Februar Kiel ohne Ladung verlassen, um nach Pillau zu segeln. Am 28. Februar lief er gegen 4 Uhr morgens bei starkem Nordwind vor Bojendorf auf den Strand. Nach dem Überbordwerfen des Sandballasts wurde er jedoch ohne fremde Hilfe wieder flott und setzte seine Fahrt fort.

Der Schraubendampfer **Rhein** (GRBD) lief am 7. 9. 1867 auf der Stettiner Vulcanwerft als erster Marineauftrag vom Stapel und galt als Kriegsschiff. Er war anfangs mit 109 Com.-Lasten, später 498 BRT vermessen und noch als Dreimastschoner getakelt. In den ersten Jahren wurde er für Transporte innerhalb der Marine eingesetzt. Unter dem Kommando von Bootsmann Rakutys (Bootsmann war in diesem Fall ein militärischer Rang) sollte er alte nicht mehr benötigte Lafetten und Eisenmunition von Stralsund nach Kiel bringen und hatte zusätzlich vier Barkassen im Schlepptau. Am 3. September lief der Dampfer bei flauem NW-Wind und diesiger Luft auf das Puttgarden-Riff auf. Bei seinen Bemühungen, mit eigener Kraft freizukommen, gerieten auch noch die Trossen der nachgeschleppten Barkassen in die Schraube und machten ihn völlig hilflos. Das Schiff mußte abgeschleppt und in eine Kieler Werft gebracht werden. 1878 wurde mit dem Dampfer *Rhein* die Vermessung der Untiefe Adlergrund durchgeführt. Ab 1883 zählte *Rhein* als Streuminendampfer und wurde 1911 aus der Liste der Kriegsschiffe gestrichen. Bis 1920 diente der Rumpf der Marine noch als Werkstattschiff und wurde dann als Hulk verkauft.

In Stolpmünde war der Galeaßewer **Martha** (JDPW), 37 Register-Tons, zu Hause. Er war 1866 in Stade bei Jacob Ropers erbaut und 1877 von Schiffer August Sperling aus Stolpmünde erworben worden. Dieser ließ die *Martha* neu aufzimmern. Unter Schiffer Sperling befand sich die Galeasse mit einer Ladung Sprit in Fässern auf der Fahrt von Stolpmünde nach Flensburg. Am 31. Oktober um 16 Uhr strandete sie in einem orkanartigen W-Sturm mit Nebel und niedrigem Wasserstand auf dem „Flügge-Sand". Die *Martha* wurde leck, doch blieb die Mannschaft an Bord. Nachdem der Sturm am 1. November abgeflaut war und auf NW gedreht hatte, stieg auch das Wasser wieder an. Mit Hilfe von Fischern aus Orth auf Fehmarn konnte die Galeasse flottgemacht und zur Reparatur in den Hafen von Orth gebracht werden.

In der Nacht vom Mittwoch, dem 21. November, auf Donnerstag, den 22. November, strandete in einem heftigen Weststurm die Fischquatze **Wentorf II** mit zwei Mann Besatzung auf dem Puttgarden-Riff. Quatzen waren Fahrzeuge, die zum Transport lebender Fische dienten und entsprechend eingerichtet waren. Am Donnerstagmorgen segelten der Fischer Heinrich Lehmbeck und der Arbeiter Andrews aus Puttgarden zu dem aufgelaufenen Schiff, um ihm Hilfe zu bringen. Es gelang jedoch erst nach großen Mühen und Anstrengungen zwei Tage später, am 23. 11. gegen 10 Uhr vormittags, die Quatze flottzubekommen. Da immer noch ein starker Wind wehte, nahm Fischer Lehmbeck das Ruder, um das Schiff in den Windschutz der Presener Bucht zu segeln. Beim Wenden in der Nähe des Riffs stieß die Quatze plötzlich noch einmal hart auf Grund und blieb erneut sitzen. Dabei schlugen die Segel herum, und die Ruderpinne flog mit solcher Gewalt zur Seite, daß Lehmbeck sie nicht halten konnte und von ihr über Bord geschleudert wurde. Sein Kollege Andrews rief sofort nach dem Boot, aber in der Aufregung hielt man es nicht fest, und es trieb in die See hinaus. An das Nachwerfen einer Rettungsboje oder Holzgegenstandes zum Festhalten dachte niemand. Der mit der Strömung schnell davontreibende Lehmbeck reckte noch einige Male einen Arm hoch und versank dann in der Tiefe.

Das „Fehmarnsche Wochenblatt" vom 1. 12. 1877 schrieb wörtlich über das Unglück: „Lehmbeck war ein Kampfgenosse von 1870/71, er stand im besten Mannesalter und hinterläßt eine Frau und drei Kinder, ein viertes Kind wird erwartet." Lehmbeck hatte schon so mancher Schiffsbesatzung aus Gefahr geholfen. Er war auch derjenige, der 1874 für die Rettung des schwedischen Kapitäns vom Segler *Argo* eine Goldmedaille zur Belohnung erhalten hatte. In einer Meldung vom 22. März 1878 heißt es dazu, daß die Leiche des Puttgardener Fischers Heinrich Lehmbeck an der dänischen Küste auf Laaland, gegenüber von Fehmarn, angetrieben sei. Man konnte ihn an seinem Portemonnaie und seiner Uhr, die er bei sich trug, identifizieren. Allerdings fehlten die 300 Mark, die Lehmbeck vom Schiffer der Quatze *Wentorff II* für das Abbringen angeblich schon erhalten hatte und bei sich trug. Es blieb die Frage offen, ob Strandräuber, die auch vor dem Ausplündern einer Leiche nicht zurückscheuten, sich das Geld angeeignet hatten, oder ob es anderweitig verlorenging.

300 Goldmark waren zu der damaligen Zeit eine beträchtliche Summe. Man sieht daraus, daß die Fischer früher mit ihren Hilfeleistungen bei Strandungen einen guten Nebenverdienst hatten, vor allem an einem Platz mit vielen Unfällen wie vor Puttgarden. Diese zusätzlichen Einkünfte betrugen mindestens die Hälfte des normalen Verdienstes aus dem Fischfang, und in „guten Jahren" sicher noch mehr. Gute Jahre waren deshalb für die Fischer Jahre mit vielen Schiffbrüchen, um ihr sonst eher karges Einkommen aufzubessern.

1878

In Kalmar/Schweden war die 103 Register-Tons große Brigg **Anna** registriert. Es handelte sich um ein recht altes Schiff, das schon 1830 neu aufgezimmert wurde. Unter Schiffer F. W. Röberg hatte man in Kalmar Bretter für Kiel geladen, und auf der Fahrt dorthin strandete die Brigg am 8. Januar spätabends bei einer fixen Brise aus Südost und schlechter Sicht vor der Markelsdorfer Huk. Ein Leuchtturm stand damals dort noch nicht. Nachdem die Besatzung die gesamte Deckslast über Bord geworfen hatte, wurde das Schiff an ausgebrachten Warpankern wieder freigehievt.

Der Schoner **Gustav Wilhelm** (MSGH), 142 BRT/135 NRT, lief 1874 in Ribnitz bei J. H. Wilken vom Stapel. Er gehörte der Wismarer Reederei G. W. Löwe und wurde 1878 vom Schiffer F. Niemann aus Wustrow auf dem Fischland geführt. In Grangemouth hatte man eine Ladung Steinkohlen für Wismar eingenommen. Am 5. Mai gegen 5 Uhr morgens lief der Schoner bei mäßigem achterlichem Wind aus WNW vermutlich durch Stromversetzung an der Westseite des Puttgardner Riffs auf Grund. Zufällig kam der Kieler Dampfer *Meta*, Schiffer H. Steffen, der Reederei Sartori & Berger, vorbei und schleppte ihn wieder ab. Ohne Schaden genommen zu haben, konnte er nach Wismar weitersegeln. Die *Gustav Wilhelm* wurde 1894 auf der Reise von Västervik nach St. Malo mit einer Ladung Bretter im Englischen Kanal in schwerem Sturm so havariert, daß die Besatzung am 29. 12. 1894 nördlich von Alderney ins Boot ging und das Schiff aufgab. Der Schoner trieb bei Anse St. Martins auf den Strand und zerbrach.

Heimathafen des Ewers **Margaretha** (RDMS), 57

Register-Tons, war Hamburg. Er wurde 1866 in Rekum auf der Werft der Gebrüder Christoffers erbaut und war Eigentum des Schiffers Diedrich Kähler aus Estebrügge, der das Schiff auch führte. Die *Margaretha* hatte Riga am 7. 9. 1878 mit einer Ladung Bretter für Vegesack verlassen und stand am 22. 9. 1878 etliche Seemeilen östlich von Fehmarn. Als man am 23. September gegen 4 Uhr früh bei frischem Südostwind und Nebel neun Faden Wasser lotete, glaubte Schiffer Kähler, noch weit genug vom Land entfernt zu sein. Kurz danach saß der Ewer auch schon auf dem Puttgarden-Riff fest. Es mußten zwei Drittel der Holzladung in die See geworfen werden, um das inzwischen leckgestoßene Schiff wieder vom Riff herunterzubekommen. Anschließend wurde es in Burgstaaken ausgebessert.

1879

Der pommersche Gaffelschoner **Johann** (JCLG), 45 Register-Tons, war in Stettin registriert, gehörte aber dem Schiffer Carl Schöngrün aus Wolgast. Das Schiff wurde 1840 in Schweden ursprünglich als Slup erbaut, um 1850 nach Deutschland verkauft und 1858 in Swinemünde bei Liebnitzky verlängert und zum Gaffelschoner umgetakelt. 1869 erfolgte eine neue Großreparatur. Die Eigner wechselten häufig, und 1878 erwarb Carl Schöngrün den Schoner für 3000 Mark. Außer ihm als Schiffsführer befanden sich seine beiden Söhne Carl und Alex mit an Bord, der erstere als Steuermann, der andere als Matrose. Der Schoner *Johann* verließ am 18. November 1879 Elbing mit einer Ladung Schnittholz, die für Kiel bestimmt war. Am 20. 11. abends passierte man Gedser-Feuerschiff und bekam bei frischem Ostwind schon am nächsten Tag gegen 2 Uhr früh das Feuer von Marienleuchte in Sicht. Als man nach einer weiteren Stunde das gleiche Feuer in WSW peilte, änderte man den Kurs etwas mehr nach NW und schätzte den Abstand zum Land auf 4 sm. Gegen 4 Uhr morgens am 21. 11. stieß der Schoner plötzlich auf Puttgarden-Riff auf Grund. Ein Versuch, sich freizusegeln, mißlang. Im Gegenteil, das Schiff wurde immer weiter auf das Riff geworfen. Es stieß schwer in der Brandung und verlor schon um 8 Uhr den Kiel. Die Mannschaft blieb noch bis zum Nachmittag auf dem voll Wasser geschlagenen Schiff, über dessen Deck die Brecher hinweggingen. Sie verließ es dann im eigenen Boot und erreichte sicher das Land. In der folgenden Nacht zerschlug die See den Schoner, dessen Ladung und Takelage an den Strand trieben und geborgen wurden. Das Wrack nebst Inventar wurden später am Strand für 500 Mark verkauft. Während die Ladung zu einem Betrag von 2700 Mark versichert war, hatte Schöngrün die *Johann* nicht versichert. Am 21. 1. 1880 verhandelte das Flensburger Seeamt über die Strandung, als deren Ursache Schiffer Schöngrün Stromversetzung angab. Das Seeamt wies ihm nach, daß er sich mit seiner Abstandsbestimmung von 4 sm vom Land stark verschätzt hatte, denn bei dieser Entfernung wäre er auch bei starker Stromversetzung noch vom Riff freigekommen. Folglich sei er zu dicht unter der Küste gesegelt, doch fand das Seeamt eine gewisse Entschuldigung in der schlechten Sicht der Unfallnacht, die einen größeren Abstand von Marienleuchte vortäuschte. Deshalb gab es auch keinen Antrag auf Entziehung der Gewerbeerlaubnis vom Seeamt.

1880

Aus Praestö in Dänemark stammte der erst ein Jahr alte Gaffelschoner **Johanne Theodora,** 36 Register-Tons, des Schiffers Jensen. Man hatte in Danzig Erbsen für Orth auf Fehmarn geladen und den Kurs durch den Fehmarnbelt gewählt. Am 11. Februar in der Abenddämmerung lief der Schoner auf das Puttgarden Riff, da der Schiffer die Entfernung zum Land hin falsch eingeschätzt hatte. Fischer aus Puttgarden kamen sofort zu Hilfe, aber selbst als man 10 t Erbsen über Bord geworfen hatte, bekam man das Schiff nicht wieder flott. Im Gegenteil, es wurde wrack und ging verloren. Nur einiges Inventar konnte geborgen werden. Wahrscheinlich haben sich die ansässigen Fischer bei dieser Gelegenheit mit Erbsen eingedeckt. Überhaupt fällt auf, wieviel Erbsen damals nach Fehmarn verschickt wurden, da gestrandete Schiffe mit dieser Ladung doch wohl nur den kleinsten Teil ausmachten. Sicherlich waren Erbsen bei den großen Familien früher ein billiges Nahrungsmittel. Zum größten Teil soll es sich jedoch dabei um Futtererbsen gehandelt haben, die an das Vieh verfüttert wurden. Da Erbsen anspruchslose Pflanzen waren, die auf leichten Sandböden gediehen, führte man sie lieber ein, als daß die Fehmarner Bauern ihren guten Weizenboden damit bestellten.

Der schwedische Dampfer **Siri** (HJGV), 128 Register-Tons, war in Malmö registriert. Er lief 1872 in Norrköping vom Stapel und gehörte 1880 der Ångfartygs-Aktiebolaget „Neptunus“ in Malmö. Schiffsführer war Carl Joh. Sahlström, die Besatzung bestand aus zehn Mann. Die *Siri* befand sich mit einer Ladung Stückgut auf der Fahrt von Kopenhagen nach Hamburg. Am 18. April um 3 Uhr morgens strandete sie bei frischem NO-Wind angeblich durch Stromversetzung auf dem Riff vor Puttgarden. Die einheimischen Fischer fuhren beide Schiffsanker aus und halfen, den Dampfer daran von der Sandbank herunterzuhieven. Nach 16 Stunden harter Arbeit hatte man ihn gegen 21 Uhr endlich flott. Unbeschädigt setzte er seine Reise fort.

In Falsterbo Bruk im Bezirk Kalmar war der schwedische Schoner **Alcides,** 118 Register-Tons groß, zu Hause. Er wurde 1844 in Gävle gebaut und segelte 1880 unter Schiffer S. P. Röhman in Ballast von Kolding/Dänemark nach Västervik/Schweden. Am 20. September in den Abendstunden kam er bei einer frischen Brise aus SW der fehmarnschen Küste zu nahe und blieb auf dem Puttgarden-Riff sitzen. Am nächsten Morgen wurde er mit Hilfe des Puttgardner Fischers Joachim Andrews (dem späteren Vormann der Rettungsstation) und drei anderen Kollegen wieder abgebracht. Sie ruderten zwei Warpanker aus, an denen der Schoner freigehievt wurde.

Heimathafen der Galeasse **Ernst** (JPHR), 60 Register-Tons, war Stralsund. Sie wurde 1838 erbaut und 1852 und 1879 neu aufgezimmert bzw. umgebaut. 1880 gehörte sie Johann Friedrich School aus Stralsund, der als Schiffer auftrat und sich auch bei der Anmusterung so bezeichnete, obwohl er nicht im Besitz eines entsprechenden Befähigungszeugnisses war. Dafür besaß sein als Steuermann angemusterter Bruder Ludolph Christoph School ein Patent zum Steuermann auf Große Fahrt. Der dritte Mann an Bord war der Koch Eduard Franz Schilinsky aus Tapiau. Die Galeasse hatte am 20. Oktober 1880 Kiel mit einer Ladung von 2100 Ztr. altem Eisen verlassen, das nach Elbing bestimmt war. Bei einer frischen Brise aus SW stand man am 21. 10. gegen 4 Uhr morgens im Fehmarnbelt und schätzte das Feuer von Marienleuchte auf 10 sm Abstand. Plötzlich sprang der Wind mit einem Schlag auf NNO um und wuchs innerhalb kurzer Zeit zum orkanartigen Sturm mit regendicker Luft an. Die Besatzung hielt es für das beste, umzukehren und in die Kieler Förde zurückzusegeln. Noch vor dem Halsen flog die Stagfock davon, das Großsegel konnte mit Mühe geborgen werden, und man segelte vor dem Sturm nur mit Besan und gerefftem Klüver. Während man noch an den Segeln beschäftigt war, stieß das Schiff zum ersten Mal auf Grund, wahrscheinlich auf Puttgarden-Riff, kam aber wieder frei. Nach ca. 15 Minuten lief es dann gegen 6 Uhr morgens mit dem Bug voraus auf den Strand. Es lag nur 30 bis 40 m davon bei Wenkendorf in der Brandung, die so heftig über das Deck schlug, daß die Mannschaft sich am Ankerspill festhalten mußte. Bald darauf erschienen Männer am Strand, denen man eine Leine zuwarf, an der die Schiffbrüchigen sich an Land retteten. Nach dem Abflauen des Sturmes lag die leicht leckgewordene Galeasse so hoch auf dem Vorstrand, daß man sie trockenen Fußes erreichen konnte. Es war deshalb einfach, das Inventar an Land zu schaffen und die Eisenladung zu bergen, die man zum Teil über Bord warf. Zum Schutz vor „Strandräubern“ wurde das Schiff Tag und Nacht von zwei einheimischen Wächtern beaufsichtigt.

Als die Brüder School am Morgen des 31. Oktober zum Strand kamen, sahen sie zu ihrem großen Erstaunen ihr Schiff flott und in einiger Entfernung vom Land vor sieben Faden Kette verankert liegen! Da in der Nacht vorher das Wasser einen besonders hohen Stand erreicht hatte, war der Fischer Joachim Andrews mit einem Kollegen aus Puttgarden gekommen. Sie hatten es zusammen mit den beiden Wachleuten unter Ausnutzung des hohen Wassers geschafft, die Galeasse abzubringen. Die Besatzung holte die in Wenkendorf untergebrachten Segel und machte das Schiff seeklar. Nachdem sie sich davon überzeugt hatten, daß die Lecks von den Fischern mit Seegras einigermaßen verstopft waren, segelten sie zum Ausbessern nach Burgstaaken. Vor der Einfahrt nahm sie ein Dampfer in Schlepp und brachte sie in den Hafen, wo die Galeasse sofort aufgeslipt wurde. Am 3. 11. 1880 stellte das Flensburger Seeamt fest, daß die Strandung der Galeasse *Ernst* alleine auf den plötzlich einsetzenden schweren Sturm zurückzuführen sei. Es schloß sich aber dem Protest des Schiffseigentümers an, daß ohne sein Wissen fremde Männer an Bord gegangen wären und das Schiff flottgemacht hätten. Da keine Segel darauf waren, hätte es forttreiben oder erneut stranden können. Natürlich hatten die Puttgardner Fischer die Galeasse nicht aus Menschenfreundlichkeit abgebracht, sondern den von ihnen erkannten extrem hohen Wasserstand dazu benutzt, sich einen kleinen Nebenverdienst zu verschaffen.

Das plötzliche Umspringen des Windes von südlichen auf nördliche Richtungen mit danach orkanartig auffrischenden Stürmen war im Herbst 1880 eine häufiger als sonst auftretende Erscheinung in der Ostsee.

Am 16. November wird berichtet, daß man Schiffer School im flachen Wasser neben seinem aufgeslipten Schiff in Burgstaaken tot liegend fand. Er war entweder abgestürzt oder von einem herabgefallenen Balken erschlagen worden, da er in dem seichten Wasser nicht ertrinken konnte.

1881

Die schwedische Schaluppe **Uno,** 53 Register-Tons, war in Oskarshamn am Kalmarsund zu Hause. Dort wurde sie 1864 auch gebaut. Sie hatte fünf Mann Besatzung und war unter Führung von Schiffer G. Ohlsson mit einer Ladung Holz von Schweden nach Sonderburg unterwegs. Am 25. Mai um 2 Uhr früh strandete sie bei frischem Ostwind und guter Sicht angeblich infolge von Stromversetzung auf dem Puttgarden-Riff. Nach dem Auflaufen wurde sofort ein Anker ausgebracht, doch schlug die Schaluppe weiter auf das Riff, stieß leck und lief voll Wasser. Ein Puttgardener Fischerboot barg die Mannschaft ab und brachte sie an Land. Später wurden auch die Holzladung und das Inventar geborgen. Das unversicherte Schiff ließ sich nicht mehr abbringen und ging verloren. Der Schiffer erklärte, er habe zwar das Feuer von Marienleuchte gut gesehen, nicht aber das Land und die Pricke auf dem Riff. Nachdem bis dahin nur eine sogenannte „Treibbake“ (eine kleine Holzboje) nördlich des Riffes lag, wird jetzt mit der „Pricke“ ein anderes Seezeichen erwähnt. Es handelte sich dabei um eine im flachen Sandgrund eingeschlagene Stange mit einem Strauchbesen an der Spitze. Sie stand wohl nur wenige Jahre als feste Marke auf dem Riff und dürfte sich dort in der Brandung nicht bewährt haben. Die Treibbake wurde bald durch eine Heulboje ersetzt. Sie stieß Tag und Nacht, ausgelöst durch das Auf und Ab der Dünung, ihre dumpfen Warnrufe aus. Deshalb nannten sie die Seeleute auch die „Puttgorner Koh“ (die Puttgardener Kuh). Im 20. Jahrhundert lag dann bis zum Zweiten Weltkrieg eine Glockentonne nördlich vom Riff.

Die Jacht **Silke** (LBMC), 22 Register-Tons, war in Burg auf Fehmarn registriert. Sie wurde 1861 in Neustadt/Holstein gebaut und gehörte 1881 dem Schiffer Johann Bockwoldt aus Burgstaaken. Die *Silke* hatte in Lübeck Mauersteine geladen, bestimmt für „Westermarkelsdorf-Strand“, und zwar für den dort im Bau befindlichen Leuchtturm. Hier mußten die Steine dann mit Leichterbooten an Land gebracht werden. Den Entladeplatz hatte das Schiff auch erreicht und lag da vor Anker. Der mit dem Entladen beauftragte Böter Johannsen aus Fehmarnsund war schon an Bord gegangen, während sich der Steuermann der *Silke* an Land aufhielt. An ein Entladen am offenen Strand war nicht zu denken, denn es begann immer härter aus NW zu wehen. Das Schiff stampfte so stark vor seinem Anker, daß Schiffer Bockwoldt über Bord fiel und ertrank. Die Jacht machte inzwischen schon viel Wasser, und der jetzt nur allein an Bord befindliche Johannsen mühte sich ab, sie durch Pumpen lenz zu halten. Nach 24 Stunden gab Johannsen den Kampf wegen Erschöpfung auf. Er slipte den Anker und ließ die Jacht am 11. Juni auf den Strand laufen, damit sie nicht im tiefen Wasser sank. Aber auch nach dem Auflaufen mußte Johannsen noch mehrere Stunden auf dem Wrack in der Brandung aushalten, ehe er von einem Fischerboot unter großen Anstrengungen gerettet wurde. Beteiligt waren an dieser Aktion der Steuermann der Jacht, F. Schmidt, die vier Puttgardener Fischer Andrews, Lafrenz, Rickert und Weber sowie der Dienstknecht Tank aus Westermarkelsdorf. Nach dem Sturm konnten 8000 Ziegel geborgen werden, später wurde auch das Wrack mit den restlichen 3000 Steinen zum Verkauf angeboten. Für den Leuchtturmbau waren die Ziegelsteine wertlos geworden, weil sie sich voll Seewasser gesogen hatten. Die *Silke* war in Schulau bei der Assekuranz mit 2280 Mark versichert.

In Istaby bei Sölvesborg war der schwedische Schoner **Norden** (HCNT), 117 Register-Tons groß, zu

Hause. Er war 1868 in Pukavik bei M. Jonasson vom Stapel gelaufen und hatte 1881 in Gävle eine Ladung Holz für Kiel eingenommen. Am 4. November geriet das Schiff bei einer frischen südlichen Brise und Nebel auf dem Puttgarden-Riff fest. Es wurde zwar etwas leck, konnte aber nach dem Abbringen seine Fahrt nach Kiel fortsetzen.

Stettin war der Heimathafen des Schoners **Sophia** (JDCF), 63 Register-Tons. Er war 1861 gebaut und 1878 neu aufgezimmert worden und gehörte 1881 dem Schiffer Hohensang. Die *Sophia* war mit einer Ladung Holz unterwegs von Stettin nach Nakskov/Dänemark. Am 26. November gegen 8 Uhr morgens strandete sie bei stürmischem Südwest und diesiger Luft angeblich infolge von Stromversetzung auf dem Puttgarden-Riff. Ihre Notsignale riefen sechs Puttgardner Fischer herbei, die den Schoner wieder flottmachen halfen. Ohne Schaden genommen zu haben, konnte er weitersegeln.

Der in Greifswald beheimatete Schoner **Einigkeit** (JHPC), Schiffer Karl P. W. Klempin aus Anklam in Pommern, befand sich mit einer Ladung Rot- und Sandelholz auf der Reise von Hamburg nach Wolgast. Außerdem waren noch ein Bestmann sowie ein Koch an Bord. In der Nacht vom 2. auf den 3. Dezember kam der Wind mäßig aus SzO, und der Schoner lag mit Steuerbordhalsen OSO an. Ihm entgegen segelte mit Westkurs bei raumen Wind die Galiote **Catharina** (LHQJ), 57 Register-Tons groß und 1872 erbaut, aus Rendsburg. Sie gehörte dem Schiffer Jürgen Speck aus Lohklint, der den Bestmann Alpen und einen Matrosen, beide ebenfalls von dort, bei sich hatte. Die *Catharina* kam mit Stabholz von Memel, das nach Harburg bestimmt war. Beide Schiffe führten vorschriftsmäßige Lichter, und nach dem Wachwechsel um 4 Uhr früh war auf jedem Schiff nur ein Mann an Deck bzw. am Ruder, auf der *Einigkeit* der Schiffer, auf der *Catharina* der Bestmann Alpen. Am 3. Dezember morgens 4.50 Uhr stießen beide Segler ungefähr auf halbem Weg zwischen Fehmarn und Gedser zusammen. Dabei lief die *Catharina* der *Einigkeit* mit dem Bug in die Backbordseite. Die Takelagen beider Segler wurden miteinander unklar, und an der *Catharina* brachen einige Planken, doch konnte das Leck notdürftig mit Segeln und Brettern verstopft werden. Anschließend nahm die *Catharina* den Schoner ins Tau und schleppte ihn in die Kieler Förde, die man am gleichen Abend erreichte. Ein Schleppdampfer brachte dann den Havaristen in eine Werft. Die Reparaturkosten betrugen 1650 Mark, während die Beseitigung der Schäden an der *Catharina* nur 304 Mark kosteten.
Bei der Untersuchung des Unfalls stellte das Seeamt zu Flensburg am 8. 2. 1882 fest, daß die mit dem Winde segelnde Galiote ihrer Ausweichpflicht nicht nachgekommen war. Außerdem gab es in den Aussagen der beiden am Ruder befindlichen Leute zwei große Gegensätze. Der Bestmann Alpen von der *Catharina* behauptete, es sei so neblig gewesen, daß er nur bis zum Schiffsbug habe sehen können, und er habe alle fünf Minuten ein Nebelsignal gegeben. Dagegen sagte Schiffer Klempin von der *Einigkeit*, daß er das Licht des Gegenkommers schon 20 Minuten vor dem Zusammenstoß sah und von einem Nebelhorn nichts gehört hätte. Da auch die anderen Besatzungsmitglieder von der *Catharina* unglaubwürdige Aussagen machten, lautete der Spruch des Seeamtes, daß der Bestmann Alpen alleine schuldig an der Kollision war.

1882

Die 34 Jahre alte Jacht **Catharina Margaretha,** ohne US, 30 Register-Tons groß, war in Heiligenhafen zu Hause und gehörte dem Schiffer Heinrich Stüben, ebenfalls von dort. Als zweiten Mann hatte er den Matrosen Chr. Lüthje an Bord. Die Jacht sollte eine Ladung Gerste und Roggen von Heiligenhafen nach Lübeck bringen. Auf dem halben Weg dorthin kehrte Schiffer Stüben jedoch um, da der bisher frische SW-Wind zu schwerem Sturm angewachsen war und starker Regen die Sicht nahm. Er wollte im Fehmarnsund Schutz suchen, kam aber an der Ostseite des Sundes aus dem Fahrwasser und strandete am 5. November abends auf „Grönwoldsbrink“. Dabei stieß die Jacht schnell leck und lief voll Wasser. Schiffer Stüben und sein Matrose banden sich am Mast fest und wurden erst nach zehn Stunden am nächsten Morgen vom Fährpächter Adam aus Fehmarnsund entdeckt. Diesem gelang es zusammen mit sechs Leuten aus Fehmarnsund unter großen Anstrengungen, die beiden Schiffbrüchigen zu retten. Die Jacht selbst ging bis auf ein Segel und etwas Tauwerk vollständig verloren.

In Estebrügge an der Niederelbe war der Ewer **Sirene** (KNGT), 54 Register-Tons groß, beheimatet. Er wurde 1876 in Stade bei J. Röpers erbaut und war Eigentum des Schiffers Peter Mester aus Estebrügge, der im Besitz eines Patents für „Große Fahrt" war. Die *Sirene* hatte am 15. November Königsberg mit einer Ladung Rundholz für Bremen verlassen. Es wehte ein starker SO-Wind, die See war sehr bewegt, und das Schiff machte gute Fahrt. Zwischen Bornholm und Arkona, dessen Feuer man am 16. November sichtete, mußten zwei Reffs ins Großsegel gesteckt werden. Am 17. November vormittags sah man bei dicker Schneeluft das Feuer von Darßer Ort. Nachdem am Nachmittag mehrmals gelotet wurde, blinkte gegen 18 Uhr kurz Marienleuchte durch den Schnee. Schiffer Mester erkannte, daß er der Ostküste Fehmarns schon recht nahe gekommen war. Wegen des starken Windes war es aber nicht möglich, mehr Segel zu setzen, um vom Land freizukommen. Gegen 21.30 Uhr stieß der Ewer dann eine Kabellänge vom Land entfernt auf dem Puttgarden-Riff auf und blieb mit dem Bug nach See sitzen. Ein Boot auszusetzen war unmöglich, da die See über das Schiff hinwegbrach. Wenig später wurde das Ruder weggeschlagen. Am nächsten Morgen hatte sich der Wind etwas gelegt, und es konnte ein Anker ausgebracht werden. Schiffer Mester schloß mit Fischern und anderen Einwohnern aus Puttgarden einen Vertrag über die Bergung von Schiff und Ladung ab. Nachdem die Ladung gelöscht war, konnten die einheimischen Hilfsmannschaften den leckgestoßenen Ewer flottmachen und unter fortwährendem Pumpen nach Burgstaaken bringen. Das Schiff war in Schulau mit 11 500 Mark, die Ladung in Bremen mit 3180 Mark versichert. In der Seeamtsverhandlung zu Flensburg am 29. 11. 1882 bestätigte der Reichskommissar dem Schiffer, daß er mit Rücksicht auf Sturm und Strömung keinen anderen Kurs steuern konnte und somit an der Strandung schuldlos war.

1883

Heimathafen der Kuff **Maria Goine** (KFHJ), 70 BRT/69 NRT, war Emden. Sie wurde 1873 in Martenshoek/Holland bei N. Nyhuis jr. gebaut und gehörte der Reederei A. J. Pels & Sohn in Emden. Unter Führung von Schiffer D. Peters sollte die Kuff eine Ladung Steinkohlen von Papenburg nach Danzig bringen. Die *Maria Goine* hatte bereits im November 1882 Papenburg verlassen, war aber durch Stürme und starken Frost so langsam vorangekommen, daß sie erst Mitte Februar 1883 Heiligenhafen erreichte. Von dort setzte sie die Reise am 23. 2. 1883 fort. Nachdem sie bei einer frischen nordwestlichen Brise den Fehmarnsund fast passiert hatte, geriet sie am gleichen Tag an dessen Ostseite aus dem Fahrwasser. Sie stieß hart auf, wurde leck und begann schnell zu sinken. Der vierköpfigen Besatzung blieb nur noch soviel Zeit, einige Kleidungsstücke und das Journal zu retten und ins Boot zu gehen, ehe die Kuff versank. Eine in der Nähe segelnde Galiote nahm das Boot ins Schlepptau und brachte es bis vor die Molen von Burgstaaken. Von hier ruderten die Schiffbrüchigen durch den Binnensee in den Hafen und fanden beim Strandvogt Tardel freundliche Aufnahme. In der Verhandlung über den Unfall erklärte Kapitän Peters vor dem Flensburger Seeamt, daß sein Schiff auf einen großen, in den Seekarten nicht verzeichneten Stein gestoßen sei. Das Seeamt beauftragte darauf den Oberlotsen Adam und Strandvogt Tardel aus Burgstaaken, die Unfallstelle genauestens zu untersuchen. Die Reederei in Emden gab die *Maria Goine* als Totalverlust auf und verkaufte das Wrack am 6. März 1883 zu einem niedrigen Preis an den Schiffbaumeister Ihms in Kiel. Allerdings erwies sich die Hebung der Kuff schwieriger als erwartet. Durch häufige Stürme verzögert, hatte man erst im Juli 1883 das Wrack mit Tauchern aus 7 m Tiefe etwas vom Grund angehoben. Es gelang aber nicht, es über eine flachere Stelle hinweg ins Sundfahrwasser zu schaffen. Man mußte es noch einmal auf Grund setzen und erst die Kohlenladung löschen. Zuletzt hatte Ihms doch Erfolg und brachte die *Maria Goine* nach Kiel. Hier besserte er sie in seiner eigenen Werft gründlich aus und verkaufte sie 1884 an den Schiffer Julius Specht aus Burg auf Fehmarn. Dieser beließ dem Schiff seinen alten Namen, und einige Jahre später werden wir von der *Maria Goine* und Schiffer Specht noch einmal hören.

Kurz vor ihrem Ziel Heiligenhafen verunglückte die in Anklam in Pommern registrierte Schaluppe **Paul** (JDNS), 28 Register-Tons. Sie wurde 1876 in Lassan in Pommern, wahrscheinlich bei Fr. Eichstädt, erbaut und war 1883 Eigentum des Schiffers Carl

Krüger aus Cammin in Pommern. Dieser hatte vorher die Schaluppe *Bertha* geführt, mit der er 1874 vor Staberhuk gestrandet war. Nach dem Verlust der *Bertha* 1880 hatte er die Schaluppe *Paul* erworben und war mit einer Ladung Erbsen und Wicken von Stolpmünde nach Heiligenhafen unterwegs. Wegen eines schweren Südsturmes hatte Krüger den Umweg durch den Fehmarnbelt gewählt und strandete am 25. November kurz vor Mitternacht in der Nähe des Westermarkelsdorfer Leuchtturmes. Angeblich hatte man dessen Feuer in der regendicken dunklen Sturmnacht nicht gesehen. Die Schaluppe wurde nur leicht beschädigt und konnte nach dem Abbringen alleine nach Heiligenhafen segeln.

1884

In Iheringerfehn/Ostfriesland war die Kuff **Fenna** (KDBM), 37 Register-Tons, beheimatet. Sie lief 1862 in Ihlowerfehn bei C. J. Cassens vom Stapel und gehörte 1884 dem Schiffer Christian Mimkes aus Iheringerfehn. Die Kuff segelte in Ballast von Flensburg nach Memel, um hier Ladung zu nehmen. Am 20. März um Mitternacht geriet sie bei einer frischen Brise aus SW und schlechter Sicht südlich der Markelsdorfer Huk auf Grund. Sie wurde ohne Schwierigkeiten wieder flottgemacht.

Der dänische Schoner **Elise Dyreborg** (NMSB), war mit 102 BRT/87 NRT vermessen und wurde 1875 in Faaborg gebaut. Im Frühjahr 1884 befand er sich unter Schiffer Adolph mit einer Ladung Kleie auf der Fahrt von Danzig nach Flensburg. Der Schoner strandete am 10. April um 4 Uhr morgens bei frischem NO-Wind und klarer Luft infolge falscher Abstandsbestimmung vom Land auf dem Puttgarden-Riff. Auf seine Notsignale kam der Kieler Dampfer *August* der Reederei Sartori & Berger heran, der ebenfalls nach Flensburg wollte. Er schleppte die *Elise Dyreborg* ab und nahm sie im Tau gleich bis nach Flensburg mit.

Heimathafen der Galeasse **Altefähr** (JPKD), 37 Register-Tons, war Stralsund. Sie entstand 1878 in Zingst/Darß auf der Werft von A. Drossel und war Eigentum des Schiffers C. Mierendorf aus Altefähr auf Rügen. Die Galeasse hatte Stralsund mit einer Ladung Roggen für Kiel verlassen und stand am 26. Oktober morgens westlich von Fehmarn. Es wehte ein harter West-Sturm, und der aus Zarendorf bei Stralsund stammende Bestmann Wilhelm Dahm sollte das Besansegel wegnehmen. Als das Schiff plötzlich stark überholte, fiel Dahm über Bord. Schiffer Mierendorf, der nur noch einen Jungen bei sich hatte, versuchte zu halsen, um Dahm zu retten. Ehe die Galeasse aber an den Wind kam, stieß sie 1 sm südlich von Westermarkelsdorf auf Grund und blieb in der Brandung sitzen. Während Wilhelm Dahm ertrank, retteten sich Mierendorf und der Junge im Boot ans nahe Land. Erst am 4. November gelang es einem Bergungsdampfer, die schwer havarierte Galeasse abzubringen und zur Reparatur nach Heiligenhafen zu schleppen. Das Flensburger Seeamt sprach am 23. 12. 1884 den Schiffer von jeder Schuld am Ertrinken seines Matrosen und der damit zusammenhängenden Strandung frei.

Die in Burg auf Fehmarn registrierte Jacht **Caroline** (LBFV), 15 Register-Tons, wurde 1848 in Schrevenborn bei Kiel von J. Müller erbaut. Sie gehörte ab 1865 dem Schiffer Friedrich Markmann aus Burg auf Fehmarn. Die *Caroline* hatte am Abend des 24. November Burgstaaken mit einer Ladung Weizen für Kiel verlassen. Nur wenige Stunden später, am 25. November um 3 Uhr früh, strandete sie zwischen Gold und Flügge an Fehmarns Südwestküste. Zur Unfallzeit herrschte NW-Sturm mit Regen- und Schneeschauern, und in der schneedicken Luft soll das Feuer von Flügge nicht zu sehen gewesen sein. Nachdem man später die Getreideladung mit Hilfe von „Bötern" gelöscht hatte, gelang es auch, die unbeschädigt gebliebene Jacht abzubringen.
Der Ausdruck „Böter" stammt noch aus einer Zeit, als es auf Fehmarn keinen Hafen gab und alle Schiffe auf der Reede oder vor dem offenen Strand ankern mußten. Sie wurden hier mit Leichterbooten be- oder entladen, und da die Mehrzahl von Boot auf Fehmarn plattdeutsch „Böte" hieß, nannte man diese Leichterschiffer: Böter. Sie waren in der „Bötergilde" zusammengeschlossen, die bis weit ins 19. Jahrhundert auf Fehmarn existierte. Noch nach dem Zweiten Weltkrieg gab es in Burgstaaken ältere Männer, die mit flachen Booten Bausand und Kies von Burgtiefe holten und „Sandböter" genannt wurden.

1885

In Klintehamn auf der Insel Gotland war der schwedische Schoner **Karlshamn** (HNRQ), 62 Register-Tons, beheimatet. Er wurde 1834 in Karlshamn gebaut und 1874 neu aufgezimmert. Zur Hälfte gehörte er dem Reeder N. J. Odin in Klintehamn sowie dem Führer des Schiffes, dem 60 Jahre alten Lars Peter Norrby aus Wisby. Der Schoner hatte in seinem Heimathafen Bretter und Sparren geladen, die für Holtenau bestimmt waren, und geriet in einen schweren Sommersturm aus NW. Schiffer Norrby wollte unter Fehmarn Schutz suchen, verschätzte sich jedoch beim Sichten des Feuers von Marienleuchte mit der Entfernung vom Land. Am 25. Juli gegen 4.30 Uhr strandete die *Karlshamn* auf dem Steinriff vor Staberhuk. Man setzte sofort die Notflagge und begann mit dem Überbordwerfen der Deckslast, um das Schiff leichter zu machten, aber schon nach einer halben Stunde war es leck und lief voll Wasser. Erst am späten Nachmittag gegen 17 Uhr wurden die Schiffbrüchigen von einem zufällig vorbeikommenden Zollkreuzer entdeckt. Dieser holte die fünf Mann Besatzung von Bord und brachte sie nach Burgstaaken. Für den Schoner bestand keine Möglichkeit, ihn wieder abzubringen, er war inzwischen vollständig wrack.

Die Versteigerung der Holzladung und des geborgenen Inventars erbrachte eine Summe von 2000 Mark. Davon kamen 30 Prozent als Bergelohn einschließlich aller Unkosten zum Abzug. Das Wrack des unversicherten Schiffes wurde mit allen noch an Bord befindlichen Gegenständen für nur 50 Mark verkauft. Am 12. 10. 1885 fand die endgültige Seeamtsverhandlung in Flensburg über die Strandung der *Karlshamn* statt, nachdem eine erste Sitzung Anfang August vertagt wurde. Das Seeamt wollte vorher unabhängige, nicht zur Schiffsbesatzung gehörende Zeugen über die tatsächliche Lage des Wracks befragen. Im Gegensatz zur Aussage von Kapitän Norrby lag es viel näher zum Land, als dieser angegeben hatte. Deshalb kam das Seeamt zu dem Schluß, daß der Schiffer den Unfall selbst verschuldet habe, da er ohne zu loten bei diesiger Luft zu nahe der Küste gesegelt sei. Das Auslegen eines Seezeichens vor dem gefährlichen Steinriff von Staberhuk hielt das Flensburger Seeamt allerdings für dringend erforderlich.

Verkauf
eines Wracks.
Das Wrack des gestrandeten Schooners „**Karlshamm**" soll, wie es zu Staberhuk liegt, mit am Bord befindlichen Inventar, als **Anker mit 30 Faden Kette, fast neuem Spill** 2c.
am Donnerstag den 6. August,
Nachmittags 4 Uhr
beim Gastwirth **M. Tardel** zu Burgstaaken öffentlich meistbietend verkauft werden.

Große
Holz-Auction
zu Burgstaaken.
Am **Sonntag den 9. August,**
von Nachmittags 4 Uhr ab an,
soll zu Burgstaaken auf dem Hafen-Quai die Ladung des zu Staberhuk gestrandeten Schiffes „**Karlshamm**",
bestehend aus Balken, □Sparren und Brettern, sowie diverse geborgene Inventarstücke
öffentlich meistbietend verkauft werden.
Burg, d. 4. August 1885.
C. H. Ettler.

Die Rendsburger Kuff **Catharina** (LQĊS), 39 Register-Tons groß und 19 Jahre alt, wurde vom Eigner, Schiffer C. Thöming aus Westermühlen, geführt. Sie hatte in Stettin Salzheringe in Fässern geladen und war damit auf dem Weg nach Hamburg. Am Nachmittag des 13. August sprang die Kuff bei frischem SW-Wind und mäßigem Seegang etwa 16 sm südöstlich von Marienleuchte plötzlich leck. Sie machte sofort soviel Wasser, daß die dreiköpfige Mannschaft ins Boot gehen und die *Catharina* aufgeben mußte. Während diese kurz darauf sank, wurden die Schiffbrüchigen von einem anderen, gerade in der Nähe befindlichen Fahrzeug aufgenommen. Das Flensburger Seeamt kam bei seiner Untersuchung des Unfalles zu dem Schluß, daß nur eine losgesprungene Planke Anlaß des schnellen Sinkens gewesen sein könnte.

Aus Delve in Holstein stammte die Galiote **Catharina** (LQTC), 41 Register-Tons. Sie wurde 1862 in

Rendsburg erbaut und gehörte 1885 dem Schiffer C. Clausen, wurde aber von Peter Claus Hansen geführt. Die *Catharina* hatte in Pillau eine Ladung Futtererbsen an Bord genommen, die für Gold-Reede bestimmt war bzw. Matthias Hiß in Struckkamp auf Fehmarn. Kurz vor seinem Ziel strandete das Schiff am 25. November nachmittags bei schwerem SW-Sturm und Nebel auf „Grönwoldsbrink" zwischen Burgstaaken und Bergmühle. Für die Besatzung bestand zwar keine Gefahr, doch stieß die Galiote schnell leck, wodurch auch ein Teil der Ladung verdarb. Nachdem man 40 Säcke Erbsen gelöscht hatte, kam das Schiff wieder frei. Neben dem Sturm soll mit zu der Strandung beigetragen haben, daß die „Sirene", also das Nebelhorn von Marienleuchte, nicht in Betrieb war.

Der Frachtdampfer **Norma** (LMCB), 844 BRT/523 NRT, war erst 1884 bei der Flensburger Schiffbau-Gesellschaft für die Reederei Heinrich Schuldt in Flensburg vom Stapel gelaufen. Er hatte 16 Mann Besatzung und wurde von Schiffer Michael Nissen aus Steinbergholz geführt. Die *Norma* hatte in Memel Eisenbahnschwellen für Flensburg geladen. Am 20. Dezember um 2 Uhr früh lief sie bei frischem SW-Wind und dichtem Nebel nördlich von Katharinenhof auf Grund. Auf dem steinigen Meeresboden schlug sie sich alle vier Schraubenflügel ab und riß sich den Boden auf. Nachdem man die ganze Decksladung über Bord geworfen hatte (leider trieben die Schwellen bei dem ablandigen Wind in die See hinaus und nicht an Land), gelang es mehreren Bergungsdampfern, die *Norma* unter fortwährendem Pumpen flottzumachen und abzuschleppen. Laut Spruch des Flensburger Seeamtes vom 25. 2. 1886 führten Nebel und Stromversetzung zu der Strandung. Außerdem war wie im vorhergehenden Fall trotz der schlechten Sicht das Nebelhorn von Marienleuchte wieder nicht angestellt.

1886

Heimathafen des Dampfers **Alwine Seyd** (QDVS), 740 BRT/558 NRT, war Vegesack. Dort war er 1884 auf der Werft von Joh. Lange für die Reederei J. D. Bischoff in Vegesack erbaut worden. Er hatte 13 Mann Besatzung und stand unter dem Kommando von Kapitän Andreas Samme. Die *Alwine Seyd* befand sich mit einer Ladung Steinkohlen auf der Reise von Blyth/England nach Lübeck. Am 5. Februar nachmittags lief sie bei ruhiger See und diesiger Luft ca. 700 m östlich des Staberdorfer Gehölzes in beträchtlicher Entfernung vom Land auf ein Steinriff. Sie wurde dabei stark leck und mußte bei einer Wassertiefe von 18 Fuß (ca. 5,50 m) auf Grund gesetzt werden, damit sie nicht sank. Ihre Reederei schloß daraufhin mit der „Flensburg-Ekensunder und Sonderburger Dampfschiffahrts-Gesellschaft" einen Bergungskontrakt ab. Die *Alwine Seyd* sollte für einen Betrag von 45 000 Mark gehoben und nach Lübeck geschleppt werden. Aus Flensburg und Sonderburg trafen die Dampfer *Hertha* (LKPR), 64 Register-Tons, *Kanonenboot* (LKWJ), 33 Register-Tons, und *Fylla* (LKVB), 159 BRT/84 NRT, an der Unglücksstelle ein und begannen mit den Bergungsarbeiten. Mit ihren Dampfpumpen pumpten sie den vollgelaufenen Laderaum leer, um das Leck provisorisch abdichten zu können. Außerdem wurde ein großer Teil der Kohlenladung in die See geworfen. Anschließend wurde der Dampfer abgebracht und nach Lübeck geschleppt. Die Fehmarner Lotsen hielten es für mehr als leichtsinnig, daß ein Schiff mit 15 Fuß Tiefgang so dicht unter Land gehen konnte. Bei der Untersuchung des Unfalles stellte das Lübecker Seeamt am 1. 3. 1886 fest: „Die *Alwine Seyd* sei zwar auf eine dem Schiffer nicht bekannte Steinbank gestoßen, er habe aber den Abstand vom Land für zu groß angesehen und außerdem nur geschätzt." Nochmals wies das Lübecker Seeamt darauf hin, daß die Untiefe vor Staberhuk gekennzeichnet und in den Seekarten und Segelhandbüchern erwähnt werden müßte. Bald danach wurde eine „Treibbake" (hölzerne Boje) vor Staberhuk ausgelegt. Mit dem Bau des dortigen Leuchtturmes begann man erst 1903.

Von der in Burg auf Fehmarn registrierten Jacht **Caroline** (LBFV) des Schiffers Friedrich Markmann wurde 1884 schon einmal berichtet. Inzwischen war Markmann mit seiner Jacht noch am 17. 1. 1885 bei Bockholm in der Flensburger Förde auf Grund gelaufen, da er das Hafenfeuer von Sonderburg mit dem Licht aus Häusern von Kragesand verwechselt hatte. Das Seeamt gab ihm zwar die Schuld daran, beließ ihm aber die Gewerbeerlaubnis. Danach hatte Markmann das ganze Jahr über die Schiffahrt betrieben und seine Jacht im Spätherbst 1885 in Burgstaaken aufgelegt. Über Winter fror sie dort im Hafen ein. Nach der Winterpause ließ der Schiffer die Jacht gehörig abdichten und lief im April 1886 zur ersten Reise dieses Jahres aus. Aus Holtenau sollte eine Ladung Brennholz für Burgstaaken geholt werden. An Bord befand sich als zweiter Mann der 26 Jahre alte Matrose Friedrich Gluhm aus Burg auf Fehmarn. In Holtenau ließ Schiffer Markmann die *Caroline* noch einmal kielholen und abdichten. Danach lud man 18 Faden buchenes Brennholz, wovon 14 Faden durch die drei Decksluken im Raum, der Rest an Deck verstaut wurden. (Ein Faden Holz entsprach in der Ostseeschiffahrt 216 englischen Kubikfuß, gleich 6,116 m^3.) Am 10. April um 10 Uhr vormittags trat man die Heimreise an und erreichte am 11. 4. um 2 Uhr früh die Hohwachter Bucht. Es wehte eine starke Brise aus NNO mit Regen, Schnee und Hagel, das Schiff machte mehr Wasser, war aber mit der Pumpe gut lenz zu halten. Nachdem der Wind zum Sturm wurde, mußten die Segel bis auf den Klüver gerefft werden. Es gelang auch, von der holsteinischen Küste freizukommen. Gegen 5 Uhr morgens hatte man den Fehmarnsund erreicht und stand südwestlich von Struckkamphuk, als eine so harte Böe einsetzte, daß die Jacht schlagartig auf die Seite fiel und sich nicht mehr aufrichtete. Durch die nur verschlossenen, aber nicht geschalkten Luken lief das Schiff voll Wasser. Man fierte noch die Segel, mußte aber sofort von Bord gehen, da die *Caroline* schnell sank. Markmann und sein Matrose retteten sich in das Schiffsboot, das schon beim Kentern über Bord gefallen war.

Von der im Raum befindlichen Holzladung, die aufschwamm, konnte noch am gleichen Tag der größte Teil geborgen werden. Einige Tage später wurde auch das Schiff aus 10 bis 12 Faden Tiefe gehoben, leergepumpt und nach Heiligenhafen gebracht. Hier sank es im Hafen noch einmal und mußte erneut gehoben werden. Nach notdürftiger Abdichtung brachte man die Jacht nach Burgstaaken. Hier fand am 31. Mai auf Anordnung des Seeamtes eine Besichtigung durch den Sachverständigen, Kapitän Hagelstein, und den Schiffsbaumeister Tornoe, beide aus Heiligenhafen, statt. Sie fanden eine ganze Reihe von Mängeln und Lecks, die aber zum Teil erst beim Liegen des Schiffes auf dem Grund entstanden waren und in keinem Zusammenhang mit dessen Sinken standen. Deshalb wies das Flensburger Seeamt in seiner Verhandlung am 15. 5. 1886 die Vorwürfe des Reichskommissars gegen Friedrich Markmann zurück, daß er mit einem seeuntüchtigen Schiff ausgelaufen wäre. Es sah alleine die heftige Böe für die Ursache des plötzlichen Kenterns und Sinkens an. Gerügt wurde vom Seeamt aber, daß Schiffer Markmann die Luken nicht geschalkt, kein Journal geführt und keine Verklarung über den Unfall abgelegt hatte. Von einer Patententziehung war jedoch nicht die Rede. Im Gegenteil, das Seeamt hob hervor, daß Markmann trotz seines Alters von 67 Jahren ein sehr rüstiger Mann sei, der sich in der Verhandlung als äußerst kundiger Schiffer erwiesen habe. Wenn sein Schiff, das er seit 21 Jahren besaß und führte, nicht in einem besseren Zustand war, läge die Ursache in der traurigen Lage der Seeschiffahrt zu dieser Zeit. Diese bot den Schiffern nicht die ausreichenden Frachten, um allen Ansprüchen zu genügen. Ausdrücklich erkannte das Seeamt noch an, daß Markmann trotz dieser ungünstigen Verhältnisse seinem schweren Beruf bis ins Alter treu geblieben sei und sich bemühte, seine Existenz aufrechtzuerhalten.

Die nächste Havarie ereignete sich erst wieder im Herbst. Der Besanewer **Johannes** (KNLS), 28 Register-Tons, war in Cranz an der Elbe registriert. Er war 1877 in Lühe auf der Werft von J. Ramke erbaut worden und gehörte dem Schiffer Heinrich Lührs aus Cranz. Das Schiff war leer von Stralsund gekommen und hatte bei Staberhuk von einem Steinfischerfahrzeug Felsen übernommen. Die Steinfischerei spielte früher, besonders in der westlichen Ostsee, eine große Rolle als Erwerbszweig. Von kleinen Schiffen wurden mit großen eisernen Zangen dicht vor der Küste Findlinge vom flachen Meeresgrund „gezangt". Später erkannte man, daß diese großen Steine im flachen Vorstrand einen wichtigen Küstenschutz darstellten, da sie die Kraft der Brandung dämpften. Deshalb wurde hier das Zangen verboten. Die Steinfischer wichen in tieferes Wasser aus und setzten Helmtaucher ein, die die Zangen am Grund um die Steine legten. Diese wurden größtenteils dann an Land zerkleinert und für die verschiedensten Zwecke, hauptsächlich aber Wasserbauwerke, verwendet. Der Ewer *Johannes* sollte seine Steinfracht nach Cuxhaven bringen, segelte aber am 6. September um 6 Uhr morgens schon auf dem „Mittelgrund" vor Bergmühle auf einen Stein und bekam ein Leck. Durch Umstauen der Ladung kam das Schiff alleine wieder frei und konnte nach notdürftiger Abdichtung mit Werg und Teer seine Fahrt fortsetzen.

Heimathafen der Tjalk **Bernhardine** (KGQW), ex Spes Nostra, war Leer. Das 65 Register-Tons große Schiff war 1871 im niederländischen Foxhol auf der Werft der Gebr. Smit vom Stapel gelaufen und wurde vom Eigner und Schiffer Kriensburg aus Leer geführt. Außer dem Schiffer befanden sich noch zwei Mann an Bord. Die Tjalk hatte in Kopenhagen Schwefelkies für Hamburg geladen und kam in einen schweren W-Sturm. Am 12. Dezember nachmittags sprang das Schiff im hohen Seegang westlich von Fehmarn leck. Zur gleichen Zeit wurde von einer überkommenden See ein Matrose über Bord gespült. Er ertrank, da man ihm wegen des Sturmes nicht zu Hilfe kommen konnte. Ein in der Nähe befindliches Schiff nahm die Tjalk dann ins Schlepptau und brachte sie nach Heiligenhafen ein. Während das Seeamt später das Leckspringen des Schiffes auf das schwere Wetter zurückführte, hielt es das Ertrinken des Matrosen für eigene Schuld.

1887

In Bassenfleth, Kreis Stade, war der Besanewer **Gesine** (KMHR), 34 BRT/30 NRT, zu Hause. Er wurde 1874 in Neuhaus an der Oste bei M. Tiedemann gebaut und gehörte 1887 dem Schiffer Claus Waller aus Bassenfleth. Die *Gesine* war mit einer Ladung Salz von Stade nach Stralsund unterwegs und geriet nach dem Verlassen der Kieler Förde in NNW-Sturm mit Nebel. Am 19. April kurz vor 2 Uhr früh blinkte plötzlich das Feuer von Westermarkelsdorf durch. Man warf das Lot aus und fand vier Faden Wasser, fünf Minuten später aber nur noch drei Faden. Als nun auch die Küste Fehmarns zu sehen war, wollte der Schiffer Waller wenden. Die *Gesine* befand sich jedoch schon auf so flachem Grund, daß sie dem Ruder nicht mehr gehorchte und gleich darauf vor Westermarkelsdorf festsaß. Bei Tagesanbruch fuhr Waller mit dem Boot an Land und telegraphierte mit seiner Versicherung. Sie bestellte einen dänischen Bergungsdampfer, der am 20. 4. eintraf und den Ewer für einen Bergelohn von 2000 Mark abschleppte. Anschließend brachte er die leicht leck gewordene *Gesine* nach Heiligenhafen zur Ausbesserung. Das Schiff war in Schulau mit 6000 Mark versichert. In der Verhandlung des Flensburger Seeamtes am 7. 5. 1887 hielt der Reichskommissar Kapitän a. D. von Treuenfeld die ganze Navigation Schiffer Wallers für fahrlässig. Es waren weder ein Log noch Journal an Bord vorhanden, nur eine veraltete und zu kleine dänische Seekarte von 1848. Auch gelotet habe man trotz des Nebels viel zu spät. Deshalb beantragte der Reichskommissar Patententziehung für Schiffer Waller. Das Seeamt fand Waller zwar ebenfalls schuldig an der Strandung. Es beließ ihm aber sein Patent für Küstenfahrt, da er seit 29 Jahren als Schiffer in der Nord- und Ostsee fuhr und noch niemals in einen Unfall verwickelt war.

Heimathafen des schwedischen Schoners **Hiram** (HJQF), ex Catarina Josefina, 82 Register-Tons groß, war Kivik. Er lief 1847 in Arildsläge vom Stapel und wurde 1887 von Schiffer Andresen geführt. Die Besatzung bestand aus fünf Mann. Der Schoner segelte mit einer Ladung Holz von Oskarshamn nach Fredericia und geriet am 5. Mai gegen 1.30 Uhr früh bei böigem WNW-Wind und diesiger Luft auf dem Puttgarden-Riff fest. Die Mannschaft mußte die halbe Deckslast über Bord werfen, ehe der dänische Bergungsdampfer *Helsingør* das Schiff flottbekam. Anschließend schleppte er den leck gewordenen Schoner zur Ausbesserung nach Korsör.

Der Dampfer *Helsingør* (NBMJ), 213 BRT/83 NRT, gehörte der Reederei „Emil Z. Svitzer Bjergning-Entreprise“ in Kopenhagen. Dort wurde er 1868 bei Burmeister & Wain erbaut und hatte eine Dampfmaschine von 310 Psi. Die *Helsingør* ging am 27. 12. 1918 durch Strandung vor Skadegrunden verloren, als sie mit der Bergung des dort gestrandeten deutschen Dampfers *Anklam Packet* beschäftigt war.

Aus Emden stammte die Kuff **Catharina** (KDVW), 62 Register-Tons groß. Sie war 1870 in Hoogezand/Holland gebaut worden und sollte 1887 unter ihrem Eigner, Schiffer G. J. Poppen, eine Ladung Holz von Hamburg nach Rostock bringen. Bei SW-Sturm hatte sie im Fehmarnsund vor Anker Schutz gesucht. Als Schiffer Poppen am 5. Mai die Fahrt fortsetzen wollte, trieb die Kuff beim Segelsetzen durch harten nach Osten setzenden Strom auf den

„Mittelgrund“, stieß leck und lief voll Wasser. Sie wurde später durch einen Bergungsdampfer gehoben und zur Ausbesserung nach Heiligenhafen gebracht. Das Seeamt sah als Unfallursache die starke Strömung an, bemängelte aber zugleich die schlechte Betonnung des Fehmarnsundes. Die Tonnen seien zu klein, um bei heftigem Strom noch gut gesehen zu werden.

Rußland war die Heimat des Schoners **Amasia,** 114 Register-Tons groß, der 1879 in Neu-Sahlis nördlich von Riga bei J. Jehkabson aus Fichtenholz erbaut worden war. Er hatte fünf Mann Besatzung und gehörte dem Schiffsführer G. Ohsolin aus Neu-Sahlis. Der Schoner befand sich in Ballast auf der Reise von Riga nach Lübeck, strandete aber am 9. Oktober kurz nach Mitternacht bei OSO-Sturm 6 auf dem Puttgarden-Riff. Stromversetzung und Dunkelheit sollen das Auflaufen verursacht haben. Da die *Amasia* dicht geblieben war, lehnte der Schiffer das Angebot des Bergungsdampfers *Rügen* ab, sich abschleppen zu lassen. Kapitän Ohsolin ließ Anker ausbringen und den Ballast über Bord werfen. Nachdem der Schoner 13 Tage auf dem Riff gesessen hatte, wurde er am 22. Oktober bei einem besonders hohen Wasserstand tatsächlich alleine wieder flott. Allerdings hatte man großes Glück gehabt, daß während dieser langen Zeit kein Sturm aufkam.

Hier begegnen wir zum ersten Mal dem legendären Bergungsdampfer **Rügen** (JHQT), dessen Name in den nächsten Jahren noch oft genannt wird. Deshalb einige ausführlichere Worte zur Geschichte des Schiffes. Der Greifswalder Bergungsunternehmer August Spruth ließ die *Rügen* 1885 in Stettin bei Möller & Holberg als Ersatz für seine 1868 gebaute und 116 Register-Tons große *Arcona* bauen. Die *Rügen* war mit 221 BRT/101 NRT vermessen und besaß eine Maschine von 320 PSi. Das aus Schweißeisen gebaute und deshalb äußerst stabile und widerstandsfähige Schiff war noch als Gaffelschoner getakelt. In den Sommermonaten diente die *Rügen* hauptsächlich als Ausflugsschiff. Außerhalb der Badesaison wurde sie als Bergungsdampfer, Schlepper und sogar als Eisbrecher eingesetzt. Dank tüchtiger Kapitäne war sie auch ohne die erst viel später benutzte Funktelegraphie von ihrem Liegeplatz Warnemünde im Winterhalbjahr schnell an den Unfallstellen.

1890 – Bergungsdampfer »Rügen«

Die ersten beiden Jahre führte Schiffer W. Lange aus Greifswald die *Rügen*, von 1887 bis 1905 dann Joh. Herman Peters aus Greifswald. Dieser lebte später in Warnemünde und starb 1905 nach einem schweren Unfall auf der *Rügen*. Von 1905 bis 1920 war Paul Rehren Kapitän auf dem Dampfer, ab 1921 dann Kapitän Suplie. Natürlich waren gute Agenten an Land die Voraussetzung, daß die Reederei sofort telegraphisch die Nachricht von einer Strandung bekam. An erster Stelle werden das die Leuchtturmwärter gewesen sein, die sich damit eine kleine Prämie verdienten. Bei der später immer stärker werdenden Konkurrenz im Bergungsgeschäft ist nicht auszuschließen, daß diejenige Reederei als erste benachrichtigt wurde, die die höchste Prämie zahlte.
Spruth arbeitete sehr eng mit der großen dänischen Bergungsfirma „Em. Z. Svitzers Bjergning-Entreprise" in Kopenhagen zusammen, die allerdings mit neun Zehntel Anteilen an der *Rügen* beteiligt war und das Schiff deshalb sogar in ihrer eigenen Flottenliste aufführte. 1902 übernahm Heinrich Carl Th. Spruth aus Greifswald die väterliche Firma und damit auch die *Rügen*.
1928/29 wurde die *Rügen* an den Stolpmünder Reeder Wilhelm Koepke verkauft. Er nannte den Dampfer in *Stolpmünde* um und setzte ihn in der Frachtfahrt ein, wofür das Schiff eigentlich nie gedacht war. Am 26. Oktober 1929 lief der Dampfer mit einer Ladung Gerste, Papierballen und Telegraphenstangen von Stolpmünde aus. In der folgenden Nacht sank das Schiff im Sturm wahrscheinlich auf der Höhe von Rügenwaldermünde-Funkenhagen. Dabei fand die ganze Besatzung von acht Mann einschließlich Kapitän Georg Brand den Tod, so daß sich die Ursache des Verlustes der *Stolpmünde*, ex Rügen, niemals ermitteln ließ.

Doch zurück zur Insel Fehmarn! Dem gleichen Sturm vom 9. Oktober 1887, in dem der Schoner *Amasia* strandete, fiel auch die Tjalk **Margaretha** (KGQS), 26 Register-Tons, zum Opfer. Das in Westrhauderfehn beheimatete Schiff war 1881 in Neuefehn bei Joh. Bartels vom Stapel gelaufen und wurde 1887 von dem Schiffer Joh. Freese geführt. Vor dem offenen Strand von Schmaleheide auf Rügen hatte man Feuersteine für Farge in Dänemark geladen. Am Nachmittag des 10. Oktober sprang die Tjalk im hohen Seegang des immer noch wehenden SSO-Sturmes östlich von Fehmarn leck und sank innerhalb kurzer Zeit. Die zweiköpfige Besatzung rettete sich ins Schiffsboot und kam auf Fehmarn an Land. Das Seeamt zu Emden sah in seiner Verhandlung vom 17. 12. 1887 nicht allein das stürmische Wetter als Ursache des Leckspringens, sondern an erster Stelle die schlechte Stauung der schweren Steinladung.

Ebenfalls in Westrhauderfehn war die Tjalk **Ettje** (KGWR), 33 BRT/27 NRT, zu Hause. Sie wurde 1885 in Strücklingen bei Johann Remmers für Kaufmann Lamver in Ramelsloh gebaut und noch im gleichen Jahr vom Schiffer Heye Holtz in Westrhauderfehn erworben. Die Tjalk befand sich mit einer Ladung Roggen auf der Fahrt von Warnemünde nach Bremen durch den Fehmarnbelt. Bei schwerem WNW-Sturm Stärke 8 und hohem Seegang ging die Getreideladung über, die Tjalk bekam schwere Schlagseite und trieb manövrierunfähig am 30. Oktober um 20.15 Uhr vor Westermarkelsdorf auf den Strand. Schiffer Holtz und sein Bestmann blieben aber über Nacht an Bord und retteten sich am anderen Tag an Land. Später konnte auch die Getreideladung geborgen und das leicht leckgestoßene Schiff wieder abgebracht werden.

Das nächste Opfer des in diesem Jahr ungewöhnlich stürmischen Herbstes war der pommersche Schoner **Anna** (JCKN), 56 Register-Tons, von der Reederei J. D. Krause aus Stolpmünde. Das Schiff war 1855 in Swinemünde gebaut worden und wurde 1887 vom Schiffer Wilhelm Knoop aus Stolpmünde geführt. Dort hatte man eine Ladung Holz für Kiel an Bord genommen. Am 3. November kurz vor Mitternacht strandete der Schoner bei starkem SSW-Sturm und regendicker Luft angeblich durch Stromversetzung auf dem Puttgarden-Riff. Die vierköpfige Besatzung blieb an Bord und warf am nächsten Tag die gesamte Deckslast und einen Teil der Raumlast in die See. Erst dann konnte ein dänischer Bergungsdampfer das Schiff abschleppen und nach Kiel bringen. Vorher aber lockte die gestrandete *Anna* noch ein zweites Schiff auf das Riff und dieses wiederum ein drittes!

Bei dem zweiten Schiff handelte es sich um den Schoner **C. A. Beug** (JNCQ), 156 Register-Tons,

1867 in Barth in Pommern auf der Werft von J. S. Kraeft erbaut. Bewirtschaftet wurde er von der Stralsunder Reederei C. A. Beug, die trotz des gleichen Namens nur als Korrespondenzreeder und nicht Eigentümer des Schiffes eingetragen war. Sie besaß aber mit Sicherheit etliche Anteile an dem Schoner, genau wie sein Schiffsführer, Kapitän Carl Moritz Zander aus Stralsund. Die *C. A. Beug* war am 28. 10. 1887 von Pillau mit einer Ladung Holz für die Kaiserliche Werft in Kiel ausgelaufen. Davon waren 132 Lasten im Raum und 20 Lasten an Deck verstaut. Als man am Abend des 3. November das Feuer von Marienleuchte in Sicht bekam, segelte man mit NNW-Kurs entlang der fehmarnschen Küste. Plötzlich sah Schiffer Zander das Licht eines scheinbaren Vorausseglers und meinte im richtigen Fahrwasser zu sein. In Wirklichkeit handelte es sich um den vorher auf dem Puttgarden-Riff aufgelaufenen Schoner *Anna*! Kurz nach Mitternacht, in der ersten Stunde des 4. November, stieß auch die *C. A. Beug* auf Grund und blieb trotz Ausbringen eines Warpankers und Werfen der Deckslast sitzen. Als es dann hell wurde, sah Schiffer Zander, daß er ca. 1 sm vom Land auf dem Puttgarden-Riff saß bei einer Wassertiefe von 3 bis 4 m. Am Nachmittag des gleichen Tages brachte der dänische Bergungsdampfer *Helsingør* die *C. A. Beug* ab und schleppte sie nach Kiel. Hier stellte man nach dem Eindocken fest, daß der Schoner bei der Strandung stark gelitten hatte. Neben eingedrückten Planken war der Kiel gespalten. Die Reparaturkosten betrugen 3500 Mark, das Abschleppen 1500 Mark. Diese Beträge konnten oder wollten weder die Reederei noch Schiffer Zander als Miteigentümer aufbringen. Darauf ging das Schiff in den Besitz der Werft Conradi in Kiel über, die die Reparaturen durchgeführt hatte. Conradi verkaufte die *C. A. Beug* im September 1888 an Christian Nielsen in Nakskov, der sie in *Anna* umbenannte. Zehn Jahre später wurde die *Anna* nach Skillinge/Schweden verkauft und 1899 abgewrackt.

Zurück zum Puttgarden-Riff! Nach dem Festkommen der *C. A. Beug* am 4. 11. 1887 hatte Schiffer Zander die Segel stehenlassen in der Hoffnung, mit Hilfe derselben wieder flottzuwerden. Er hatte auch die Seitenlaternen gelöscht, nicht aber die für ein festsitzendes Schiff vorgeschriebenen Lichter gesetzt: drei rote Laternen übereinander. Durch diese Unterlassung kam es zur Strandung eines dritten Schiffes. Es handelte sich dabei um den Gaffelschoner **Drei Gebrüder** (JRBV), 45 Register-Tons, aus Barth in Pommern. Er wurde erst 1886 in Ribnitz bei J. H. Wilken gebaut und sollte unter Kapitän Johann Grählert eine Ladung Erbsen von Königsberg nach Orth auf Fehmarn bringen. Wegen Sturm und Dunkelheit hatte er den Umweg durch den Fehmarnbelt gewählt, und als er am 4. November in der Morgendämmerung die Segel eines anderes Schiffes voraus sah, glaubte er, auf dem richtigen Kurs zu sein. Tatsächlich handelte es sich dabei aber um die noch stehenden Segel der gestrandeten *C. A. Beug*, und gegen 6 Uhr morgens lief der Barther Schoner ebenfalls auf das Riff auf. 100 m südlich von ihm saß die *Anna* fest, 100 m nördlich die *C. A. Beug*! Für die Puttgardener Fischer war es sicher ein erfreulicher Anblick, drei Schiffe zur gleichen Zeit auf dem Riff festsitzen zu sehen. Nachdem man mit Hilfe der Fischer einen Teil der Erbsenladung in die See geworfen hatte, bekam man die *Drei Gebrüder* mittels ausgebrachtem Warpanker wieder frei. Sie hatte keinen Schaden davongetragen.

In der Verhandlung über den Unfall der *C. A. Beug* machte das Flensburger Seeamt am 22. 12. 1887 dem Schiffer Zander schwere Vorwürfe wegen seiner leichtfertigen Navigation, die sich nach einem vermeintlichen Voraussegler richtete. Es fand ihn schuldig an der Strandung seines eigenen Schiffes und mitschuldig am Auflaufen des nachfolgenden Schoners *Drei Gebrüder*, weil er keine roten Warnlichter gesetzt hatte. Das Seeamt beließ Zander jedoch sein Patent, während der Reichskommissar Einspruch erhob. So kam es noch zu einer Revisionsverhandlung vor dem Berliner Oberseeamt am 21. 12. 1888, das aber die Entscheidung der Vorinstanz bestätigte.

1888

Der 20 Jahre alte Besanewer **Rose** (KMJB), 36 Register-Tons groß, war in Neuhaus an der Oste beheimatet und gehörte dem Schiffer Johann Hinrich Pommer, ebenfalls von dort. Mit einer Besatzung von drei Mann hatte das Schiff vor der Ostküste Fehmarns von Steinfischern aus der See gezangte Findlinge geladen, die nach Cuxhaven gebracht werden sollten. Gleich zu Beginn seiner Fahrt am 9. Mai um 8 Uhr morgens segelte der

Ewer vor Staberhuk auf einen Unterwasserfelsen und wurde so stark leck, daß er nach Burgstaaken zur Reparatur gebracht werden mußte. Das Flensburger Seeamt erkannte in seiner Verhandlung am 13. 8. 1888 zwar an, daß das für Staberhuk lange geforderte und auch ausgelegte Seezeichen inzwischen abgetrieben und noch nicht wieder ersetzt war. Es machte aber dem Schiffer den Vorwurf: „Er sei näher dem Lande gesegelt, als es die Vorsicht gebot."
Zum weiteren Schicksal von Schiffer Pommer heißt es in einer alten Zeitungsmeldung vom 27. 10. 1894: „Ein Unglücksfall ereignete sich auf der Eider bei Nordfeld. Schiffer Pommer war mit seinem Ewer Rose und einer Ladung Gerste auf der Reise von Hamburg nach Rendsburg. Wegen schlechten Wetters ging er auf der Eider vor Anker. Als der Schiffer noch einen Heckanker ausbringen wollte, schlug das Beiboot beim Einsteigen um, und Pommer und sein Bestmann fielen ins Wasser. Der als einziger noch an Bord befindliche Schiffsjunge warf den beiden sofort eine Leine zu, die sie auch ergriffen. Während sich der Bestmann wieder an Bord ziehen konnte, verließen den Schiffer die Kräfte. Er sank, ohne noch einen Laut von sich zu geben, in die Tiefe."

In Rostock war die Brigg **Auguste Sophie** (MBKD), 275 Register-Tons groß, registriert. Dort wurde sie 1866 auf der Werft von H. Rickmann erbaut. Ab 1888 war sie Eigentum der Reederei W. Maack in Rostock und wurde von Schiffer Hans Ohlerich geführt. Die Brigg segelte mit neun Mann Besatzung in Ballast von Flensburg nach Libau. Am 13. Mai strandete sie gegen 1 Uhr früh bei einer frischen Brise aus SW und regendicker Luft dicht bei Westermarkelsdorf. Ursache soll die schlechte Sicht gewesen sein, wodurch das Markelsdorfer Feuer zu spät in Sicht kam. Das leckgestoßene Schiff wurde durch den Bergungsdampfer *Rügen* abgebracht und zur Ausbesserung in seinen Heimathafen Rostock geschleppt. 1890 wurde die *Auguste Sophie*, wie so viele andere deutsche Segler in diesen Jahren, nach Skandinavien verkauft. Die Hintergründe gehen bis auf die seit 1651 existierende berüchtigte englische Navigationsakte zurück. Diese besagte im wesentlichen, daß alle von und nach England bestimmten Waren nur auf englischen Schiffen verladen werden mußten. Das wirkte sich für Jahrhunderte stark einschränkend auf den Handel und Schiffbau aller anderen Länder aus. Als die Navigationsakte 1849 endlich aufgehoben wurde, kam es in der deutschen Seeschiffahrt zu einem großen Aufschwung, von dem Reeder, Kapitäne und Werften profitierten. Um 1880 ging es mit den Segelschiffen plötzlich bergab. Eine der Ursachen lag in der Gründung großer kapitalstarker Reedereien und deren Umstellung auf die Dampfschiffe. Diese zogen mit zunehmender Größe immer mehr Frachtmengen an sich und garantierten schnellere Reisen. Zur gleichen Zeit kam es durch die gewaltige Ausdehnung des nordamerikanischen Getreideanbaues zu einem starken Rückgang der Kornpreise in Europa. Davon wurden nicht nur die Erzeuger und Getreidehändler betroffen, sondern auch die Segelschiffsreeder, bei denen die Kornverschiffung eine wichtige Rolle spielte. Sehr hart traf es die Partenreedereien, wie man sie hauptsächlich in Mecklenburg fand. Bei ihnen hatte sich das Eigentum an einem Schiff manchmal bis in 500 einzelne Parten aufgegliedert, weil jeder an den hohen Gewinnen teilhaben wollte. Die Bewirtschaftung solcher Schiffe erfolgte über Korrespondenzreeder. Sie waren zwar Treuhänder der Anteilgeber, aber doch eher Geschäftsführer und verdienten selbst dann noch prozentual am Umsatz, wenn das Schiff keinen Reingewinn mehr abwarf. Weiter kam hinzu, daß es nach dem gewonnenen Krieg 1870/71 und den folgenden sogenannten „Gründerjahren" in Deutschland eine erste Wirtschaftskrise gab. Da viele Reeder und Eigner dem Verfall der Frachtraten nicht lange standhielten, begannen sie, in großem Umfang Segelschiffe ins Ausland, hauptsächlich nach Skandinavien, zu verkaufen. In alten Seeamtssprüchen aus der Zeit zwischen 1880 und 1890 wird oft auf die „überaus traurige Lage der Segelschiffahrt" hingewiesen. Häufig fehlte es an den notwendigsten Mitteln, die Segler instand zu halten. Die spärlichen Frachtraten führten sogar dazu, daß Reeder und Kapitäne ihre Schiffe überluden, um existieren zu können. Das ging dann auf Kosten der Sicherheit.
Länger als die größeren Segler behaupteten sich die kleinen Schiffe, bei denen der Kapitän zugleich Eigner war. Durch äußerste Sparsamkeit, großen Fleiß und mit einer so geringen Besatzung wie nur möglich, konnten sie selbst bei niedrigen Frachtraten noch bestehen. Nach 1890 nahm die Zahl der

kleinen Segler sogar wieder zu, da ihre Eigner Marktlücken für bestimmte Frachten entdeckt hatten. Sie waren außerdem in der Lage, kleine Häfen oder Ladeplätze anzulaufen, die für Dampfer unerreichbar blieben. So entstanden um die Jahrhundertwende noch einmal neue Schoner und Galeassen in einer moderneren Bauweise und mit besseren Segeleigenschaften.
Es muß noch gesagt werden, daß das Leben an Bord dieser kleinen Schiffe keineswegs romantisch war, sondern schwere Arbeit bedeutete. Das galt besonders für die Hafenzeiten, denn oft mußten die Besatzungen selber löschen oder stauen, und der Schiffer arbeitete dabei voll mit. Da die Ostseereisen gewöhnlich nur kurz waren, gab es viel harte Arbeit über das rein Seemännische hinaus für die kleinen Besatzungen. Deshalb war die Ostseeschifffahrt allgemein bei den Seeleuten nicht beliebt. Viele musterten lieber auf großen Segelschiffen an, die längere Reisen machten und weniger oft Häfen anliefen.

Aus Råå in Schweden stammte die Galeasse **Henriette,** 34 Register-Tons, unter Schiffer O. Bengtsson. Es handelte sich wieder um ein ehemaliges deutsches Schiff, das 1869 in Zingst auf dem Darß bei Fr. Zillmer erbaut wurde. Im Sommer 1888 war es mit einer Ladung Mauersteine von Korsör nach Kiel unterwegs. In der Nacht vom 12. auf den 13. Juli geriet es in einen schweren Sturm aus WNW. Im hohen Seegang und durch die schwere Steinladung sprang die Galeasse westlich von Fehmarn leck. Es gelang der dreiköpfigen Besatzung nur unter großen Anstrengungen, das eindringende Wasser soweit zurückzuhalten, daß man die Südküste der Insel erreichte, um Burgstaaken als Nothafen anzulaufen. Vor der Einfahrt nahm am 14. Juli der Dampfer *Fehmarn* die *Henriette* ins Schlepptau und brachte sie in den Hafen.

Die Kuff **Maria Goine** (KFHJ), von der schon 1883 berichtet und die damals nach Burgstaaken verkauft worden war, lag am 22. September 1888 auf der Reede von Burgtiefe vor Anker. Sie war leer von Svendborg gekommen und sollte nach Danzig segeln. Ihr Schiffer und Eigner Julius Specht hatte vor Fehmarn erst einmal Pause gemacht, um seine Familie aufzusuchen. Zusammen mit seinem Steuermann Th. Steffen aus Burg auf Fehmarn und dem Jungmann E. List aus Lübeck war man an Land gerudert. Als Wache mußte der Kochjunge Mehlberg aus Hamburg an Bord bleiben. Plötzlich sah man am Nachmittag des 22. 9. Rauch und Flammen auf der *Maria Goine*. Der Fischer Kühl aus Burgtiefe sowie die Böter Kröning und Jensen eilten mit ihren Booten hin und konnten das Feuer löschen. Der Roof war total ausgebrannt, außerdem hatten Mast und Segel gelitten. Den gesamten Schaden schätzte man auf 700 bis 800 Mark. Der Kochjunge gestand, das Stroh in seiner Koje angezündet zu haben und wurde wegen Brandstiftung verhaftet. Leider ist nicht bekannt, warum er das Feuer legte. Vielleicht hatte er genug von der Seefahrt und wollte die Reise nach Danzig nicht mehr mitmachen, oder er fühlte sich benachteiligt, weil er nicht mit an Land durfte? Die *Maria Goine* wurde nicht mehr alt. Sie sank am 3. Oktober 1893 im Sturm vor der hinterpommerschen Küste. Laut Seeamtsverhandlung vom 13. 11. 1893 spielten sich die Ereignisse folgendermaßen ab: Das Schiff, Eigentum von Julius Specht aus Burgstaaken, hatte Ende September 1893 Faxe/Dänemark mit einer Ladung von 2275 Zentner Kalkmehl (Düngekalk) für Memel verlassen. Es wurde vom Steuermann Steffen geführt, der seine Frau auf diese Reise mitgenommen hatte. Außerdem waren noch drei Mann Besatzung an Bord. Am 2. Oktober geriet die *Maria Goine* in der mittleren Ostsee in einen sehr schweren Südweststurm und arbeitete hart im hohen Seegang. Die Wellen schlugen über Deck, und das Schiff begann viel Wasser zu machen. Dabei geriet Kalk aus der Ladung in die Bilgen, verstopfte die Pumpen und machte sie unbrauchbar. Die Mannschaft bemühte sich vergeblich, das eindringende Wasser mit Pützen und Eimern auszuschöpfen. Steffen entschloß sich daraufhin, Stolpmünde als Nothafen anzulaufen, trieb aber daran vorbei. Als die Gefahr zu Sinken immer größer wurde, verließ man am 3. Oktober im Boot das Schiff, das drei Minuten später auf eine Tiefe von 14 m sank, so daß nur die Spitze des Großmastes herausragte. Nach zwei Stunden harten Ruderns erreichten die Schiffbrüchigen das Land in der Nähe der Rettungsstation Koppalin östlich von Leba. Von ihren privaten Sachen hatten sie nur wenig retten können, Schiff und Ladung waren total verloren. Nachdem die Hamburger Seewarte bestätigt hatte, daß am 2. und 3. Oktober in der

mittleren Ostsee tatsächlich ein schwerer Sturm geweht hatte, sprach das Seeamt den Steuermann Steffen von jeder Schuld am Verlust der *Maria Goine* frei. Es bemängelte nur, daß weder Längen- noch Breitengrade der letzten Kurse ins Schiffsjournal eingetragen waren. Daran hatte Steffen bei der gefährlichen Situation seines Schiffes sicherlich am wenigsten gedacht.
1895 werden Schiffer Specht und Steuermann Steffen als Eigner der Galeasse *Georg* in Burgstaaken aufgeführt.

1889

Der englische Dampfer **Faraday** (LPWS), war mit 880 BRT/556 NRT vermessen. Er wurde 1873 aus Schweißeisen in North-Shields auf der Werft von T. & W. Smith erbaut und gehörte um 1885 der Reederei G. Reid & Co. in Newcastle. Zum Jahresbeginn 1889 befand sich das Schiff mit einer Ladung Buchweizen auf der Fahrt von Flensburg nach Lübeck. Am 4. Januar gegen 15 Uhr lief es bei frischem Südwind und leichtem Nebel auf das Puttgarden-Riff auf. Nachdem man ca. 12 t Ladung über Bord geworfen hatte, kam der Dampfer mit eigener Kraft frei und setzte die Reise fort.

Die Jacht **Johanna** (LCFD), 18 Register-Tons groß, war in Burg auf Fehmarn beheimatet. Das 1867 in Greifswald auf der Werft von W. Sadelkow gebaute Schiff gehörte inzwischen dem Schiffer Johann Hinrich Detlev Markmann aus Burgstaaken. Dieser hatte als zweiten Mann seinen 28 Jahre alten Sohn Matthäus mit an Bord. Am 14. und 15. Januar nahm man in Kiel die Ladung ein. Mittschiffs im Raum wurden 170 Zentner Steinkohlen, vorn und achtern je 125 Säcke ungelöschter Kalk verstaut. Nach dem Verschließen der Luken mit doppelten Persennigen ging man am 18. Januar von Kiel in See, Bestimmungshafen war Burgstaaken. Als das Schiff am Nachmittag westlich von Fehmarn stand, quoll plötzlich Rauch aus der vorderen Luke. Da der Hafen von Orth jedoch durch Eisschollen versperrt war, segelte man weiter bis zum Fähranleger von Fehmarnsund. Dort ankerte Schiffer Markmann und fuhr mit dem Beiboot an Land, um Hilfe zu holen. Bald darauf kam er mit dem Fährpächter Adam und seinen Leuten zurück, und in ihrem Beisein öffnete man die vordere Luke. Im gleichen Moment schoß eine lange Stichflamme heraus und verbrannte den Schiffersohn schwer an beiden Armen. Man warf die Luke schnell zu und machte sie erst wieder auf, nachdem eine Feuerspritze von Land eintraf und Wasser in den Raum spritzte. Zusätzlich wurden Löcher in das Deck geschlagen, damit man den Brandherd besser erreichte. Nach stundenlanger harter Arbeit, in der die Säcke mit Kalk in die See geworfen wurden, gelang es, die brennenden Kohlen zu löschen. Durch das viele Löschwasser sank die Jacht zwar auf Grund, wurde aber am anderen Tag flottgemacht und nach Burgstaaken gebracht. Dort stellte man fest, daß Innenbeplankung und Decksbalken durch das Feuer stark gelitten hatten, der Rumpf jedoch dicht geblieben war. In seiner Verhandlung vom 25. 5. 1889 nahm das Flensburger Seeamt an, daß durch ein kleines Leck Wasser an den ungelöschten Kalk gelangte. Dadurch entzündete sich dieser selbst und setzte auch die Kohlenladung mit in Brand. Schiffer Markmann wurde kein Vorwurf gemacht. Das Seeamt wies aber darauf hin, daß ungelöschter Kalk nur in möglichst neuen und dichten Schiffen verladen werden sollte.

In Seester/Holstein war die Kuff **Margarethe** (LHFJ), 44 Register-Tons, zu Hause. Sie wurde 1867 in Nübbel bei Claus Rohwer gebaut. Im März 1889 segelte sie unter Schiffer J. H. Ahrens in Ballast von Fünen nach Memel und lief am 29. 3. kurz vor Mitternacht bei ruhigem Wetter auf das Puttgarden-Riff auf. Als Ursache sind Nebel und Stromversetzung erwähnt. Die Kuff wurde leicht leck und später vom Bergungsdampfer *Rügen* abgeschleppt.

Barth in Pommern war Heimathafen der Schaluppe **Arnold Ruge** (JLRK), 31 Register-Tons groß. Sie entstand 1855 in Fuhlendorf bei J. H. Braunschweig und gehörte bis 1885/86 dem Rostocker Reeder Richard Beslin. Von ihm erwarb der Schiffer Johann Chr. Fr. Orgel aus Richtenberg die Schaluppe. Johann Orgel hatte bis dahin die Barther Schonerbrigg *Edward Waugh* geführt und diese ohne eigene Schuld 1884 durch Strandung auf einem Riff vor der Insel San Domingo verloren. Am 19. April 1889 verließ die *Arnold Ruge* ohne Ladung Flensburg, um nach Stolpmünde zu segeln. An Bord befand sich nur noch ein zweiter Mann. Es wehte ein mäßiger, günstiger Nordwestwind, war

aber etwas diesig. Als am späten Abend des gleichen Tages ein weißes Licht in Sicht kam, hielt Orgel es für das Leuchtfeuer von Fakkebjerg an der Südspitze von Langeland und steuerte etwas südlicher. Kurz vor Mitternacht war aber plötzlich Land zu sehen, das Schiff lief auf Grund und blieb nur 15 m vom Strand entfernt sitzen. Bei Tagesanbruch erschien der Leuchtturmwärter von Westermarkelsdorf am Strand und klärte Schiffer Orgel auf, daß er nicht auf Langeland, sondern an der Westküste Fehmarns zwischen Bojendorf und Westermarkelsdorf gestrandet war! Fischer aus Orth halfen später, das Schiff flottzumachen und nach Orth zu bringen. Nach kleinen Ausbesserungen setzte die *Arnold Ruge* am 3. Mai ihre Reise fort und traf erst am 31. Mai (!) in Stolpmünde ein. Das Flensburger Seeamt fand die Schuld an der Strandung bei Schiffer Orgel, da er die in Frage kommenden Leuchtfeuer nicht erkannt hatte. Es beließ ihm jedoch seine Befähigung zur Ausübung des Schiffergewerbes: „Da er seit 35 Jahren als Schiffer zur See fuhr und nichts Nachteiliges gegen ihn bekannt sei; der Verlust der *Edward Waugh* könne ihm nicht angelastet werden. Außerdem sei er ohne Ladung gesegelt und hätte kein fremdes Gut, sondern nur sein eigenes Schiff gefährdet.“ Auf den Einspruch des Reichskommissars kam es zu einer Revisionsverhandlung vor dem Berliner Oberseeamt. Dieses bestätigte jedoch die Entscheidung der Vorinstanz. Zum Zeitpunkt der Strandung war Johann Orgel 67 Jahre alt. Es ist ein Hinweis, daß die besten Jahre der Segelschiffszeit vorbei waren. Früher hatten Kapitäne mit etwas Glück in kurzer Zeit soviel verdient, um sich im Alter zur Ruhe setzen zu können. Um 1890 führten sie einen harten Kampf um das tägliche Brot, ungeachtet der Lebensjahre.
Aus Dänemark stammte der 40 Jahre alte Schoner **Christine,** 160 Register-Tons, unter Schiffer Mortensen. Er segelte in Ballast von Svendborg nach Narva und lief am 16. Mai nachts bei einer frischen östlichen Brise und klarer Luft vor Wenkendorf auf Grund. Die Ursache soll in der ungenügenden Beobachtung des Westermarkelsdorfer Leuchtfeuers gelegen haben. Drei Tage später schleppte der dänische Bergungsdampfer *Hertha* den unbeschädigten Schoner wieder ab.
Die *Hertha* (NRJW), 98 BRT/29 NRT, wurde 1877 in Kopenhagen bei Burmeister & Wain gebaut. Sie hatte 300 PSi und war eines der kleinsten Bergungsschiffe von „Em. Z. Svitzers Bjergning-Entreprise“ in Kopenhagen.

Der Lübecker Frachtdampfer **Alpha** (PBGJ), 314 BRT/244 NRT, lief 1869 in Newcastle-on-Tyne bei W. B. Hornby vom Stapel. Er hatte eine Maschine von 240 PSi und war noch als Dreimastschoner getakelt. Bei günstigem Wind wurden zusätzlich Segel gesetzt. Das Schiff gehörte der Reederei „St. Petersburg-Lübecker A. G.“ in Lübeck und stand 1889 unter dem Kommando von Kapitän G. A. Bendfeldt. Die *Alpha* hatte Newcastle-on-Tyne mit einer Ladung Steinkohlen für Lübeck verlassen. Vom Kattegat kommend, passierte sie in der Nacht vom 27. auf den 28. August Langeland. Kurz vor Mitternacht sah man die Feuer von Westermarkelsdorf und Marienleuchte. Es wehte eine frische Brise aus NW, die Luft war etwas diesig, aber doch gut feuersichtig. Um Mitternacht übergab Kapitän Bendfeldt die Wache an den 1. Steuermann Westrich und ging zur Koje. Kurz danach um 1 Uhr früh lief der Dampfer etwa 1 sm nördlich der Markelsdorfer Huk auf steinigen Grund auf und saß fest. Der vordere Laderaum wurde leck und lief voll Wasser. Unter diesen Umständen blieb auch das Ausbringen eines Warpankers erfolglos. Bei Hellwerden fuhr Schiffer Bendfeldt im Boot an Land und bat telegraphisch seine Reederei in Lübeck um Schlepperhilfe. Diese schickte ihm den Schlepper *Trave*, der aber erst am Morgen des 29. 8. eintraf und die *Alpha* anschließend freischleppte. Die Beseitigung der Schäden in einer Lübecker Werft kostete ca. 16 000 Mark. Am 30. 12. 1889 verhandelte das Lübecker Seeamt über die Havarie. Es kam zu dem Schluß, daß nicht Stromversetzung, wie der Kapitän angab, die Unfallursache war, sondern hielt ihm sowie seinem Steuermann vor, äußerst leichtsinnig navigiert zu haben. Sie hätten das Schiff angesichts von zwei gut erkennbaren Landfeuern auf Strand gesetzt. Da beide aber noch nie in einen Seeunfall verwickelt waren, beließ das Seeamt ihnen ihre Befähigungszeugnisse.

Estebrügge an der Niederelbe war der Heimathafen des Besanewers **Johannes** (KLCJ), 32 Register-Tons groß. Er wurde 1866 in Stade auf der Werft von J. Röpers erbaut und war Eigentum von Schiffer J. Behrens. Außer ihm befand sich nur noch ein Bestmann an Bord. Der Ewer hatte in

Burgstaaken auf Fehmarn unbehauene, von Steinfischern aus der See geholte Felsen für Cuxhaven geladen. Er lief am 20. September bei frischem südwestlichem Wind aus dem Hafen. Kurz darauf stieß er gegen 9 Uhr vormittags beim Umrunden von Staberhuk auf einen Unterwasserfelsen und machte sofort viel Wasser. Auf seine Notsignale kamen zwei andere Segler zu Hilfe. Diesen gelang es, die *Johannes* vor dem Sinken zu bewahren und auf flachem Grund abzusetzen. Der Dampfer *Fehmarn* brachte den Ewer dann am 23. 9. ab und schleppte ihn zur Ausbesserung nach Burgstaaken zurück. Das Seeamt machte später Schiffer Behrens den Vorwurf, er sei zu nahe der Küste gesegelt.

In einem frühen und ungewöhnlich heftigen Herbststurm aus NW ging die 37 Jahre alte russische Brigg **Ystävä** verloren. Sie war 209 Register-Tons groß und sollte unter Kapitän Söderlund eine Holzladung, in der Hauptsache Sparren, von Skelleftea/ Schweden nach Kiel bringen. Am 26. September am frühen Morgen strandete sie bei hohem Seegang auf dem Puttgarden-Riff und stieß schnell leck. Die neunköpfige Besatzung konnte sich im eigenen Boot an Land retten. Nach Abflauen des Sturmes versuchten die Bergungsdampfer *Dahlström* und *Øresund* die Brigg abzubringen, hatten jedoch keinen Erfolg damit. So beschränkten sie sich darauf, die Holzladung zu bergen, soweit diese noch nicht über Bord gespült war. Durch einen neuen Sturm Anfang Oktober wurde das Wrack der *Ystäva* vom Riff herunter an den Strand getrieben und noch mehr zertrümmert. Am 16. Oktober erschien dann im „Fehmarnschen Wochenblatt" eine Anzeige unter der Überschrift: „Strandauction." Darin hieß es: „Das zerschlagene Wrack der *Ystävä* soll meistbietend am Puttgardner Strand verkauft werden."

Die *Dahlström* (LCPQ), 69 BRT/38 NRT, war die Konkurrenz von Spruth und Svitzer im Bergungsgeschäft in der westlichen Ostsee. Sie wurde 1886 in Kiel bei Georg Howaldt für die „Neue Dampfer Compagnie" in Kiel (künftig abgekürzt „NDC") als Schleppdampfer mit 130 PSi gebaut. Die *Dahlström* machte viele Schleppreisen und Bergungsarbeiten für die „NDC", ehe sie von ihr 1918 an August Blume in Rendsburg verkauft wurde. Blume setzte sie weiter unter ihrem alten Namen als Schlepper im Nord-Ostsee-Kanal ein. 1922 erwarben die Gebrüder Beckedorf aus Hamburg die *Dahlström* und bauten sie zum Taucherfahrzeug um. Als

1886 – Bergungsdampfer »Dahlström« aus Kiel.

Condor fuhr der Dampfer bei Beckedorf bis 1955 und wurde danach abgebrochen.
Der zweite oben genannte Dampfer *Øresund* gehörte zur Svitzerflotte in Kopenhagen. Er wurde dort 1865 bei Burmeister & Wain für Svitzer gebaut. Anfangs war er mit 63,5 Lasten, nach einem Umbau mit 192 BRT/79 NRT vermessen und hatte eine Dampfmaschine von 300 PSi. 1912 verkaufte Svitzer die *Øresund* nach Archangelsk.

Heimathafen der Kuff **Hinnerika** (KGHD), 43 Register-Tons, war Warsingfehn. Sie war 1877 in Oldersum auf der Werft von Janssen vom Stapel gelaufen und gehörte im Unfalljahr J. Holnes in Rorichmoor. Unter Führung von Schiffer G. Kriens segelte die *Hinnerika* mit einer Ladung Holz von Königsberg nach Oldersum. Am 4. Oktober abends lief sie bei leichtem SO-Wind und Nebel vor der Markelsdorfer Huk auf Grund. Die Mannschaft ruderte zwei Warpanker aus und brachte damit die Kuff ohne fremde Hilfe wieder ab. Sie setzte ihre Reise fort.

Der dänische Schoner **Elvira,** Schiffer Hansen, befand sich mit einer Ladung Bretter auf der Fahrt von Sundsvall/Schweden nach Marstal/Dänemark. Im Sturm verlor das Schiff die Segel und das Ruder und trieb hilflos in der stürmischen See. Am 21. Oktober wurde es vom Dampfer *Fehmarn* gesichtet und in den Hafen von Burgstaaken geschleppt.

Als letztes Schiff 1889 verunglückte der 20 Jahre alte schwedische Schoner **Juno,** 196 Register-Tons groß. Er hatte neun Mann Besatzung und segelte in Ballast von Kiel nach Kalmar/Schweden. Am 3. November geriet er in der Mittagszeit bei ruhiger See, aber schlechter Sicht auf das Puttgarden-Riff. Da das Wasser etwas fiel, kam er mit eigener Kraft nicht wieder frei. Am nächsten Tag traf dann der dänische Bergungsdampfer *Helginsør* ein und schleppte den Schoner ab. Laut Aussage des Schiffers war die Ursache des Auflaufens die diesige Luft, da er kein Land gesehen hatte.

1890

In diesem Jahr ereignete sich der erste Seeunfall erst im Herbst und betraf die dänische Jacht **Enigheden** (NKHP), 28 BRT/22 NRT, aus Svendborg. Dort war sie schon 1815 erbaut, aber 1889 neu aufgezimmert worden. Sie hatte Travemünde mit einer für Middelfart in Dänemark bestimmten Ladung Stückgut verlassen und geriet in einen schweren WNW-Sturm, der fast Orkanstärke erreichte. Der Schiffer suchte unter der Küste Fehmarns Schutz, und, obwohl hier fast in Lee liegend, brachen im hohen Seegang beide Ankerketten. Die Jacht strandete darauf am 2. Oktober vor Meeschendorf und stieß leck. Ihre drei Mann Besatzung retteten sich im eigenen Boot an Land. Nach Abflauen des Sturmes konnte die *Enigheden* wieder flottgemacht werden.

Heimathafen des Dampfers **Alfred** (PBFM), ex Teutonia, ex Hudiksvall, 181 BRT/133 NRT, war Königsberg. Er lief 1857 in Stockholm bei Felandar & Hammar vom Stapel und gehörte 1890 der Königsberger Reederei Storrer & Scott. Ab 1887 wurde er von Kapitän F. Blank geführt. Der Dampfer hatte in Danzig Roggen für Schleswig geladen. Auf der Fahrt dorthin lief er am 6. November um 2 Uhr früh bei ruhiger See, aber diesiger Luft auf das Puttgarden-Riff auf. Kapitän Blank versuchte vergeblich, durch stundenlanges Rückwärtsarbeiten der Schraube alleine freizukommen, ruinierte dabei aber nur die Maschine. Am Tage wurde dann von Land aus die Reederei Svitzer benachrichtigt, die den Bergungsdampfer *Hertha* schickte. Dieser schleppte die *Alfred* für die stolze Summe von 6500 Kronen vom Riff ab und weiter nach Schleswig. Zu dieser Zeit hatte eine dänische Krone einen Wert von mehr als 1,25 Mark. Das Flensburger Seeamt gab in seinem Spruch vom 18. 1. 1891 dem wachhabenden Steuermann des Dampfers die Schuld an der Strandung. Als er Marienleuchte querab peilte, hätte er nicht gelotet und sich von der Nähe des Landes überzeugt. Das Puttgarden-Riff selbst läßt sich nicht anloten, wenn man sich ihm von Osten kommend nähert, wie es auch im 1. Segelhandbuch des Deutschen Reiches von 1878 für die Ostsee heißt. Im Gegensatz zu seiner flachen Westseite fällt die Ostkante des Riffs steil und tief ab.

Ende November 1890 tobte ein schwerer NO-Sturm in der westlichen Ostsee, dem zahlreiche Schiffe zum Opfer fielen. Die 29 Jahre alte Kuff **Anna Margarethe** (LHFK), 25 Register-Tons, war in Heiligenhafen registriert und gehörte dem ebenfalls dort wohnenden Schiffer J. R. H. Holst. Die Kuff befand sich ohne Ladung auf der Heimreise von Wismar und verfehlte am 26. November im Schneesturm den Fehmarnsund. Sie strandete an der Festlandküste desselben nördlich von Großenbrode und wurde von der See weit auf den Strand geworfen. Nach dem Abflauen lag sie „hoch und trocken" und konnte erst nach Monaten wieder abgebracht werden. Den zwei Leuten an Bord war bei der Strandung nichts geschehen.

Im gleichen Sturm am 26. November verunglückte vor Fehmarn die norwegische Bark **Cito,** 317 Register-Tons groß und 37 Jahre alt. Sie war mit einer Ladung Fichtenbretter und Planken auf der Reise von Gävle/Schweden nach Goole in England. Ihre Besatzung bestand aus neun Mann. Die *Cito* hatte vor dem Sturm schutzsuchend im Fehmarnbelt zwischen Gammendorf und Wenkendorf nahe der Küste geankert. Die Anker hielten jedoch nicht, die Bark geriet ins Treiben und drohte zu stranden. Daraufhin ließ der Kapitän die Masten kappen, um den Winddruck zu verringern. Später wurde das hilflose Schiff von dem 333 BRT großen Danziger Dampfer *Adlershorst* gesichtet, der die Unfallstelle in einiger Entfernung passierte. Diesem gelang es trotz des schweren Seeganges, eine Schleppverbindung herzustellen und die *Cito* nach Warnemünde einzubringen.
Betrachtet man die Häufigkeit der Schiffbrüche verteilt auf die Jahreszeiten, sieht man sofort, daß sich die Mehrzahl im Frühjahr und Herbst ereignet wegen der in dieser Zeit besonders stürmischen und nebligen Witterung. Daß der Sommer fast unfallfrei bleibt, bedarf keiner Erklärung. Auffallend ist jedoch die geringe Zahl von Unglücksfällen in den Monaten Januar und Februar. Das beruht darauf, daß die kleinen Frachtsegler während dieser Monate in ihren Heimathäfen auflagen oder, wie man auch sagte, ins Winterlager gingen. Sie stellten die Schiffahrt dann ganz ein, und das traf vor allem für die von strengeren Wintern betroffenen Häfen der mittleren und östlichen Ostsee zu. In deren westlichem Teil kam es nicht in jedem Jahr zur Eisbildung. Allgemein rechnete man in der Ostsee mit einer Schiffahrtsperiode von März/April bis November/Dezember pro Jahr. Die später aufkommenden Dampfer lagen nicht mehr auf. Einmal waren sie stärker, und zum anderen mußten sie schon aus Kostengründen versuchen, den Winter über durchzufahren. Dabei nahm man das Risiko der Fahrt durch das Eis bewußt in Kauf, was häufig zu Totalverlusten führte. So sanken zum Beispiel an einem Tag, am 4. 2. 1889, im Stettiner Haff der Kieler Dampfer *Holsatia* und der dänische Dampfer *Uffo,* nachdem sie schwere Eisschäden erlitten hatten.

1891

Der Winter 1890/91 brachte strengen Frost und auch in der westlichen Ostsee Anfang Januar 1891 schon viel Eis. Zu den Schiffen, die trotzdem die Fahrt fortsetzten, gehörte der Kieler Dampfer **Helene** (LCJK), 198 BRT/151 NRT groß. Er wurde 1881 in Kiel bei Georg Howaldt erbaut und gehörte der Kieler Reederei Sartori & Berger. Die Besatzung bestand aus elf Mann. Das Schiff hatte Pillau mit einer Ladung Getreide sowie Spiritus in Fässern verlassen und am 4. Januar 1891 den mit Treibeis bedeckten Fehmarnbelt passiert. Als es danach direkten Kurs auf Kiel nehmen wollte, geriet es westlich von Fehmarn in ein starkes Treibeisfeld und wurde von diesem bei Westermarkelsdorf auf den Strand gedrückt. Die *Helene* wurde jedoch, ohne daß sie Schaden genommen hatte, am nächsten Tag wieder abgeschleppt.

Heimathafen des englischen Dampfers **Dwina** (QBTK), 749 BRT/463 NRT, war Leith. Er war 1861 in Glasgow auf der Werft von Barclay, Curle & Co. aus Schweißeisen erbaut worden, hatte drei Masten und gehörte der Leith, Hull & Hamburg Steam-Packet Co. (J. Currie) in Leith. Mit 17 Mann Besatzung unter Führung von Kapitän Cameron befand sich das Schiff ohne Ladung auf der Reise von Korsör nach Libau. Am 21. Februar gegen Mittag lief es bei glatter See und leichtem Nebel auf das Puttgarden-Riff auf und saß drei Tage dort fest. Erst nachdem das Wasser etwas angestiegen war, gelang dem Bergungsdampfer *Rügen* das Abschleppen. Anschließend brachte er die leicht leck gewordene *Dwina* über Warnemünde nach Rostock. Diese hatte sich die Maschine beschädigt, nachdem sie stundenlang versucht hatte, mit eigener Kraft freizukommen.

Nebel war auch die nächste Unfallursache. Der schwedische Schoner **Valdemar** (HTGF), ex Statira, war 195 Register-Tons groß und in Rådmansö beheimatet. Er wurde 1861 auf den Prince Edward-Inseln gebaut, 1889 in Schweden umgebaut und war Eigentum von E. J. Sjödin in Rådmansö. Unter Führung von Kapitän Ericksson segelte das Schiff in Ballast von Kolding nach Kopenhagen. Am 3. November um 4 Uhr morgens geriet es bei schwachem Wind und dichtem Nebel auf dem Puttgarden-Riff fest. Es wurde später mit Hilfe der Puttgardner Fischer wieder abgebracht. Sie halfen beim Überbordwerfen des Sandballasts und ruderten zwei Warpanker aus. Daran und mit Hilfe des Spills hievten sie den Schoner wieder frei.

Nur wenige Tage später verunglückte die von ihrem Eigner, Schiffer Daniel Friedrich Schütt aus Möltenort, geführte Jacht **Petrea** (LBRV) vor Kiel. Das mit 48 Register-Tons vermessene Schiff war für eine Jacht ungewöhnlich groß und hatte deshalb auch vier Mann Besatzung. Es wurde 1868 in Sonderburg bei H. H. Hauschild erbaut. Anfang November 1891 hatte die *Petrea* in Königsberg 2747 Stück Käse geladen, die nach Flensburg bestimmt waren. Am Abend des 11. November segelte sie bei SSO-Sturm und hohem Seegang mit dem Wind dicht unter der Küste Fehmarns nach Westen. Angeblich wollte Schiffer Schütt hinter Westermarkelsdorf vor Anker gehen, da er fürchtete, in der Flensburger Förde Nebel anzutreffen. Zum Ankern kam er nicht mehr, denn trotz des nahen und gut sichtbaren Leuchtfeuers von Westermarkelsdorf lief die Jacht in den späten Abendstunden des 11. November vor Altenteil auf den Strand und stieß leck. Um sie wieder abzubringen, mußte in den nächsten Tagen erst die Käseladung gelöscht werden. Davon war schon ein Drittel durch Seewasser verdorben, und sicher ist beim Entladen auch ein Teil für die helfenden Anwohner mit abgefallen! Den Bergungsdampfern *Rügen* und *Hertha* gelang es dann mit vereinten Kräften, die Jacht abzuschleppen. Das Seeamt in Flensburg gab Schiffer Schütt die Schuld an der Strandung, da er zu nahe der Küste gesegelt sei. 1885 hatte die *Petrea* schon einmal einen Seeunfall erlitten. Sie war auf der Reise von Travemünde nach Königsberg in Ballast von dem entgegenkommenden, von Schiffer Pierstorff geführten Lübecker Dampfer *Hansa* gerammt und beschädigt worden. Dieser schleppte die Jacht anschließend nach Travemünde zur Ausbesserung zurück. Die Schuld an der Kollision traf den Dampfer *Hansa*, da der Wachhabende die Hecklaterne des Seglers nicht gesehen hatte.

Die in Burg auf Fehmarn beheimatete Jachtgaleasse **Hans** (LCTJ), 31 BRT/27 NRT groß, war erst 1890 in Eckernförde auf der Werft von Glasau erbaut worden. 1891 erwarb sie der Schiffer Nicolaus Thielmann aus Burg auf Fehmarn. Die Galeasse lag am 12. Dezember bei schwerem WSW-Sturm mit Regen- und Hagelböen ohne Ladung im Fehmarnsund vor zwei Ankern. Als eine Ankerkette brach, geriet das Schiff ins Treiben, und da man sich nicht mehr vom Land freisegeln konnte, setzte Schiffer Thielmann es an einer Stelle mit Sandgrund vor Fehmarn auf Strand. Nach dem Sturm wurde die unbeschädigte Galeasse wieder abgebracht. Sie wurde 1905 nach Ekensund verkauft.

1892

In diesem Jahr ereigneten sich zehn Schiffsunglücke, jedoch war in den meisten Fällen nicht Sturm, sondern Nebel die Ursache. Dieser war in den engen Gewässern um Fehmarn bei den Seeleuten besonders gefürchtet.

Als erste erlitt 1892 die in Rostock registrierte Jachtgaleasse **Carl** (MCWV), 83 Register-Tons, Schiffbruch. Sie war 1874 bei H. F. Brakenwagen in Barthe bei Barth in Pommern erbaut worden und wurde 1892 von Kapitän Eduard Meincke geführt. Man hatte am 10. 1. 1892 Kopenhagen mit einer Ladung von 136 t Weizen für Heiligenhafen verlassen. Auf der Fahrt dorthin strandete die Galeasse am Abend des gleichen Tages bei mäßigem NO-Wind mit Schnee auf dem Puttgarden-Riff nahe der Pricke. Während der Nacht blieb die Besatzung an Bord und ruderte am nächsten Morgen im eigenen Boot an Land. Das Schiff wurde vollständig wrack und ging verloren. Von der Ladung konnten noch 29 t Getreide geborgen werden. Das Flensburger Seeamt führte, wie vom Schiffer angegeben, die Strandung hauptsächlich auf Stromversetzung zurück. Es meinte aber, Meincke hätte sich besser etwas nördlicher gehalten, als er querab von Marienleuchte beim Loten zehn Faden Wasser fand. 1892 wird die 1881 erstmals als Marke auf dem Riff vor Puttgarden beschriebene Pricke zum letzten Mal erwähnt.

In Bremen war der kleine Frachtdampfer **Biene** (QCTW), 235 BRT/167 NRT groß, beheimatet. Er wurde 1874 in Vegesack auf der Werft von Lange gebaut, besaß drei Masten und führte noch Schonertakelung. Das Schiff war schon einmal unter Kapitän Janzen auf der Reise von Danzig nach Malmö am 26. 4. 1887 an der Ostküste von Bornholm bei Årsdale gestrandet, am gleichen Tag aber ohne fremde Hilfe wieder freigekommen. Im April 1892 befand es sich mit einer Ladung Kleie auf der Fahrt von Danzig nach Kolding. In der Nacht vom 18. auf den 19. April strandete es bei stürmischem Wetter auf dem Puttgarden-Riff, kam aber noch am Vormittag des 19. 4. mit eigener Kraft wieder frei und setzte die Reise fort. Ein gegen Mittag eingetroffenes Bergungsschiff wurde nicht mehr benötigt. Der Dampfer *Biene* wurde einige Jahre später nach Chile verkauft.

Die Schaluppe **Karl** (JRCT), 39 BRT/31 NRT, stammte aus Barth in Pommern. Dort war sie 1890 bei Carl Holzerland für den Eigner und Kapitän Emil Schacht aus Fuhlendorf bei Barth vom Stapel gelaufen. Als Korrespondenzreeder war Carl Sodemann aus Barth für das Schiff tätig. Die Schaluppe hatte in Hasle auf Bornholm Mauersteine für Kiel geladen. Beim Passieren des Fehmarnsundes lief sie am 20. Mai spätabends bei frischem SW-Wind und schlechter Sicht auf „Grönwoldsbrink“ nahe der Westmole von Burgstaaken auf. Von dort erschienen am nächsten Tag Hilfsmannschaften mit einem Leichter, in den ein Teil der Steine umgeladen wurde. Anschließend bekam man das unbeschädigt gebliebene Schiff wieder flott, das nach Übernahme der Ladung weitersegelte.

In Burg auf Fehmarn war die Jacht **Heinrich** (LBNF), 24 Register-Tons groß, zu Hause. Sie war 1859 in Kiel bei Reuter & Ihms gebaut worden und gehörte 1892 dem Schiffer Matthäus Petersen aus Burg auf Fehmarn. Bei schwerem Weststurm hatte die Jacht in der Lemkenhafener Bucht vor Anker gelegen. Am 24. Juni in der Mittagszeit geriet sie ins Treiben und strandete vor dem Warder, einer kleinen Insel bei Lemkenhafen. Mit leichten Schäden wurde sie einige Tage später wieder flottgemacht.

Die Jacht **Theodora** (LBJH), 37 BRT/34 NRT, war in Orth auf Fehmarn registriert. Sie war 1862 ebenfalls in Kiel bei Reuter & Ihms gebaut worden und 1892 Eigentum des Schiffers Christian Dünnweber aus Orth. Die *Theodora* hatte fest verankert nahe dem Land in der Orther Bucht gelegen und war zur Reinigung des Rumpfes kielgeholt worden. Das war eine früher übliche Methode, erst die eine, dann die andere Seite vom Bewuchs zu reinigen und kleine Ausbesserungen zu machen und ersparte das Aufschleppen bei einer Werft. Die *Theodora* fiel jedoch dabei plötzlich ganz auf die Seite und lief voll Wasser, konnte später aber ohne Schwierigkeiten gehoben werden. Obwohl niemand dabei verletzt wurde und kein fremdes Gut Schaden nahm, zog der Unfall eine seeamtliche Untersuchung nach sich. Das Seeamt fand die Ursache desselben bei Schiffer Dünnweber, weil dieser zwischen Schiff und Land keine Grundtaljen ausgebracht und am Mast keine Stütze befestigt hatte.

Aus Gothenburg stammte der schwedische Dampfer **Atlas** (HKGR), 845 BRT/347 NRT groß. Er lief 1873 in Västervik vom Stapel und hatte 14 Mann Besatzung. Unter der Führung von Kapitän Olsson befand er sich mit einer Ladung Steinkohlen auf der Reise von Warkworth/England nach Travemünde. Am 11. September gegen 5 Uhr morgens lief das Schiff bei ruhiger See und Nebel auf dem Puttgarden-Riff nahe der Pricke auf Grund und blieb sitzen. Später erschien der dänische Bergungsdampfer *Helsingør* an der Strandungsstelle, aber erst nach dem Überbordwerfen von ca. 35 t Steinkohlen konnte der Schwede abgeschleppt werden.

Ebenfalls in der Nähe der Pricke kam der schwedische Schoner **Herman** (HGPV), 97 Register-Tons, auf dem Puttgarden-Riff fest. Er war 1858 in Ekenäs gebaut worden und segelte im Oktober 1892 ohne Ladung von Schleswig nach seinem Heimathafen Sölvesborg. Am 4. Oktober gegen 1 Uhr früh lief der Schoner bei ruhiger See und klarer Luft angeblich durch Stromversetzung auf das Riff. Er wurde noch am gleichen Tag durch den Kieler Bergungsdampfer *Dahlström* wieder abgebracht.

In den Abendstunden des 26. November ging die Jacht **Heinrich** (LBNF), 25 Register-Tons, aus Burg a. F. verloren. Es handelte sich um die gleiche, die erst im Juni desselben Jahres bei Lemkenhafen verunglückt war. Neben dem Schiffer und Eigner Matthäus Petersen befand sich nur noch der Bestmann Johann Sander an Bord, der ebenfalls aus Burg a. F. stammte. Von Lübeck mit einer für Burgstaaken bestimmten Ladung Futtermittel kommend, war man am 26. November mittags aus Travemünde ausgelaufen und segelte mit einer scharfen südwestlichen Brise nach Fehmarn. Gegen 16 Uhr hatte man Dahmeshöved querab und peilte gegen 18 Uhr abends die Feuerlinie Flügge-Struckkamphuk, doch war das Hafenfeuer von Burgstaaken nicht sichtbar. Nach weiteren 5 bis 10 Minuten stieß die Jacht mehrfach hart auf und blieb auf dem „Grünen Grund" sitzen. Die Brandung schlug über das Deck, Notsignale konnten aber nicht gegeben werden, weil nichts Geeignetes dafür an Bord war. Da die Lage immer gefährlicher wurde, verließen die beiden Männer nach 4 Stunden im eignen Boot das Schiff und erreichten unter großen Anstrengungen die fehmarnsche Küste beim „Wulfener Hals". Am nächsten Tag gelang es, etwas vom Schiffsinventar und einen Teil der nassen Ladung zu bergen. Die Jacht dagegen war verloren und konnte nicht mehr gehoben werden. Ihre Versicherung, der „Assekuranzverein für Küstenschiffer" in Schulau zahlte für den Verlust der *Heinrich* an Petersen, der ein Sechstel des Schadens selber tragen mußte, 1917 M. aus. In der späteren Verhandlung über die Strandung machte das Flensburger Seeamt am 25. 4. 1892 Schiffer Petersen schwere Vorwürfe wegen seiner Navigation. Unter anderem hielt es ihm vor, weder Seekarte noch Log gebraucht zu haben. Auch das Lot hätte er nicht benutzt. Beanstandet wurde ferner das Nichtführen eines Journals. Aus der kraftvollen Sprache dieser alten Seeamtssprüche, die in späteren Jahren immer sachlicher und trockner werden, hier ein wörtliches Zitat: „Der Schiffer (Petersen) hat durch sein Verhalten eine Sorglosigkeit und Nachlässigkeit an den Tag gelegt, wie sie größer nicht gedacht werden kann. Er hat auch rein gar nichts getan, um sich über die Richtigkeit des Schiffsortes zu orientieren, ist vielmehr darauf losgefahren, als ob es ihn gar nichts angehe, wohin er mit seinem Schiff kommen werde." Petersen versuchte sich damit zu entschuldigen, daß in der Küstenschiffahrt von allen Ortskundigen die Navigation in der gleichen Weise betrieben würde, womit er sicherlich recht hatte. Zwar hätte er kurz vor der Strandung noch loten lassen, doch sei dem Bestmann die vereiste Lotleine aus der Hand geglitten und verlorengegangen, da sie nicht am Schiff befestigt war. Das Reservelot war nicht zur Hand. Unglücklicherweise gab es am Unfalltag durch anhaltende Südwestwinde einen besonders niedrigen Wasserstand in der westlichen Ostsee. Anderenfalls wäre die Jacht sogar über die Untiefe hinweggekommen, und damit hatte Petersen vielleicht gerechnet. – Für das Seeamt reichten alle Vorwürfe zusammen aus, Petersen die „Befugnis zur Ausübung des Schiffergewerbes" zu entziehen. Auf dessen Einspruch kam es zu einer Verhandlung vor dem Oberseeamt zu Berlin am 29. 8. 1893. Aber auch diese höchste Instanz kam zu keinem anderen Ergebnis seiner Untersuchungen und bestätigte: „Daß dem Schiffer Petersen die Legimitation zur Führung schleswig-holsteinischer Schiffe auf beschränkter Fahrt, ausgestellt von der Königlichen Regierung zu Schleswig am 27. Januar 1871, entzogen wird."

Die dänische Jacht **Laura**(NGDL), 49 Register-Tons, gehörte dem Schiffer Rasmus Larsen. Das 52 Jahre alte Schiff hatte in Kiel 80 Tons Steinkohlen (1 Tons entsprach der englischen long ton zu 1016 kg) geladen, die für Burgstaaken bzw. die Ziegelei von Georg Schacht (später Neuwohner) in Burg bestimmt waren. Beim Auslaufen aus Kiel wehte ein frischer günstiger SW-Wind, aber der Wasserstand war sehr niedrig. Deshalb beschloß Schiffer Larsen, nicht durch den Fehmarnsund zu segeln, sondern wählte den weiteren, aber ihm sicherer scheinenden Weg durch den Fehmarnbelt. An der Nordostküste Fehmarns fand man Nebel vor, und beim Umrunden von Staberhuk kam die Jacht am 28. November nachmittags dem Land zu nahe. Sie stieß auf Grund, wurde leck und sank innerhalb kurzer Zeit. Schiffer Larsen und sein zweiter Mann retteten sich im Boot an Land. Vom Inventar konnte mit Hilfe von Fischern noch etwas geborgen werden, sonst gingen Schiff und Ladung total verloren. Wie häufig bei den kleinen skandinavischen Seglern war auch die *Laura* nicht versichert. Ihr Verlust bei einem geschätzten Wert von ca. 7000 dkr bedeutete damit einen schweren Schlag für den Schiffer.

Die letzte Havarie dieses Jahres ereignete sich am 11. Dezember und betraf die in Elmshorn beheimatete Galeasse **Catharina** (LFNT), 59 BRT/55 NRT groß. Sie war 1876 in Elmshorn gebaut worden und wurde 1892 vom Schiffer und zugleich Eigner T. C. Möller aus Elmshorn geführt. Die *Catharina* hatte in Swinemünde Pflastersteine für Hamburg geladen. Am 11. 12. lief sie in der frühen Dunkelheit eines Winternachmittags bei schwachem Südwind angeblich infolge schlechter Sicht nordöstlich des Westermarkelsdorfer Leuchtturms auf Strand. Nachdem man einen Teil der Steine über Bord geworfen hatte, schleppte der Dampfer *Rügen* die dicht gebliebene Galeasse wieder ab.

1893

In dem strengen Winter 1892/93 gab es viel Eis in der Ostsee, und selbst die Dampfer, die als einzige noch in Fahrt waren, hatten große Schwierigkeiten. Davon wurde auch der Hamburger Dampfer **Wagrien** (LCHW), 597 BRT/417 NRT, betroffen. Er war 1880 in Kiel bei Georg Howaldt vom Stapel gelaufen und gehörte 1893 der „Nord-Ostsee-Reederei" in Hamburg. Im gleichen Jahr wurde er von Kapitän Detlevsen geführt. Mitte Januar 1893 beobachtete man mehrere Tage von der Nordküste Fehmarns aus, wie die mit Weizen beladene *Wagrien* im Eis festsaß und vergeblich versuchte, nach Osten voranzukommen. Mal trieb das Eis sie in Richtung auf die dänische Insel Lolland, dann wieder auf Fehmarn zu. Am 24. Januar zeigte der Dampfer Flaggensignale. Sie wehten bei schwachem Wind aber nicht genügend aus, um sie richtig lesen zu können. Man nahm an, daß es dem Schiff an Proviant mangelte und beschloß, am nächsten Tag von Puttgardner Fischern mit einem über das Eis geschobenen Boot Lebensmittel hinbringen zu lassen. Am anderen Morgen war die *Wagrien* jedoch so weit nach der dänischen Seite abgetrieben, daß man das Unternehmen aufgab, um keine Menschenleben zu gefährden. Einige Tage später erreichte der Dampfer dann die Reede von Burgtiefe und wurde dicht vor der Einfahrt nach Burgstaaken mit Proviant versorgt. Die Angelegenheit hatte noch ein Nachspiel. Ein Einwohner von Fehmarn hatte sich bei der Regierung in Kiel beschwert, daß die Leuchtturmwärter von Marienleuchte nicht imstande wären, Flaggensignale zu entziffern. Aus Kiel wurde umgehend erwiedert, daß einer der Leuchtfeuerwärter auf Marienleuchte ein ausgebildeter Signalist sei und das Nichtlesenkönnen mit der Windstille an dem betreffenden Tag zusammenhing.

Der englische Dampfer **Castlegate** (HLRQ), 1783 BRT/1146 NRT, wurde 1882 in Blyth bei Hodgson & Soulsby aus Schweißeisen erbaut. Heimathafen war Liverpool und Eigner die „Castlegate Steamship Co." in North-Shields. Das Schiff mit seiner 24 Mann starken Besatzung hatte in Danzig 1900 t Zucker geladen, bestimmt für Philadelphia in den USA. Am 7. März morgens gegen 6 Uhr lief der Dampfer bei leichtem SW-Wind und diesiger Luft vor „Kamper Eck" zwischen Marienleuchte und Puttgarden auf Grund. Nach Aussage des Kapitäns war das Feuer von Marienleuchte wegen der schlechten Sicht nicht zu sehen und das dortige Nebelhorn nicht in Betrieb. Da der Wasserstand am Morgen der Strandung sehr niedrig war und in der folgenden Nacht wieder anstieg, kam die *Castlegate* am Vormittag des 8. März aus eigener Kraft wieder frei und setzte unbeschädigt die Reise fort.

Bei der Jacht **Theodora** (LBJH) des Schiffers Christian Dünnweber aus Orth a. F. handelte es sich um das gleiche Fahrzeug, das im Juni des Vorjahres im Hafen von Orth bei Reparaturarbeiten am Rumpf umgefallen war. Die **Theodora** kam am Abend des 31. März von Lübeck mit einer Ladung Gras- und Kleesamen, die am nächsten Tag gelöscht werden sollte. Über Nacht ging die Mannschaft zu ihren Familien, und als sie am nächsten Morgen, dem 1. April, zum Hafen kam, lag die Jacht gesunken an der Kaimauer. Schiffer Dünnweber mag das wie ein schlechter Aprilscherz vorgekommen sein! Als der Kieler Bergungsdampfer *Dahlström* die Jacht später leerpumpte und hob, stellte man fest, daß ein hölzerner Schiffsnagel in einer Planke unterhalb der Wasserlinie fehlte. Durch dieses Leck war die *Theodora* über Nacht langsam vollgelaufen. Ihre empfindliche teure Ladung konnte nur noch als Viehfutter verbraucht werden.

Die dänische Jacht **Catharina Marie,** 19 BRT/17 NRT, war in Rudkjöbing zu Hause. Sie war 1839 in Aerö gebaut und 1872 neu aufgezimmert worden. Im Unfalljahr gehörte sie dem Schiffsführer C. P. Norsk. Die Jacht hatte am 19. Juni Faxe/Dänemark mit einer für Lübeck bestimmten Ladung Kalksteinen verlassen. Erst am 27. Juni stand sie einige

Seemeilen westlich von Fehmarn. Am gleichen Tag kurz vor 21 Uhr sprang die *Catharina Marie* plötzlich bei ruhiger See leck. Es drang sofort soviel Wasser ein, daß die zwei Mann Besatzung das Schiff, das kurz darauf versank, verlassen mußten. Sie trieben acht Stunden in ihrer Jolle umher, bis sie am nächsten Morgen von einem Heiligenhafener Fischerboot aufgenommen und in Heiligenhafen an Land gesetzt wurden. Die Ursache des plötzlichen Leckspringens der Jacht, die in Dänemark mit 1200 Kronen versichert war, ließ sich nicht aufklären.

Heimathafen der Schnigge **Germania** (LHVM), 33 BRT/32 NRT, war Pahlhude bei Rendsburg. Sie war 1877 in Nübbel auf der Werft von H. Stamp erbaut worden und wurde 1893 von ihrem Eigner H. Hinrich Sinn aus Dellstedt geführt. Die *Germania* hatte in Bremen Reis in Säcken für Rostock geladen und segelte bei einer frischen westlichen Brise durch den Fehmarnbelt. Am 16. August zwischen 3 und 4 Uhr morgens lief sie angeblich infolge von Stromversetzung an der Westseite des Puttgarden-Riffs auf Grund und kam allein nicht mehr frei. Von Land aus hatte man den Bergungsdampfer *Dahlström* in Kiel alarmiert. Dieser erschien noch am selben Tag und brachte direkt einen Leichter mit. Unterstützt von Puttgardner Fischern wurden 120 Säcke Reis vorübergehend umgeladen. Anschließend schleppte die *Dahlström* den Havaristen ab, der danach seine Ladung wieder einnahm und die Reise fortsetzte. Man kann sicher sein, daß bei dieser Aktion mindestens ein Sack Reis für die Fischer beiseite kam und es in den kommenden Monaten oft den beliebten „dicken Riis“ in Puttgarden zu essen gab!

1894

In Raumo/Finnland, das damals noch zu Rußland gehörte, war die Schonerbrigg **Norma**, 146 Register-Tons groß, beheimatet. Das 38 Jahre alte Schiff hatte sieben Mann Besatzung und sollte unter Führung von Kapitän Eckholm eine Ladung Holz von Raumo nach Kiel bringen. Schwere Planken waren im Raum verstaut, während man als Deckslast Bretter geladen hatte. Die gesamte Fracht bestand aus 10 000 Planken und 2000 Schalbrettern. Die *Norma* war in stürmischem Wetter schwer leck geworden. Als sie am 7. Mai bei schwachem SSO-Wind und ruhiger See vier Kabellängen vom Land entfernt vor Marienleuchte ankerte, schwamm sie nur noch auf ihrer Holzladung, die einen Fuß hoch aus dem Wasser ragte, während das Deck vollständig unter Wasser lag. Die Besatzung ging im eigenen Boot an Land, und der Schiffer telegraphierte um Schlepperhilfe. Am nächsten Morgen trafen die Bergungsdampfer *Dahlström* aus Kiel und *Helsingør* aus Kopenhagen ein. Das letztere Schiff machte das günstigste Angebot und erhielt den Zuschlag, für 25 Prozent des Wertes von Schiff und Ladung die *Norma* nach Kiel einzuschleppen. Vorher wollte die *Helsingør* jedoch die Decksladung des Schiffes löschen. Das dauerte bis zum 8. Mai, und als man noch damit beschäftigt war, lief in der Mittagszeit ein englischer Dampfer westlich vom Puttgarden-Riff auf Grund. Nun ließ die *Helsingør* von den Löscharbeiten ab und dampfte die kurze Strecke nach Puttgarden, um dem Engländer Hilfe zu bringen. Kurz darauf kenterte die *Norma* über Backbord und sank auf vier Faden Tiefe. Nur die Steuerbordrahen ragten aus dem Wasser und ein Stück der Reling. Dabei schwamm der Rest der Deckslast auf und wurde von Fischern aus Puttgarden geborgen.

Da die gesunkene *Norma* eine Gefahr für die Schiffahrt bildete, bekam im Sommer 1894 die Kieler Schiffbaufirma Gebrüder Ihms von der Regierung den Auftrag, das Wrack für einen festen Betrag von 1500 Mark zu beseitigen. In dem Vertrag wurde der Firma Ihms zugestanden, daß Schiff und Ladung, soweit diese geborgen werden konnten, ihr gehörten. Baumeister Ihms erschien selbst mit dem 1887 gebauten kleinen Kieler Dampfer *Hurrah* (LCTS), 35 BRT/13 NRT, und einem Prahm an der Unfallstelle vor Marienleuchte. Mit besonders kleinen, extra für diesen Zweck angefertigten Dynamitpatronen wurde jeder Decksbalken einzeln abgesprengt, um von der noch im Schiffsinnern befindlichen Holzladung soviel wie möglich zu bergen. Auf diese Weise konnten von den aufschwimmenden Planken 3500 Stück aufgefischt und auf dem Prahm gesammelt werden. Anschließend wurde das Wrack Anfang August vollständig gesprengt, wobei man insgesamt 65 kg Dynamit verbrauchte. Die Wrackboje blieb noch so lange liegen, bis sich der Regierungsdampfer *Sperber* durch Ausloten davon überzeugt hatte, daß das Wrack beseitigt war.

Bei dem oben erwähnten am 9. Mai an der Westseite des Puttgarden-Riffs verunglückten englischen Dampfer handelte es sich um die **Edinburgh** (JKDM), 1653 BRT/1072 NRT, mit Heimathafen Newcastle unter Kapitän Gray. Sie war 1884 in Stockton auf der Werft von M. Pearse & Co. aus Schweißeisen gebaut worden. 1894 gehörte der Dampfer der Reederei R. H. Wesencraft & Co. in Newcastle und befand sich mit einer Ladung Weizen auf der Reise von Odessa nach Kiel. Über die Ursache des Auflaufens am hellen Tag ist nichts bekannt. Die *Edinburgh* wurde am nächsten Tag, dem 10. Mai, um 19 Uhr von dem dänischen Dampfer *Helsingør* unbeschädigt abgeschleppt und direkt nach Kiel gebracht.

Kurz nach dem Verlassen der Kieler Förde zu einer Geschwaderübung in der Ostsee kam es am 2. Juli etwa 6 sm nordwestlich von Westermarkelsdorf zu einem Zusammenstoß zwischen zwei deutschen Kriegsschiffen. Der Aviso **Wacht,** 1499 T (Wasserverdrängung) war 1887 in Bremen auf der Werft A. G. „Weser“ vom Stapel gelaufen. Er hatte 140 Mann Besatzung und stand im Unfalljahr unter dem Kommando von Korvettenkapitän Meuß. Bei dem Kollisionsgegner handelte es sich um das Panzerschiff **Deutschland,** 8940 T, 1874 in Poplar bei London bei den Samuda Brothers erbaut. Kommandant war Kapitän zur See Boeters, die Besatzung ca. 650 Mann stark. Beide Schiffe liefen bei glatter See nebeneinander her. Als ein gemeinsames Rudermanöver gemacht wurde, gab es ein Mißverständnis: Der Aviso, der an Backbord des Panzerschiffes fuhr, drehte nach Steuerbord, während dieses nach Backbord schwenkte. Dabei lief *Wacht* der *Deutschland* in die Seite und beschädigte sich den Bug so stark, daß sie nach Kiel zurück und in die Werft mußte. Die *Deutschland* hatte wenig mitbekommen und setzte die Fahrt fort. Menschen wurden bei dem Zusammenstoß glücklicherweise nicht verletzt. Einige Jahre später kollidierte die *Wacht* während der Herbstmanöver der Flotte am 4. 9. 1901 mit dem Linienschiff *Sachsen* vor Rügen und sank in kurzer Zeit. Die gesamte Besatzung wurde aber gerettet. Das in 40 m Tiefe liegende Wrack konnte mit den damaligen Mitteln nicht mehr gehoben werden.

Der Besanewer **Gloria** (KPGS), 43 BRT/41 NRT, war in Breitenwisch beheimatet. Er war erst 1893 in Gräpel auf der Werft von J. Steffens gebaut worden. Eigner und zugleich Schiffsführer war Kapitän C. Schlichtmann. Der Ewer hatte in Warnemünde losen Roggen für Husum geladen. Es wehte eine fixe Brise aus SW, außerdem kam Nebel auf. Als der allein an Deck befindliche Bestmann H. Jungclaus am 10. November kurz vor Mitternacht das Lot auswarf, sah er plötzlich Land an Backbord voraus. Er riß das Ruder noch herum, doch gleichzeitig stieß das Schiff dicht neben der Einfahrt nach Burgstaaken auch schon auf Grund. Es gelang nicht mehr, mit Hilfe der Segel freizukommen, und bei den dauernden Grundstößen wurde der Ewer leck und verlor das Ruder. Am nächsten Tag erschienen Böter aus Burgstaaken und löschten einen Teil der Ladung. Danach konnte die *Gloria* flottgemacht und zur Reparatur in den nahen Hafen gebracht werden. Das Schiff war in Neuhaus an der Oste mit 9000 Mark versichert.

Der dänische Gaffelschoner **Anne Marie** (NRBS), war in Rönne auf Bornholm beheimatet und 56 BRT/53 NRT groß. Es handelte sich um ein ehemaliges deutsches Schiff, das 1859 in Swinemünde auf der Werft von Otto Hartwich gebaut worden war. 1867 war es vor Langeland gestrandet und ging nach dem Abbringen in dänischen Besitz über. 1876 erwarb es der Schiffsführer H. P. E. Hammer aus Rönne. Unter seiner Führung und immer noch unter dem alten Namen lief der Schoner am 4. Dezember gegen 17 Uhr vermutlich durch Stromversetzung auf das Puttgarden-Riff auf. Am nächsten Tag wurde er alleine wieder flott und setzte seine Fahrt fort, deren Ziel nicht bekannt ist. Der Kieler Bergungsdampfer *Hollmann*, der am Unfallort eingetroffen war und die ganze Nacht bei dem Havaristen lag, kam nicht mehr zum Einsatz. Wenige Jahre später ging die *Anne Marie* am 13. Mai 1897 durch Strandung bei Munkerup an der Nordküste der Insel Seeland total verloren. Die Besatzung konnte durch Hilfe vom Land gerettet werden.

Der gerade genannte Dampfer *Hollmann* (LCWR) war erst 1894 in Lübeck auf der Werft von Henry Koch fertiggestellt worden. Eigner des 235 BRT/103 NRT großen Schiffes war die „NDC“ in Kiel, die ihn als Passagier- und Schleppdampfer einsetzte. Erster Schiffsführer war Kapitän Wulff.

Das letzte Schiffsunglück des Jahres 1894 ereignete sich kurz vor Weihnachten. Zwei Kieler Fischer hatten mit ihrem 25 Jahre alten und 7 Register-Tons großen, als Jacht getakelten Fahrzeug **Anna Catharina** bei Fehmarn gefischt. Sie gerieten in einen schweren NW-Sturm und ankerten deshalb im Landschutz südlich von Staberhuk, um besseres Wetter abzuwarten. Aber auch hier gingen noch beide Anker verloren, und so versuchten die Fischer, in der dunklen Sturmnacht vom 22. auf den 23. Dezember nach Burgstaaken einzusegeln. Dabei verfehlten sie die Einfahrt und strandeten auf dem „Grünen Grund“. Hier mußten sie die Nacht auf dem voll Wasser geschlagenen Boot aushalten, bis sie am nächsten Morgen gesehen und schon fast erstarrt aus ihrer gefährlichen Lage gerettet wurden. Einige Tage später konnte auch die *Anna Catharina* wieder gehoben werden.

1895

In Königsberg war der Dampfer **Ottokar** (HDFT), 952 BRT/746 NRT, beheimatet. Er war 1885 in Elbing bei F. Schichau für die Königsberger Reederei Marcus Cohn & Sohn vom Stapel gelaufen und wurde 1895 von Kapitän A. Jess geführt. Mit einer Besatzung von 20 Mann hatte das Schiff in Newcastle-on-Tyne Steinkohlen für Danzig-Neufahrwasser geladen. Auf der Fahrt dorthin geriet es am 17. März bei ruhiger See, aber schlechter Sicht auf dem Puttgarden-Riff fest, als es einem großen Treibeisfeld ausweichen wollte. Die Besatzung hatte schon ca. 60 t Steinkohlen in die See geworfen, als die Bergungsdampfer *Hollmann* aus Kiel und *Rügen* aus Warnemünde eintrafen. Sie schleppten den Havaristen gemeinsam für einen Betrag von 20 000 Mark ab. 1891 hatte die *Ottokar* vor Warnemünde einen ähnlichen Unfall erlitten, als sie im Eisgang ebenfalls auf Grund lief.

Heimathafen der Galiote **Marie** (LHMD), 50 BRT/48 NRT, war Rendsburg, wo sie auch 1870 auf der Hollerschen Carlshütte erbaut worden war. 1895 gehörte sie dem Schiffsführer J. H. Kühl und sollte eine Ladung Kunstdünger von Holtenau nach Orth a. F. bringen. Als am 9. April bei starkem SW-Wind und diesiger Luft der Leuchtturm von Flügge in Sicht kam, fand man beim Loten nur noch 2 bis 3 Faden Wasser. Gleich darauf saß die *Marie* auch schon auf dem „Krummsteert“ fest. Selbst nachdem die Besatzung ca. 6 t Kunstdünger über Bord geworfen hatte, wollte die Galiote nicht flott werden. Schiffer Kühl nahm deshalb die Hilfe des Dampfschiffes *Ohrt* an, dem das Abschleppen für einen vorher ausgemachten Betrag von 500 Mark glückte.
Das kleine Dampfschiff *Ohrt* (LCQS), war nur 38 BRT/17 NRT groß und wurde 1888 erbaut. Es gehörte Johann Heinrich Kock in Heiligenhafen und C. F. Nölck in Orth a. F. Unter Kapitän F. Schmütsch fuhr es täglich im Liniendienst zwischen Fehmarn und dem Festland hin und her: morgens von Orth a. F. nach Heiligenhafen und nachmittags von dort zurück zur Insel. Seine Dampfmaschine besaß nur 60 PSi, und aufgelaufene Schiffe mußten erst entsprechend geleichtert werden, um sie überhaupt abschleppen zu können. 1912 wurde der Dampfer *Ohrt* nach Dänemark verkauft.

Aus Norrtälje stammte die schwedische Brigg **Viktor** (HSLD), 162 Register-Tons groß. Sie war 1847 in Libau gebaut, 1890 neu aufgezimmert worden und gehörte 1895 J. G. Fröberg in Norrtälje. Die Brigg segelte in Ballast von Rendsburg nach Lemkenhafen, um dort auf Reede Ladung zu nehmen. Direkt vor ihrem Ziel lief sie am 10. November spätabends bei flauem SW-Wind in der Orther Bucht auf Grund, weil Schiffer Eriksson keinen Lotsen nahm und eine alte unberichtigte Seekarte benutzte. Am nächsten Tag wurde das Schiff mit Hilfe von Fischern aus Lemkenhafen unbeschädigt abgebracht.

1896

In Breiholz bei Rendsburg war die Galiote **Christina** (LHCW), 41 BRT/38 NRT, registriert. Sie wurde 1866 in Rendsburg bei H. Frahm erbaut und befand sich 1896 unter Kapitän C. Sievers mit einer Ladung Mais auf der Reise von Hamburg nach Kolberg. Am 8. April gegen 2 Uhr früh strandete die *Christina* bei frischem WNW-Wind und klarer Luft angeblich durch Stromversetzung auf dem Puttgarden-Riff. Als man mit Hilfe eines Warpankers nicht freikam, wurde ein Teil der Maissäcke in die See geworfen. Auch das brachte noch keinen Erfolg. Später erschien dann der Kieler Bergungsdampfer *Hollmann* und schleppte die Galiote ab.

Heimathafen des Dampfers **Wilhelm** (LCKT), 279 BRT/160 NRT, war Kiel. Dort lief er 1882 auf der Werft von Georg Howaldt für die Kieler Reederei Sartori & Berger vom Stapel. Er hatte acht Mann Besatzung und wurde 1896 von Kapitän H. Waak geführt. Das Schiff war mit einer Ladung Stückgut unterwegs von Hamburg nach Königsberg, als am 6. Juni im Fehmarnbelt bei leichtem NW-Wind und ruhiger See plötzlich die Schraubenwelle brach. Der völlig hilflose Dampfer wurde von einem anderen Schiff ins Tau genommen und nach Kiel zurückgeschleppt. Wellenbrüche kamen in den Anfangsjahren der Schraubendampfer häufig vor, weil der Wellendurchmesser wie beim Dampfer *Wilhelm* zu klein war. Oft entsprach zu dieser Zeit das Material und seine Verarbeitung noch nicht den Anforderungen. Der Stahl war nicht homogen, weil er Einschlüsse oder gar Risse aufwies.

Die dänische Galeasse **Emanuel,** 30 Register-Tons groß, segelte in Ballast mit zwei Mann Besatzung von Marstal nach Heiligenhafen. Am 27. August frühmorgens brach in einem schweren Sommersturm aus NW querab von Flügge der Fockmast und fiel über Bord. Daraufhin ging die Galeasse im Fehmarnsund vor Anker und wurde später auf ihr Notsignal hin vom Dampfer *Ohrt* nach Heiligenhafen eingeschleppt.

Rostock war Heimathafen der Galeasse **Auguste Lau** (MDKL), 71 BRT/64 NRT groß. Sie wurde 1883 in Ribnitz auf der Werft von C. H. Staben gebaut und war Eigentum des Reeders Wilhelm Maack in Rostock. Die 1896 vom Schiffer Heinrich Glöde aus Ribnitz geführte Galeasse befand sich mit einer Ladung Holz auf der Fahrt von Stolpmünde nach Kiel. Wegen der nahenden Dunkelheit hatte Schiffer Glöde den Kurs durch den Fehmarnbelt gewählt. Er beauftragte den wachhabenden Bestmann, ihn zu wecken, sobald das Feuer von Marienleuchte in Sicht kam. Der Bestmann segelte unbekümmert weiter als er das Leuchtfeuer erblickte und setzte die *Auguste Lau* am 28. September um 3 Uhr morgens bei frischem Südwind mit Regen auf das Puttgarden-Riff. Das Schiff konnte jedoch mit Hilfe eines ausgebrachten Warpankers freigehievt werden und weitersegeln. 1901 ist die *Auguste Lau* unter Kapitän August Schwartz auf der Reise von Rostock nach Bremen in der Ostsee mit der gesamten Besatzung verschollen. Wahrscheinlich ist sie so schnell gekentert und gesunken, daß es keine Überlebenden gab.

Mastbruch erlitt der Galeaßewer **Aurora** (LFKP), 85 BRT/41 NRT, aus Haseldorf in Holstein. Das 1864 in Clevendeich bei D. F. Schedelgarn erbaute Schiff gehörte dem Führer desselben, Kapitän B. Ossenbrüggen aus Scholenfleth. Außer ihm befanden sich noch drei Mann an Bord. Die *Aurora* sollte eine Ladung Steinsalz von Wismar nach Ålborg bringen und hatte gegen einen schweren WSW-Sturm anzukreuzen. Als Folge des starken Schlingerns im hohen Seegang brach am 4. November mittags der Großmast und ging über Bord. Zufällig war der Stettiner Dampfer *Alexandra*, Kapitän Stöhwase, von der Reederei R. C. Gribel in der Nähe. Er nahm die *Aurora* ins Schlepp und brachte sie auf seinem Weg nach Stettin in den Hafen von Swinemünde ein, weit weg von Ålborg!

Aus Bandholm in Dänemark stammte der Jachtschoner **Juliane** (NDHK), 52 Register-Tons groß. Er war 1848 gebaut worden und 1896 Eigentum des Schiffsführers Christian Petersen. Der Schoner hatte in Lübeck 1400 Zentner Erbsen für Burgstaaken geladen und wollte am 14. November in der Mittagszeit bei SSO-Sturm 9 und diesiger Luft dort in den Hafen einlaufen. Dabei übersah Schiffer Petersen die Pricke für die Ansteuerung in die Einfahrt und setzte sein Schiff auf die Westmole. Es stieß leck, lief voll Wasser und nahm auch sonst Schaden, weil hoher Seegang auf die Küste stand. Die Schuld an der Strandung trug der Schiffer, da er das Fahrwasser nicht kannte und trotzdem ohne Lotsen den Hafen ansteuerte. Später wurde ein Teil der Ladung gelöscht und der Schoner von zwei Schleppern der Frankfurter Tiefbaufirma Philipp Holzmann & Co. abgebracht. Die Firma Holzmann arbeitete damals an der Vergrößerung des Hafenbeckens in Burgstaaken und hatte eigene Fahrzeuge wie Schlepper, Bagger und Schuten mitgebracht.

Am selben Tag wie die *Juliane* verunglückte gegen 21 Uhr abends der Dreimastschoner **Hermann und Maria** (JHGB), 57 BRT/52 NRT, aus Wolgast in Pommern. Er wurde 1859 in Greifswald bei L. Wittenberg gebaut und befand sich seit 1888 im Besitz von Albert Mähl aus Wolgast, der das Schiff auch fuhr. Der Schoner sollte eine Ladung Baumwollsaatkuchen von Hamburg nach Oxelösund in Schweden bringen. Beim Kreuzen im Fehmarnsund kam er bei dem stürmischen Wetter am 14. November zu nahe an Fehmarn heran und lief auf Grund. Er wurde aber ohne fremde Hilfe wieder flott und segelte nach einigen Tagen weiter. Schon einmal war der Schoner 1893 mit einer Ladung Steinkohlen bei Poberow an der hinterpommerschen Küste gestrandet, aber ebenfalls freigekommen. 1898 verkaufte Schiffer Mähl das Schiff nach Klintehamn auf Gotland, wo es in *Herman* umbenannt wurde. Später war es als *Vilhelma* im dänischen Thisted beheimatet.

Ebenfalls in demselben SSO-Sturm, nur einen Tag später, ging die Galiote **Arnold** (KGJV), 73 BRT/70 NRT, aus Rhaudermoor verloren. Sie war 1878 in Halte auf der Werft von A. & H. Klasen vom Stapel gelaufen und gehörte im Unfalljahr den Gebrüdern Strenge in Rhaudermoor. Schiffsführer war Kapitän U. Hagedorn. Die Galiote hatte in Karlshamn/Schweden Kantsteine für Altona geladen, erreichte aber ihr Ziel nicht. Sie strandete am 15. November um 5.30 Uhr morgens auf dem Puttgarden-Riff in dem inzwischen schon etwas abgeflauten Sturm. Als Ursache gab der Schiffer Stromversetzung an. Die *Arnold* stieß schnell leck und lief voll Wasser. Auf ihre Notsignale hin kämpften sich Puttgardener Fischer in einem Boot durch die Brandung und holten die vierköpfige Mannschaft von Bord. Noch am selben Tag erschien ein Bergungsdampfer an der Strandungsstelle. Er sah das Schiff als verloren an und unternahm keinen Versuch, es abzubringen. Nach Wetterberuhigung wurde durch einheimische Fischer ein Teil des Schiffsinventars geborgen und an Land gebracht. Die Galiote war in Leer zu 8000 Mark, die Ladung in Malmö mit 2500 Mark versichert.

Heimathafen des schwedischen Gaffelschoners **Olga** (HJBL), 56 Register-Tons, war Pataholm am Kalmarsund. Dort war er auch erbaut und 1872 neu aufgezimmert worden. 1896 war er Eigentum des Schiffsführers S. L. Löfgren. Die *Olga* kam von Köping/Schweden mit Fichtenbrettern und Planken, die für Eckernförde bestimmt waren. Am 30. November, in den noch dunklen Morgenstunden, geriet sie bei frischem NW-Wind vor Meeschendorf auf den Strand. Als Grund sind Stromversetzung und falsche Abstandsbestimmung vom Land angegeben. Ein Teil der Deckesladung wurde in die See geworfen. Anschließend brachte der inzwischen eingetroffene Schlepper *Habicht* der Firma Ph. Holzmann den Schoner wieder ab. Auch der größte Teil des über Bord geworfenen Holzes konnte geborgen werden.

1897

In Libau war der russische Dreimastschoner **Estland** 300 BRT/285 NRT, registriert. Bei dieser Größe handelte es sich wahrscheinlich um eine Schonerbark, auch Barkentine genannt. Sie war 1889 entstanden und gehörte der Libauer Reederei M. & L. Genzis. Das Schiff befand sich mit einer Ladung Eisen und Kunstdünger auf der Reise nach Reval in der damals russischen Provinz Estland. Sie gehört nach der kurzen Zeit eines selbständigen Staates Estland von 1918 bis 1940 heute wieder zu Rußland. Anfang Januar 1897 strandete der Schoner bei stürmischer See auf dem Riff vor Puttgarden. Das genaue Datum ist nicht bekannt. Nach dem Überbordwerfen eines Teils der Ladung schleppte ein ungenannter Dampfer die leckgestoßene *Estland* ab und brachte sie zur Ausbesserung nach Kiel.

Auch der nächste Unfall ereignete sich wieder vor Puttgarden. Der Dampfer **Fiducia** (LKTG), 530 BRT/404 NRT, war in Flensburg zu Hause. Er war 1880 bei der Flensburger Schiffsbau-Gesellschaft für die Reederei Hans-Peter Jost in Flensburg vom Stapel gelaufen. Ende Februar 1897 hatte er im finnischen Hangö in den unteren Räumen Papiermasse geladen und an Deck fichtene Latten gestaut. Beides war nach London bestimmt. Die *Fiducia* hatte zwölf Mann Besatzung und wurde von Kapitän Nicolaisen geführt. Am 3. März kurz nach Tagesanbruch lief das Schiff bei SSO-Wind 3 – 4 und Nebel auf das Puttgarden-Riff auf, und zwar südlich der dort seit kurzem ausliegenden Heulboje. Als Ursache des Auflaufens wurde Stromversetzung angegeben, auch hatte man das Nebelhorn von Marienleuchte nicht gehört. Die beiden Svitzer-Dampfer *Helsingør* und *Hertha* brachten die *Fiducia*, die ein Leck im Achterschiff bekommen hatte, vom Riff ab und schleppten sie direkt nach Flensburg. In seiner Verhandlung vom 13. 5. 1897 stellte das Flensburger Seeamt fest, daß der Schiffer im Nebel zu wenig gelotet hatte. Außerdem müßte eine starke Strömung den Dampfer 6 sm weiter nach Westen gebracht haben, als er nach den Berechnungen der Schiffsleitung zu dem betreffenden Zeitpunkt sein sollte. Die *Fiducia* strandete ein weiteres Mal am 12. 1. 1902 vor Störhasten an der finnischen Küste. Die Reederei gab den Dampfer auf und überließ ihn den Bergern. Nach geglückter Hebung kam er als *Flora* wieder in Fahrt. Noch im gleichen Jahr ging das Schiff am 3. 12. 1902 durch Strandung vor Nargön endgültig verloren.

Heimathafen des russischen Schoners **Anna Elisabeth,** 129 BRT/122 NRT, war Riga. Er wurde 1876 in Angern bei A. Kirstein erbaut. Unter der Führung von Kapitän Weber mit vier Mann Besatzung sollte das Schiff vom damals noch deutschen Ekensund eine Ladung Ziegelsteine nach Kopenhagen bringen. Am 24. März spätabends strandete es bei WSW 3 – 4 mit Regen wegen schlechter Sicht vor Westermarkelsdorf. Es stieß schnell leck und sank im flachen Wasser, während sich die Mannschaft im eigenen Boot an Land rettete. Einige Tage später begann man mit den Bergungsarbeiten. Vom aus dem Wasser ragenden Deck warf man einen Teil der Ziegelsteine über Bord. Dann pumpten die beiden Bergungsdampfer *Rügen* und *Hertha* den Schoner leer und schleppten ihn zur Reparatur nach Kiel. Das Flensburger Seeamt machte dem Schiffer den Vorwurf, seinen Schiffsort nicht durch Lotungen genau bestimmt zu haben.

Nur drei Tage später ging der Hamburger Leichter **Peter** (RJHV), 84 BRT/79 NRT, total verloren. Das antriebslose Schiff war 1891 in Hamburg bei J. C. Kiehn für die Reederei J. C. & H. C. Kiehn in Hamburg gebaut worden. Es hatte in Stralsund 150 t Zucker geladen und sollte damit von einem Schlepper nach Hamburg gebracht werden. In der Nacht vom 26. auf den 27. März sprang der Leichter in der Lübecker Bucht bei steifem Südwest mit starkem Seegang leck und konnte zuletzt nicht mehr von den beiden an Bord befindlichen Leuten lenz gehalten werden. Am 27. März gegen 6.30 Uhr morgens sank er etwa 6 bis 7 sm südöstlich von Staberhuk in die Tiefe, nachdem der Schlepper die Besatzung aufgenommen hatte.

Die Tjalk **Maria Louise** (LVGM), 86 BRT/79 NRT, war in Breiholz zu Hause. Sie war 1886 in Martenshoek bei B. Niestern gebaut worden und wurde im Unfalljahr vom Eigner, Schiffer P. Engellandt, geführt. Das Schiff hatte in Harburg eine Ladung Harz für Kopenhagen an Bord genommen und segelte am 27. Mai nachmittags bei einer frischen Brise aus OSO und diesiger Luft durch den Fehmarnsund. Dabei kam es vor Struckkamphuk dem Land zu nahe und lief auf Grund. Nachdem man einen Teil der Harzladung über Bord geworfen hatte, wurde die Tjalk alleine wieder flott.

Die Sommermonate blieben, wie so häufig, ereignislos. Erst im November verunglückte der 14 Jahre alte schwedische Gaffelschoner **Emerentia,** 31 BRT/25 NRT groß. Unter Schiffer Nielssen hatte er in Karlshamn/Schweden Treppensteine für Kiel geladen. Auf der Fahrt dorthin lief das Schiff am 5. November um 4 Uhr morgens bei schwachem SO-Wind und schlechter Sicht auf das Puttgarden-Riff auf. Der Schiffer gab als Ursache an, daß er sich in der Entfernung vom Land verschätzt hätte, weil er das Feuer von Marienleuchte nicht sah. Puttgardner Fischer halfen beim Ausbringen eines Warpankers, mit dem man den Schoner vom Riff herunterhievte. Um 14 Uhr war die *Emerentia* wieder flott.

Bereits am nächsten Tag saß wieder ein Schiff auf dem Puttgarden-Riff! Heimathafen des 24 Jahre alten englischen Schoners **Fairfield** war Turks Island. Bei der Größe von 282 BRT/253 NRT dürfte es sich eher um eine Schonerbark gehandelt haben. Das Schiff wurde von dem schwedischen Kapitän Holman geführt, hatte acht Mann Besatzung und befand sich mit einer Ladung Rundholz auf der Reise von Königsberg nach Bremerhaven. Am 6. November um 6 Uhr morgens, also noch bei Dunkelheit, lief die *Fairfield* bei SO-Wind 3 und bedecktem Himmel auf das Riff vor Puttgarden auf. Der Schiffer gab an, daß er das Leuchtfeuer von Marienleuchte mit dem Licht von Westermarkelsdorf verwechselt hätte. Die Bergungsdampfer *Hollmann* und *Rügen* brachten den leicht beschädigten Schoner später ab und schleppten ihn nach Kiel.

In Kiel war der kleine Dampfer **Präsident Koch** (LBCW), 116 BRT/36 NRT, beheimatet. Dort war er 1896 bei den Kieler Howaldtswerken für die „NDC" in Kiel als Fährschiff für den Fördedienst dieser Reederei erbaut worden. Geführt wurde er von Kapitän Rix. Am 20. Dezember spätnachmittags wollte der Dampfer in Burgstaaken einlaufen. Es wehte stürmisch aus NO, und wegen eines ungewöhnlich hohen Wasserstandes war die Westmole überflutet. Auf dieser fehlte wegen Bauarbeiten auch die Endbezeichnung. So verfehlte Kapitän Rix in der früh einsetzenden Dunkelheit die Einfahrt und setzte die *Präsident Koch* auf die Westmole, wo sie sitzen blieb. Später gelang es dem Bergungsdampfer *Hollmann* zusammen mit dem Kieler Dampfer *Meta*, den Havaristen von der Mole herunterzuziehen. Außer einigen verbeulten Bodenplatten hatte er keinen Schaden erlitten. Die *Präsident Koch* hatte noch ein langes Leben und wechselte mehrfach Namen und Reederei, nachdem sie 1918 von der „NDC" verkauft wurde. Zuerst erwarb sie der Stralsunder Reeder August Prätz und baute sie zum Schlepper um. Unter dem neuen Namen *Herkules* war sie bis 1929 das stärkste Fahrzeug ihrer Art an der vorpommerschen Küste. Danach wurde die *Herkules* nach Finnland verkauft und fuhr bei verschiedenen Reedereien, aber immer als *Herkules* mindestens noch bis 1966.

1898

Kiel war auch Heimathafen des Frachtdampfers **Otto,** (NFTS). Er war 1881 in Elbing bei F. Schichau für J. F. Ramien in Elsfleth ursprünglich als Binnenschiff mit 113 BRT/86 NRT gebaut worden. 1889 erwarb die Kieler Reederei Sartori & Berger den Dampfer, veräußerte ihn aber schon nach einem Jahr an die in Kiel tätige Frankfurter Tiefbaufirma Holzmann & Co. 1894 kaufte der Elbinger Kapitän Friers das Schiff, das seinen Namen immer beibehielt, und verkaufte es 1896 wieder an Sartori & Berger. In der Zwischenzeit ist der Dampfer umgebaut worden, denn in der Verhandlung über den folgenden Unfall vor dem Seeamt zu Flensburg werden seine Abmessungen mit 152 BRT/88 NRT angegeben. Am 11. Februar 1898 lief die *Otto* unter Führung von Kapitän de Vries mit einer für Stettin bestimmten Ladung Eisenblech von Kiel aus und saß wenige Stunden später schon an der Westküste Fehmarns vor Püttsee auf Grund. Angeblich hatte eine unbekannte Mißweisung den Kompaß beeinflußt und den Dampfer zu nahe an Land gebracht. Außerdem war der Turm von Westermarkelsdorf wegen diesiger Luft nicht in Sicht gekommen. Nachdem man einen Teil der Ladung in die See geworfen hatte, kam der Dampfer mit eigener Kraft wieder vom Grund frei. In den folgenden Jahren wird er uns jedoch noch einige Male bei Seeunfällen begegnen.

In Heiligenhafen war die Jacht **Catharina Amalia** (LQRT), 17 BRT/14 NRT, zu Hause. Sie war 1853 in Kiel auf der Werft von J. J. G. Thede entstanden und gehörte 1898 dem Schiffer Nikolaus Plambeck aus Heiligenhafen. Das kleine Schiff hatte Lübeck mit einer Ladung Erbsen für Orth auf Fehmarn verlassen. Am 20. März wollte Schiffer Plambeck bei NW-Sturm Stärke 8 in den Fehmarnsund einsegeln, doch gelang ein Wendemanöver nicht, und die Jacht strandete auf dem „Mittelgrund". Zufällig kam der Dampfer *Verein* vorbei. Er schleppte die Jacht ab und nahm sie mit nach Burgstaaken.

Nach den Dampfern *Orth* und *Fehmarn*, ex Neustadt, wurde bei der letzten Strandung mit der *Verein* ein drittes auf Fehmarn beheimatetes Dampfschiff erwähnt. Der kleine Dampfer *Verein*, (LCFF), 45 BRT/30 NRT, wurde 1875 in Kiel auf der „Norddeutschen Werft" für die Gesellschaft „Verein" in Laboe erbaut. 1898 erwarb der Reeder Julius Lafrenz aus Burg auf Fehmarn das Schiff. Er ließ es täglich im Liniendienst zwischen Burgstaaken und Heiligenhafen verkehren, weil dort die nächste Eisenbahnstation lag, und beförderte Passagiere und Stückgut. Zuerst führte Kapitän Fritz Meyer aus Heiligenhafen den Dampfer, später Karl Adam aus Burg a. F. Dieser Linienverkehr wurde überflüssig, als 1905 die „Kreis Oldenburger Eisenbahn-Gesellschaft" in Oldenburg/Holstein die erste Eisenbahnstrecke zwischen Fehmarnsund und Burg und weiter nach Petersdorf bauen ließ. In Verbindung mit dem von der gleichen Gesellschaft am 23. 10. 1903 aufgenommenen Fährverkehr über den Fehmarnsund war Fehmarn nun ans Eisenbahnnetz auf dem Festland angeschlossen. Bisher hatte der Fährpächter Adam aus Fehmarnsund die Personen mit einem Segelkutter und die Fracht auf einem Ruderprahm befördert. 1905 verkaufte Reeder Lafrenz die *Verein* für 8500 Mark an die Firma Jaede in Lübeck. Diese setzte sie nach einem Umbau ab 1906 als Passagierschiff *Nymphe* im Lübecker Hafen und auf der Trave ein.

1900 – Dampfschiff »Verein« im Hafen von Burgstaaken.

Der russische Gaffelschoner **Ruhkis,** 123 BRT/117 NRT, stammte aus Riga. Er war 1895 in Kesterzeem bei Riga auf der Werft von F. Fischer gebaut worden und war Eigentum der Reederei R. M. Fischer & Geschwister in Beertzeem. Unter Führung von Kapitän Kalning segelte die *Ruhkis* mit einer Ladung Erbsen von Libau nach Kiel. Am 30. März gegen 5 Uhr morgens lief sie bei frischem Ostwind und Nebel angeblich durch Stromversetzung auf das Puttgarden-Riff auf. Der Schoner wurde später vom Bergungsdampfer *Rügen* abgebracht und nach Kiel geschleppt. In der Unfalluntersuchung vor dem Flensburger Seeamt am 3. 8. 1898 erklärte Kapitän Kalning, er hätte das Nebelhorn von Marienleuchte nicht gehört. Das Seeamt prüfte die Aussage nach, und es stellte sich heraus, daß das Nebelhorn wegen Maschinenstörung an dem betreffenden Tag nicht in Betrieb war. Da solche Ausfälle häufig vorkamen, hielt das Seeamt die gesamte Nebelsignalanlage für veraltet und mitverantwortlich für die Strandung des russischen Schoners.

Erst neun Monate alt war die schwedische Jacht **Irene,** 25 BRT/19 NRT groß, des Schiffers O. Olsson. Sie befand sich mit einer Ladung Gipssteinen auf der Fahrt von Lübeck nach Ålborg. Am 2. April stieß sie bei NNO-Wind 3 bis 4 vor Staberhuk nach Angabe des Schiffers auf ein Wrack, in Wahrheit aber auf einen großen Stein, und machte sofort viel Wasser. Da man das Schiff nicht lenz halten konnte, versuchte Olsson es im flachen Wasser dicht vor der Küste auf Grund zu setzen. Es sank jedoch schon vorher auf ca. 8 Fuß Tiefe und fiel auf die Seite, so daß die Backbordreling gerade aus dem Wasser ragte. Die Besatzung rettete sich im eigenen Boot ans nahe Land. Schiff und Ladung konnten nicht mehr geborgen werden, nur etwas Inventar wurde nach Burgstaaken gebracht. Die Jacht war in Schweden mit 5000 Kronen versichert, die Ladung in Mannheim mit 800 Mark. Nach dem Spruch des Flensburger Seeamts kam es zu dem Verlust in der irrigen Annahme des Schiffers, viel weiter vom Land entfernt zu sein, als es tatsächlich der Fall war. Somit sei die *Irene* auf das Steinriff vor Staberhuk aufgelaufen und nicht auf ein unbekanntes Unterwasserhindernis.

In Skillinge war die schwedische Galeasse **Thine** (HRBL), 54 BRT/50 NRT, beheimatet. Sie war 1870 in Stavanger gebaut worden und gehörte im Unfalljahr Kapitän Magnus Löfstedt aus Skillinge. Die *Thine* hatte in Kalmar/Schweden Bauholz für

Kolding in Dänemark geladen und war bei schwachen Winden und anhaltendem Nebel schon lange unterwegs. Zuletzt bestand völlige Unklarheit über die Position des Schiffes, und am 22. Mai um 6 Uhr morgens lief die Galeasse bei NW-Wind 3 – 4 und dichtem Nebel auf „Grönwoldsbrink“ auf. Um das Schiff leichter zu machen, übernahm der Dampfer *Fehmarn* den größten Teil der Deckslast und schleppte die *Thine* dann ab. In Burgstaaken nahm sie ihre Ladung wieder ein und setzte die Fahrt fort.

Im Zusammenhang mit den beendeten Flottenmanövern im Sommer 1898 verließ am 29. August die 1. Torpedobootsdivision Danzig mit Kurs auf Kiel. Das anfangs gute Wetter verschlechterte sich schnell, je weiter man nach Westen kam, und in der Nacht vom 29. auf den 30. August gerieten die Boote in einen schweren gegenanwehenden Sturm aus Nordwest. Dabei erlitten die mit 150 T Wasserverdrängung relativ kleinen Boote, die bei F. Schichau in Elbing erbaut und erst 1898 in Dienst gestellt worden waren, schwere Seeschäden. *„S-89“* bekam ein Leck im Vorschiff, daraufhin mußte der Verband die Fahrt reduzieren. *„S-84“* verlor den Mast und die Bugklappen der Torpedorohre. Außerdem drang so viel Wasser ins Bootsinnere und in den Maschinenraum, daß dieser unter Wasser stand und die Feuer unter den Kesseln vorübergehend gelöscht werden mußten. Noch stärkeren Wassereinbruch hatte **„S-85“**. Es zeigte durch mehrere Kanonenschüsse an, daß es zu sinken drohte und höchste Gefahr für die Besatzung bestand. Nur unter großen Anstrengungen gelang es dem mit 300 T doppelt so großen Divisionsführerboot *„D-4“* unter Leutnant z. S. Türk, die zum Teil in Unterzeug an Deck stehende Besatzung von *„S-85“* abzubergen. Man machte auch noch eine Schlepptrosse an dem sinkenden Boot fest, um dieses im flachen Wasser vor der nahen Insel Fehmarn auf Grund zu setzen. Ganz wurde die Küste nicht erreicht: Am 30. August gegen 7 Uhr morgens sank *„S-85“* etwa 600 m vom Staberdorfer Strand entfernt auf 8 m Tiefe. Über dem Deck standen 4 m Wasser, nur der Mast ragte ein Stück heraus.
Zwei Tage später erschien der Schlepper *Reiher* des „Nordischen Bergungs-Vereins“ aus Hamburg und nahm die ersten Taucheruntersuchungen an dem Wrack vor. Bald darauf begannen die eigentlichen Bergungsarbeiten. Der „Nordische Bergungs-Ver-

1898 – Bergung des Torpedobootes »S-85« vor Fehmarn.

ein", von den Seeleuten auch scherzhaft „Beerdigungs-Verein" genannt, hatte seine bewährten Hebeschiffe *Ostsee* und *Nordsee* geschickt, dazu die Schlepper *Reiher* und *Möwe*. Die Arbeiten dicht unter der Küste zogen viele Zuschauer an. Staberdorfer Fischer brachten sie mit ihren Booten an Bord des Schleppers *Reiher*, damit sie besser sehen konnten. Daß dies so ohne weiteres möglich war, hatten sie dem Leiter der Aktion zu verdanken, dem Bergungsinspektor Kapitän Christian Hein, der selber von Fehmarn stammte. Für das Heben des Torpedobootes hatte man besondere Matten aus geflochtenen Stahlseilen angefertigt, um den Rumpf nicht einzudrücken. Diese Matten schoben Taucher unter dem zum Glück auf festem Grund liegenden Boden des Bootes hindurch, das nun mittels immer neuem Absenken und Anheben der Pontons angehoben und in flacheres Wasser gebracht wurde. Zuerst ging man in den Landschutz von Meeschendorf, dann setzten die Hebefahrzeuge das Boot dicht vor der Einfahrt nach Burgstaaken auf Grund. Hier wurde es leergepumpt und anschließend in den Hafen geschleppt. Nach provisorischer Abdichtung der zahlreichen Lecks, in der Hauptsache losgesprungene Nieten, verließ *„S-85"* am 29. September 1898 Burgstaaken im Tau des Schleppers *Reiher*, um nach Kiel ins Dock gebracht zu werden.

Der Schlepper und Bergungsdampfer *Reiher*, (RJKS), war 132 BRT/0 NRT groß und besaß eine 300 PSi starke Maschine. Der „Nordische Bergungs-Verein" ließ ihn 1891 in Hamburg bei Chr. Jürgens & Co. bauen. Auf der gleichen Werft entstand ebenfalls 1891 der Schlepper *Möwe* (RJKH) mit 152 BRT/10 NRT für dieselbe Reederei.

Da über Heimathafen und Größe des dänischen Schoners **Ingeborg** nichts Näheres bekannt ist, ließ sich das Schiff wegen der Häufigkeit dieses Namens in den Registern nicht genau zuordnen. Bekannt ist nur so viel: Der Schoner befand sich in Ballast auf der Reise von Aerösköbing/Dänemark nach Sundsvall in Schweden. Am 22. Oktober lief er am hellen Nachmittag bei leichtem S-Wind und guter Sicht auf das Puttgarden-Riff auf. Er wurde aber von der eigenen Mannschaft mittels ausgebrachtem Warpanker nach einigen Stunden abgebracht und segelte weiter.

1898 wurde auf Fehmarn, und zwar in Puttgarden, eine Station der „Deutschen Gesellschaft zur Rettung Schiffbrüchiger" mit Sitz in Bremen eingerichtet. Die Anregung dazu kam von dem Bürgermeister Matthias Lafrenz aus Burg und dem Bauern Jochen Rauert aus Puttgarden. Der zuständige Bezirksverein Kiel der DGzRS stellte dafür in der 32. Gesellschafterversammlung, abgehalten in diesem Jahr in Köln am 7. 6. 1898, folgenden Antrag: „An der Nordküste der Insel Fehmarn soll eine Rettungsstation errichtet und mit einem 6½ m langen Rettungsboot nebst Transportwagen ausgerüstet werden. Kostenanschlag: 5000 Mark für den Rettungsschuppen, 2400 Mark für das Boot und 1200 Mark für den Transportwagen, zusammen 8600 Mark." Der Antrag wurde ohne Gegenstimme angenommen.

Schon auf der nächsten Jahresversammlung der DGzRS im Sommer 1899 konnte zum Thema „Rettungseinrichtungen" verlesen werden: „An der Nordküste der Insel Fehmarn, in der Nähe des Dorfes Puttgarden ist (1898) eine Bootsstation errichtet worden. Der zu diesem Zweck erbaute Schuppen steht in unmittelbarer Nähe des Strandes. Die Fertigstellung des Gebäudes und der Rettungsgeräte erfolgte Ende November vorigen Jahres. Die Station ist mit einem leichten 6½ m langen Rettungsboot aus kanneliertem Stahlblech nebst Transportwagen ausgerüstet. Am 6. Dezember 1898 fand unter Leitung des Inspektorassistenten (aus Bremen) die erste Übung statt, und ist darauf die Station dem Betrieb übergeben worden."

Der Bootsschuppen stand, wenn man vom Dorf Puttgarden kam, ca. 150 m östlich des heute noch vorhandenen alten Strandweges vor dem alten Deich, nur wenige Schritte von der Uferkante entfernt. In ihm befand sich das Ruderrettungsboot *Helene*, das seinen Namen wie üblich nach der Stifterin des Bootes, Fräulein Helene Döhring aus Breslau, erhielt. Die Mannschaft von acht Freiwilligen stellten Puttgardner Fischer, und erster Vormann der Station wurde der Fischer Kai Joachim Andrews aus Puttgarden. Für den Transport des schweren Bootswagens wollte der Bauer Jochen Rauert die Pferde zur Verfügung stellen. Das war deshalb wichtig, damit das Boot auf dem Landweg zu anderen Punkten der Insel gebracht und von dort zum Einsatz kommen konnte.

1899

Heimathafen des Dampfers **D. Siedler** (HFVG), 531 BRT/368 NRT, war Danzig. Dort war er 1889 auf der Werft von J. W. Klawitter für die ebenfalls in Danzig ansässige Reederei H. D. E. Siedler vom Stapel gelaufen. Diese ging später in der Danziger Reederei F. G. Reinhold auf. Im Frühjahr 1899 war der Dampfer unter Kapitän Peters mit einer Ladung Stückgut und Holz auf der Reise von Danzig nach Antwerpen und lief am 9. März bei schwachem Südwind mit Nebel auf das Puttgarden-Riff auf. Er kam mit eigener Kraft nicht mehr frei, doch konnte man nach dem Aufklaren des Nebels einen anderen die Unfallstelle passierenden Frachtdampfer heranrufen. Dieser, mit Namen *Sophia*, schleppte die *D. Siedler* ab, die daraufhin ihre Fahrt fortsetzte.

Die in Wismar beheimatete Jacht **Ulrich Stever,** ohne Unterscheidungssignal, war 19 Register-Tons groß. Sie war 1875 in Wismar bei Carl Barmann erbaut worden und gehörte im Unfalljahr dem Schiffer Heinrich Schott, ebenfalls aus Wismar. Anfang November 1899 lag sie im Hafen von Orth auf Fehmarn, um Seegras zu laden. Ähnlich wie die Steinfischerei hatte die Seegraswerbung, wie sie genannt wurde, früher große Bedeutung auf Fehmarn. Das in den Sommermonaten in großen Mengen am Strand angespülte Seegras wurde zusammengeharkt und durch häufiges Umwenden getrocknet. In Ballen gepreßt, kam es dann im Herbst zum Versand. Hauptabnehmer war die Matratzen- und Polstermöbelindustrie. Beim Verladen des Seegrases machte Schiffer H. Schott am 4. November einen Fehltritt und fiel über Bord in den Hafen. Man warf ihm sofort ein Tau zu, das er auch ergriff. Es fehlte ihm aber die Kraft, es zu halten, oder er hatte einen Herzschlag bekommen, denn er versank, ohne einen Laut von sich zu geben.

Aus Groningen stammte die holländische Kufftjalk **Tammö** (PTJF), 80 BRT/65 NRT groß. Sie wurde 1884 in Martenshoek bei B. Niestern gebaut und gehörte dem Schiffsführer T. Suk aus Groningen. Wie häufig auf niederländischen Schiffen hatte Suk seine Frau und seine drei Kinder bei sich an Bord. Außerdem gehörten zwei Seeleute zur Besatzung. Die *Tammö* hatte in Burgstaaken auf Fehmarn Gerste für Hamburg geladen. Als sie am 12. Dezember bei leichtem SO-Wind aus den Molen herauskam, mißlang wegen eines harten nach Westen setzenden Stromes zweimal das Wendemanöver. Inzwischen war die Tjalk auf den nahen „Grünen Grund" getrieben und kam nicht mehr frei. Der Dampfer *Fehmarn* kam schnell zu Hilfe. Es mußten aber erst 80 Säcke Gerste geleichtert werden, ehe er den Holländer abschleppen konnte.

Ende des 19. Jahrhunderts setzte sich für die Führer von Handelsschiffen immer mehr die Bezeichnung „Kapitän" anstelle von „Schiffer" durch. Der Titel Kapitän stammt aus der Kriegsmarine und stand eigentlich nur dem Kommandanten eines Kriegsschiffes zu. So lautete deshalb im 19. Jahrhundert die Berufsbezeichnung für den Führer eines Kauffahrteischiffes in seinem Befähigungszeugnis offiziell: „Schiffer auf Große (oder Kleine) Fahrt." Etwas spöttisch heißt es, daß es die Schifferfrauen waren, denen der Name Schiffer nicht mehr gefiel, weil er auch für Seeleute ganz allgemein gebraucht wurde. Immer häufiger sollen sie gesagt haben: „Mein Mann ist Kapitän."

Zweiter Abschnitt, 1900–1938

1900

Heimathafen der dänischen Galeasse **Haabet,** 53 BRT/44 NRT, war Marstal. Es handelte sich um ein uraltes Schiff, das 1796 in Trönse/Dänemark von L. N. Möller erbaut und 1867 in Marstal bei C. J. Baker zur Jacht umgetakelt worden war. Mehrmals verkauft und umgezimmert, fuhr sie 1900 als Galeasse und hatte inzwischen das ehrwürdige Alter von 104 Jahren erreicht. Letzter Besitzer war Schiffer Andreas Friis aus Marstal, der seine erste Reise mit der *Haabet* im März 1900 in Ballast von Marstal nach Wismar machen wollte. Am 12. März spätabends strandete das Schiff bei einer steifen westlichen Brise auf dem Puttgarden-Riff. Die zwei Mann Besatzung retteten sich im eigenen Boot an Land, während die Galeasse mit Ausnahme von etwas Inventar verlorenging. Bei der seeamtlichen Untersuchung in Flensburg gab Kapitän Friis Stromversetzung als Strandungsursache an. Das Seeamt kam dagegen zu der Feststellung, daß der Schiffer sich nicht nach dem Leuchtfeuer von Westermarkelsdorf gerichtet hatte. Er sei aus dessen weißem Sektorenfeuer herausgeraten und damit zu nahe an Land gekommen. Da die *Haabet* mit 3700 Kronen für ihr Alter noch gut versichert war, wird Kapitän Friis nicht sehr traurig über den Verlust gewesen sein.

Der Besanewer **Paradies** (LGHV), 43 BRT/36 NRT, war in Elmshorn registriert. Dort war er 1899 auf der Werft von D. Kremer aus Stahl erbaut worden. Unter Kapitän Hintz aus Elmshorn hatte er in Barth in Pommern Hafer geladen, der für Hamburg bestimmt war. Das Schiff geriet in einen schweren ONO-Sturm und hatte am 8. Mai abends unter der Südküste Fehmarns vor Anker Schutz gesucht. Nachdem im hohen Seegang eine Ankerkette brach und der zweite Anker nicht hielt, strandete es am 9. Mai gegen 2 Uhr früh auf „Grönwoldsbrink“. Dabei warf die See den Ewer so hoch auf den Strand, daß er nach dem Sturm trocken lag und für die zwei Leute an Bord keine Gefahr bestand. Nach Wetterberuhigung wurde die Haferladung durch Böter aus Burgstaaken gelöscht und in den nahen Hafen gebracht. In wochenlanger mühsamer Arbeit wurde das Schiff auf Balken gesetzt und mittels Daumenwinden und Warpankern unbeschädigt abgebracht. Im Seeamtsspruch vom 7. 7. 1900 zu Flensburg führte man die Strandung allein auf den harten ONO-Sturm zurück.

Am 9. und 10. Mai 1900 wehte ein schwerer ONO-Sturm in der Ostsee, dem zahlreiche Schiffe zum Opfer fielen. Neben dem erwähnten Ewer *Paradies* verunglückte vor Fehmarn noch der schwedische Schoner **Karl Olof.** Dabei kam die Puttgardner Rettungsstation zum ersten Mal erfolgreich zum Einsatz. Die *Karl Olof* (HVKJ) war 135 BRT/121 NRT groß und wurde 1866 in Karlskrona auf der Werft von O. Bergström aus Eichenholz erbaut. 1900 gehörte sie Kapitän C. A. Sundberg, der Heimathafen war Blidö. Der Schoner hatte in Limhamn an der schwedischen Westküste eine Ladung Zement für Stockholm eingenommen und war in dem erwähnten ONO-Sturm weit von seinem Kurs abgekommen. Bei hohem Seegang und klarer Luft wollte Kapitän Sundberg hinter der Westküste Fehmarns Schutz suchen. Von Osten kommend, hielt er sich hart unter Land, um möglichst dicht die Markelsdorfer Huk zu umrunden. Dabei lief das Schiff mit dem Wind am 10. Mai um 2 Uhr früh auf das Puttgarden-Riff auf und blieb in der Brandung sitzen. Es fiel schnell auf die Seite und lief durch Luken und Niedergänge voll Wasser. Die Besatzung wollte ins Boot gehen, doch riß dessen Fangleine, noch ehe ein Mann darin war, und es trieb davon. Man fand es später am Altenteiler Strand angespült. Nun blieb den Schiffbrüchigen nur übrig, auf Hilfe vom Land zu warten. Bei Tagesanbruch sah der Leuchtturmwärter von Marienleuchte das Wrack auf dem Riff und alarmierte mit einem reitenden Boten den Vormann der Rettungsstation, den Fischer Joachim Andrews in Puttgarden. Dieser ließ sofort die acht Bootsleute zusammenrufen, und schnell wurde das Ruderrettungsboot *Helene* zu Wasser gebracht. Nach schwerer Fahrt in der groben See erreichte man gegen 5.30 Uhr morgens den gestrandeten Schoner und barg die fünfköpfige Mannschaft ab. Die Rückfahrt erwies sich wegen des gegenan wehenden Sturmes noch mühsamer als die Hinfahrt. So gab es Vormann Andrews auf, den

Stationsschuppen zu erreichen und landete mit dem Boot mehr vor dem Wind an einer anderen Stelle der Küste. Die *Karl Olof* ging mit der Ladung verloren, nur vom Inventar konnten Puttgardner Fischer etwas bergen. Das Schiff war in Schweden zu einem Betrag von 5000 skr versichert. Laut Spruch des Flensburger Seeamtes vom 7. 7. 1900 „hat Schiffer Sundberg die Strandung dadurch verschuldet, daß er es versäumte, sich in dem festen Sektorenfeuer des Westermarkelsdorfer Turmes zu halten".

Der englische Dampfer **Torquay** (LRPQ), war 610 BRT/426 NRT groß. Er war 1890 erbaut worden, hatte 14 Mann Besatzung und befand sich 1900 unter Kapitän Porteous mit einer Ladung Holz auf der Reise von Abo/Finnland nach England. Am 22. Mai um 3 Uhr früh lief das Schiff bei SSO-Wind 2 bis 3 auf das Puttgarden-Riff, da der wachhabende Steuermann den Abstand zum Land falsch geschätzt hatte, anstatt eine sorgfältige Peilung zu machen. Die Bergungsdampfer *Rügen* und *Skandinavien* schleppten den Engländer ab und begleiteten ihn nach Kiel, wo er auf Bodenschäden untersucht wurde.
Die *Skandinavien* (NCMQ), 142 BRT/72 NRT, 210 PSi, gehörte der dänischen Bergungsfirma Svitzer in Kopenhagen. Ursprünglich stammte der Dampfer aus Schweden und war dort als *A. F. Chapmann* 1858 in Göteborg auf „Lindholmens Mek. Verkstad" erbaut worden. Er strandete 1860. Svitzer erwarb das Wrack auf einer Auktion und ließ es nach erfolgreicher Hebung zum Bergungsdampfer umbauen. Als solcher fuhr er bis 1911 unter der weißen Svitzerflagge mit dem blauen Malteserkreuz. Danach wurde er nach Skagen verkauft und kam als Fischtransporter *Union* zum Einsatz. Schon 1913 gab es einen neuen Verkauf nach Archangelsk, wo der Dampfer in *Nicolai* umbenannt wurde und noch bis 1926 in Rußland registriert war.

Über die Jacht **Apollo** liegen keine näheren Angaben vor. Bekannt ist nur, daß sie mit einer Ladung Erbsen von Königsberg nach Orth auf Fehmarn unterwegs war. Am 11. Juli lief sie kurz vor ihrem Ziel im Fehmarnsund auf Grund. Sie wurde vom Fehmarner Dampfer *Verein* abgeschleppt und segelte alleine nach Orth weiter. Weil alle Baudaten zu der *Apollo* fehlen, ließ sich der Name in den Schiffsregistern keinem bestimmten Fahrzeug zuordnen.

Aus Warstade bei Osten stammte der Besanewer **Marie** (KNDF), 42 BRT/34 NRT groß. Er war 1875 in Altendorf gebaut worden und gehörte 1900 Peter und Johannes Hagenah, von denen der letztere der Schiffsführer war. Außer ihm gab es nur noch einen zweiten Mann an Bord. Der Ewer sollte eine Ladung Gerste von Hamburg nach Rügenwalde bringen und wurde am 11. August halbstocks geflaggt vom Dampfer *Verein* in den Hafen von Burgstaaken eingeschleppt. Der Dampfer hatte die *Marie* nicht weit von Fehmarn entfernt mit gesetztem Notsignal angetroffen. Laut Aussage von Kapitän Hagenah sollte sein Bestmann Ofermann die Schot des Besansegels anholen, war dabei ausgerutscht und über Bord gefallen. Er ertrank, weil er den ihm zugeworfenen Rettungsring nicht erreichen konnte. Der nur noch allein an Bord befindliche Schiffer war nicht in der Lage, schnell ein Segelmanöver zu machen, um dem Verunglückten Hilfe zu bringen.

Westrhauderfehn war Heimathafen der Mutte **Johanna Maria** (NGQP), 31 BRT/28 NRT groß. Sie war 1895 in Idafehn auf der Werft von Joh. Remmers entstanden und gehörte von 1898 bis 1902 Kapitän G. G. Park aus Collinghorstermoor. Außer Park war nur ein Bestmann an Bord. Das Schiff hatte in Hamburg Mais für Wismar geladen und segelte am 12. August durch den Fehmarnsund. Es wehte ein günstiger frischer Westwind, der jedoch plötzlich umsprang. Die Segel schlugen back, die Mutte lief aus dem Ruder und geriet südlich der Fahrrinne bei „Elandsort" auf Grund. Nach vorübergehender Leichterung eines Teiles der Ladung bekam man das Schiff wieder flott und schleppte es in den Hafen von Burgstaaken.

Das Vollschiff **Loch Linnhe** (VBMP), 1465 BRT/1268 NRT, war in Nystad beheimatet und fuhr unter russischer Flagge, weil Finnland damals noch zu Rußland gehörte. Es war 1876 in Glasgow bei J. & G. Thomson gebaut worden und war 1900 Eigentum des Reeders J. E. Soderberg in Nystad. Im gleichen Jahr führte es Kapitän D. R. Pihlmann, die Besatzung war 21 Mann stark. Die *Loch Linnhe* kam von Pensacola/USA mit einer Ladung Pitchpineholz, die für Kiel bestimmt war. Sie segelte um Skagen herum durch den Großen Belt und strandete am 6. Oktober um 4 Uhr morgens bei WSW-Sturm 8 bis 9 und schlechter Sicht vor Westermarkelsdorf. Am Vormittag traf das Puttgardner Rettungsboot *Helene* an der Strandungsstelle ein und bot sich an, die Besatzung an Land zu bringen. Obwohl das Schiff inzwischen leck war, blieb die Mannschaft an Bord des großen Seglers. Es war übrigens das größte Segelschiff, das je vor Fehmarn strandete. Das Rettungsboot blieb in der folgenden Nacht längsseits der *Loch Linnhe* liegen, falls die Situation gefährlicher würde. Am folgenden Tag trafen drei Bergungsdampfer vor Westermarkelsdorf ein: die *Rügen* von Spruth, die *Øresund* von Svitzer und der Dampfer *Adler* von der Vereinigten Dampfschiffsgesellschaft aus Flensburg. Nachdem man einen Teil der wertvollen Holzladung geleichtert hatte, gelang es ihnen nach einigen Tagen, das lecke Schiff abzuschleppen und nach Kiel zu bringen. Hier wurde es sofort eingedockt. Die Pitchpineladung war mit 40 000 Mark versichert. Das Flensburger Seeamt fand die Schuld an der Strandung bei Kapitän Pihlmann. Er hatte nach einer veralteten Seekarte navigiert und es unterlassen, trotz schlechter Sicht seinen Schiffsort durch Peilungen genau zu bestimmen.

Die Strandung der *Loch Linnhe* hatte noch ein unangenehmes Nachspiel für die Puttgardener Rettungsmannschaft. Nachdem ihr Boot in der Nacht vom 6. auf den 7. 10. längsseits des Havaristen gelegen hatte, war man am Morgen des 7. bei Westermarkelsdorf an Land gegangen. Da man nicht wußte, was noch passieren konnte, ließ Vormann Andrews das Boot mit zwei Mann Bewachung am Strand zurück und ging mit den übrigen Leuten nach Puttgarden. In der folgenden Nacht stieg das tagelang sehr niedrig gewesene Wasser stark an, und das nicht hoch genug auf den Strand gezogene Rettungsboot trieb davon und war am nächsten Morgen nicht mehr zu sehen! Sicher war den beiden Wachleuten nicht wohl in ihrer Haut, denn anstatt im oder bei dem Boot hatten sie die Nacht wahrscheinlich in einer warmen Scheune in Westermarkelsdorf verbracht. Bürgermeister Lafrenz veröffentlichte darauf in seiner Eigenschaft

1900 – Vollschiff »Loch Linnhe« nach seiner Strandung am 6. 10. 1900 vor Westermarkelsdorf zur Reparatur in Kiel im Schwimmdock der Schwentine-Dock-Gesellschaft.

als Strandhauptmann einen Aufruf, daß jeder Hinweis auf das verschwundene Boot ihm sofort zu melden sei. Schon nach wenigen Tagen traf am 13. Oktober das erlösende Telegramm aus Nyköbing/Dänemark ein, daß man das unbeschädigte Boot auf der Insel Falster geborgen hätte. Die *Loch Linnhe* wurde später zu einer Bark umgetakelt. Sie ging am 25. 11. 1933 auf einer Ballastreise von Gravesend nach Mariehamn in der Ostsee durch Strandung bei Kökars Skärgard total verloren.
Der in Verbindung mit der Strandung der *Loch Linnhe* genannte Dampfer *Adler* (LMHD), war 158 BRT/40 NRT groß. Er wurde 1892 in Rostock bei der A. G. „Neptun" gebaut und gehörte der „Vereinigten Flensburg-Ekensunder und Sonderburger Dampfschiff-Gesellschaft" in Flensburg.

Aus den Niederlanden stammte die Tjalk **Emmanuel** (NPTM), 74 BRT/73 NRT groß. Sie entstand 1890 in Wildervank auf der Werft von Boerma und war 1900 Eigentum von N. Naaizer in Nieuwen. Unter Führung von Kapitän Gools befand sich die Tjalk mit einer Ladung Roggen auf der Fahrt von Warnemünde nach Bremen. Am 22. Oktober kam sie bei SW-Sturm und diesiger Luft zu nahe an Staberhuk heran und lief gegen 5 Uhr morgens auf Grund. Dabei brach das Backbordseitenschwert ab und stieß die Tjalk leck, die sofort Notsignale zeigte. Der Dampfer *Fehmarn* unter Kapitän Schacht erschien bald darauf und schleppte den Segler nach Burgstaaken ein. Von der Roggenladung war ein Teil durch eingedrungenes Seewasser verdorben.
Bei dem gerade genannten Dampfer *Fehmarn* (LBDH) handelte es sich um das zweite Schiff mit diesem Namen in Burgstaaken. Schon vor dem Verkauf seiner alten *Fehmarn* (LBJF), ex Neustadt, hatte Reeder J. Lafrenz 1896 in Hamburg bei Janssen & Schmilinsky einen größeren Dampfer bauen lassen, der den gleichen Namen wie sein Vorgänger erhielt. Er war mit 167 BRT/89 NRT vermessen und besaß eine Maschine von 225 PSi. Er wurde ebenfalls im Liniendienst eingesetzt und fuhr abwechselnd Burgstaaken–Lübeck–Burgstaaken und Burgstaaken–Orth–Kiel und zurück. Befördert wurden Passagiere, Fracht und Vieh. Man beteiligte sich aber auch immer stärker am Abbringen auf Grund gelaufener Schiffe. Wenn die Fehmarner Dampfer nicht gerade auf Tour waren, hatten sie den Vorteil, schnell am Einsatzort zu sein.

Die Jacht des Schiffers N. Plambeck aus Heiligenhafen, **Catharina Amalia** (LQRT), 17 BRT/14 NRT, war schon einmal 1898 im Fehmarnsund auf dem „Mittelgrund" gestrandet. Am 2. Dezember ging sie von Travemünde mit einer Ladung Ziegelsteine für Heiligenhafen in See. Es wehte ein steifer SSO-Wind, und als die Jacht am gleichen Abend gegen 19 Uhr im Fehmarnsund in der Nähe der Tonne „4" stand, fiel plötzlich die Ruderpinne aus dem Ruderkopf. Ehe man ankern konnte, war das Schiff auch schon auf den „Mittelgrund" getrieben. Mit seiner schweren Ladung stieß es schnell leck und sank. Plambeck und sein Matrose retteten sich im eigenen Boot, Schiff und Ladung gingen vollständig verloren. Das Flensburger Seeamt stellte am 24. 5. 1901 fest, daß Schiffer Plambeck keine Schuld am Verlust seiner Jacht traf und hielt die Ursache für höhere Gewalt.

1901

In Wismar war die Galeasse **Johanna** (JRFD), 30 BRT/26 NRT, beheimatet. Angeblich war sie 1889 erbaut worden, während der Bauort unbekannt ist. Um 1896 hatte Schiffer Carl Wegner aus Wismar die *Johanna* für 4000 Mark von Kapitän Wallis aus Wieck/Darß erworben. Im März 1901 sollte das Schiff 500 Säcke Hafer von Wismar nach Elmshorn bringen. Als es am 8. März nachmittags mit Westkurs durch den Fehmarnsund segeln wollte, sprang der bis dahin westliche Wind schlagartig auf NO um und frischte zum Sturm auf. Gleichzeitig wurde es sehr neblig. Die Galeasse verfehlte die Einfahrt in den Sund und strandete an der Nordküste der Halbinsel Großenbrode. Dabei stieß sie sich einige Planken ein, konnte später aber wieder abgebracht werden. Das Flensburger Seeamt sprach Schiffer Wegner von jeder Schuld an der Strandung frei. Noch im gleichen Jahr, am 31. 8. 1901, ging die *Johanna* durch Strandung bei Røsnaes an der Nordwestküste der dänischen Insel Seeland verloren. Die Besatzung wurde gerettet. Kapitän Wegner verkaufte das Wrack seines Schiffes für 150 dkr an zwei dänische Fischer. Das erregte einiges Aufsehen, da die *Johanna* in Deutschland mit 3000 Mark versichert war.

Heimathafen der schwedischen Schaluppe **Svan** (HPTS), 44 BRT/35 NRT, war 1901 Halmstad. Dort hatte das 1861 in Västervik gebaute Schiff Fichtenbohlen für Lübeck geladen und stand am 18. März spätabends östlich von Fehmarn. Es wehte stürmisch aus Osten, und die Luft war dick von Regen. Unter diesen Verhältnissen wollte Kapitän Ericksson in der dunklen Nacht nicht in die Lübekker Bucht segeln. Er beschloß, auf der Höhe von Fehmarn zu kreuzen bis der Tag anbrach. Dabei geriet er zu nahe an die Insel heran und strandete am 19. März um 3 Uhr morgens bei Staberhuk. Als es hell wurde, erschienen Leute am Strand, die halfen, die vierköpfige Besatzung zu retten. Etwas später traf auch der Bergungsdampfer *Rügen* ein. Er konnte aber nur noch die Holzladung und etwas Inventar bergen, die *Svan* war bereits wrack geworden. Das Flensburger Seeamt gab in seiner Verhandlung vom 24. 5. 1901 dem Schiffsführer die Schuld an der Strandung, da er nicht gelotet hatte und deshalb zu dicht unter Land geraten sei. Der Leuchtturm von Staberhuk, der erst 1904 in Betrieb ging, hätte den Unfall sicher verhindert.

Aus Rußland stammte der nicht ganz zwei Jahre alte Schoner **Dsimtene,** 102 BRT/101 NRT groß. Er wurde von Kapitän Jacob Walter geführt und kam von Burntisland/England mit einer Ladung Steinkohlen, die nach Heiligenhafen bestimmt war. Kurz davor lief er am 26. April nachmittags bei frischem NO-Wind und klarer Luft auf den Flügge-Sand auf. Angeblich hatte sich der Kapitän nach einer veralteten Seekarte orientiert. Auf dieser war die Untiefe näher zum Land hin eingezeichnet, tatsächlich ragte sie weiter in die See hinaus. Nachdem man einen Teil der Steinkohlen über Bord geworfen hatte, schleppte das kleine Dampfschiff *Ohrt* den unbeschädigten Schoner wieder ab. Dieser war mit 10 000 Mark beim Hamburger Reederverein versichert.

Der nächste Seeunfall glich dem vorhergehenden in mancher Weise. Der russische Gaffelschoner **Paul,** 208 BRT/198 NRT, war in Riga registriert und gehörte dem Reeder K. Puhling aus Upesgriewe bei Riga. Dort war er 1896 auf der Werft von M. Morgenstern vom Stapel gelaufen und wurde von Kapitän Krautmann geführt. Das Schiff sollte eine Ladung Steinkohlen von Granton in England nach Lemkenhafen auf Fehmarn bringen und geriet am 16. Juli gegen 3 Uhr morgens auf dem Flüggesand fest. In diesem Fall soll schlechte Sicht zu der Strandung geführt haben. Der Dampfer *Ohrt* erschien an der Unfallstelle und bemühte sich vergeblich, den Schoner freizubekommen. Inzwischen trafen auch die Bergungsdampfer *Hollmann* aus Kiel und *Skandinavien* aus Kopenhagen vor Flügge ein. Sie schleppten noch am gleichen Tag gemeinsam das Schiff für einen Betrag von 2000 dkr von der Sandbank ab.

Zu dieser Strandung erschien am 11. 2. 1904 ein Artikel im „Fehmarnschen Wochenblatt" mit folgendem Inhalt: „Eine Streitsache, die vor einigen Jahren unsere seemännische Bevölkerung stark interessierte und die zu lebhaften Auseinandersetzungen führte, hat jetzt ihre endgültige Erledigung gefunden. Wie erinnerlich, strandete 1901 auf Flüggersand der russische Schoner *Paul*, Kapitän Krautmann, mit einer Ladung Steinkohlen nach Lemkenhafen. Der Dampfer *Ohrt* wurde zu Hilfe gerufen und angenommen, das Schiff flottzumachen, war aber nicht im Stande, das Schiff von Flüggersand abzubringen. Daraufhin nahm Kapitän Krautmann den Bergungsschlepper *Skandinavien* und den Schlepper *Hollmann* für weitere Hilfeleistungen an. Beide Dampfer waren an der Strandungsstelle und brachten das Schiff von der Sandbank ab, wofür beide Dampfer 2000 Kronen für die Hilfeleistung bekamen. Kapitän Krautmann vom russischen Schoner wurde daraufhin von der Reederei des Dampfers *Ohrt* auf Zahlung von 5000 Mark für geleistete Hilfe verklagt. Nachdem die Klage alle Instanzen durchlaufen hatte, hat das Landgericht in Kiel das Urteil gefällt. Dem Dampfer *Ohrt* sei für seine Hilfeleistung 1500 Mark zu zahlen. Die Kosten des Verfahrens sind zu $\frac{5}{12}$ dem beklagten Kapitän Krautmann und zu $\frac{7}{12}$ dem Dampfer *Ohrt* aufzuerlegen."

Heimathafen des englischen Dampfers **Vauxhall** (RNGF), 3623 BRT/2346 NRT, war West-Hartlepool. Dort war er 1900 bei der Irvine's Shipbuilding & Dry Dock Co. für die West-Hartlepool-Steam-Navigation Company vom Stapel gelaufen. Unter Kapitän Chandler sollte die *Vauxhall* auf ihrer ersten Reise eine Ladung Eisenerz nach Stettin bringen und lief am 5. August vormittags bei NW-Wind 3 bis 4 und diesiger Luft mit voller Fahrt vor

Altenteil auf den Strand. Wieso es dazu am hellen Tag kam, ist nicht bekannt. Mit der obengenannten Tonnage war es das bisher größte Handelsschiff, das vor Fehmarn verunglückte. Das Abbringen des schwer beladenen Frachters gestaltete sich schwierig. Als erstes versuchte das gerade in der Nähe liegende Artillerieschulschiff *SMS Olga* (früher Kleiner Kreuzer *Olga*) unter Korvettenkapitän von Cotzhausen vergeblich, den Engländer abzuschleppen. Allmählich versammelte sich eine ganze Flotte von Bergungsschiffen an der Unfallstelle: die *Skandinavien* und die *Helsingør* von Svitzer sowie die *Dahlström*, *Präsident Koch* und die *Brefeld* von der „NDC" aus Kiel. Außerdem hatte man zwei Schuten zum Leichtern der Ladung mitgebracht. Trotzdem mußte noch eine große Menge Eisenerz in die See geworfen werden, ehe es den fünf Schleppern mit vereinten Kräften gelang, den unbeschädigt gebliebenen Havaristen freizuziehen. Der Schlepp- und Passagierdampfer *Brefeld*, (LBGV), 93 BRT/ 20 NRT, wurde erst 1901 auf den Kieler Howaldtswerken fertiggestellt.

Die schwedische Bark **Ino** (HSNK), 345 BRT/302 NRT, war in Malmö beheimatet und gehörte der dortigen Reederei G. Sjöberg. Es handelte sich um ein ehemals deutsches Schiff, das 1864 in Hamburg bei M. G. Amsinck erbaut und später nach Schweden verkauft worden war. Die Bark hatte neun Mann Besatzung und segelte unter Kapitän A. P. Holberg mit einer Ladung Bretter von Trangsund/ Finnland nach Apenrade. Am 18. Oktober gegen 8 Uhr morgens strandete sie bei leichtem SW-Wind mit Nebel, angeblich infolge Stromversetzung vor Staberhuk. Dabei stieß sie sich einige Planken ein und wurde leck. Dem zu Hilfe gerufenen Bergungsdampfer *Rügen* gelang es nach drei Stunden, die *Ino* wieder flottzumachen. Er schleppte sie anschließend nach Kiel, wo sie sofort eingedockt wurde.

Westrhauderfehn war Heimathafen des Ewerkahnes **Delphin** (NFVP), 88 BRT/74 NRT groß. Er war 1882 in Motzen an der Weser auf der Werft von D. Focke gebaut worden und wurde im Unfalljahr von Kapitän Sleer geführt. Das Schiff war mit 169 Tons Fichtenbrettern von Memel nach Bremen unterwegs. Am Abend des 20. Dezember stand es bei schwachem SO-Wind und Nebel in der Nähe von Fehmarn. Als man plötzlich an Backbord voraus Brandung hörte, ließ man zwar schnell einen Anker fallen, doch es war schon zu spät. Ehe der Anker faßte, saß der Ewer schon vor dem Katharinenhofer Strand fest auf Grund. Nach Aufklaren des Nebels erschien am nächsten Tag der Dampfer *Verein* unter Kapitän Adam aus Burgstaaken. Er schleppte den leicht leck gewordenen Ewer ab und brachte ihn zur Ausbesserung in den Hafen. Der geforderte Bergelohn von 3000 Mark wurde später von der Versicherung der *Delphin* auf 1000 Mark heruntergedrückt. Drei Jahre später ging der gleiche Ewer im Orkan vom 31. 12. 1904 durch Strandung vor Binz auf Rügen verloren. Zu diesem Zeitpunkt führte ihn sein Eigner, Kapitän Oltmann, selbst. Das Wrack kaufte ein Binzer Hotelbesitzer und ließ es zu einem Ausflugslokal am Strand umbauen, das er „Fliegender Holländer" nannte.

1902

Der erste Unfall des Jahres 1902 ereignete sich im März. Leider liegen darüber keine näheren Angaben vor. Er betraf den Hamburger Dampfer **Hernösand** (RKBN), 953 BRT/569 NRT, 1884 in Helsingör bei Helsingörs Jernskib og Maskinbyggeri erbaut. Das Schiff war Eigentum der Hamburger Reederei E. H. M. Gehrkens und strandete auf einer Fahrt von Kiel nach Lübeck vor Fehmarn. Der Dampfer kam alleine wieder frei, mußte aber nach Kiel zurückkehren, da er leck geworden war.

In Uetersen war der Besanewer **Dorathea** (LGBF), 28 BRT/21 NRT, beheimatet. Er wurde 1892 in Moorrege gebaut und gehörte 1902 dem Schiffer Andreas Ludewig. Außer ihm gab es nur noch einen zweiten Mann an Bord. Der Ewer sollte eine Ladung Mais von Hamburg nach Orth auf Fehmarn bringen und hatte am 30. April seinen Bestimmungshafen fast erreicht. Es wehte ein starker WNW-Wind, und Schiffer Ludewig ließ den Bestmann loten, um nicht auf Flügge-Sand aufzulaufen. Außerdem sollte er den Klüver bergen. Kaum hatte er das Lot aus der Hand gelegt, saß der Ewer auch schon auf der Untiefe fest. Er wurde wenig später ohne Schäden vom Dampfer *Ohrt* abgebracht und in den Hafen von Orth eingeschleppt.

Der dänische Gaffelschoner **Anne** (NHRL), ex Valborg, ex P. Berg, 50 BRT/39 NRT, stammte von

Nexö auf Bornholm. Dort war er auch 1896 bei J. H. Brandt gebaut worden und gehörte C. G. Hjorth in Nexö. Unter der Führung von Kapitän Christian Sode befand sich der Schoner mit einer Ladung Mauersteinen auf der Fahrt von Hasle/Bornholm nach Kiel. Am 13. Mai um 9.30 Uhr lief er bei S-Wind 5 am hellen Tag auf das Puttgarden-Riff auf, weil Kapitän Sode den Abstand vom Land falsch eingeschätzt hatte. Da man mit einem Warpanker keinen Erfolg erzielte, erschienen am nächsten Tag die Bergungsdampfer *Rügen* aus Warnemünde sowie *Podbielski* aus Kiel vor Puttgarden. Sie schleppten den Schoner gemeinsam ab, und die *Podbielski* begleitete ihn bis nach Kiel.
Der Dampfer *Podbielski*, (LBGD), 127 BRT/49 NRT, lief 1899 auf den Kieler Howaldtswerken für die Kieler „NDC" vom Stapel. Er wurde je nach Bedarf wie die *Präsident Koch* oder die *Brefeld* als Fährschiff auf der Förde, für Schleppzwecke oder als Bergungsdampfer eingesetzt.

Heimathafen des Besanewers **Wilhelmine** (LQBT), 30 BRT/24 NRT, war Geversdorf in Holstein. Er war 1860 in Klostersande bei J. H. Kremer erbaut worden und wurde 1902 von seinem Eigner, Kapitän C. W. Ahlf, geführt. Der Ewer hatte in Hamburg Mais in Säcken für Orth auf Fehmarn geladen. Am 13. September nachmittags wollte er bei hartem WNW-Sturm um die Südwestspitze Fehmarns segeln und in die Orther Bucht einlaufen. Dabei wurden in einer Regenböe die Segel unklar, der Ewer geriet ins Treiben und strandete auf dem Flüggesand. Nachdem man ca. 50 Säcke Mais in die See geworfen hatte, gelang es der Mannschaft, mit einem geschickten Segelmanöver von der Untiefe herunterzukommen. Die *Wilhelmine* war zwar etwas leck gestoßen, erreichte aber den sicheren Hafen von Orth.

In Brantevik war der schwedische Dreimastschoner **Olga** (HLJF), 150 BRT/133 NRT, zu Hause. Er war 1867 in Finnland gebaut worden und wurde 1902 von Kapitän Jenssen geführt. Mit einer Ladung Fichtenholz war er unterwegs von Pitea in Nordschweden nach Holtenau. Am 10. Oktober kurz vor Mitternacht lief der Schoner bei leichtem SW-Wind und schlechter Sicht angeblich durch Stromversetzung auf das Puttgarden-Riff auf. Mit Hilfe von Puttgardener Fischern, die am nächsten Morgen erschienen, wurde die halbe Deckslast in die See geworfen. Später traf auch der Bergungsdampfer *Rügen* an der Unfallstelle ein, wurde aber von Kapitän Jenssen abgewiesen, da er schon von Land aus nach Flensburg telegraphiert und den Dampfer *Adler* angefordert hatte. Wahrscheinlich hatte der Leuchtturmwärter von Marienleuchte die *Rügen* alarmiert. Am späten Nachmittag gegen 17.30 Uhr wurde die *Olga* dann vom Dampfer *Adler* abgeschleppt. Sie setzte trotz eines leichten Lecks ihre Reise nach Kiel fort.

Die Jacht **Anna** (LQGV), 31 BRT/23 NRT, war in Arnis an der Schlei registriert. Dort war sie auch 1861 auf der Werft von Jürgensen erbaut worden und gehörte 1902 Kapitän Thomsen aus Arnis. Unter seiner Führung sollte sie eine Ladung Steinkohlen von Kiel nach Burgstaaken bringen. Am 25. November in der Mittagszeit strandete die Jacht bei einer fixen Brise aus SO und Nebel auf dem „Grünen Grund". Um sie abzubringen, mußte der an Deck liegende Teil der Kohlen in die See geschaufelt werden. Erst dann gelang dem Dampfer *Verein* unter Kapitän Adam das Abschleppen.
Nachzutragen wäre für 1902 noch ein bedeutendes Ereignis für die Schiffahrt. Am 21. März dieses Jahres wurde das erste Feuerschiff im Fehmarnbelt ausgelegt. Einzelheiten über das Schiff finden sich in der Einleitung bei der Beschreibung der fehmarnschen Leuchtfeuer.

1903

In Christiana war der norwegische Dampfer **Slemmestad** (JWQG), ex Gustav Nerman, ex Olga, 230 BRT/139 NRT, beheimatet. Er war 1869 in Hamburg bei Godeffroy (der späteren Reiherstieg-Werft) vom Stapel gelaufen und gehörte um die Jahrhundertwende der Slemmestad Cementfabrik in Christiania. Schiffsführer war Kapitän Landgraaf, die Besatzung war acht Mann stark. Der Dampfer befand sich mit einer Ladung Papiermasse auf der Reise von Gothenburg nach Flensburg und hatte in der Nacht vom 20. auf den 21. Februar wegen Nebel auf der Reede von Burgtiefe vor Anker gelegen. Am Morgen des 21. war es klar und man wollte die Fahrt fortsetzen. Dabei verwechselte Kapitän Landgraaf gleich nach dem Ankerlichten die Seezeichen für die Ansteuerung des Fehmarnsundes und setzte das Schiff auf den „Grünen Grund". Noch am gleichen Tag wurde der Norweger durch den Dampfer *Verein* aus Burgstaaken wieder abgebracht. Die *Slemmestad* war mit 30 000 Mark versichert, die Ladung zu 12 000 Mark. Vor Beginn des Abschleppens hatte man sich auf einen Bergelohn von 2000 Mark geeinigt. Dagegen legten später die Eigner des Dampfers *Verein*, Julius Lafrenz und Kaufmann Bundis aus Burg auf Fehmarn Einspruch ein. Sie forderten eine Erhöhung des Bergelohnes auf 6000 Mark entsprechend dem hohen Wert von Schiff und Ladung. Dagegen hielt Kapitän Landgraaf 2000 Mark noch zu hoch für das relativ einfache Abschleppen seines Schiffes. So kam es zu einem Prozeß zwischen beiden Parteien. Die Kieler Sachverständigen Conradi und Ehlers fanden 2000 Mark für angemessen, da es ein steiniger Grund und eine gefährliche Strandungsstelle war. Das Kieler Landgericht als Berufungsinstanz erhöhte den Betrag auf 4000 Mark. Kapitän Landgraaf legte noch einmal Revision ein und das Oberlandesgericht in Kiel hob das letzte Urteil auf. Es setzte die Summe endgültig auf 2000 Mark fest und argumentierte, daß ein Bergelohn durch die Höhe der vorhandenen Gefahr bestimmt werde. Diese sei hier aber nicht besonders groß gewesen, da die Besatzung der *Slemmestad* an Bord bleiben konnte und die für das Abschleppen aufgewandte Zeit nur gering war. Nach ca. einem Jahr verkaufte die norwegische Reederei die *Slemmestad* nach Wisby auf Gotland. Dort wurde sie in *Erik* umbenannt und fuhr unter diesem Namen noch lange Jahre.

Die dänische Jacht **De 8 Sødskende,** 42 BRT/34 NRT, war in Marstal beheimatet. Sie entstand 1846 in Kiel bei A. Conradi und wurde 1885 in Marstal umgebaut und neu aufgezimmert. Eigner war der Schiffsführer H. P. A. Boye, zur Besatzung gehörte nur noch ein Matrose. Im Sommer 1903 befanden sich auch zwei weibliche Familienmitglieder mit an Bord. Die Jacht segelte in Ballast durch den Fehmarnbelt, ihr Abgangs- und Bestimmungshafen ist nicht bekannt. Am 30. August strandete sie in einem Weststurm vor Wenkendorf. Sie blieb aber unbeschädigt und kam bei steigendem Wasser später ohne fremde Hilfe wieder frei. Zwei Jahre später ging die *De 8 Sødskende* auf der Reise nach Halmstad am 28. 10. 1905 durch Strandung bei Tylö an der schwedischen Küste verloren. Ihre Besatzung wurde mit Hilfe vom Land gerettet.

Ausführliche Informationen gibt es über den Verlust der schwedischen Brigg **Heinrich Moll** (HBNH) vor Staberhuk. Es handelte sich um ein ehemals Rostocker Schiff, das dort 1867 auf der Werft von W. Zeltz erbaut worden war. Es war anfangs mit 132 Lasten vermessen, später mit 287 BRT/257 NRT. Erster Eigner war ebenfalls W. Zeltz, ab

1903 – Ansicht von See auf die am 15. 9. 1903 bei Staberhuk gestrandete schwedische Brigg »Heinrich Moll«.

1880 dann August Burchard. Dieser verkaufte das Schiff im Zusammenhang mit dem erwähnten Rückgang der deutschen Segelschiffsflotte Ende des 19. Jahrhunderts 1893 nach Brantevik in Schweden. Zuletzt war es in Skelleftea beheimatet und gehörte Kapitän Andersson aus Haferö, hatte seinen alten Namen aber immer behalten. Die *Heinrich Moll* hatte eine Ladung Steinkohlen von England nach Burgstaaken gebracht und wollte am 15. September in Sandballast nach Skelleftea segeln. Am späten Nachmittag wurde sie bei stark auffrischendem NO-Wind durch den Lotsen Fritz Schwenn aus dem Hafen gebracht. Der Wind wuchs jedoch zum Sturm an, und Kapitän Andersson gelang es nicht, mit OSO-Kurs von der fehmarnschen Küste freizuhalten. Beim Versuch zu halsen, strandete das Schiff am Abend des gleichen Tages 30 m vom Land entfernt bei Staberhuk. Die siebenköpfige Besatzung rettete sich im eigenen Boot an Land, und Kapitän Andersson stand am nächsten Morgen völlig durchnäßt vor dem Lotsenhaus von Fritz Schwenn in Burgstaaken und bat um trockene Kleidung. Am nächsten Tag erschien der Bergungsdampfer *Rügen* unter Kapitän Peters vor Staberhuk und fand den Rumpf der Brigg bereits aufgebrochen vor. Sie war unter diesen Umständen nicht mehr abzubringen. Neue Stürme warfen das nicht versicherte Schiff noch weiter auf den steinigen Vorstrand. Am 21. September 1903 wurde das Wrack der *Heinrich Moll* an ein Consortium von acht Fehmarner Einwohnern für 200 Mark zum Abbruch verkauft. Da es sich um ein ausländisches Schiff handelte, mußten auf diesen Betrag noch 22 Mark Zoll gezahlt werden. Am 4. 10. 1903 erschien im „Fehmarnschen Wochenblatt" eine Anzeige, die das Betreten des Wracks streng untersagte, nachdem schon verschiedene Teile davon verschwunden waren. Für die Küstenbevölkerung war es ganz natürlich, sich von einem scheinbar herrenlos am Strand liegenden Wrack alles Brauchbare zu holen. Im Sommer 1904 sprengten Pioniere übungshalber die letzten Reste des Rumpfes der schwedischen Brigg.

1903 – Die schwedische Brigg »Heinrich Moll«, am 15. 9. 1903 bei Staberhuk gestrandet.

1903 – Wrack »Heinrich Moll«.

Das auf der nächsten Seite abgebildete Schreiben zeigt eine Anfrage des Flensburger Seeamtes über den Verbleib der Besatzung der *Heinrich Moll*. Das gleiche Seeamt stellte am 11. 11. 1903 bei seiner Untersuchung über die Strandung des Schiffes als Ursache fest, daß Kapitän Andersson sich nicht weit genug entfernt von der fehmarnschen Küste gehalten habe.

Schon 1898 wurde von einer Strandung des Kieler Dampfers **Otto** (NFDL) der Reederei Sartori & Berger berichtet. 1903 stand er immer noch unter dem Kommando von Kapitän de Vries und war mit einer Ladung Stückgut von Stettin nach Bremen unterwegs. Am 2. November gegen 8.30 Uhr morgens lief der Dampfer bei schwachem Südwind und Nebel voll auf das Puttgarden-Riff auf. Als Grund gab Kapitän de Vries an, daß er die etwas östlich vom Riff liegende Telegraphenboje an Backbord passiert und für die Heulboje vor der Nordspitze des Riffes gehalten habe. Am Nachmittag des gleichen Tages traf der Svitzer-Bergungsdampfer *Skandinavien* ein. Er übernahm einen Teil der Ladung des Frachters und versuchte diesen abzuschleppen. Er hatte aber keinen Erfolg, da der Wasserstand in der Zwischenzeit gefallen war. Erst am nächsten Tag in der Mittagszeit gelang es ihm, den Dampfer vom Riff herunterzuziehen. Dieser nahm seine Ladung wieder ein und lief als erstes Kiel zu einer Untersuchung des Schiffsbodens an.

Nachdem ab 1902 das erste Feuerschiff im Fehmarnbelt auslag, ereignete sich in Verbindung damit am 25. November 1903 ein tragisches Bootsunglück. An diesem Tag hatte man vom Feuerschiff ein mit vier Mann besetztes Beiboot nach Westermarkelsdorf geschickt, um die Post zu holen. Es war wenige Tage bevor das Feuerschiff, wie damals noch üblich, über Winter eingezogen wurde. Bei den vier Bootsinsassen handelte es sich um den Bootsmann Heinrich Jonas, die Matrosen Hansen und Avertson sowie den aus Apenrade stammenden Koch Larsen. Dieser wohnte inzwischen in Westermarkelsdorf, und da seine Frau an diesem Tag Geburtstag hatte, wollte er den Landgang zu einem kurzen Besuch nutzen. Nach dem Empfang der Postsachen trat man gegen 16 Uhr die Rückfahrt an, und weil dichter Nebel aufgekommen war, segelte man nach dem Kompaß. Als das Feuerschiff in Sicht kam, sollte Larsen den nun nicht mehr benötigten kleinen Bootskompaß wegstellen. In diesem Augenblick schlugen die Segel back, das Boot schlug um und alle vier Mann fielen ins Wasser. Mühsam kletterten sie auf das kieloben treibende Boot und setzten sich, einander festhaltend, je zwei auf ein Ende desselben. So trieben sie nun im Anblick des nahen Feuerschiffes und riefen mit aller Kraft um Hilfe, wurden aber nicht gehört. In der früh einsetzenden Dunkelheit trieben sie immer weiter weg, und damit schwand die Hoffnung, rasch gefunden zu werden. Der Wind frischte auf, die See wurde grober und spülte die Schiffbrüchigen mehrmals vom Kiel herunter. Es fiel ihnen immer schwerer, sich wieder auf das Boot heraufzuziehen, da ihre Kräfte nachließen. Als erster gab der Matrose Hugo Hansen auf und rief: „Laßt mich sterben, ich kann nicht mehr." Seine Kameraden machten ihm Mut und redeten ihm zu, nicht aufzugeben. Zuletzt trieb Hansen nur noch neben dem Boot und hielt sich mit den Händen daran fest. Plötzlich sahen sie in der Dunkelheit das Topplicht eines Dampfers und riefen mit letzten Kräften noch einmal um Hilfe. Dieses Mal wurden sie gehört, das Schiff kam näher und stoppte. Es handelte sich um den Hamburger Frachtdampfer *Johanna*, der mit einer Holzladung auf der Heimreise war. Wegen seiner hohen Deckslast konnte er jedoch kein Boot aussetzen. Man warf deshalb den im Wasser Treibenden eine Leine zu, aber alle waren schon zu erstarrt und schwach, um diese zu ergreifen. Daraufhin band sich der Steuermann des Dampfers ein Tau um die Brust, sprang über Bord und schwamm zu dem Boot. Dann band er jeden einzeln an eine Leine, an der sie an Deck gezogen wurden. Leider blieben alle Wiederbelebungsversuche bei dem Matrosen Hansen erfolglos. Auch der Koch Larsen war bei seiner Rettung schon bewußtlos und lag, nachdem die Schiffbrüchigen in Kiel an Land gebracht wurden, drei Wochen mit Fieberphantasien in einem Krankenhaus. Weil er vom Tage des Unfalls an keine Heuer mehr erhielt, war seine Familie auf das karge Krankenkassengeld der damaligen Zeit angewiesen. Larsen rühmte später die großzügige Unterstützung seiner Frau und Kinder durch die Einwohner von Westermarkelsdorf.

Heimathafen des schwedischen Schoners **Anna** (HNGT), ex Blanche, 319 BRT/291 NRT, war Vardö. Er war 1859 in Sunderland/England gebaut

Königliches Seeamt.
J.-№ 1404.

Es wird gebeten, in der Antwort die vorstehende № anzugeben.

Flensburg, den 19. September 1903.

Eing. 23/9 03.
J. Nr. 2377.

Das Königliche Strandamt ersuche ich unter Bezugnahme auf das gefällige Schreiben vom 16. d. Mts. ergebenst um eine baldgefällige Mitteilung, wo die am 15. d. Mts. bei Staberhuk gestrandete und mittlerweile aufgebrochene schwedische Brigg „Heinrich Moll", Kapitän Andersson, beheimatet ist, ob der Kapitän und die Mannschaft im Amtsgericht Burg Verklarung abgelegt haben, ob sie noch dort sind oder ob, wann und wohin sie abgereist sind, sowie ob das Wrack etwa in Auktion verkauft ist.

Der Vorsitzende
J. V.
[illegible]

An
das Königliche Strandamt
in
Burg a/F.

und später nach Schweden verkauft worden. Dort wurde er 1894 neu aufgezimmert. Zusammen mit ihrem Kapitän Jonsson war die Besatzung acht Mann stark. Die *Anna* sollte 294 t altes Eisen, also Schrott, von Kiel nach Gävle/Schweden bringen. Sie strandete jedoch am 11. Dezember morgens bei einer leichten Brise aus Südost und dichtem Nebel vor Katharinenhof unterhalb des bekannten Pavillons. Der Lotse Fritz Schwenn, Fischer Brandt und einige andere Fischer boten sich an, die Mannschaft an Land zu bringen. Diese wollte das Schiff aber nicht verlassen, da es noch dicht war. In den nächsten Tagen verschlechterte sich das Wetter, und der Wind frischte stürmisch aus Ost auf. So mußten am 14. 12. die acht Schweden doch von Bord gehen und fanden Unterkunft im Gasthaus Liesenberg in Burg. Inzwischen war auch der Bergungsdampfer *Rügen* vor der Strandungsstelle eingetroffen, konnte aber wegen der stürmischen See vorerst nichts unternehmen. Nachdem er eine Nacht in der Presener Bucht geankert hatte und dabei einen Anker mit 15 Faden Kette verlor, lief er nach Burgstaaken und wartete hier auf Wetterbesserung. Sie trat nach einigen Tagen ein, und auch die schwedische Besatzung ging wieder an Bord ihres Schoners. Dieser war jetzt schwer leck geworden, doch gab man die Hoffnung nicht auf, ihn wieder flottzumachen. Nachdem man einen großen Teil der Schrottladung in die See geworfen hatte, begann die *Rügen* nach einer Woche mit den eigentlichen Bergungsarbeiten. Am 19. 12. trafen sogar der Vorsitzende des Flensburger Seeamtes, Landgerichtsrat Nissen, und der Reichskommissar von Treuenfeld auf Fehmarn ein und informierten sich direkt am Unfallort über die Strandung. Zehn Tage später, am 29. 12. 1903, gelang es der *Rügen* endlich, die *Anna* abzubringen. Längsseits liegend brachte sie sie unter fortwährendem Pumpen in die Nähe der Einfahrt von Burgstaaken und setzte sie auf flachen Sandgrund. Hier wurde der Schoner provisorisch abgedichtet und anschließend zur Ausbesserung in eine Lübecker Werft geschleppt. Das Flensburger Seeamt gab später dem Schiffsführer die Schuld an der Strandung, da er trotz des dichten Nebels am Unfalltag nicht loten ließ.
Als interessantes Zeitdokument soll noch der Betrag erwähnt werden, den der Burger Gastwirt J. Liesenberg dem schwedischen Kapitän der *Anna* für die drei Tage Unterkunft mit Verpflegung seiner achtköpfigen Mannschaft am 1. 1. 1904 in Rechnung stellte. Für insgesamt 24 Übernachtungen, 15 Mittagessen und achtmal Abendbrot betrug die Summe nur 57,20 Mark!

In Kiel war der 16 Jahre alte Baggerprahm **G. G. 15** stationiert. (G. G. 15 ist die Abkürzung für „Gebrüder Goedhardt“, einer in Düsseldorf ansässigen Tiefbaufirma.) Der Prahm sollte von einem Schlepper von Gedser nach Kiel getaut werden, als ersterer am 20. Dezember nachmittags bei ruhiger See etwa 5 sm nordöstlich von Marienleuchte plötzlich leck sprang. Er begann so schnell zu sinken, daß der Schlepper gerade noch Zeit hatte, die Trosse zu kappen und den einen auf dem Fahrzeug befindlichen Mann zu sich an Bord zu nehmen. Angeblich soll der Prahm auf einen unter Wasser treibenden unbekannten Gegenstand gestoßen sein. Seltsamerweise ging einige Jahre später im August 1908 wieder ein Bagger der gleichen Firma durch plötzliches Leckspringen östlich von Fehmarn verloren. Die Firma „Bauunternehmung Gebrüder Goedhardt GmbH“ wurde um 1897/98 in Düsseldorf von den beiden aus Holland stammenden Brüdern Leonhard und Marius Goedhardt gegründet und 1906 in eine Aktiengesellschaft umgewandelt. Haupttätigkeit war die Ausführung von Bau- und Baggerarbeiten aller Art, insbesondere auf See, in Häfen, Kanälen und Flüssen. 1913 besaß die Firma zahlreiche Bagger, Leichter, Schlepper und Lokomotiven, die mit zusammen 70 Dampfkesseln betrieben wurden. In der Hauptbausaison beschäftigte sie 800 bis 1000 Mann. 1919 wurde eine Niederlassung in Lübeck gegründet, und nach dem Zweiten Weltkrieg existierte ein Firmenzweig in West-Berlin.

1904

Die schwedische Galeasse **Victoria** (JNHD), 95 BRT/82 NRT, war in Klintehamn auf der Insel Gotland zu Hause. Sie wurde 1881 in Norwegen erbaut und segelte 1904 unter Kapitän Karlsson mit einer Ladung Fichtenbrettern und Bohlen von Klintehamn nach Lemkenhafen auf Fehmarn. Am 6. April gegen 9 Uhr vormittags geriet sie bei starkem SW-Wind und diesiger Luft direkt vor Lemkenhafen auf Grund, da der Kapitän, ohne einen Lotsen zu nehmen, in das ihm unbekannte Fahrwasser einlief. Die Ladung wurde an der Unfallstelle gelöscht, danach kam die Galeasse alleine wieder frei. Sie hatte bei dem Auflaufen nur den Loskiel verloren.

Das deutsche Linienschiff **Schwaben** lief 1901 auf der Kaiserlichen Werft in Wilhelmshaven vom Stapel. Es hatte 12 798 T Wasserverdrängung und wurde erst im April 1904 in Dienst gestellt. Die Probefahrten begannen am 18. Mai in der Nordsee, führten um Skagen herum in die Ostsee und endeten am 25. 5. in Kiel. In den letzten Maitagen fanden weitere Probefahrten statt. Dabei stieß die *Schwaben* mit ihren 8 m Tiefgang einige Seemeilen nordwestlich von Westermarkelsdorf auf eine bis dahin unbekannte steinige Untiefe. Dem Schiff wurde der Boden in einer Länge von ca. 30 m eingebeult, teilweise sogar aufgerissen, und es mußte sofort nach Kiel zurück in die Werft. Die Beseitigung der Schäden hatten größere Reparaturen zur Folge und verzögerten das Einfahren bedeutend. Im Ersten Weltkrieg kam das Linienschiff hauptsächlich in der Ostsee zum Einsatz. Es brauchte 1919 nicht an die Alliierten abgeliefert zu werden und wurde nach 1921 abgebrochen.

Auf einer Vergnügungsreise von Kopenhagen nach Kiel befand sich die in Le Havre beheimatete französische Luxusjacht **Atmah** (MBCQ). Sie war 1538 BRT/639 NRT groß und wurde 1888 in Glasgow bei der Fairfield-Ships & Engine Co. Ltd. gebaut. Eigner war der französische Multimillionär Baron Rothschild aus Paris. Die Besatzung bestand aus 83 Mann, an Bord befanden sich aber nur sechs Passagiere. Geführt von Kapitän Roux lief das Schiff am 2. September um 2.30 Uhr früh bei schwachem Ostwind und klarer Luft aus unbekannter Ursache mit voller Fahrt auf das Puttgarden-Riff auf. Danach lotete man bei 7 m eigenem Tiefgang vorne nur 4,80 m, achtern jedoch 9 m, man hatte also die steile Ostkante des Riffs getroffen. Bei Tagesanbruch wurde ein Hamburger Schlepper, der gerade westwärts steuerte, zu Hilfe gerufen. Er zog die *Atmah* um 8.45 Uhr vom Riff herunter, die danach unbeschädigt ihre Fahrt fortsetzte. Für den Schlepper bedeutete das leichtverdientes Geld.

Über den nur 30 BRT großen Schleppdampfer **Schülp** aus Lübeck fanden sich keine näheren Angaben. Wahrscheinlich handelte es sich um einen Hafenschlepper, der nicht als Seeschiff registriert war und nur mit einer Ausnahmegenehmigung in die Ostsee durfte. Am 11. September sollte er unter Schiffer Röhr ohne Anhang von Lübeck nach Holtenau laufen. Es herrschte NO-Sturm, der am Nachmittag Stärke 8 bis 9 erreichte. Das kleine Schiff hatte bei seiner Fahrt durch den Fehmarnbelt schwer zu kämpfen und war zeitweise mehr unter als über Wasser. Die Wellen schlugen das Beiboot über Bord, und zuletzt brach auch noch das Rudergeschirr. Der nun völlig hilflose Schlepper strandete am gleichen Abend gegen 21 Uhr vor Wenkendorf. Er wurde von der Brandung so weit auf den Strand geworfen, daß für die dreiköpfige Besatzung, bestehend aus dem Schiffsführer, einem Matrosen und einem Heizer, keine Gefahr bestand. Erst mit großen Anstrengungen konnte nach einigen Tagen der Bergungsdampfer *Bülk* aus Kiel die *Schülp* abschleppen und nach Kiel bringen.
Der Bergungsdampfer *Bülk* (LBJQ) war 167 BRT/10 NRT groß und lief 1901 auf den Kieler Howaldtswerken für die „NDC“ in Kiel vom Stapel. Mit seinen 350 PSi und starken Pumpen wurde er direkt als Bergungsschiff gebaut.

Am 1. November stießen in der Nähe des Feuerschiffes *Fehmarnbelt* zwei deutsche Schiffe zusammen. Der Hamburger Schlepper **H. G. Kiehn** (RKBH), 87 BRT, wurde 1894 in Hamburg auf der Werft von J. C. & H. C. Kiehn für die dortige Reederei gleichen Namens erbaut. Unter Kapitän Bröcker fuhr er ohne Anhang von Kiel nach Stralsund. Ihm entgegen kam der Hamburger Frachtdampfer **Schlei** (RMNC), 180 BRT/106 NRT, unter Kapitän August Mehling. Er war in Ballast auf der Fahrt von Faxe/Dänemark nach Hamburg. Die *Schlei*, ex Portel, ex Agerösund, entstand 1884 in Kiel bei Georg Howaldt und gehörte 1904 der Hamburger Reederei Adolf Leonhardt. Am 1. November spätabends erfolgte der Zusammenstoß bei Windstille und klarer Luft. Kapitän Bröcker vom Schlepper *H. G. Kiehn* war zu diesem Zeitpunkt zum Essen unter Deck und hatte den Mann am Ruder beauftragt, ihn zu rufen, sobald Lichter eines anderen Schiffes in Sicht kämen. Der Rudermann hatte jedoch nicht gerufen und war dem Dampfer *Schlei* mit einem falschen Ausweichmanöver in die Backbordseite gelaufen. An beiden Schiffen entstand erheblicher Sachschaden durch gebrochene Planken, aber Menschen wurden nicht verletzt. Da die Leckagen nicht groß und die See ganz ruhig war, konnten die Dampfer lenz gehalten werden und Kiel erreichen. Das Hamburger Seeamt gab in seinem Spruch vom 4. 1. 1905 dem Schlepperkapitän die Schuld an der Kollision. Es fand bei ihm solchen Mangel an Eigenschaften eines gewissenhaften Schiffsführers, daß es ihm sein Kapitänspatent entzog.

Nur wenige Tage später kam es erneut zu einer Kollision im Fehmarnbelt. Ein Schleppzug mit zwei Leichtern im Tau war auf der Fahrt von Odense nach Ückermünde am Stettiner Haff. Seinen Kurs kreuzte unter Segeln der Hamburger Gaffelschoner **Mathilde** (RLJG), 82 BRT/60 NRT, unter seinem Eigner, Kapitän H. J. Wüpper. Das Schiff war 1886 als *Little Wawe* in Grimsby bei Smith & Stevenson erbaut und später nach Deutschland verkauft worden. Es hatte im November 1904 in Stettin Schrott geladen, bestimmt für Audorf bei Rendsburg, und segelte mit Westkurs durch den Fehmarnbelt. Am 10. November gegen 1 Uhr früh bei WNW-Wind 4 und klarer Sicht versuchte der dänische Schlepper **Pauline** mit seinen beiden Leichtern im Schlepptau vor dem Bug der *Mathilde* vorbeizukommen, die als Segelschiff das Wegerecht besaß. Dabei stieß der Leichter **Pellworm** (LRKB), 90 BRT/83 NRT, aus Husum mit dem Segler zusammen, brach ihm den Bugspriet ab und beschädigte sein Vorschiff. Während der Schlepper weiterdampfte, ohne sich um die *Mathilde* zu kümmern, lief diese alleine Burgstaaken als Nothafen an und ließ ihre Schäden ausbessern. Bei dem Leichter *Pellworm* stellte sich heraus, daß er leck geworden war, so daß der Schlepper ihn nach Warnemünde bringen mußte. Der Leichter wurde 1889 in Cranz an der Elbe bei J. Sietas gebaut und gehörte der Reederei Stuve, Gertz & Stocks in Husum. In der späteren Verhandlung über diesen Unfall gab das Seeamt dem Kapitän des Schleppers die Schuld. Der Schleppdampfer *Pauline* (NLBS), 165 BRT/93 NRT, war 1898 in Elmshorn bei D. W. Kremer vom Stapel gelaufen. Ab 1904 gehörte er der Reederei P. E. Petersen in Kopenhagen.

Der britische Frachtdampfer **Flintshire** (PHTJ), 3837 BRT/2404 NRT, war 1896 in Sunderland bei der Sunderland Shipbuilding Co. Ltd. gebaut worden. Eigner war die Royal Mail Steam Packet Company in Liverpool. Der Dampfer hatte 41 Mann Besatzung und befand sich unter Kapitän R. Jenkins mit einer Ladung eichenen Eisenbahnschwellen auf der Reise von Memel nach West-Hartlepool. Am 18. November gegen 4 Uhr morgens lief er bei leichtem Westwind und dickem Nebel auf das Puttgarden-Riff auf und kam alleine nicht mehr frei. Ein von Land aus telegraphisch angeforderter Bergungsdampfer schleppte das unbeschädigte Schiff später ab.

Nur einen Tag danach verunglückte wieder ein britisches Schiff. Der in Dundee beheimatete Dampfer **Ardle** (KWFP), war mit 1294 BRT/805 NRT vermessen. Er war 1888 in Dundee bei Gourlay Brothers & Co. für die Ardle Steamship Company Ltd. J. P. Bruse in Dundee vom Stapel gelaufen und wurde 1904 von Kapitän Fagger geführt. Der Dampfer hatte in Riga Getreide und Bauholz für London geladen und strandete am 19. November morgens in der Dunkelheit bei SW-Wind 4 – 5 mit Regen und schlechter Sicht vor Westermarkelsdorf. Die große Aufregung darüber verursachte bei dem Kapitän einen Schock, so daß er in eine Kieler Nervenklinik eingeliefert wurde. Der Schlepper *Bülk* aus Kiel brachte die *Ardle* wieder ab, die dann ohne ihren Kapitän die Fahrt fortsetzte.

Im norwegischen Flekkefjord war der Dampfer **Arbutus** (JGMK), 1271 BRT/870 NRT, registriert. Er wurde 1884 aus Schweißeisen in Sunderland bei der „Strand-Slipway Company" für die „Arbutus" Dampskibsselkabet (H. E. Jansen) in Flekkefjord erbaut. 1904 stand er unter dem Befehl von Kapitän Larsen und befand sich mit einer Ladung Bauholz auf der Reise von Borga/Finnland nach Zaandam in Holland. Am 23. November gegen 4 Uhr morgens lief der Dampfer bei böigem SW-Sturm 6 bis 8 mit Schnee und schlechter Sicht auf das Puttgarden-Riff auf. Der Wachhabende hatte Marienleuchte für das Feuerschiff *Fehmarnbelt* angesehen und erst im letzten Moment seinen Irrtum bemerkt. Er ließ das Ruder hart überlegen, das Schiff drehte auch noch den Bug nach Norden, kam aber nicht mehr vom Riff frei und blieb sitzen. Gleich nach der Strandung gab man Notsignale mit Raketen, die auch vom Leuchtturmwärter Nötzel auf Marienleuchte

gesehen wurden. Er alarmierte telefonisch den Vormann Andrews der Puttgardner Rettungsstation, der inzwischen durch eine direkte Leitung mit Marienleuchte verbunden war. Das Rettungsboot *Helene* traf auch bald an der Strandungsstelle ein, doch lehnte Kapitän Larsen dessen Hilfe ab und bat nur darum, daß man von Land aus telegraphisch für ihn einen Schlepper anfordern möchte. Daraufhin erschienen gegen Mittag des gleichen Tages der Bergungsdampfer *Stein* der „NDC“ aus Kiel sowie die *Skandinavien* von Svitzer, die in Gedser stationiert war. Sie leichterten die *Arbutus* um einen Teil ihrer Deckslast und schleppten den unbeschädigt gebliebenen Norweger anschließend wieder ab.
Der Bergungsdampfer *Stein*, (LBMG), 256 BRT/4 NRT, wurde 1904 auf den Kieler Howaldtswerken als Schlepp- und Bergungsdampfer für die Neue Dampfer Companie erbaut und besaß eine 600 PSi starke Maschine.

Heimathafen der Galiote **Johanna** (RLFH), 65 BRT/50 NRT, war Hamburg. Sie wurde 1899 in Wewelsfleth auf der Werft von J. Peters erbaut und gehörte dem Schiffsführer Kapitän B. Ossenbrüggen aus Haseldorf. Die *Johanna* hatte in Hamburg 2200 Säcke Erbsen für Burgstaaken geladen und stand am 27. November nachmittags dicht vor dem Fehmarnsund. Bei leichtem SW-Wind und schlechter Sicht lief sie gegen 18.30 Uhr angeblich infolge Stromversetzung östlich von Struckkamphuk auf Grund. Am nächsten Tag wurde sie durch den Dampfer *Verein*, Kapitän Adam, abgebracht und nach Burgstaaken geschleppt. Kapitän B. Ossenbrüggen war schon einmal 1896 mit dem Galeaßewer *Aurora* vor Fehmarn verunglückt. Diesen hatte er inzwischen an J. A. Thode in Büdelsdorf verkauft.

Im November 1904 strandete der Flensburger Dampfer **Adler** (LMHD), 159 BRT/40 NRT, vor Westermarkelsdorf und mußte durch fremde Hilfe abgebracht werden. Zu dem Unfall kam es, weil der Schiffsführer trotz des dichten Nebels nicht loten ließ. Es handelte sich hier um den gleichen Personen- und Schleppdampfer *Adler*, von dessen Hilfeleistungen bereits 1902 und 1904 berichtet wurde.

1905

Vom Fehmarner Dampfer **Verein,** (LCFF) und seinen zahlreichen Bergungseinsätzen haben wir bereits mehrfach, zuletzt 1904, gehört. Am 31. Januar 1905 strandete er selber auf der Fahrt von Heiligenhafen nach Burgstaaken mit zahlreichen Passagieren an Bord auf „Grönwoldsbrink“. Bei niedrigem Wasserstand wehte eine steife Brise aus NW. Der Lotse Fritz Schwenn mußte mit seinem offenen Boot drei Fahrten machen, um alle Reisenden abzubergen und sicher an Land zu bringen. Dafür erhielt er später die Rettungsmedaille am Band verliehen. Der Dampfer *Verein* wurde bei steigendem Wasserstand alleine wieder flott.

Der Stettiner Dampfer **Pauline Haubuss** (JFHL), 412 BRT/239 NRT, lief 1894 in Stettin auf der Werft von Nüscke & Co. vom Stapel und war Eigentum der Reederei „Dampfer Pauline Hausbuss A.G.“ in Stettin. Unter Führung von Kapitän Fritz Roggenstroh aus Stepenitz und mit elf Mann Besatzung war das Schiff mit einer Ladung Superphosphat auf der Reise von Stettin nach Bandholm/Dänemark. Am 25. Februar um 6 Uhr morgens lief die *Pauline Haubuss* bei ruhigem Wetter, aber dichtem Nebel vor Marienleuchte auf den Strand. Laut Aussage des Kapitäns hatte er das Nebelsignal von Marienleuchte für das des Feuerschiffes *Fehmarnbelt* gehalten. Nachdem man einen Warpanker ausgebracht und die Ladung umgestaut hatte, kam der Dampfer nach einigen Stunden mit eigener Kraft wieder frei. Die Bergungsdampfer *Rügen* und *Hertha*, die inzwischen an der Unfallstelle eingetroffen waren, wurden nicht mehr gebraucht.

Ab März 1905 wurde die Station „Fehmarnbelt“ durch ein speziell dafür gebautes Feuerschiff jetzt ständig besetzt, nachdem man das erste, 1902 ausgelegte Feuerschiff jeweils noch über die Wintermonate eingezogen hatte. Dieses alte Schiff von 1866/67 wurde übrigens im März 1906 in Flensburg in einer öffentlichen Auktion für 4005 Mark von dem Schiffsmakler Jensen aus Flensburg erworben. Dort lag es bis nach dem Ersten Weltkrieg an der Jürgensbyer Seite der Förde und diente der Flensburger Getreidehandlung von Rasmus Jensen als Lagerschiff. Um 1919 wurde es abgebrochen und zu Brennholz gemacht. Das neue Feuerschiff *Fehmarnbelt* entstand 1904 in Bremen auf der A. G. „Weser“ in Zusammenarbeit mit der Firma Pintsch nach dem Vorbild französischer Feuerschiffe. Es war 41,00 m lang, 7,40 m breit, hatte 4,35 m Tiefgang und war mit 364 BRT vermessen. Das antriebslose Schiff lag auf seiner Station im Belt auf 27 m Tiefe mit 270 m Kette vor Anker. Es unterstand der Königlichen Wasserbauinspektion Flensburg, sein erster Kapitän hieß Schnoor. Außer ihm bestand die Besatzung aus einem Maschinenmeister, einem Heizer, einem Koch und fünf Matrosen. Die Lichtquelle auf dem 17,5 m hohen Laternenmast wurde von einem Fettgasglühlicht gespeist und hatte anfangs eine Betriebslichtstärke von 34 000 Hefnerkerzen. 1928/29 wurde das Feuerschiff durch den Einbau von zwei Dieselmotoren und Dynamos elektrifiziert. Damit erhöhten sich die Lichtstärke und Reichweite beträchtlich. Durch den Einbau einer neuen Glühlampe 1952 konnte die Lichtstärke sogar auf 305 000 Hefnerkerzen gesteigert werden.

Hamburg war Heimathafen des Gaffelschoners **Hoffnung** (JPKV), 62 BRT/51 NRT groß. Er entstand 1879 in Zingst/Darß auf der Werft von A. Drossel und war einst in Barth in Pommern zu Hause. Im März 1905 sollte er unter Kapitän C. Pieper aus Büdelsdorf bei Rendsburg eine Ladung Chilesalpeter in Säcken von Hamburg nach Danzig bringen. Wegen ungünstigem Wind hatte das Schiff schon zwei Tage im Fehmarnsund vor Anker gelegen. Am 29. März morgens setzte es bei schwachem SW-Wind die Fahrt fort. Kurz darauf lief es nahe der Tonne „3" auf Grund, da diese aus der Fahrrinne vertrieben war und auf einem falschen Platz lag. Der in der Nähe befindliche Ewer *Zwei Gebrüder* half der *Hoffnung*, einen Teil ihrer Salpetersäcke vorübergehend zu leichtern, worauf letztere wieder freikam. Beide Schiffe segelten nach Burgstaaken, wo die *Hoffnung* ihre Teilladung wieder übernahm und dann die Reise fortsetzte.

Der schwedische Schoner **Ultimus** (HMQS), 72 BRT/67 NRT, war in Bergkvara beheimatet. Er wurde 1874 in Karlskrona bei C. E. M. Gröndahl gebaut. Im April 1905 befand er sich mit einer Ladung Fichtenholz auf der Fahrt von Schweden nach Flensburg. Am 1. Mai gegen 5 Uhr morgens lief er bei schwachem SW-Wind und guter Sicht aus unbekannter Ursache auf das Puttgarden-Riff auf. Nach dem Überbordwerfen eines Teiles der Deckslast kam der Schoner mit Hilfe eines Warpankers alleine wieder vom Riff ab.

Eine Woche später ging der Ewer **Johannes** (LFBG), 52 BRT/39 NRT, aus Uetersen bei Fehmarn verloren. Er lief 1869 in Haseldorf bei D. Schwarz vom Stapel und war 1905 Eigentum des Schiffsführers, Kapitän A. Schröder. In Hamburg hatte man 83 Tons Mais in Säcken für Klintholm/Dänemark geladen und stand in der Nacht vom 7. auf den 8. Mai 8 sm östlich von Staberhuk. Obwohl nur ein leichter NW-Wind wehte, sprang der Ewer gegen 1 Uhr früh plötzlich leck. Er sank so schnell innerhalb von zehn Minuten, daß die dreiköpfige Besatzung gerade noch Zeit hatte, das Boot auszusetzen. Sie rettete nichts weiter außer der Kleidung am Leibe. Nach Aussage von Kapitän Schröder muß das Schiff auf einen treibenden Gegenstand gestoßen sein. Das Flensburger Seeamt stellte am 7. 6. 1905 bei der Untersuchung des Unglücks fest, daß es keine Erklärung für das plötzliche Sinken des Ewers gab. Schiff und Ladung waren in Hamburg zu je 10 000 Mark versichert gewesen.

Heimathafen der dänischen Galeasse **Moder** (NLTG), 63 BRT/49 NRT, war Kjöge. Sie wurde 1870 in Namsos gebaut und 1905 von Kapitän C. V. Christensen geführt. Das Schiff kam mit einer Ladung Kalksteinen von Lübeck, der Bestimmungshafen ist nicht bekannt. Am 10. Mai geriet es beim Durchsegeln des Fehmarnsundes bei schwachem SW-Wind und niedrigem Wasserstand außerhalb der Fahrrinne auf Grund. Fischer aus Fehmarnsund halfen mittels eines Warpankers den Schoner wieder freizuhieven. Unbeschädigt setzte er seine Fahrt fort.

Am 4. September gegen 8.30 Uhr morgens beobachtete die Frau des Leuchtturmwärters von Staberhuk, wie in einiger Entfernung vom Land ein Schiff, das die Notflagge gesetzt hatte, mit dem Bug voran unterging. Später erfuhr man, daß es sich dabei um den schwedischen Schoner **Lina** (HBTD), 57 BRT/51 NRT, aus Timmernabben gehandelt hatte. Dieser lief 1859 in Viken/Schweden vom Stapel und wurde 1905 von Kapitän Nerling geführt. Die *Lina* war mit einer Ladung Ölkuchen von Kiel nach Oskarshamn unterwegs und hatte während eines schweren SW-Sturmes in der Hohwachter Bucht drei Tage vor Anker gelegen. Nachdem man die Reise fortsetzte, begann der Schoner am 3. September östlich von Fehmarn plötzlich viel

Wasser zu machen. Die Mannschaft bemühte sich vergeblich, mit allen Pumpen dagegen anzukommen. In der Nacht war soviel Wasser im Schiff, daß die vierköpfige Besatzung den Schoner aufgab und ins Boot ging. Die Schiffbrüchigen wurden von dem zu Hilfe geeilten Schoner *Henny* aufgenommen und in Neustadt/Holstein an Land gebracht. Die *Lina* sank am 4. 9. auf der Position 54° 26′ nördliche Breite und 11° 20′ östliche Länge. Sie lag auf einer Wassertiefe von 9 m und ihre Masten ragten einige Fuß über die Oberfläche hinaus. Da das Wrack eine Gefahr für die Schiffahrt darstellte, wurde es später beseitigt. Schiff und Ladung waren versichert, letztere zu einem Betrag von 10 094 Mark. Eine plausible Erklärung fand auch das Flensburger Seeamt für das Sinken der *Lina* nicht. Es nahm an, daß das relativ alte Schiff dem vorher stürmischen Wetter und der Dünung, die am Unglückstag noch lief, nicht mehr standgehalten hatte und leckgesprungen war.

Aus Gävle in Schweden stammte der Dampfer **Zelos** (JLQN), ex Cymmrodorion, im Unfalljahr mit 1706 BRT/1180 NRT vermessen. Er wurde 1884 in Newcastle gebaut und befand sich 1905 mit einer Ladung Fichtenholz auf der Reise von Kronstadt nach Bremen. Am 27. September um 2 Uhr früh lief er bei Windstille, aber dichtem Nebel in der Nähe von Marienleuchte auf Strand. Vom nahen Leuchtturm aus wurde telegraphisch Schlepperhilfe angefordert. Noch am gleichen Tag konnte der Dampfer unbeschädigt abgebracht werden und seine Fahrt nach Bremen fortsetzen.

Ebenfalls vor Fehmarns Nordküste verunglückte der Hamburger Gaffelschoner **Meteor** (JPRV). Das 64 BRT/50 NRT große Schiff wurde 1900 in Seedorf auf Rügen bei G. Krüger erbaut. 1905 gehörte es F. Heitmann aus Geversdorf, Schiffsführer war Kapitän Albert Heitmann. Der Schoner hatte am 6. Oktober abends Neustadt/Holstein mit einer Ladung Weizen verlassen, die für Wilhelmshaven bestimmt war. Wegen der nahenden Dunkelheit hatte der Kapitän den Kurs durch den Fehmarnbelt gewählt. In der folgenden Nacht strandete der Schoner um 2 Uhr früh bei frischem NO-Wind angeblich durch Stromversetzung auf dem Puttgarden-Riff und stieß leck. Die Mannschaft blieb jedoch an Bord, und am Nachmittag des gleichen Tages schleppte der Bergungsdampfer *Skandinavien* von der Reederei Svitzer das Schiff ab und brachte es nach Warnemünde zur Ausbesserung. Das Seeamt zu Rostock fand in seiner Verhandlung vom 18. 10. 1905 Kapitän Heitmann wegen fahrlässiger Navigation schuldig an der Strandung und entzog ihm sein Patent für Kleine Fahrt. Heitmann legte gegen die Entscheidung Revision beim Oberseeamt in Berlin ein. Dieses sah nach erneuter Untersuchung Heitmanns Schuld doch nicht so schwer an und beließ ihm sein Befähigungszeugnis.

Die dänische Brigg **Caroline** (NKWF), 189 BRT/172 NRT, war in Svendborg registriert. Sie wurde 1857 in Kalmar auf Ohlssons Werft erbaut und 1881 in Svendborg neu aufgezimmert bzw. umgebaut. 1905 war sie Eigentum des Reeders M. Rasmussen in Fredericia. Unter Kapitän Ipsen sollte die Brigg eine Ladung Fichtenholz von Trangsund/Finnland nach Svendborg bringen. Am 9. Oktober vormittags lief sie bei leichtem SW-Wind und regendicker Luft wegen schlechter Sicht und durch Stromversetzung auf dem „Grünen Grund“ auf und blieb sitzen. Der Fehmarner Dampfer *Verein* schleppte die *Caroline* ab und brachte sie erst einmal in den Hafen von Burgstaaken.

Heimathafen des Gaffelschoners **Marie** (RLBG) war Hamburg. Das mit 66 BRT/50 NRT vermessene Schiff wurde 1898 als stählerner Ewer in Martenshoek bei den Gebr. J. & G. Verstockt gebaut und später zum Gaffelschoner umgetakelt. 1905 gehörte er dem Schiffsführer, Kapitän Christian Heinbockel aus Ahrensfluchterdeich. Der Schoner lag auf der Reede von Gold in der Orther Bucht vor Anker und sollte hier mit Gerste für Hamburg beladen werden. Kurz nach dem Ankerlichten am 28. Oktober lief er vor Struckkamphuk auf Grund. Der kleine Dampfer *Ohrt* bemühte sich vergeblich, den Schoner abzubringen. Erst die zu Hilfe gerufene Eisenbahnfähre *Fehmarnsund* bekam den Havaristen frei, der am nächsten Tag die Fahrt fortsetzte.

Mit dem Dampffährschiff *Fehmarnsund* wurde im September 1905 die fahrplanmäßige Eisenbahnverbindung zwischen dem Festland bei Großenbroder Fähre und der Insel Fehmarn bei Fehmarnsund aufgenommen. Dabei gingen die Waggons mit auf die Fähre, und die Reisenden brauchten die Wagen während der Überfahrt nicht mehr zu verlassen. Die *Fehmarnsund*, (LBKW), war 88 BRT/10 NRT groß und wurde 1903 in Danzig bei J. W. Klawitter als Bau-Nr. 270 für die „Kreis Oldenburger Eisenbahn-Gesellschaft" in Oldenburg/Holstein gebaut. Ihre Dampfmaschine hatte eine Leistung von 130 PSi, die Besatzung bestand aus fünf Mann.

1906

In Osten an der Oste war der Ewer **Anna Adele** (KPVL), 38 BRT/32 NRT, zu Hause. Er entstand 1900 in Gräpel bei Bremervörde auf der Werft von Steffens und war Eigentum von Kapitän Hestensteiner aus Osten. Unter seiner Führung befand sich der Ewer mit einer Ladung Zement in Fässern auf der Fahrt von Hammor in Holstein nach Orth auf Fehmarn. Kurz vor seinem Ziel lief er am 4. August auf den Flügge-Sand auf. Nach dem Überbordwerfen etlicher Zementfässer wurde er vom Dampfer *Ohrt*, Kapitän Schmütz, wieder abgeschleppt.

Der Dampfer **Amisia** (KJMD), 1412 BRT/877 NRT, war in Emden beheimatet. Er lief 1904 in Stettin auf der Werft von Nüscke für die „Emder Dampfschiffs-Reederei" vom Stapel und stand unter dem Kommando von Kapitän Cornelius Arnold Loop. Mit 17 Mann Besatzung an Bord sollte die *Amisia* in Ballast von Flensburg nach Uleaborg/Finnland laufen und dort Holz laden. Die Königliche Wasserbauinspektion Flensburg hatte dem Schiff Behördenpost für den Kapitän des Feuerschiffes *Fehmarnbelt* mitgegeben. Am 15. September abends erreichte der Dampfer das Feuerschiff, das ein Boot aussetzte, um die Post abzuholen. Es wehte eine steife Brise aus SO, und bei hartem nach NW setzendem Strom trieb das Feuerschiffsboot in der Dunkelheit ab. Der Frachter wollte dem Boot zu Hilfe kommen und stieß beim Rückwärtsgehen mit dem Feuerschiff zusammen. Dabei brachen mehrere Platten und Relingsstützen auf der *Amisia*, die daraufhin die Fahrt abbrechen und zur Ausbesserung Kiel anlaufen mußte. Die Reparaturkosten betrugen ca. 4000 Mark.

Die Jachtgaleasse **Palme** (LGBH), 60 BRT/48 NRT, war in Hamburg registriert. Sie wurde 1898 in Uetersen bei J. Schedelgarn gebaut und gehörte dem Schiffsführer, Kapitän Kolb aus Lohklint. Das Schiff hatte in Karlshamn Kopfsteine geladen, die für Hamburg bestimmt waren, und strandete am

1906 – Dampfer »Fehmarn« (2), bis 1922/23 schwarz, danach weiß gestrichen.

6. Oktober auf dem Puttgarden-Riff. Einheimische Fischer brachten einen Warpanker aus und halfen die Galeasse von der Untiefe freizuhieven.

Aus dem schwedischen Hamburgsund stammte der Schoner **Dagny** (JNTG), 111 BRT/93 NRT groß. Er wurde 1904 in Råå gebaut und von seinem Eigner, Kapitän Ohlsson, geführt. Die *Dagny* war mit einer Ladung Bauholz von Schweden nach Svendborg/ Dänemark unterwegs. Im Fehmarnbelt kam ihr das deutsche Torpedoboot *„S-100"* entgegen, das 400 T Wasserverdrängung hatte und 1899/1900 in Elbing bei Schichau vom Stapel lief. Am 12. November gegen 19 Uhr rammte das Boot bei mäßigem WNW-Wind und klarer Luft den Schoner. Dieser verlor dabei den Klüverbaum und die Vorstenge, wurde am Vordersteven beschädigt und mußte zur Reparatur nach Kiel geschleppt werden. Schäden an dem Torpedoboot gab es nicht. Zu dem Zusammenstoß kam es, weil man auf *„S-100"* die grüne Positionslaterne des Schweden angeblich für die grüne Schwenklaterne eines anderen Torpedobootes hielt.

Gothenburg war Heimathafen des schwedischen Dampfers **Ruth** (HTLS), 356 BRT/247 NRT groß. Er lief 1889 in Lindholmen bei Motala Mek. Werkstad vom Stapel und war Eigentum der Ångfartys A/B „Falken" in Gothenburg. Das Schiff befand sich mit einer Ladung Ölkuchen auf der Fahrt von Petersburg nach Hadersleben in Nordschleswig, das damals noch zu Deutschland gehörte. (1920 fiel es als Folge des Ersten Weltkrieges an Dänemark.) Am 21. November kurz vor Mitternacht lief die *Ruth* bei SW-Wind 3 und schlechter Sicht bei Marienleuchte auf Strand, da der wachhabende Steuermann das Licht von Marienleuchte für das des Feuerschiffes *Fehmarnbelt* angesehen hatte. Nachdem ein Teil der Ladung in die See geworfen wurde, kam der Dampfer mit eigener Kraft wieder frei. Er war trotz des bei Marienleuchte sehr steinigen Meeresgrundes dicht geblieben. Die Fische werden in diesem Jahr von dem Ölkuchen besonders fett geworden sein!

Ebenfalls aus Schweden, und zwar aus Brantevik, stammte der Schoner **Vettern** (HSTM), 147 BRT/ 138 NRT, 1876 im dänischen Sjötorp gebaut. 1906 wurde er von Kapitän Brandmann geführt und sollte eine Ladung Balken, Bretter und Sparren von Karlshamn nach Friedrichstadt an der Eider bringen. Bei SSW-Sturm 7 – 8 und diesiger Luft kam der Schoner der Südküste Fehmarns recht nahe. Man versuchte mehrmals zu wenden, bekam ihn aber nicht durch den Wind, und so strandete er am 5. Dezember um 5.30 Uhr morgens auf dem „Grünen Grund". Er saß nur ca. 80 m von der Burgstaakener Westmole entfernt fest. Während für seine Besatzung keine unmittelbare Gefahr bestand, hätte die Strandung beinahe vier Fischern aus Wulfen auf Fehmarn das Leben gekostet. Sie hatten den Havaristen bei Tagesanbruch gesehen und wollten ihm zu Hilfe kommen. Dabei geriet ihr Boot mit dem Mast unter den Klüverbaum des Schoners und schlug um. Die Fischer wären ertrunken, wenn nicht auch der Lotse Fritz Schwenn gerade die Unfallstelle erreicht hätte. Ihm gelang es unter großen Anstrengungen, alle vier Männer aus der See zu ziehen. Nachdem die Decksladung des Schweden gelöscht war, kam dieser am 6. Dezember bei inzwischen stark gestiegenem Wasserstand alleine wieder vom Grund frei und lief in Burgstaaken ein. Bei der Strandung hatte er nur den Loskiel verloren. Die Hilfe des ebenfalls am Unfallort eingetroffenen dänischen Bergungsdampfers *Frederikshavn* wurde nicht mehr benötigt.

Der Dampfer *Frederikshavn* (NPWD), 212 BRT/85 NRT, gehörte der Bergungsfirma Svitzer in Kopenhagen und wurde dort 1876 bei Burmeister & Wain gebaut. Seine Maschinenleistung betrug 330 PSi. 1913 verkaufte Svitzer den Dampfer. Er hieß danach *Russ* und wurde später in *Uffe* umbenannt und überlebte noch den Zweiten Weltkrieg.

Heimathafen der schwedischen Bark **C. F. Ivers** (JGNS) 319 BRT/306 NRT, war Norrtälje. Es handelte sich um ein ehemaliges deutsches Schiff, das 1865 in Stettin bei Carl Domcke gebaut und später nach Schweden verkauft worden war. 1906 gehörte es Magnus Södermann in Norrtälje, Schiffsführer war Kapitän C. A. Berglund. Die Bark war mit einer Ladung Fichtenholz auf der Reise von Söderhamn nach Kiel. Am 8. Dezember um 2 Uhr früh lief sie bei SW-Wind 3 – 4 und diesiger Luft angeblich wegen schlechter Sicht bei Marienleuchte auf Grund. Sie wurde später unbeschädigt abgeschleppt, nachdem man einen Teil der Deckslast in die See geworfen hatte.

1907

In dem besonders stürmischen Jahr 1907 verunglückten zahlreiche Schiffe. Bei dem ersten Seeunfall war jedoch Nebel die Ursache und betraf den Kieler Frachtdampfer **Otto** (NFTS), der schon 1898 und 1903 vor Fehmarn auf Grund saß. Er fuhr immer noch unter Kapitän de Vries und hatte am 3. März morgens Kiel mit Stückgut für Stettin verlassen. Die Ladung bestand unter anderem aus Stahlstäben und Kleineisenteilen, die an Deck in der Nähe des Steuerkompasses lagerten. Eine Deviationsbestimmung hatte Kapitän de Vries allerdings nicht gemacht, um eine Beeinflussung des Kompasses durch das zusätzliche Eisen an Bord festzustellen und im Kurs zu berücksichtigen. Noch am gleichen Tag in der Mittagszeit lief der Dampfer bei leichtem NO-Wind und Nebel vor Westermarkelsdorf auf Grund. Erst als man einen Teil der Eisenladung in die See geworfen hatte, kam man mit eigener Kraft wieder frei und setzte die Fahrt nach Stettin fort. Hier wurde bei einer Untersuchung im Trockendock festgestellt, daß der Schiffsboden erheblich verbeult und die Schraubenwelle angebrochen war. Die Verhandlung über die Strandung fand am 14. 12. 1908 vor dem Flensburger Seeamt statt. Der Reichskommissar warf Kapitän de Vries vor, keine Deviationsbestimmung gemacht zu haben, und daß er gegen die Vorschriften trotz dichten Nebels die Fahrt des Dampfers nicht reduzierte. Außerdem habe er dem ihm als „trunkanfällig“ bekannten wachhabenden 1. Steuermann das Ansteuern des Fehmarnbelt-Feuerschiffes alleine überlassen. Dem Steuermann machte das Seeamt den Vorwurf, daß er den Kurs eigenmächtig zu früh nach Süd geändert hätte und seinen Dienst regelmäßig unter Alkoholeinfluß versah. Es hielt ihn deshalb für den Hauptverantwortlichen an der Strandung des Dampfers *Otto* und entzog ihm nicht nur sein Schiffer-, sondern auch das Steuermannspatent. Mit diesem sehr harten Spruch wurde dem Steuermann praktisch seine Existenzgrundlage genommen. Ihm blieb nur noch die Möglichkeit, als einfacher Matrose zur See zu fahren. Er legte deshalb dagegen Einspruch ein, und am 9. 11. 1909 kam es zu einer Revisionsverhandlung vor dem Berliner Oberseeamt. Aber auch dieses kam zu keiner anderen Entscheidung und bestätigte das Urteil der Vorinstanz. 1934 verkaufte Sartori & Berger den Dampfer *Otto* an den Stolpmünder Reeder Fritz Geiss, der ihn in *Rügenwalde* umbenannte. Zehn Jahre später ging das Schiff, in Stettin am Kai liegend, durch Bombentreffer bei dem schweren englischen Luftangriff in der Nacht vom 17. auf den 18. 8. 1944 verloren.
Über den Seeunfall des Lübecker Dampfers **Luba** (PBKD), 460 BRT/282 NRT, weiß man nur, daß er am 10. März unter Kapitän Thiele vor Fehmarn strandete. Er wurde durch fremde Hilfe wieder abgebracht. Die *Luba* lief 1889 in Lübeck auf der Werft von Henry Koch für die „Lübeck-Königsberger Dampfschiff-Gesellschaft“ vom Stapel.

Heimathafen der Tjalk **Anni** (KJBP), 55 BRT/45 NRT, war Barth in Pommern. Sie wurde 1889 in Hoogezand bei J. U. van de Werf gebaut und gehörte ab 1906 Kapitän Emil Schacht aus Fuhlendorf bei Barth. Dieser besaß vorher die Schaluppe *Karl*, mit der er 1892 vor Fehmarn auf Grund gelaufen war. Im April 1907 befand sich die *Anni* unter Führung von Kapitän Schacht mit einer Ladung Mais auf der Fahrt von Hamburg nach Greifswald. Als sie am 25. April den Fehmarnsund durchsegeln wollte, wehte ein schwerer NW-Sturm Stärke 9 bis 10. Gegen 1 Uhr früh strandete die Tjalk in der Nähe des Fährhafens. Bei Tagesanbruch kam die Eisenbahnfähre *Fehmarnsund* dem Havaristen zu Hilfe, übernahm einen Teil der Maissäcke und schleppte die Tjalk anschließend ab.
Der russische Dreimastschoner **Aina** (RCLV), 237 BRT/225 NRT, lief 1876 in Lanlaksvarf bei J. Roström vom Stapel. Im Sommer 1907 segelte er unter Kapitän Vouroilehto mit acht Mann Besatzung in Ballast von Itzehoe nach Raumo in der damals noch zu Rußland gehörenden Provinz Finnland. Am 7. Juni abends lief der Schoner bei mäßigem NW-Wind aus unbekannter Ursache vor Westermarkelsdorf auf Grund. Er wurde am nächsten Tag unbeschädigt von einem Kieler Bergungsdampfer wieder abgeschleppt.

In Gasselternijeveen war die holländische Tjalk **Oostermoer** (PNKQ), 82 BRT/62 NRT, beheimatet. Sie wurde 1894 in Stadskanaal bei G. W. van de Werf gebaut und 1907 von ihrem Eigner, Kapitän W. J. Salomons, geführt. Die Tjalk hatte in Brake Mais für Rostock geladen und strandete am 13. Juli auf dem Puttgarden-Riff. Mit Hilfe eines Warpankers kam sie nach einigen Stunden alleine wieder frei.

1907 – Bergungsdampfer »Rügen« beim Abschleppen eines gestrandeten Schoners.

Stralsund war der Heimathafen des Gaffelschoners **Sturmvogel** (JPSH), 74 BRT/58 NRT groß. Er wurde 1905 in Seedorf auf Rügen bei R. Krüger erbaut und gehörte dem Schiffsführer, Kapitän Wilhelm Hauff aus Neu-Reddevitz auf Rügen. Die Besatzung bestand aus vier Mann. Der Schoner war mit einer Ladung Weizen unterwegs von Bremerhaven nach Königsberg. In der westlichen Ostsee wehte es bei klarer Luft aus NW mit Stärke 7 bis 8. Kapitän Hauff gab dem am Ruder stehenden Bestmann den Auftrag, ihn zu wecken, sobald sie das Feuerschiff *Fehmarnbelt* passiert hätten. Das tat der Bestmann jedoch nicht, sondern steuerte alleine auf Marienleuchte zu. Auf diesem Kurs strandete das Schiff am 18. September gegen 3 Uhr morgens an der Westseite des Puttgarden-Riffs und stieß leck. Später erschien der Bergungsdampfer *Rügen* an der Unfallstelle. Er löschte einen Teil der Ladung und schleppte den Schoner am 20. 9. ab, um ihn danach zur Ausbesserung in eine Kieler Werft zu bringen. Das Schiff war mit einer Summe von 20 000 Mark in Berlin versichert.

Dellstedt in Holstein war Heimathafen der Galiote **Blandina** (LVDB), 45 BRT/37 NRT groß. Sie wurde 1887 in Nübbel auf der Werft von H. Stamp erbaut und gehörte 1907 Kapitän M. D. Büddig. Außer ihm befanden sich noch zwei Mann an Bord. Die *Blandina* war nach Burgstaaken bestimmt und strandete kurz davor am 12. Oktober um 8.30 Uhr morgens bei einer frischen Brise aus SW auf „Grönwoldsbrink“. Das geschah in dem Augenblick, als der Schiffer gerade in die Kajüte gegangen war, um eine Seekarte zu holen. Bald darauf erschien der Lotse Fritz Schwenn mit Fischern aus Burgstaaken. Sie konnten die Galiote erst wieder abbringen, nachdem sie ca. 12 t der nicht genannten Ladung in ihre Boote geleichtert hatten.

Die Jacht **Anne Marie** (LMQT), 27 BRT/21 NRT, war im damals noch deutschen Apenrade zu Hause, das 1920 an Dänemark fiel. Alter und Bauort des Schiffes sind nicht bekannt, Eigner war 1907 der Schiffsführer, Kapitän A. P. Jensen aus Störtum. Die Jacht hatte in Lübeck Stückgut für Apenrade geladen und geriet in einen orkanartigen WNW-Sturm mit regendicker Luft. Als Kapitän Jensen in der Nacht vom 15. auf den 16. Oktober im Fehmarnsund Schutz suchen wollte, strandete das Schiff am 16. 10. gegen 1 Uhr früh auf dem „Flügge-sand“. Es stieß schnell leck und lief voll Wasser, so daß sich die zwei Mann Besatzung im eigenen Beiboot an Land retten mußten. Nach dem Abflauen des Sturmes löschte der Dampfer *Ohrt* den größten Teil der durch Seewasser verdorbenen Ladung. Anschließend gelang es ihm, die schwerbeschädigte Jacht abzubringen und nach Heiligenhafen zu schleppen.

Im gleichen Sturm verunglückten am 16. Oktober zwei weitere Schiffe vor Fehmarn. Das erste war die Galeasse **Dora** (LBJK), 51 BRT/ 38 NRT, aus Ekensund (ab 1920 dänisch). Das Schiff lief 1857 in Kiel auf der Werft von Thede vom Stapel. Es wurde 1907 von Kapitän Matthiesen geführt und von Carl Loeck aus Kiel bereedert. Die *Dora* kam von Landskrona/Schweden mit einer für Lübeck bestimmten Ladung Klinkersteine und hatte im Fehmarnsund geankert. Als sie den Ankerplatz verlassen wollte, weil dieser wegen des rechtsdrehenden Sturmes keinen Schutz mehr bot, geriet sie ins Treiben und strandete vor Struckkamphuk. Mit Hilfe des Lotsen Fritz Schwenn und einigen Fischern wurde die Galeasse geleichtert und flottgemacht.

Ebenfalls im Fehmarnsund vor Anker lag die Jachtgaleasse **Marie** (RMBK), 64 BRT/49 NRT, aus Hamburg. Sie entstand 1901 in Cranz an der Elbe bei J. J. Sietas und gehörte Kapitän A. Garms aus Mühlenberg. Unter seiner Führung war das Schiff mit einer Ladung Mais von Hamburg nach Jarmen in Pommern unterwegs. Als es aus dem gleichen Anlaß wie im vorhergenannten Fall den Ankerplatz wechseln wollte, mißlang bei dem heftigen Sturm das Segelsetzen. Auch die *Marie* geriet ins Treiben. Sie strandete in der dunklen Sturmnacht etwa zur gleichen Zeit wie die *Dora* gegen 1 Uhr früh an der Festlandküste des Sundes bei Großenbrode. Auch die *Marie* wurde von Fritz Schwenn gemeinsam mit anderen Fischern abgebracht.

Der Flensburger Dampfer **Express** (LMPS), 124 BRT/36 NRT, lief 1899 auf der Danziger Schiffswerft und Maschinenbauanstalt Johannsen & Co. vom Stapel. Eigner war die „Vereinigte Flensburg-Ekensunder und Sonderburger Dampfschiffs A. G.“. Im November 1907 befand sich das Schiff unter Führung von Kapitän Heinrich Nissen mit einer Stückgutladung auf der Fahrt von Lübeck nach Sonderburg, das damals noch deutsch war. Am 20. November lief die *Express* bei mäßigem SO-Wind und guter Sicht auf „Grönwoldsbrink“ auf, weil sie über die Feuerrichtlinie Flügge-Struckkamphuk hinausgeriet. Kapitän Nissen war durch die vielen Lichter von im Fehmarnsund ankernden Schiffen irritiert worden. Die Flensburger Dampfer *Adler* und *Skirner* trafen später an der Unfallstelle ein. Sie übernahmen einen Teil der Ladung von dem Havaristen und schleppten ihn anschließend ab. Dieser war bei dem Auflaufen leck geworden, und auch das Frachtgut hatte durch eingedrungenes Seewasser Schaden genommen.
Die Dampfer *Skirner* und *Adler* gehörten wie die *Express* der gleichen Flensburger Reederei. Durch den Einsatz eigener Schiffe ersparte sich diese die teuren Bergelöhne. Über den Dampfer *Adler* wurde schon mehrfach berichtet. *Skirner* (LMRP), ex Alert, 79 BRT/25 NRT, wurde 1898 in Paisley/ England bei J. Fallerton & Co. gebaut und später nach Flensburg verkauft.

Als letztes und zwölftes Schiff verunglückte 1907 die Hamburger Kufftjalk **Trientje** (KHCB), 48 BRT/39 NRT groß. Sie lief 1886 in Halte bei A. H. Klasen vom Stapel und war 1907 Eigentum des Schiffsführers, Kapitän Joh. Schoon aus Holterfehn. Die *Trientje* kam von Hamburg mit 50 Tons Weizen und 30 Tons Gerste, die für Svaneke auf Bornholm bestimmt waren. Sie geriet in einen schweren Schneesturm aus SW. Bei dem Versuch von Kapitän Schoon, hinter der Nordküste Fehmarns Schutz zu suchen, kam er dem Land zu nahe. Das Schiff strandete am 25. November gegen 21 Uhr zwischen Altenteil und dem Teichhof bei Wenkendorf in Höhe der Feuerschiffsbake. Es stieß schnell leck und sank im flachen Wasser. Die dreiköpfige Besatzung ging ins Boot, erreichte aber nicht den Strand. Bei dem ablandigen Sturm trieben sie in der dunklen Nacht Richtung See ab. Zum Glück gelang es den Schiffbrüchigen, das Feuerschiff *Fehmarnbelt* zu fassen und hier an Bord genommen zu werden. Die *Trientje* ging total verloren. Das Flensburger Seeamt lastete Kapitän Schoon den Verlust nicht an, sondern führte die Strandung auf höhere Gewalt, in diesem Fall auf das schwere Unwetter, zurück. In den ersten Jahren nach dem Zweiten Weltkrieg stießen Fischer aus

Westermarkelsdorf bei ihrer Fischerei mit einem großen Zugnetz (Wade) vom Strand aus zwischen Wenkendorf und Altenteil dauernd auf hinderliche Wrackreste. Bei einem besonders niedrigem Wasserstand der Ostsee gelang es ihnen, mit einer Winde Spanten, Planken und Teile des Kiels an Land zu hieven. Beim Zerkleinern zu Brennholz fand man zwischen den Planken noch viele guterhaltene Getreidekörner. Nach der Lage dieses Wracks muß es sich dabei um die 1907 hier mit einer Ladung Korn gestrandete *Trientje* gehandelt haben.

1908

Das erste Halbjahr 1908 blieb unfallfrei. Im August sollte der noch aus Holz gebaute Bagger **G. G. 8** (Abkürzung für „Gebrüder Goedhardt 8“) durch den Schlepper *Diomedes*, Schiffsführer Otto Schreiber, von Einswarden nach Stettin geschleppt werden. Am 23. August gegen 23 Uhr sprang der Bagger bei ruhiger See östlich von Fehmarn zwischen Gahlendorf und Katharinenhof plötzlich leck. Er sank so schnell, daß man ihn nicht mehr im flachen Wasser auf den Strand setzen konnte. Die auf dem Bagger befindlichen Leute nahm der Schlepper zu sich an Bord. Später wurde die Untergangsstelle mit einer Leuchttonne gekennzeichnet. Das Flensburger Seeamt fand keine äußere Ursache für das schnelle Sinken des Baggers. Der Bagger *G. G. 8* gehörte der in Düsseldorf ansässigen Tiefbaufirma Gebrüder Goedhardt. Der Schlepper *Diomedes* (RLKW), 169 BRT/7 NRT, wurde 1899 in Hamburg bei H. C. Stülcken & Sohn erbaut. Er war Eigentum der „Vereinigten Bugsier- und Frachtschiffahrts-Gesellschaft“ in Hamburg. Im Spätherbst begann man damit, den Bagger wieder zu heben. Die Kieler Schiffsbaufirma Gebrüder Ihms hatte dafür die beiden Hamburger Seeleichter *Tönning* und *Husum* gechartert. Sie wurden in Kiel mit schweren Rundhölzern über Deck fest miteinander verbunden, und zwar so, daß zwischen ihnen genügend Raum zum Anheben des Baggers blieb. Um den 20. November verankerte man die Hebeprähme über der Unglücksstelle und befestigte sie mit schweren Trossen an dem Wrack. Nun begann man durch Absenken und Wiederauspumpen der beiden Pontons, den Bagger zu heben. Am 9. Dezember konnten zwei Schlepper den zwischen den Pontons hängenden Bagger in Schlepp nehmen und wollten ihn nach Holtenau bringen. Anfangs kam der Schleppzug entlang der Nordküste Fehmarns auch gut voran, da man günstigen Südwind hatte. Dieser frischte jedoch zum Sturm auf, als man in der Nacht aus dem Landschutz der Insel herauskam. Der Versuch, wenigstens die Hohwachter Bucht zu erreichen, mißlang. Im zunehmenden Seegang brachen die Hebetrossen, in denen der Bagger hing, und man mußte ihn notgedrungen wegsacken lassen. Er sank westlich von Fehmarn etwa querab von Flügge auf ca. 13 m Tiefe und wurde nicht mehr wiedergefunden. Wahrscheinlich hat man sich auch nicht ernsthaft darum bemüht, ihn zu finden, da die schon entstandenen und zu erwartenden Kosten in keinem Verhältnis zum Wert des alten Baggers standen.

Der schwedische Schoner **Nicolina** (JGTC), 123 BRT/106 NRT, war in Lerberget beheimatet. Er entstand 1874 in Ålborg auf der Werft von S. Sörensen und segelte 1908 unter Kapitän Lindström mit einer Ladung Koks von Vegesack nach Ystad/ Schweden. Am 11. Oktober lief die *Nicolina* bei schwachem Westwind auf das Puttgarden-Riff auf. Der Kapitän beauftragte Puttgardener Fischer mit dem Abbringen, aber dieses Mal hatten sie keinen Erfolg. Es mußte der Dampfer *Fehmarn* zu Hilfe gerufen werden, der am Nachmittag eintraf und den Schoner vom Riff herunterzog.

Auch der nächste Seeunfall betraf wieder ein schwedisches Schiff, und man könnte manchmal an eine gewisse Duplizität der Ereignisse glauben. So gab es zwei Kollisionen nacheinander, und mehrmals strandeten hintereinander zwei Schiffe der gleichen Nationalität. Heimathafen des schwedischen Dreimastschoners **Ingeborg** (HQCB), 210 BRT/187 NRT, war Bufvenäs. Er wurde 1880 in Öbergs Varf gebaut und sollte 1908 unter Führung seines Eigners, Kapitän Otto Abrahamsson, eine Ladung Koks von Hamburg nach Oskarshamn bringen. Am 25. Oktober um 5 Uhr morgens geriet der Schoner auf dem Flüggesand fest. Der Schiffer, der selbst am Ruder gestanden hatte, gab an, er hätte das Feuer von Flügge nicht gut gesehen. Die *Ingeborg* wurde noch am gleichen Tag vom Dampfer *Ohrt* in Zusammenarbeit mit dem Eisenbahnfährschiff *Fehmarnsund* abgeschleppt, setzte aber erst am 28. Oktober ihre Reise fort.

Ebenfalls in Schweden, und zwar in Karlshamn, war der Dampfer **Emma Hammar** (JNDB), ex Louis Krohn, beheimatet. Das mit 621 BRT/435 NRT vermessene Schiff lief 1899 in Rostock bei der A. G. für Schiffs- und Maschinenbau für die Rostocker Reederei F. W. Fischer vom Stapel. Diese verkaufte 1904 den Dampfer nach Schweden. Unter Kapitän Söderström hatte die *Emma Hammar* im Oktober 1908 in Danzig Stückgut für Rotterdam geladen. Am 31. Oktober spätabends lief das Schiff infolge Verwechslung des Feuerschiffes Fehmarnbelt mit dem Licht von Marienleuchte nahe des Leuchtturmes auf Grund. Dabei wurden einige Bodenplatten eingebeult und die Schraubenflügel abgeschlagen. Trotzdem wurde es bei steigendem Wasser alleine wieder flott. Ein holländischer Schlepper kam dem Dampfer entgegen und brachte ihn im Tau direkt bis Rotterdam.
Die *Emma Hammar* kam 1911 in norwegische Hände und fuhr unter dem Namen *Kristine*. Im Ersten Weltkrieg wurde sie am 17. 10. 1917 von den beiden deutschen Kreuzern *Bremse* und *Brummer* vor Marstenen versenkt.

In Lemkenhafen auf Fehmarn war die Galeasse **Maria** (JRFB), 47 BRT/35 NRT, zu Hause. Sie wurde 1894 in Barth in Pommern bei Carl Holzerland erbaut. 1908 erwarb Kapitän Johannes Loof aus Staberdorf auf Fehmarn das Schiff von Carl Bening aus Michelsdorf. Im November des gleichen Jahres segelte Kapitän Loof mit einer Ladung Weizenkleie von Kiel-Neumühlen nach Orth auf Fehmarn. Kurz vor dem Ziel geriet die Galeasse am 2. 11. bei schwachem SO-Wind auf dem Flüggesand fest. Sie kam aber am nächsten Tag durch steigendes Wasser alleine wieder frei. 1911 verkaufte Kapitän Loof die *Maria* nach Dänemark, wo man sie in *Zephyr* umbenannte. Ab 1925 wird sie im dänischen Schiffsregister nicht mehr aufgeführt.

Heimathafen der Galiote **Frieda** (RLCN), ex Anna, 64 BRT/44 NRT, war Hamburg. Sie entstand 1898 in Wewelsfleth auf der Werft von J. Peters und gehörte 1908 dem Schiffsführer, Kapitän Hermann Brunkhorst. In Karlshamn/Schweden hatte man Kopfsteine für Hamburg geladen. Als die *Frieda* am 1. Dezember bei mäßigem WNW-Wind und schlechter Sicht den Fehmarnsund passierte, lief sie an der Inselküste zwischen dem Fähranleger und Struckkamphuk auf Grund. Durch die Hilfe von vier Fischern aus Fehmarnsund und einem ausgebrachten Warpanker wurde die Galiote wieder flottgemacht.

1909

Aus dem damals noch deutschen Apenrade stammte die Galeasse **Catharina** (LKQN), 34 BRT/ 28 NRT groß. Sie war 52 Jahre alt, aber 1876 neu aufgezimmert worden und 1909 Eigentum von Kapitän L. Jensen aus Gjennerstrand. Das Schiff kam von Wismar mit einer für Århus bestimmten Ladung Steinsalz. Am 17. August gegen 3 Uhr morgens lief es auf „Grönwoldsbrink" auf, da Kapitän Jensen das Licht eines im Fehmarnsund vor Anker liegenden Kriegsschiffes für das Feuer von Flügge gehalten hatte. Trotz Überbordwerfens zahlreicher Salzsäcke blieb die Galeasse auf der Untiefe sitzen. Sie kam erst wieder frei, als der kleine Motorsegler *Helene*, 25 BRT/19 NRT (mit 14 PS), von Schiffer Heinrich Scheel aus Burgstaaken eintraf und einen weiteren Teil der Ladung übernahm.

Der Hamburger Ewer **Lucinde** (KNCP), 36 BRT/27 NRT, lief 1878 in Neuhaus an der Oste bei C. Tidemann vom Stapel. 1909 gehörte er Kapitän J. P. Suhr, der nur noch einen zweiten Mann bei sich an Bord hatte. Die *Lucinde* sollte eine Ladung Zement von Lemkenhafen nach Burgstaaken bringen und mußte gegen südlichen Gegenwind ankreuzen. Im engen Fehmarnsund-Fahrwasser gelang ein Wendemanöver nicht, und der Ewer geriet auf Grund. Man bekam ihn erst nach dem Löschen zahlreicher Fässer mit Zement wieder flott.

Dünkirchen war der Heimathafen des französischen Dampfers **Loire** (JWRS), 1492 BRT/888 NRT. Er lief 1899 in Newcastle o. T. bei R. Stephenson & Co. vom Stapel und gehörte der Reederei „France-Baltique" in Dünkirchen. Die Besatzung bestand aus acht Mann, Schiffsführer war 1909 Kapitän Craignon. Die *Loire* kam von St. Petersburg (dem heutigen Leningrad) mit einer Ladung Holz, die für Bordeaux bestimmt war. Am 19. September gegen 6 Uhr morgens lief sie bei OSO-Sturm 6 – 7 auf das Puttgarden-Riff auf. Zum Glück hatte sie nur den nördlichen Ausläufer der Untiefe getroffen und wurde nach kurzer Zeit alleine wieder flott.

Der in Hull beheimatete englische Dampfer **Jaffa** (PTVM) war 1383 BRT/760 NRT groß. Er wurde 1897 in Kinghorn bei J. Scott & Co. als Welldecker für die Reederei Thomas Wilson Sons & Co. in Hull gebaut. Im September 1909 befand er sich unter Kapitän Taylor mit einer Ladung Stückgut und Vieh auf der Reise von Riga nach Hull. An Bord waren auch einige Passagiere. Als die *Jaffa* in der Nacht vom 17. auf den 18. September bei SW-Sturm und diesiger Luft den Fehmarnsund passieren wollte, verfehlte sie die Ansteuerungstonne. Sie strandete vor der Nordostküste der Halbinsel Großenbrode gegenüber von Fehmarn. Weil das Wasser in der Ostsee stark fiel, ragte der Dampfer am nächsten Tag hoch heraus, und die Besatzung warf die aus Fässern mit Öl bestehende Deckslast über Bord. Im Laufe des Tages trafen die Bergungsdampfer *Rügen*, *Laboe* und *Stein* ein. Bei steigendem Wasserstand gelang es ihnen in der kommenden Nacht gemeinsam, den Engländer abzuschleppen. Dieser setzte darauf seine Fahrt fort. Obwohl er keinen sichtbaren Schaden davongetragen hatte, wurde er doch in Holtenau von Tauchern untersucht. Von den über Bord geworfenen Ölfässern trieben ca. 40 Stück auf Fehmarn an den Strand. Sie wurden geborgen, vom Dampfer *Rügen* übernommen und der *Jaffa* nach Holtenau nachgebracht.
Die *Laboe* (LBPC), 257 BRT/0 NRT, wurde 1907 auf den Kieler Howaldtswerken für die „NDC" in Kiel direkt als Bergungsdampfer und Schlepper erbaut. Ihre Maschinenleistung betrug 650 PSi.

Einzelheiten über die Strandung des Bremer Dampfers **Rhea** (QFPN), 491 BRT/293 NRT, ließen sich nicht ermitteln. Bekannt ist nur, daß er unter Kapitän Hiller im November vor Orth auf Fehmarn auf Grund lief. Er konnte aber mit eigener Kraft freikommen und seinen Bestimmungshafen Kiel erreichen. Die *Rhea* wurde 1892 in Lübeck bei Henry Koch für die D. G. „Neptun" in Bremen gebaut.

Die finnische Schonerbark **Suomi** (VBHD), 386 BRT/368 NRT, stammte aus Nystad. Sie lief 1890 in Gustavs Socken auf der Werft von J. Lundquist vom Stapel und wurde 1909 von Kapitän Jansson geführt. Das Schiff hatte in Finnland Holz für Kiel geladen. Am 14. November gegen 4.30 Uhr morgens lief es bei mäßigem SW-Wind und schlechter Sicht vor der Südküste Fehmarns auf Grund. Der Dampfer *Fehmarn* schleppte den unbeschädigten Segler noch am gleichen Tag ab. Die *Suomi* wechselte später Reederei und Namen und fuhr noch lange Jahre als *Saga*.

Bergkvara war Heimathafen der schwedischen Bark **John** (HVDL), 434 Register-Tons groß. Sie war 1870 ursprünglich als *Obelic* auf Lussinpiccola, einer kleinen Insel vor der dalmatinischen Küste, erbaut worden und gehörte um 1900 P. A. Jansson in Bergkvara. Unter Kapitän Fosslund segelte sie 1909 mit einer Ladung Holz von Pitea nach Rendsburg. Am Morgen des 14. November lief sie ebenfalls vor der Südküste Fehmarns auf Strand, da sie dem Hecklicht der *Suomi* gefolgt war in der Annahme, diese befände sich auf dem richtigen Kurs. Die Bark *John* wurde vom Bergungsdampfer *Rügen* abgebracht und setzte ihre Fahrt fort.

1910

Der in Hamburg registrierte Frachtdampfer **Stockholm** (RGTF), 607 BRT/461 NRT, war 1885 in Hamburg auf der Reiherstiegswerft für die Reederei H. M. Gehrkens in Hamburg vom Stapel gelaufen. 1910 hatte das Schiff in Stockholm Eisenerz und Stückgut geladen und befand sich unter Führung von Kapitän Weber auf der Heimreise. Am 7. März gegen 5 Uhr morgens lief der Dampfer bei schwachem SO-Wind und klarer Sicht 1 sm östlich des Leuchtturmes Marienleuchte auf Grund, da man das dortige Leuchtfeuer für das Feuerschiff *Fehmarnbelt* gehalten hatte. Alle Versuche, mit eigener Kraft loszukommen, blieben erfolglos. Am Nachmittag erschien der Dampfer *Fehmarn*, der das Schiff abschleppte und zur Sicherheit noch bis Kiel begleitete. Dort wurde die *Stockholm* im Dock auf ihre Seefähigkeit untersucht. Die Bergungsdampfer *Laboe* und *Rügen* waren ebenfalls noch am Unfallort vor Presen eingetroffen, doch war ihnen die *Fehmarn* dieses Mal zuvorgekommen.

Die schwedische Bark **Greta** (JNPB), ex Gogla, 334 BRT/298 NRT, war in Bergkvara zu Hause. Sie war 1875 im norwegischen Drammen erbaut worden und wurde 1910 von Kapitän S. Petersson geführt. Die *Greta* hatte in West-Hartlepool Steinkohlen für

Orth auf Fehmarn geladen. Kurz vor ihrem Bestimmungshafen lief sie am 18. Juni bei einer guten Brise aus WNW, jedoch diesiger Luft auf den „Flüggesand" auf. Der Kieler Bergungsdampfer *Stein* schleppte die dicht gebliebene Bark später ohne Schwierigkeiten wieder ab.
Das nächste Ereignis ist nur eine Randepisode. Am 20. September ging vor Marienleuchte ein russischer Dreimastschoner vor Anker, dessen Name unbekannt blieb. Dem Schiff war der Proviant ausgegangen. Der Kapitän und vier Mann ruderten im Boot an Land und bekamen beim Kaufmann Martens auf Marienleuchte erst einmal für sich selber zu essen. Kartoffeln mußten sie alleine ausgraben, da alle Leute in der Ernte beschäftigt waren. Nachdem sie eine größere Menge Lebensmittel für die ganze Besatzung aus Burg geholt hatten, setzte das Schiff am nächsten Morgen die Reise fort.

Heimathafen der Galeasse **Anna** (LBDM), 50 BRT/40 NRT, war Laboe. Sie war 1897 in Barth in Pommern bei Carl Holzerland gebaut worden und wurde von ihrem Eigner, Kapitän H. Lübking, geführt. Das Schiff hatte in Burgstaaken eine Ladung Roggen eingenommen, die für Århus bestimmt war. Wenige Stunden nach dem Auslaufen aus Burgstaaken geriet die Galeasse am 28. Oktober auf dem Flüggesand fest. Sie wurde aber bald durch den Dampfer *Ohrt* abgebracht und segelte weiter.

Der spanische Dampfer **Gobelas** (UNKC), ex Milo, war 1705 BRT/1212 NRT groß und in Bilbao beheimatet. Er war 1892 in West-Hartlepool bei William Gray & Co. Lt. als sogenannter „Welldekker" gebaut worden. Eigentümer war 1910 die Compania Maritima del Nervion in Bilbao. Ab 1909 führte Kapitän Mursetagoyena die *Gobelas*. In den Fehmarner Archiven fand sich der Schiffsname phonetisch sehr ähnlich *Goliar* geschrieben und der Name des Kapitäns „Murnetogyen". Der Dampfer hatte in Schweden Holz für Spanien geladen und geriet in der Ostsee in einen schweren Sturm, wobei die Deckladung verrutschte. Am 7. November ging er mit schwerer Schlagseite auf der Reede von Burgtiefe vor Anker, um die Ladung wieder zurechtzustauen. Der Dampfer *Fehmarn* lief aus

1910 – Dampfschiff »Ohrt« im Hafen von Orth a. F.

und bot seine Hilfe an, doch wurde diese nicht angenommen.

Aus Kopenhagen stammte der dänische Dampfer **Nordfarer** (NJST), mit 3744 BRT/2397 NRT vermessen. Er war 1898 in Newcastle o. T. bei Palmers & Co. erbaut worden und gehörte der Dampskibsselskabet „Norden“ in Kopenhagen. Die *Nordfarer* befand sich unter Kapitän W. Olsen mit einer Holzladung auf der Reise von Kotka/Finnland nach Motalla in Südafrika. Am 7. Dezember gegen 7 Uhr morgens lief sie bei ruhiger See in der Nähe von Marienleuchte auf den Strand. Als Ursache sind Unachtsamkeit der Schiffsleitung und Stromversetzung angegeben. Der Dampfer kam mit eigener Kraft wieder frei, nachdem die Besatzung ca. 50 Standard Holz in die See geworfen hatte. (In der Ostseeschiffahrt wurde mit zwei unterschiedlichen Holzmaßen, dem Petersburger und dem Gothenburger Standard, gerechnet. Bei Schnittholz betrug ein Petersburger Standard 165 englische cbf, gleich 4,672 m^3. Ein Gothenburger Standard Rundholz war gleich 180 englischen cbf oder 5,097m^3.)

Am Abend des 14. Dezember sah man von Fehmarns Küste aus, wie ein unbekannter Dampfer mit einer Ladung Holz zwischen Klausdorf und Presen auf Grund saß. Er wurde nach dem Überbordwerfen seiner Deckslast alleine wieder flott. Ein inzwischen vom Land aus alarmierter Bergungsdampfer traf zu spät an der Unfallstelle ein.

1911

Heimathafen des schwedischen Dampfers **Klippan** (JQRH), 531 BRT/320 NRT, war Gothenburg. Dort lief er 1907 auf „Göteborgs Nya Verkstad“ vom Stapel und war Eigentum der Ångfartygs Aktiebolaget „Norden“ in Gothenburg. Im Januar 1911 fuhr der Dampfer unter Kapitän Normann mit 17 Mann Besatzung in Ballast von Rudköbing/Dänemark nach Königsberg. Er strandete am 25. Januar gegen 18 Uhr bei WSW-Sturm 7 infolge Nebel und Stromversetzung zwischen Westermarkelsdorf und Bojendorf. Erst den gemeinsamen Anstrengungen der drei Bergungsdampfer *Rügen*, *Stein* und *Frederikshavn* gelang es, den Schweden abzuschleppen.

In Hamburg war der Gaffelschoner **Hinrich Wilhelm** (RLNV), 59 BRT/39 NRT, registriert. Er war 1900 in Anklam bei J. C. Peuß gebaut worden und gehörte J. S. Höge in Uetersen. Schiffsführer war 1911 Kapitän Eduard Kähler aus Moorrege. Der Schoner hatte in Simrishamn/Schweden Lederabfälle und leere Fässer geladen und befand sich damit auf der Fahrt nach Uetersen. Am Sonntag, dem 6. März, um 1 Uhr früh lief er bei schwachem SO-Wind mit Regen auf das Puttgarden-Riff auf, weil er zu dicht unter Land geraten war. Er wurde alleine nicht mehr flott. Bei Tagesanbruch kam die Mannschaft der Puttgardener Rettungsstation mit ihrem Boot *Helene* dem Havaristen zu Hilfe. Sie ruderte einen Warpanker aus und half anschließend, den Segler vom Riff herunterzuhieven. Da es sich dabei um einen offiziellen Einsatz des Rettungsbootes handelte, dürfte es den Schonerkapitän nicht einmal etwas gekostet haben. Ganz allgemein nahmen Schiffsführer gerne die Hilfe von Fischern in Anspruch, weil diese für einen vorher ausgemachten relativ niedrigen Betrag halfen. Auf diese Weise kamen Kapitäne viel billiger davon als bei einem professionellen Bergungsdampfer, der den Bergelohn nach dem Wert von Schiff und Ladung berechnete.

Der dänische Dampfer **Frederik** (NJGT), 1112 BRT/681 NRT, stammte aus Kopenhagen. Dort war er 1872 bei Burmeister & Wain vom Stapel gelaufen und 1911 Eigentum der Kopenhagener Reederei „Det Vorenede Dampsskibs-Selskab“. Unter Führung von Kapitän Sörensen sollte er eine Ladung Stückgut von Kopenhagen nach London bringen. Am 10. März um 6 Uhr morgens lief die *Frederik* bei schwachem SSO-Wind und schlechter Sicht östlich von Marienleuchte auf Grund und beschädigte sich erheblich den Boden. Der Dampfer wurde später von einem über Marienleuchte angeforderten Schlepper der eigenen Reederei abgebracht und nach Kopenhagen zurückgeschleppt.

Dürftig sind die Angaben über die Havarie des Hamburger Dampfers **Ascania** (RHGN), 2046 BRT/1292 NRT groß. Er war 1887 in Low Walker on Tyne bei W. G. Armstrong, Mitchel & Co. gebaut worden und gehörte 1911 der Lübecker Reederei Dietrich Görtz. Unter dem Kommando von Kapitän A. Claussen strandete die *Ascania* im August 1911 infolge fahrlässiger Navigation vor

Fehmarn und bekam ein Leck. Sie konnte nach dem Freikommen lenz gehalten werden und ihren Bestimmungshafen Stettin erreichen.

In Klint an der Oste war der Gaffelschoner **Peter** (KNQF), 55 BRT/35 NRT, beheimatet. Er war 1879 in Haseldorf/Holstein bei D. Schwarz ursprünglich als Besanewer erbaut und später zum Schoner umgetakelt worden. 1911 war er Eigentum des Schiffsführers, Kapitän Klaus Meyer aus Klint, und hatte in Wismar Getreide für Bremen geladen. In einem schweren Sturm verlor der Schoner am 11. September westlich von Fehmarn den Großmast und machte danach so viel Wasser, daß er zu sinken begann. Zufällig war der Kieler Dampfer *Meta*, Kapitän Lohmann, in der Nähe und eilte zu Hilfe. Er übernahm die Mannschaft des Schoners und versuchte diesen zu bergen, indem er ihn in flaches Wasser schleppen und dort auf Grund setzen wollte. Leider gelang das nicht, denn er versank schon vor Erreichen der Küste. Er wurde später aber gehoben und kam nach gründlicher Ausbesserung wieder in Fahrt. 1920 wird er noch einmal bei einem Seeunfall vor Fehmarn erwähnt.
Der Kieler Dampfer *Meta* (LBDC), 200 BRT/95 NRT, beteiligte sich mehrfach an Hilfeleistungen, da er als Tourendampfer zwischen Kiel–Fehmarn–Lübeck und zurück verkehrte. Bei dieser *Meta* handelte es sich um das zweite Schiff mit dem gleichen Namen der Kieler Reederei Sartori & Berger. Sie hatte es 1896 in Lübeck bei Henry Koch bauen lassen, nachdem sie ihre erste *Meta* am 21. 1. 1893 durch Strandung vor Warberg verloren hatte.

Heimathafen des Gaffelschoners **Anna** (JRGC), 62 BRT/48 NRT, war Barth in Pommern. Dort entstand er 1907 auf der bekannten Werft von Carl Holzerland. Unter Führung seines Eigners, Kapitän Borgwardt, befand er sich mit einer Ladung Gerste auf der Fahrt von Hamburg nach Wismar. Am 4. Oktober strandete die *Anna* bei böigem WNW-Wind 4 – 5 und diesiger Luft angeblich durch Stromversetzung direkt vor dem Westermarkelsdorfer Leuchtturm. Nachdem man den Schoner etwas geleichtert hatte, wurde er vom Bergungsdampfer *Rügen* abgeschleppt.

In Svaneke auf Bornholm war der dänische Schoner **Marie** (NBGJ), 43 BRT/36 NRT, zu Hause. Er war 1889 in Thistedt/Nordjütland bei C. Petersen gebaut worden. Im Dezember 1911 sollte er unter Kapitän Mortensen eine Ladung Kleie von Kiel-Neumühlen nach Rostock bringen. Am 3. Dezember gegen 18 Uhr geriet das Schiff beim Kreuzen im Fehmarnsund auf Grund und blieb sitzen. Ursache war ein ungewöhnlich niedriger Wasserstand bei einer frischen südöstlichen Brise. Der dicht gebliebene Schoner wurde am nächsten Tag von Bootsleuten aus Fehmarnsund wieder abgebracht und setzte seine Reise fort. Die *Marie* ging am 24. 4. 1920 durch Strandung bei Västerbergen an der Küste der Insel Gotland verloren. Die Besatzung wurde gerettet.

Der in London beheimatete englische Dampfer **White Sea** (VQRM), war 1923 BRT/1223 NRT groß. Er war 1904 in Stockton-on-Tees bei Craig, Taylor & Co. für die Sea-Transport Co. Ltd. (W. R. Medhurst) vom Stapel gelaufen. Am 7. Dezember um 16 Uhr geriet er bei SSO-Sturm 6 bis 7 östlich von Staberhuk auf Grund. Noch ehe die Dampfer *Rügen* und *Meta* am Unfallort eintrafen, kam er nach zwei Stunden mit eigener Kraft bei steigendem Wasser wieder frei.

Ebenfalls am 7. Dezember strandete der norwegische Dampfer **Finse** (JTQV), ex Genova, 2 sm östlich von Staberhuk. Das mit 971 BRT/761 NRT vermessene Schiff war 1885 in Bergen bei der „Bergens Mekaniske Verkstad" gebaut worden und 1911 Eigentum der Reederei H. Kuhnle in Bergen. Die *Finse* hatte unter Kapitän Dahl in Wismar Weizen für Antwerpen geladen. Einige Stunden nach dem Auflaufen wurde sie durch steigendes Wasser ohne fremde Hilfe wieder flott und setzte ihre Reise fort.

In Liverpool war der englische Dampfer **King** (HQVN), 4144 BRT/2687 NRT, beheimatet. Er war 1906 in Port Glasgow bei Russel & Co. entstanden und gehörte 1911 der Liverpooler Reederei State Steamship Co. (W. Thomas Sons & Co. Ltd.). Unter dem Kommando von Kapitän Jones kam er von Christiania mit einer Holzladung, deren Bestimmungshafen nicht erwähnt ist. Am 19. Dezember lief er bei dichtem Nebel vor Staberhuk auf Grund. Er kam später mit eigener Kraft wieder frei, da er wegen des Nebels nur mit langsamer Fahrt gelaufen war. Deshalb trug er auch keine Schäden davon.

1912

Der Hamburger Dampfer **Olga** (LCKR) war 584 BRT/331 NRT groß. Er war 1882 unter dem Namen *Düsternbrook* in Kiel bei Georg Howaldt vom Stapel gelaufen. Erster Eigner war die Kieler Reederei Gebr. Lange gewesen. 1904 hatte die Reederei L. F. Mathies in Hamburg den Dampfer erworben und ihn *Olga* genannt. Unter Kapitän Otto Reichert sollte das Schiff im Februar 1912 eine Ladung Stückgut von Libau nach Hamburg bringen. Am 23. Februar gegen 8 Uhr morgens geriet es bei schwachem SO-Wind aus unbekannter Ursache vor Katharinenhof auf den Strand. Dabei wurde es leck und ein Raum lief voll Wasser. Alle Versuche, mit eigener Kraft freizukommen, blieben erfolglos. Später erschienen die Bergungsdampfer *Rügen* und *Helsingør*. Sie schleppten die *Olga* ab und brachten sie zur Reparatur nach Rostock. Der Dampfer war als *Düsternbrook* schon einmal bei Hanstholm an der Westküste Jütlands gestrandet. Er konnte aber in einer komplizierten Bergungsaktion durch die Reederei Svitzer abgebracht werden. Die *Olga* überlebte beide Weltkriege und war noch lange Jahre danach in Fahrt.

Aus Hamburg stammte der Gaffelschoner **Wilhelmine** (RPFN), 70 BRT/49 NRT groß. Er war 1906 in Brunsbüttel auf der Werft von A. Doose gebaut worden und gehörte dem Schiffsführer, Kapitän Haase. Die *Wilhelmine* hatte in Hamburg Chilesalpeter in Säcken und Eisen für Wisby auf Gotland geladen. Am gleichen Tag wie die *Olga* geriet der Schoner gegen 11 Uhr vormittags auf „Grönwoldsbrink" fest. Ein Teil der Salpetersäcke wurde geleichtert und nach Burgstaaken gebracht. Am Abend gelang es dem Bergungsdampfer *Rügen*, die dicht gebliebene *Wilhelmine* abzuschleppen. Nach Wiedereinnahme ihrer Ladung setzte sie die Reise fort.

Aus dem damals noch deutschen Alsen, das 1920 wieder dänisch wurde, stammte die Kuff **Eiche** (LHVJ), 35 BRT/29 NRT. Sie war 1871 in Rendsburg bei H. Frahm erbaut worden und gehörte 1912 dem Schiffsführer, Kapitän Jakobsen. Im August 1912 segelte sie mit einer Ladung Kalksteine durch den Fehmarnbelt. Plötzlich sprang am 8. August der bis dahin östliche Wind auf West um und frischte in kurzer Zeit zum Sturm Stärke 8 auf. Mit ihrer steifen Ladung begann die Kuff im Seegang schwer zu arbeiten. Sie sprang nach einiger Zeit leck und begann schnell zu sinken, so daß die Besatzung das Schiff aufgeben mußte und ins Boot ging. Damit erreichte sie die Küste Fehmarns.

Die Schaluppe **Marie** (JPCQ), 32 BRT/27 NRT, war in Barth in Pommern zu Hause. Ganz in der Nähe, im kleinen Ort Barthe, war sie 1876 erbaut worden. Unter Schiffer Friedrich Kraeft sollte sie im Sommer 1912 eine Ladung Roggen von Barth nach Svendborg bringen, erreichte ihr Ziel aber nicht. Als man am 9. August östlich von Fehmarn stand, sprang die Schaluppe ohne erkennbaren Anlaß plötzlich leck. Sie machte so viel Wasser, daß man sie mit den Pumpen nicht lenz halten konnte. Kapitän Kraeft schaffte es gerade noch, die *Marie* bei Staberhuk auf den Strand zu segeln. Von der Ladung wurde ein Teil naß geborgen. Das mit 1600 Mark versicherte Schiff ging vollständig verloren.

Der Londoner Dampfer **Enosis** (HRKL), 3409 BRT/2219 NRT, war 1906 in Newcastle bei Swan, Hunter & Wigham Richardson vom Stapel gelaufen. Er war Eigentum der Eftikhia-Steam-Ship Co. Ltd. in London und stand 1912 unter dem Befehl von Kapitän Paarmann. Die *Enosis* kam von St. Petersburg mit einer für London bestimmten Ladung Getreide und und geriet am 14. Oktober aus unbekannter Ursache östlich von Marienleuchte auf Grund. Wahrscheinlich hatte man das Feuer des dortigen Leuchtturmes für das Licht des Feuerschiffes *Fehmarnbelt* gehalten. Am nächsten Tag gelang es den Bergungsdampfern *Laboe* und *Svava*, den Engländer abzuschleppen.
Die *Svava* (NQHT) war 156 BRT/38 NRT groß und gehörte der Bergungsfirma Svitzer in Kopenhagen. Dort wurde sie 1907 auf „Köbenhavns Flydedok og Skibsvaerft" gebaut und besaß eine 475 PSi starke Dampfmaschine.

Am 4. November ereignete sich im Fehmarnbelt ein schwerer Seeunfall. Von ihm berichteten holländische Schiffer, nachdem sie erst Ende November den Hafen von Memel erreicht hatten. Die ebenfalls aus Holland stammende Kuff **Käte** des Kapitäns Kra-

mer befand sich ohne Ladung auf der Reise von der Nordsee nach Nyköbing auf Falster. Das Schiff war „bodenleer“, hatte also auch keinen Ballast genommen, was sicher ungewöhnlich für die stürmische Jahreszeit war. Wie oft auf holländischen Fahrzeugen, hatte auch Kapitän Kramer seine Familie bei sich an Bord: seine Frau und fünf Kinder. Außerdem gehörten noch zwei Matrosen zur Besatzung. An dem erwähnten Tag segelte die *Käte* durch den Fehmarnbelt und kenterte ganz plötzlich in einer Böe. Wahrscheinlich hatte der fehlende Ballast ihre Stabilität doch sehr vermindert. Die Mannschaft konnte noch das Schiffsboot losmachen, das aufschwamm, während die Kuff versank. Die Kapitänsfrau mit dem jüngsten Kind im Arm hielt sich an einem treibenden Holzstück fest. Als ihr Mann auf sie zuschwamm und zum Boot bringen wollte, winkte sie ab und rief ihm zu, erst die anderen Kinder zu retten. Zusammen mit den beiden Matrosen im Boot gelang es, die vier Kinder aufzufischen. Nun bemühte man sich um die Frau, die immer noch ihr Kind im Arm hielt. Im gleichen Moment, da ihr Mann sie fassen und ins Boot ziehen wollte, verließen sie die Kräfte, und vor seinen Augen versank sie zusammen mit dem Kind in die Tiefe und ertrank. Bald danach wurden die Schiffbrüchigen von einem anderen Schiff gesehen und an Bord genommen.
In einer Mecklenburger Zeitschrift erschien im Herbst 1912 ein Artikel mit folgender Überschrift: „Sieben Leichen bei Fehmarn angespült.“ Darin steht wörtlich: „In einem Telegramm aus Lübeck heißt es, daß an der Südküste der Insel Fehmarn sieben Leichen angespült sind. Man nimmt an, daß sie von dem vermißten schwedischen Dampfer *Virgo* stammen, der ebenfalls wie sein Landsmann *Ruben* spurlos verschwunden ist. Sie waren zusammen mit 40 Mann Besatzung von Riga nach Gothenburg bzw. Århus ausgelaufen. Es gilt als sicher, daß sie beide infolge der schweren Stürme, die damals in der Ostsee herrschten, untergegangen sind. Der Dampfer *Virgo* hatte 1897 die Ballonexpedition Andrees nach Spitzbergen gebracht.“ Daraufhin schrieb das Königlich schwedische Konsulat aus Lübeck am 14. 11. 1912 an die Stadt Burg auf Fehmarn, daß man die Zeitungsmeldung vom Antreiben der Leichen gelesen habe, und fragte, ob diese inzwischen identifiziert seien. Schon am 16. 11. 1897 antwortete die Stadtverwaltung Burg dem Konsulat, daß an dem Zeitungsartikel nichts wahr gewesen sei und keine Leichen auf Fehmarn angespült worden seien. Grundlage der Zeitungsmeldung muß der sogenannte Küstenklatsch gewesen sein. Gerüchte, deren Herkunft später niemand mehr angeben konnte.

Heimathafen der dänischen Galeasse **Vera** (NGPS), 28 BRT/23 NRT, war Rudköbing. Sie war 1855 in Kiel gebaut und 1888 neu aufgezimmert worden. 1912 gehörte sie dem Schiffsführer N. P. Lund jun. und war mit einer Ladung Salz unterwegs nach Rudköbing. Als die Galeasse am 23. November vormittags bei stürmischem Wetter entlang der Ostküste Fehmarns segelte, brach plötzlich der Großmast dicht über dem Deck ab und fiel über Bord. Das schwer havarierte Schiff ankerte daraufhin vor Presen, und Kapitän Lund setzte die Notflagge. Von Marienleuchte aus hatte man den Unfall beobachtet und den Bergungsdampfer *Rügen* alarmiert. Dieser traf am Abend ein und schleppte die *Vera* nach Burgstaaken. Hier erhielt sie in den nächsten Tagen einen neuen Großmast und setzte dann ihre Fahrt fort.

In Hamburg war der Ewer **Komet** (KLGC), 36 BRT/30 NRT, registriert. Er war 1904 in Moorrege vom Stapel gelaufen und Eigentum von Kapitän August Raap. Mitte Dezember 1912 lag die *Komet* auf der Reede von Lemkenhafen und wurde hier mit Gerste beladen, die für Hamburg bestimmt war. Man hatte schon 500 Säcke Gerste an Bord, als in der Nacht vom 14. auf den 15. Dezember bei schwerem Weststurm die Anker nicht hielten. Der Ewer trieb vor Lemkenhafen auf den Strand. Am nächsten Tag kam ihm die Mannschaft des ebenfalls dort auf Reede liegenden Seglers *Alfred*, Kapitän Jonas, zu Hilfe, und gemeinsam bekam man die *Komet* wieder flott. Anschließend wurde sie von Sachverständigen auf Seefähigkeit hin untersucht. Da man keine Schäden feststellte, konnte sie ihre restliche Ladung einnehmen und nach Hamburg segeln.

1913

Die Kufftjalk **Claus** (LGHS), 41 BRT/32 NRT, war in Neufeld/Süderdithmarschen beheimatet. Sie war 1899 in Groningen bei H. Kroese gebaut worden und gehörte 1913 dem Schiffsführer, Kapitän Claus

Koppelmann. Im Sommer war sie mit einer in Fässern verpackten Ladung von 1200 Zentner Zement unterwegs von Brunsbüttel nach Orth auf Fehmarn. Sie kam in der Ostsee in NW-Sturm 6 mit schlechter Sicht. Als Kapitän Koppelmann etwa 10 sm westlich von Fehmarn in die Seekarte sehen wollte, wehte ihm der Sturm diese über Bord. Nun versuchte er, mit Hilfe des Lots den Flügge-Sand zu umsegeln. Dabei lief die Tjalk am 13. Juni gegen 13 Uhr auf die Untiefe auf. Mit Hilfe eines Warpankers wurde verhindert, daß sie noch weiter auf den Sand trieb, und nach dem Überbordwerfen von ca. 35 Fässern mit Zement hievte man sich mit Spill und Warpanker frei.

Die schwedische Galeasse **Larsens Plads** (JBPF), 76 BRT/65 NRT, stammte aus Brantevik. Sie war 1830 in Kopenhagen entstanden und 1859 und 1882 neu aufgezimmert worden. 1913 war sie Eigentum des Reeders N. Mortensen aus Brantevik, während Kapitän A. Andersson das Schiff führte. Es befand sich mit einer Ladung Hafer auf der Reise von Apenrade nach Oskarshamn und strandete am 8. Oktober auch auf dem Flüggesand. Die *Larsens Plads* wurde ohne fremde Hilfe wieder flott, doch war ihr bestimmt, einige Jahre später ihr Leben vor Fehmarn zu beenden.

1914

In diesem Jahr wird zum ersten Mal ein gestrandetes Motorschiff erwähnt. Nachdem in der letzten Zeit die Zahl der Dampfschiffe, auch der verunglückten, deutlich angestiegen war, kündigen sich nun mit der Einführung des Schiffsmotors neue Veränderungen an. Vielen hart um ihre Existenz ringenden kleinen Seglern blieb, um konkurrenzfähig bleiben zu können, keine andere Wahl, als sich einen Motor einbauen zu lassen. Anfangs war er nur als Hilfsantrieb gedacht, um vom Wind unabhängig zu werden. Später wurde er zum Hauptantrieb und verdrängte das Segel ganz. An der Entwicklung eines robusten und leistungsfähigen Antriebs für kleinere Fahrzeuge waren besonders die Dänen mit ihren fast unverwüstlichen Glühkopfmotoren beteiligt.

Die sechs Jahre alte dänische Motorjacht **Helga,** Kapitän Andersen, war 19 BRT/13 NRT groß. Sie hatte in Burgstaaken Bier und Malz geladen, bestimmt für Kiel. Gleich nach dem Verlassen der Molen geriet die Jacht am 18. Juni bei frischem Ostwind durch Stromversetzung auf „Grönwoldsbrink“ fest. Mit Hilfe des Lotsen Fritz Schwenn wurde ein Teil der Ladung geleichtert und das dicht gebliebene Schiff an 30 Faden Kette freigehievt.

Kalmar war der Heimathafen des schwedischen Schoners **Petter** (HNFD), 114 BRT/98 NRT. Er war 1876 in Kristianopel/Schweden vom Stapel gelaufen und sollte im November 1914 unter Kapitän C. O. Johansson eine Ladung Koks von Kiel nach Rönneby in Schweden bringen. Der Schoner hatte am Abend des 13. November westlich von Fehmarn geankert. Wegen Ausbruch des Ersten Weltkrieges am 2. August 1914 brannte das Leuchtfeuer von Flügge nicht. Dies war zu Kriegsbeginn wie alle anderen deutschen Leuchtfeuer gelöscht worden. Sie wurden jeweils nur auf Anforderung der Marine für kurze Zeit angezündet. Außerdem herrschte SSW-Sturm, und auch deshalb wollte Kapitän Johansson den nächsten Tag abwarten. In der Nacht brach die Ankerkette, das Schiff trieb vor Flügge auf Grund und stieß leck. Am Tage warf die Besatzung ca. 12 t Koks über Bord. Danach brachte der Lotse Fritz Schwenn in Zusammenarbeit mit Schiffer Chr. Dünnweber und den Fischern Hopp und Dünnweber aus Orth auf Fehmarn den Schweden wieder ab.

Der folgende Bericht ist kein Seeunfall, aber doch ein interessantes Stück Zeitgeschichte in Verbindung mit der Insel Fehmarn. Als nur wenige Monate nach Ausbruch des Ersten Weltkrieges englische Unterseeboote im Oktober 1914 in die Ostsee eindrangen, war die deutsche Admiralität stark beunruhigt. Neben Störungen des Ostseehandels befürchtete man Angriffe auf die in der Kieler Förde liegenden Kriegsschiffe und beschloß deshalb, den Fehmarnbelt gegen U-Boote zu sperren. Das geschah allerdings mit völlig untauglichen Mitteln. Weil Netzsperrmaterial aus Stahldraht nicht in solchen Mengen zur Verfügung stand, ließ man von der Nordseeküste 1200 Stück Heringsnetze von der Logger-Treibnetzfischerei kommen. Diese waren je 30 m lang und 15 bis 16 m tief. Sie wurden in den Tagen vom 23. bis 27. Oktober 1914 durch Fischdampfer in einzelnen Längen von 1200 m immer etwas gegeneinander versetzt zwischen Marienleuchte an der fehmarnschen und Hyllekrog an der dänischen Küste im Belt ausgelegt und verankert. Eine zweite Reihe deckte die Lücken der ersten Reihe ab, die gesamte Netzsperre in zwei Reihen war 36 km lang. Man hoffte, daß sich die feindlichen U-Boote mit ihren Schrauben in den Netzen verfangen würden. Die Boote sollten zum Auftauchen gezwungen und dann von dahinter liegenden bewaffneten Fischdampfern vernichtet werden. Schon zwei Tage nach dem Auslegen zerstörte am 29. Oktober ein schwerer Oststurm mit starkem nach Westen setzendem Strom die gesamte Sperre! Die Netze trieben bis in die Kieler Bucht, blieben zum Teil hinter den Fahrwassertonnen hängen, und treibende Netzstücke gefährdeten die eigene Schifffahrt. Wegen des tagelang anhaltenden Sturmes war ein sofortiges Auffischen der Netzreste nicht möglich. Danach wollte der Oberbefehlshaber der Ostseestreitkräfte den Fehmarnbelt mit 1080 Minen in drei Reihen zwischen Westermarkelsdorf und Hyllekrog sperren lassen. Diesen Plan lehnte die Seekriegsleitung ab und er kam auch in den folgenden Kriegsjahren nie zur Ausführung.

1915

Aus diesem Jahr fanden sich keine Aufzeichnungen über Schiffsunfälle vor Fehmarn, was sicher mit den Kriegsverhältnissen in Deutschland zusammenhing. Allerdings sank bei einem militärischen Zwischenfall im Fehmarnbelt ein neutraler Dampfer. Obwohl inzwischen immer mehr englische U-Boote in der Ostsee operierten und zahlreiche Schiffe versenkten, kam es, wie erwähnt, wegen des hohen Minenbedarfs nicht zum Auslegen einer Sperre im Fehmarnbelt. Dafür lagen ab Sommer 1915 zwei Reihen von Motorfischkuttern als Wachschiffe quer über der Meerenge: eine Reihe von Westermarkelsdorf, die andere von Staberhuk aus bis zur dänischen Küste. Der Abstand von Kutter zu Kutter betrug eine sm, und diese Bewachung sollte der neutralen Schiffahrt das Ausliegen einer Minensperre vortäuschen. Außerdem lagen mehrere Vorpostenboote und ein wachhabender Hilfsstreuminendampfer auf Position. Sie bewachten zum Schein eine vorgetäuschte „Sperrlücke" und lotsten alle Schiffe hindurch. Am 3. Mai befand sich der schwedische, also neutrale Frachtdampfer **Vanadis** (HQST), 908 BRT/734 NRT, mit einer Ladung Steinkohlen auf der Fahrt von Blyth nach Nakskow. Er war in Göteborg beheimatet und 1881 in Bergsund gebaut worden. An dem betreffenden Tag lief er im Fehmarnbelt auf die fingierte Sperre zu und reagierte weder auf Warnsignale noch auf einen zuletzt scharfen Schuß vor den Bug. Um das Geheimnis der nicht vorhandenen Sperre auf jeden Fall zu wahren, entschloß sich der Kommandant des deutschen Wachschiffes **Silvana**, Kapitänleutnant Hollak, zum letzten Mittel: Er rammte den schwedischen Dampfer und brachte ihn dadurch zum Stoppen. Dabei erhielt die *Vanadis* ein großes Leck und sank innerhalb kurzer Zeit auf der Position 54° 33′ nördliche Breite und 11° 23′ östliche Länge. Ihre Besatzung wurde von dem Wachschiff aufgenommen. Bei der *Silvana* (RKQC), 804 BRT/ 269 NRT, handelte es sich um einen kleinen Fracht- und Passagierdampfer der Hamburg-Amerika-Linie, der 1897 auf den Kieler Howaldtswerken vom Stapel gelaufen war. Er wurde 1914 von der Marine beschlagnahmt und von dieser als Hilfsstreuminendampfer, später Führerschiff der Handelsschutzflottille Ostsee, unter den verschiedensten taktischen Bezeichnungen eingesetzt. Die *Silvana* brauchte 1919 nicht an die Alliierten abgeliefert zu werden und wurde 1924 abgebrochen.

1916

Gleich zu Jahresbeginn verunglückte der Hamburger Dampfer **Stockholm** (RGTF), der schon einmal 1910 vor Fehmarn auf Grund geraten war. Unter dem Kommando von Kapitän Fuchs befand er sich mit einer Ladung Braunkohlenbriketts auf der Fahrt von Hamburg nach Stockholm. Er strandete am 2. Januar in dunkler Nacht bei SW-Sturm 9 – 10 mit hohem Seegang vor Staberhuk, da, wie schon erwähnt, die Leuchtfeuer nur auf militärische Anforderung brannten. Am nächsten Tag traf der Bergungsdampfer *Rügen* an der Unfallstelle ein. Nachdem man bei Wetterberuhigung einen Teil der Brikettladung in die See geworfen hatte, glückte der *Rügen* das Abschleppen des leck gewordenen Frachters. Anschließend brachte er die *Stockholm* zur Ausbesserung in die Rostocker Neptunwerft.

Am 23. und 24. Dezember 1916 tobte in der westlichen Ostsee ein schwerer Oststurm und richtete auf Fehmarn beträchtlichen Schaden an. Große Bäume wurden entwurzelt, in Burg gingen zahlreiche Schaufensterscheiben zu Bruch, und zerrissene Leitungen unterbrachen die Stromversorgung und

Fernsprechverbindungen auf der Insel. Da auch der Eisenbahnfährverkehr zum Festland ausfiel, mußten viele Weihnachtsurlauber, die zu ihren Angehörigen nach Fehmarn wollten, notgedrungen den Heiligen Abend in Lütjenbrode und Heiligenhafen verbringen. Der 24. Dezember fiel 1916 auf einen Sonntag, und am frühen Morgen geriet vor Staberhuk ein ganzer Schleppzug in Seenot. Die alte Seemannsregel, daß man an solchen Festtagen wie Weihnachten lieber an Land bleiben sollte, traf wieder einmal zu! Bei den in Not geratenen Schiffen handelte es sich um die Schlepper **Alster** und **Oder**, von denen der eine den Bagger **Bremen**, der andere eine Schute im Tau hatte, die sie von Warnemünde nach Kiel schleppen sollten. Die Schiffe gehörten den Firmen Habermann & Guckers in Kiel und J. van der Velde in Hamburg. Da hier das Rettungsboot *Helene* aus Puttgarden zum zweiten Mal erfolgreich zum Einsatz kam, folgt der wörtliche Bericht des Vormannes Joachim Andrews der Station, der den im Felde stehenden Vormann Matthäus Möller vertrat: „Am 24. Dezember morgens um 9 Uhr bekam ich durch Telephon von Marienleuchte die Nachricht, daß auf Staberhuk ein Schiff gestrandet sei und sich in großer Not befände. Ich bestellte sofort die Pferde, die jedoch verhältnismäßig spät eintrafen, auch machte die Beschaffung der Bootsbesatzung Schwierigkeiten, da die meisten Leute im Felde stehen (es war mitten im Ersten Weltkrieg) und ich somit andere Mannschaften heranziehen mußte. Schließlich fuhren wir um 11.30 Uhr ab und gelangten (auf dem Landweg) um 15 Uhr an die Strandungsstelle. Dort fanden wir zwei Schlepper und einen Bagger gestrandet vor. Ein weiteres Fahrzeug, eine Schute, war schon 1 sm östlich von Staberhuk gesunken. Der an Bord befindliche einzelne Mann war aber von dem zur Schute gehörenden Schlepper gerettet worden. Wir bargen fünf Mann von dem einen Schlepper ab, die übrigen Leute hatten sich bereits selber in Sicherheit gebracht. Wir traten sodann die Rückreise an, mußten aber das Boot an einer Stelle landen, wohin die Pferde mit dem Wagen nicht gelangen konnten. Wir zogen daher das Boot auf den Strand und beließen es dort bis zum zweiten Weihnachtstag, an welchem Tage wir um 4 Uhr nachmittags (auf dem Seeweg) auf der Station eintrafen und es im Schuppen unterbrachten.“ Soweit Vormann Andrews. Nach den Akten des Strandamtes in Burg auf Fehmarn wurden die fünf Seeleute vom Bagger *Bremen* abgeborgen, während sich die Schlepperbesatzungen schon an Land gerettet hatten. Zum Glück für die gestrandeten Schiffe sprang der Oststurm in den Mittagsstunden des 24. Dezember plötzlich auf Südwest um, so daß sie jetzt, abgesehen von der noch laufenden Dünung, im Landschutz lagen.

Der gestrandete Schlepper *Alster*, ex Hansa II, war 100 BRT/0 NRT groß. Er gehörte der Firma J. van der Velde, Hamburg, deren Stammhaus jedoch in Holland lag. Bei dem Schlepper *Oder*, 40 BRT, dürfte es sich um einen kleinen Dampfer der Kieler Baufirma Steffen Sohst gehandelt haben. Er war 1908 in Dordrecht erbaut worden. Für den 27. Dezember erwartete man auf Fehmarn die Ankunft des Dampfers *Rügen*, der die vor Staberhuk gestrandeten Fahrzeuge wieder abbringen sollte. Wahrscheinlich hatte er damit auch Erfolg, da keine anderen Nachrichten vorliegen.

Der in diesen Berichten mehrfach und zuletzt 1916 erwähnte Puttgardener Fischer Kai Joachim Andrews wurde am 19. 2. 1841 in Burg geboren. Als er den Posten des Vormannes der 1898 gegründeten Rettungsstation der DGzRS in Puttgarden übernommen hatte, war er schon 57 Jahre alt. Etwa um 1905 hatte ihn der Fischer Matthäus Möller aus Puttgarden abgelöst. Da dieser im Ersten Weltkrieg Soldat war, vertrat ihn Andrews bei dem zuletzt geschilderten Einsatz vor Staberhuk und stand dabei schon im 76. Lebensjahr! Ganz sicher verdiente er sich trotz seines hohen Alters seinen Lebensunterhalt mühsam mit dem Fischfang, denn damals gab es noch keine Rentenversicherung für selbständige Fischer. Praktisch mußten sie solange arbeiten, wie sie konnten. Waren sie nicht mehr dazu fähig und hatten keine Angehörigen, die für sie sorgten, hatte die Gemeinde für sie aufzukommen. Das traf auch für Joachim Andrews zu, der keine eigenen Kinder besaß. Am 27. 11. 1913 hatte er zusammen mit seiner Frau das Fest der goldenen Hochzeit gefeiert. Zu diesem Anlaß erhielt er ein kaiserliches Gnadengeschenk von 50 Mark, das Pastor Bott aus Bannesdorf überbrachte. Auch von der DGzRS aus Bremen und der Gemeinde trafen Geschenke und Glückwünsche ein. Kurz darauf, am 23. 1. 1914, starb Andrew's bedeutend ältere Frau Catharina Margaretha, geb. Stockfisch, im 86. Lebensjahr. Nachdem Joachim Andrews 1916 vor

Staberhuk noch einmal als Bootsführer fünf Schiffbrüchige aus Gefahr retten half, starb er vier Jahre später am 20. 10. 1920 im Alter von 79 Jahren einsam und verlassen im Gemeindearmenhaus zu Niendorf auf Fehmarn.

1917

In Rostock war der Dampfer **Max Fischer** (MDRK), ex Ajax, 287 BRT/169 NRT, beheimatet. Er war 1884 in Thorskog/Schweden auf P. Larssons Mek. Verkstad für dänische Eigner vom Stapel gelaufen. 1896 hatte ihn die Reederei F. Fischer in Rostock erworben und umbenannt. Die *Max Fischer* stand 1917 unter dem Kommando von Kapitän Hans Albrandt und war mit einer Ladung Steinkohlen unterwegs von Stettin nach Svendborg. Bei orkanartigem Sturm aus S zu O Stärke 10 – 11 mit Regenböen hatte der Dampfer im Fehmarnsund vor Anker Schutz gesucht. Am 25. Oktober geriet er ins Treiben, stieß auf Grund und wurde leck. Dabei liefen der hintere Laderaum sowie der Maschinenraum voll Wasser, und für die elf Mann Besatzung wurde ein weiterer Aufenthalt an Bord gefährlich. In dieser Situation kam Hilfe durch den deutschen Kriegslotsendampfer „A"-Fehmarnsund. Dessen Mannschaft gelang es unter eigener Lebensgefahr, die gesamte Besatzung des Frachters abzubergen. Nach Abflauen des Unwetters wurden ca. 70 t Steinkohlen der Ladung über Bord geworfen und die *Max Fischer* nach provisorischer Abdichtung von einem Bergungsdampfer nach Rostock geschleppt. Zu dieser Strandung heißt es wörtlich in einem Beschluß der Deutschen Gesellschaft zur Rettung Schiffbrüchiger in Bremen: „Aus den Zinsen einer Stiftung des französischen Industriellen Emile Robin zur Prämierung von Fischerleuten und anderen Seeleuten, die unter größter Gefahr eine oder mehrere Personen bei Schiffbrüchen an den deutschen Küsten gerettet haben, wurden 100 Mark dem Führer des Kriegslotsendampfers ‚A'-Fehmarnsund, dem Lotsen Fritz Schwenn aus Burgstaaken, sowie seinem Sohn, dem Obermatrosen Christian Schwenn, und dem Matrosen Max Fehse für die Rettung von elf Personen des am 25. 10. 1917 gestrandeten Dampfers *Max Fischer* zuerkannt." Diese Stiftung des Emile Robin, eines großzügigen Förderers der DGzRS in Bremen, war nur eine von zahlreichen anderen Stiftungen für ähnliche Zwecke.

Der Dampfer *Max Fischer* hatte noch eine abwechslungsreiche Geschichte. Von seiner Rostocker Reederei 1921 verkauft, wechselte er bis 1930 fünfmal die Reederei und dreimal den Namen. Zuletzt war er als *Vidzeme* in Riga/Lettland beheimatet und wurde 1941 im Zweiten Weltkrieg auf der Fahrt von Libau nach Windau durch deutsche Seestreitkräfte versenkt.

Bei dem obengenannten Kriegslotsendampfer „A"-Fehmarnsund handelte es sich nicht um das zwischen Fehmarn und dem Festland verkehrende Fährschiff *Fehmarnsund.* Im Ersten Weltkrieg waren zwei Lotsendampfer „A" und „B" im Fehmarnsund stationiert, da ab Mitte 1915 der größte Teil aller Handelsschiffe wegen Minensperren und der englischen U-Boot-Gefahr durch den sicheren Fehmarnsund anstelle des Fehmarnbelts lief. An manchen Tagen wurden bis zu 20 Dampfer durch den engen Sund gelotst, dessen Fahrrinne deshalb extra auf eine Tiefe von 5 m gebracht worden war. Nur besonders große Dampfer und größere deutsche Kriegsschiffe fuhren weiter durch den Fehmarnbelt. Bei dem erwähnten Kriegslotsendampfer „A" handelte es sich um den kleinen Passagierdampfer *Phönix* der Flensburg-Sonderburger Dampfschiffahrts-Gesellschaft. Er war 1875 in Papenburg bei Meyer & Barth als Tonnenleger *Ems* erbaut und 1900 nach Flensburg verkauft worden. Dort baute man ihn zum Passagierdampfer *Phönix* um, der mit 168 BRT/44 NRT vermessen war. Von 1914 bis 1918 tat er bei der Marine als Kriegslotsendampfer Dienst, zeitweise auch als Feuerschiff. Seine Besatzung bestand aus 29 Mann und zwei Lotsen. Nach dem Krieg fuhr er bis 1935 auf der Flensburger Förde und wurde im gleichen Jahr in Wewelsfleth abgebrochen. Der ebenfalls im Fehmarnsund stationierte Lotsendampfer „B" war der ehemalige Fördedampfer *Minister Möller* der Kieler „NDC". Er war 1903 auf den Kieler Howaldtswerken mit 111 BRT/35 NRT vom Stapel gelaufen und ging ebenfalls 1919 an seine Kieler Reederei zurück. Diese verkaufte ihn noch im gleichen Jahr an Max Rasmussen in Ekensund/Dänemark.

1918

Für dieses Jahr fanden sich keine Aufzeichnungen über Schiffsunfälle in den Archiven.

1919

In Bremen war der zwei Jahre alte Gaffelschoner **Margarethe** zu Hause. Er wurde von Kapitän Henschmeister geführt und hatte in Stockholm eine Ladung Balken für Holland an Bord genommen. Am 18. Februar geriet der Schoner bei schwachem Nordwind auf dem Puttgarden-Riff fest, da der Kapitän die östlich des Riffs verankerte Telegraphenboje für die nördlich vom Riff liegende Heulboje angesehen hatte. Mit Hilfe von Fischern aus Puttgarden wurde ein Teil der Deckslast in die See geworfen. Danach kam der Schoner ohne fremde Hilfe wieder frei und setzte seine Reise fort. Bei dem herrschenden Nordwind werden die über Bord geworfenen Balken zur Freude der Küstenbevölkerung an den Strand getrieben sein.

Heimathafen der Tjalk **Cäcilie** (LWCG), 118 BRT/ 85 NRT, war St. Margarethen bei Brunsbüttel. Sie war 1902 in Hoogezand aus Stahl gebaut worden. Unter Kapitän Strohwasser sollte sie im Sommer 1919 eine Ladung Roheisen und Eisenblech von Lübeck nach Malmö bringen. Die *Cäcilie* stand am Abend des 9. Juli östlich von Fehmarn, als der Steuermann plötzlich starken Wassereinbruch in der Kajüte bemerkte. Bei frischem WNW-Wind versuchte man die fehmarnsche Küste zu erreichen, um die Tjalk dort auf den Strand zu setzen. Obwohl die ganze Besatzung mit Pumpen und Pützen gegen das eindringende Wasser ankämpfte, sank das Achterschiff immer tiefer. Erst nachdem die See schon in den Kajütsniedergang lief, verließen die drei Mann das sinkende Schiff im eigenen Boot und erreichten bei Staberhuk die nahe Küste. Nur 1 sm südöstlich davon sank die *Cäcilie* am 10. Juli gegen 3.30 Uhr morgens in die Tiefe. Die Ursache des plötzlichen Leckspringens und der Verlust der Tjalk, die in Hamburg bei Lilienthal & Zecher mit 20 000 Mark versichert war, ließ sich nicht ermitteln.

Das Turbinenfrachtschiff **West Durfee,** 5755 BRT/ 4430 NRT, war in New York registriert. Es lief erst 1918 in Seattle/USA bei der Skinner & Eddy Corporation vom Stapel und gehörte zum Typ der zahlreichen Einheitsschiffe, die zwischen 1917 und 1920 für Kriegstransporte in den USA entstanden. Bereedert wurde der Dampfer von der United States Shipping Board. Unter Führung von Kapitän Jacobsson hatte die *West Durfee* in Jacobstad/ Finnland Holz für Barry in England geladen. Am 16. Juli morgens lief sie bei NW-Wind 4 – 5 aus unbekannter Ursache mit voller Fahrt auf das Puttgarden-Riff auf und kam mit eigener Kraft nicht wieder frei. Auch das Überbordwerfen eines großen Teiles der Deckslast brachte keinen Erfolg. Am nächsten Tag erschienen die drei Schlepper *Afrika I, Molthau* und *Johann.* Erst nach großen Anstrengungen konnten sie am Abend des 18. Juli den Amerikaner abschleppen, der anschließend ohne Schäden seine Reise fortsetzte. Bei den drei in deutschen Registern nicht aufgeführten Schleppern dürfte es sich um holländische Fahrzeuge gehandelt haben, die im Ersten Weltkrieg nach der Besetzung Hollands von Deutschland beschlagnahmt wurden.

In Hamburg war der Ewer **Peter** (KNQF), 53 BRT/ 35 NRT, beheimatet. Er war 1879 in Haseldorf bei D. Schwarz gebaut worden und gehörte inzwischen der Reederei Hans J. Rittscher in Hamburg. Schiffsführer war 1919 Kapitän Ditze, außer ihm befanden sich noch zwei Mann an Bord. Der Ewer sollte in Ballast von Lübeck nach Hamburg segeln und hatte am Abend des 17. November bei orkanartigem SW-Sturm mit Schnee im Fehmarnsund geankert. In der folgenden Nacht drehte der Sturm auf NW, und der Ankerplatz bot keinen Schutz mehr. Daraufhin ließ Kapitän Ditze Segel setzen, bekam den Ewer aber nicht durch den Wind. Er geriet ins Treiben und strandete am 18. November gegen 2 Uhr früh auf dem „Mittelgrund" querab von Bergmühle. Dort saß er drei Tage fest, ehe es dem Lotsen Fritz Schwenn mit vier Hilfskräften aus Burgstaaken gelang, das dicht gebliebene Schiff mit seinem an 110 Faden Kette ausgebrachtem Buganker freizuhieven. Bei dem Ewer *Peter* handelte es sich um den gleichen, der schon einmal 1911 vor Fehmarn in Seenot geraten und gesunken war, aber wieder gehoben wurde.

Schleswig war Heimathafen des Dampfers **Herbert Horn** (LRJP), 2315 BRT/1493 NRT groß. Er war 1898 in Lübeck bei Henry Koch für die Schleswiger Reederei H. C. Horn vom Stapel gelaufen und befand sich im November 1919 mit 23 Mann Besatzung auf einer Ballastreise von Holtenau nach Pillau. Am 28. November geriet er beim Passieren des Fehmarnsundes bei schwachem NO-Wind und niedrigem Wasserstand vor Struckkamphuk auf Grund. Da er mit eigener Maschinenkraft nicht freikam, wurde der Dampfer *Fehmarn* angefordert. Dieser schleppte den unbeschädigt gebliebenen Frachter wieder ab. Die *Herbert Horn* mußte 1920 an England abgeliefert werden, wurde aber bereits 1921 von ihrer alten Reederei zurückgekauft. Der Dampfer wechselte später noch mehrmals den Eigner, um schließlich 1932 auf dem Höhepunkt der schweren Weltwirtschaftskrise abgebrochen zu werden.

1920 – Hebearbeiten des westlich von Fehmarn gesunkenen Dampfers »Elbing I« im April 1920 in der Kieler Förde.

Der Dampfer **Elbing I** (HJCD), 466 BRT/274 NRT, wurde 1893 in Elbing auf der Werft von Ferdinand Schichau für dessen eigene „Elbinger-Dampfschiffs-Reederei" gebaut. 1919 führte Kapitän Westholm den Dampfer, der eine Besatzung von zwölf Mann besaß. Die *Elbing I* kam aus Emden mit einer für Königsberg bestimmten Ladung Koks. Nach dem Passieren des Nord-Ostsee-Kanals am 30. 11. 1919 steuerte man von Stollergrund ab mit Ostkurs in den Fehmarnbelt. Bald darauf kollidierte das Schiff mit einem unter Wasser treibenden unbekannten Gegenstand und machte sofort viel Wasser. Da die Pumpen darüber nicht Herr wurden, beschloß man im Schiffsrat, den Dampfer vor Fehmarn auf Strand zu setzen. Hier stieß die *Elbing I* dann am 30. November gegen 21.30 Uhr zwischen Westermarkelsdorf und Bojendorf auf Grund und die Gefahr des Sinkens war damit gebannt. Am nächsten Tag erschienen Bergungsdampfer der „NDC" aus Kiel und von Svitzer aus Kopenhagen. Sie pumpten das Schiff leer und nahmen es ins Schlepptau, um es nach Kiel einzubringen. Plötzlich sackte die *Elbing I* jedoch weg und im letzten Moment wurde ihre Besatzung gerettet. Man nahm an, daß Platten gebrochen waren und das Leck sich vergrößert hatte. Beim Übernehmen der Mannschaft wurde der Matrose Adolf Neumann aus Peyse schwer verletzt und starb am 3. 12. 1919. Im nächsten Jahr gelang es der Hamburger „Bugsier-Reederei & Bergungs A. G." das Wrack aus 18 m Tiefe zu heben und erst einmal im flachen Wasser der Kieler Förde abzusetzen. Nach gründlicher Reparatur in einer Kieler Werft kam der Dampfer wieder in Fahrt. Bei dem Zusammenbruch der Schichau-Reederei 1926 wurde die *Elbing I* von der Duisburg-Ruhrorter Firma Friedrich Schmitz erworben, die mit Schichau schon lange geschäftlich verbunden war und später unter der Leitung von Walter Reichel stand. Nach einem Familienmitglied wurde die *Elbing I* jetzt in *Fritz Reichel* umbenannt. 1931 wechselte das Schiff erneut die Reederei und erhielt den Namen *Fintel*. Nach zwei Jahren erwarb es dann der Elbinger Reeder August Zedler und gab ihm wieder seinen alten Namen *Elbing I*. Viele Jahre später erschien die *Elbing I* noch einmal vor Fehmarn. Am 2. August 1943 lief sie unter Kapitän Stoltenberg von Danzig kommend mit 283 t Barackenteilen in Burgstaaken ein. Hier wurde ein Teil der Ladung gelöscht. Erst am 28. 8. 1943 verließ der Dampfer den Hafen mit der übrigen Ladung, die für Hamburg bestimmt war. Die *Elbing I* ging am 9. 10. 1944 bei einem russischen Luftangriff durch Bombentreffer auf Montu-Reede vor der Insel Ösel verloren.

1920

Heimathafen des dänischen Kohlenfrachters **WM. TH. Malling** (OXND), 1934 BRT/1125 NRT, war Kopenhagen. Dort wurde er 1913 bei „Københavns Flydedok & Skibsbyggeri“ für „Det Danske Kulkompagni“ in Kopenhagen erbaut. Von Holtenau kommend und mit einer Ladung Kohlen an Bord steuerte der Dampfer den Fehmarnbelt an. Am 9. Februar gegen 2.50 Uhr früh sah der wachhabende Steuermann ein Leuchtfeuer aufblinken, das er für das *Fehmarnbelt*-Feuerschiff hielt. Er änderte darauf seinen Kurs nach Süd, und um 3.05 Uhr saß der Frachter plötzlich vor Westermarkelsdorf auf Strand. Bei dem Licht hatte es sich nicht um das Feuerschiff, sondern um den Leuchtturm von Westermarkelsdorf gehandelt. Da man nicht mit eigener Kraft frei kam, mußte ein Schlepper angefordert werden. Noch am Abend des gleichen Tages schleppte ein Svitzer-Dampfer aus Kopenhagen die *WM. TH. Malling* ab. Schäden hatte sie bei dem Auflaufen nicht davon getragen.

Aus Stettin stammte der einmastige Motorsegler **Bertha,** 37 BRT, unter Kapitän Wulf. Er lief ohne Ladung von Kiel nach Lübeck und strandete am 13. Februar gegen 22 Uhr bei schwerem SW-Sturm mit Regen und schlechter Sicht im Fehmarnsund vor Struckkamphuk. Auf seine Notsignale kamen der Schiffsführer Heinrich Scheel von Fehmarnsund sowie ein weiteres Motorboot mit acht Mann zu Hilfe. Gemeinsam glückte es ihnen, die *Bertha* gegen einen vorher ausgemachten Bergelohn von 6000 Mark abzubringen. Bei der Strandung verlor das Schiff zwei Anker mit Ketten.

Der ehemals deutsche Dampfer **Gustav Salling** (RNBC), ex Hollandia, ex Henner, ex Carl Menzel, war 1597 BRT/965 NRT groß. Er lief 1903 bei der „Flensburger-Schiffsbau-Ges.“ vom Stapel. 1920 gehörte er dem Reeder Mathias Nielsen in Flensburg, der ihn 1919 in Dänemark registrieren ließ. Deshalb brauchte er nicht an die Siegermächte des Ersten Weltkrieges abgeliefert zu werden. Unter Kapitän Peter Viereck befand sich die *Gustav Salling* mit einer Ladung Holz auf der Reise von Riga nach Rotterdam. Am 10. März lief sie bei leichtem Westwind und Nebel gegen 2 Uhr früh südlich von Marienleuchte auf den Strand, da das dortige Nebelhorn nicht in Betrieb war. Laut Aussage des Leuchtturmwärters sollte es nur angestellt werden, wenn Nebelsignale von Schiffen zu hören waren! Zum Glück hatte der Dampfer wegen des Nebels seine Fahrt nach Vorschrift reduziert und blieb deshalb unbeschädigt. 20 Standard Holz der Deckslast wurden in die See geworfen, weitere 20 Standard in einen inzwischen eingetroffenen Leichter gelöscht und nach Burgstaaken gebracht. Anschließend schleppte der Bergungsdampfer *Sygyn* von Svitzer aus Kopenhagen die *Gustav Salling* ab. Diese wechselte später mehrfach Reederei und Namen und sank als *Max Bornhofen* im Zweiten Weltkrieg am 29. November 1944 nach einem Minentreffer vor Pillau.
Das Bergungsschiff *Sygyn* wurde 1916 in Schweden bei „Motala Nya Verkstad A/B“ für die Reederei Svitzer in Kopenhagen gebaut. Es war 195 BRT groß und besaß eine 525 PSi starke Maschine.

Aus Hamburg stammte der kleine Passagierdampfer **Hammonia,** 83 BRT/53 NRT groß. Er wurde 1879 in Rosslau an der Elbe auf der Werft der Gebr. Sachsenberg als Zweischraubenschiff gebaut. Erster Eigner war Hinrich Koch in Hamburg, der die als Binnenschiff registrierte *Hammonia* im Fährdienst auf der Unterelbe einsetzte. Auch nach einem Besitzerwechsel 1886 blieb sie in Hamburg. 1920 wird als neuer Eigentümer der Roßhaarzwirnereibesitzer und Textilrohstoffhändler Georg Rieckeheer in Luckenwalde bei Berlin genannt. In seinem Auftrag sollte die von ihm mit 800 000 Mark versicherte *Hammonia* von Hamburg nach Swinemünde überführt werden. Schon bei der Fahrt durch den Nord-Ostsee-Kanal machte der Dampfer soviel Wasser, daß die Mannschaft sich weigerte, an Bord zu bleiben. Deshalb ließ der für die Überführung angemusterte Kapitän Ernst Strohberg aus Bremen die *Hammonia* in Kiel gründlich überholen und bekam anschließend auch ein Seefähigkeitsattest. Außerdem nahm man in Kiel drei kleine Behälter an Bord, die angeblich Medikamente für Reval in Estland enthielten. Diese waren zu der hohen Summe von 280 000 Mark versichert, jedoch nur bis Swinemünde. Am 12. August ging der Dampfer von Kiel in See, und bald danach stellte sich heraus, daß ein Speisewasserventil nicht arbeitete. Kapitän Strohberg lief deshalb Heiligenhafen an, um den Schaden reparieren zu lassen. Am 17. August abends verließ man Heiligenhafen und setzte die Fahrt nach Swinemünde fort. Um 21 Uhr wurde Burgstaaken passiert und um 22.45 Uhr das Feuer von Staberhuk mit 2 sm Abstand querab gepeilt. Laut Aussage des Kapitäns erhielt die *Hammonia* am 18. August gegen 3.30 Uhr einen schweren Stoß. Gleich darauf vernahm man ein Geräusch, das sich wie ein Rutschen über einen festen Gegenstand anhörte. Strohberg ließ die Maschine sofort stoppen und die Räume peilen, die alle dicht geblieben waren. Nach dieser Feststellung dampfte er weiter. Nur 15 Minuten später meldete der Maschinist starken Wassereinbruch im Maschinenraum. Kapitän Strohberg änderte daraufhin den Kurs in die entgegengesetzte Richtung und dampfte mit voller Fahrt auf die Insel Fehmarn zu, um das Schiff hier auf Strand zu setzen. Außerdem wurden zwölf Blaulichter abgebrannt und danach an Deck ein Notfeuer auf einer feuerfesten Unterlage entzündet, ohne daß sich Hilfe zeigte. Da die Pumpen das Wasser nicht bewältigten, verloschen zuletzt die Feuer unter den Kesseln und die Schlagseite nach Steuerbord wurde immer bedrohlicher. Nun gab Kapitän Strohberg die *Hammonia* auf und ließ das Boot aussetzen. Mit diesem ruderten die sechs Schiffbrüchigen bei stiller See dem Land zu, das sie nach ca. 2½ Stunden gegen 6 Uhr morgens bei Marienleuchte erreichten.

Sie wurden vom Leuchtfeuerwärter Nissen freundlich aufgenommen und verpflegt. Als Ort des Sinkens gaben sie eine Position an, die 15 sm von Marienleuchte entfernt war und die sie in zweieinhalb Stunden Rudern bewältigt haben wollten.

Aufgrund der hohen Überversicherung des 41 Jahre alten Dampfers und der in Kiel an Bord genommenen enorm hoch versicherten 206 kg Medikamente kam den Versicherern die ganze Angelegenheit verdächtig vor. Sie nahmen an, daß die *Hammonia* zum Zweck des Versicherungsbetruges absichtlich versenkt worden sei und erstatteten Anzeige bei der Staatsanwaltschaft in Hamburg. Zu dem Verdacht trug auch bei, daß der Kapitän die drei Kollis mit Medikamenten beim Anbordnehmen in Kiel nicht gesehen hatte, sondern nur die Ladepapiere unterzeichnete. Nach zweijährigen Ermittlungen stellte die Staatsanwaltschaft das Verfahren ergebnislos ein, da sie keine Beweise für einen Versicherungsbetrug fand. Am 27. 11. 1922 verhandelte das Flensburger Seeamt über den Verlust des Dampfers und hatte dazu auch die Akten der Staatsanwaltschaft an sich gezogen. Das Seeamt konnte nur die Aussagen der Schiffsbesatzung in Betracht ziehen, die übereinstimmend behaupteten, die *Hammonia* sei auf einen schwimmenden Gegenstand gestoßen und so stark leck geworden, daß man sie verlassen mußte. Ob das den Tatsachen entsprach, ließ sich nicht nachprüfen, da man das Wrack des angeblich auf 28 m Tiefe liegenden Schiffes nicht gefunden hatte. Damit endete die Verhandlung mit dem nebenstehend in einer Abschrift wiedergegebenen Seeamtsspruch. Sollte der Dampfer tatsächlich mit Absicht versenkt worden sein, hatte ihr Eigentümer keinen finanziellen Vorteil mehr davon. Im Zuge

A u s f e r t i g u n g .

In der Seeunfallsache, betreffend Untergang des Dampfers „Hammonia" am 18. August 1920, in der Nähe des Leuchtfeuers „Marienleuchte", hat das Preussische Seeamt zu Flensburg in seiner Sitzung am 27. November 1922, an welcher teilgenommen haben :

1. Amtsgerichtsrat Bartels, Vorsitzender,
2a. Schiffskapitän Lorenz Lassen, Flensburg,
b. " Carl Schröder, "
c. Seefahrtsschuldirektor Schranz, "
d. Ingenieur C. v. Kräwel, "
3. Seeamts-Sekretär Rathje, Protokollführer,
4. Kapt. z.S. z.D. Broeker, Reichskommissar,

folgenden Spruch verkündet :

S p r u c h .

Am 18. August 1920 ist der Dampfer „Hammonia" von der Fahrt von Heiligenhafen nach Swinemünde in der Nähe des Leuchtfeuers Marienleuchte leck gesprungen und gesunken. Die Ursachen des Leckspringens liessen sich mit Sicherheit nicht feststellen. Die Schiffsleitung und Besatzung trifft kein Verschulden.

der damals schnell fortschreitenden Inflation besaß die Versicherungssumme 1922 nur noch einen Bruchteil ihres ursprünglichen Wertes.

Harburg war Heimathafen des Besanewers **Anna Luise** (KNRW), 26 BRT/20 NRT groß. Er wurde 1872 in Elmshorn bei D. Kramer gebaut und im Unfalljahr vom Eigner, Kapitän Heinrich Freise, geführt. Das Schiff sollte eine Ladung Brennholz von Noer bei Eckernförde nach Burgstaaken bringen. Am 27. August verlor es in einem schweren Sommersturm aus NW 8 bis 9 westlich von Fehmarn das Ruder und trieb gegen 7 Uhr morgens vor Bojendorf auf den Strand. Nach Wetterberuhigung wurde der Ewer am nächsten Tag von dem Fischer Emil Marten und seinem Helfer Karl Gösch gegen einen ausgehandelten Betrag von 2500 Mark flottgemacht. Ob sie diesen Betrag tatsächlich erhalten haben, ist nicht bekannt, denn die *Anna Luise* wurde mit ihrer Ladung durch Gerichtsbeschluß beschlagnahmt. Es bestand der Verdacht, daß das Schiff ins Ausland verschoben werden sollte.

Aus Delaware/USA stammte der amerikanische Viermastschoner **Marie F. Cummins,** (LWRV), 1167 BRT/1085 NRT. Er war erst 1919 in Beaumont/Texas bei der Beaumont Shipbuilding Corporation aus Holz erbaut worden und gehörte der Cummins Transportation Co. Wilmington/Delaware. Er hatte zehn Mann Besatzung und wurde von Kapitän Mc Ivet geführt. Der Schoner befand sich mit einer Ladung Schwefelkies auf der Reise von Galveston/USA nach Örviken in Schweden. Für die Fahrt um Skagen herum hatte der Kapitän einen dänischen Lotsen an Bord genommen. Trotzdem strandete die *Marie F. Cummins* am 30. Oktober gegen 22 Uhr bei SO-Sturm Stärke 8 und klarer Luft vor Wallnau. Der Lotse hatte das Feuer von Westermarkelsdorf für das von Marienleuchte angesehen. Es bestand keine Aussicht, das schwerbeladene Schiff ohne fremde Hilfe freizubekommen. Am nächsten Tag traf der Dampfer *Fehmarn* unter Kapitän Ludwig Schwenn an der Unfallstelle ein. Ludwig Schwenn war ein erfahrener Bergungsfachmann, der lange Jahre den deutschen Bergungsdampfer *Berger Wilhelm* im Mittelmeer gefahren hatte. Ihm gelang es in der Nacht vom 30. auf den 31. Oktober, den Schoner abzuschleppen, nachdem man einen Teil der Ladung in die See geworfen hatte. Schäden hatte die *Marie F. Cummins* nicht davongetragen.

In Lübeck war inzwischen der Gaffelschoner **Meteor** (JPRV), 64 BRT/50 NRT, registriert, der 1905 unter einem anderen Eigner schon einmal vor Fehmarn festsaß. Seit 1913 gehörte er Kapitän Eduard Kähler, der 1911 mit dem Schoner *Hinrich Wilhelm* ebenfalls vor Puttgarden gestrandet war. Die *Meteor* segelte in Ballast von Rönne auf Bornholm nach Lübeck und lief am 29. Dezember gegen 3 Uhr morgens bei SSO-Wind 4 – 5 und Nebel vor Staberhuk auf Grund. Da das Wasser gerade anstieg, wurde der Schoner am gleichen Vormittag durch den Lotsen Fritz Schwenn mit seinen Fischkuttern *Schwalbe* und *Sturmvogel*

1920 – Der oft bei Bergungen erwähnte alte Lotse und Fischer Fritz Schwenn.

abgebracht. Anschließend schleppte ihn der Dampfer *Fehmarn* direkt nach Lübeck.
Mit den Kuttern *Schwalbe* und *Sturmvogel* werden

zwei weitere auf Fehmarn beheimatete Schiffe zum ersten Mal bei einer Bergung erwähnt. Die 11 m lange *Schwalbe*, Fischerei-Nr. BUR. 1 wurde 1914 in Kappeln gebaut und besaß einen 25-PS-Callesen-Glühkopfmotor. Den 12-m-Kutter *Sturmvogel*, Fischerei-Nr. BUR. 11, hatte Fritz Schwenn 1919 in Burgstaaken auf der Werft von Rehr bauen lassen. Er war anfangs mit einem dänischen Horsens-Glühkopfmotor von 18 PS ausgerüstet, der nach einigen Jahren durch einen 25-PS-Deutz-Glühkopf ersetzt wurde. Später überließ Fritz Schwenn den *Sturmvogel* seinen Söhnen Christian und Fritz. In den dreißiger Jahren wurde der Kutter in Lauenburg/Elbe auf der Hitzlerwerft auf 16 m verlängert. Er erhielt einen Motor von 80 PS und fand nun hauptsächlich als Steinfischerfahrzeug Verwendung. Im Zweiten Weltkrieg wurde er von 1940 bis 1945 als Lotsenversetzboot im Fehmarnsund eingesetzt und 1954 in Burgstaaken auf der Rehrschen Werft abgewrackt.

1921

Der erste Unfall des Jahres 1921 betraf den oft genannten Dampfer **Fehmarn** (LBDH), der erst im Oktober 1919 die *Marie F. Cummins* abgebracht hatte. Er wollte am Morgen des 17. Januar zu seiner Linienfahrt von Burgstaaken über Orth nach Kiel auslaufen. Neben Kapitän Ludwig Schwenn und sieben Mann Besatzung befanden sich 24 Passagiere an Bord. Außerdem hatte man Stückgut und Vieh geladen. Die Abfahrt des Schiffes verzögerte sich um fast zwei Stunden, da beim Verladen ein Schwein in den Hafen gesprungen war und erst mühsam mit einem Boot aufgefischt werden mußte. Als der Dampfer dann kurz vor Mittag die Molen verließ, lief er bei SSW-Sturm 6 – 7 mit Schneeregen und inzwischen stark gefallenem Wasser auf eine vor der Einfahrt liegende Sandbank auf. Da das Wasser weiter fiel, kam er trotz aller Bemühungen nicht wieder frei. Man holte die Passagiere mit Fischerbooten von Bord und setzte sie in Burgstaaken an Land. Erst am nächsten Tag wurde die *Fehmarn* bei steigendem Wasser abgeschleppt. Sie lief in den Hafen zurück, um hier vorsichtshalber von einem Taucher auf Bodenschäden untersucht zu werden, die aber nicht vorhanden waren.

Hamburg war Heimathafen des Besanewers **Anna** (LGVS), ex Emma, 67 BRT/55 NRT groß. Er war 1913 in Moorrege bei J. Jacobs aus Stahl gebaut worden und gehörte 1921 dem Schiffsführer, Kapitän H. A. Neelsen aus Cranz/Elbe. Die *Anna* war mit einer Ladung Gerste von Hamburg nach Schaprode auf Rügen unterwegs. Am 8. Oktober kurz vor 1 Uhr früh lief sie im Fehmarnsund vor Struckkamphuk auf Grund. Der Schiffer hatte die Richtfeuer von Struckkamphuk und Fehmarnsund mit den Laternen zahlreicher im Sund ankernder Fahrzeuge verwechselt. Mittels Warpanker konnte Kapitän Neelsen die unbeschädigte *Anna* wieder abbringen.

Ebenfalls in Hamburg war der frachtfahrende Logger **Dresden** (KHSN), 78 BRT/59 NRT, beheimatet. Er war 1895 in Emden bei C. Cassens als Segellogger für die „Emder Heringsfischerei A. G." vom Stapel gelaufen. Als Folge des großen Schiffsraummangels nach dem Ersten Weltkrieg wurde er 1920 zum Frachtfahrzeug umgebaut und mit einem Motor versehen. Eigner war Kapitän Richard Rahmann aus Estebrügge. Unter seiner Führung hatte die *Dresden* in Karlshamn 140 t Kopfsteine geladen, die für Apenrade bestimmt waren. Da man bei WSW-Sturm 7 – 8 mit Regen und schlechter Sicht kein Leuchtfeuer sah, strandete der Logger am 5. November gegen Mitternacht bei grober See auf dem Puttgarden-Riff. Erst bei Tagesanbruch wurde der Havarist entdeckt und die Rettungsstation Puttgarden alarmiert. Unter Vormann Matthäus Möller ging die Mannschaft mit dem Ruderrettungsboot *Helene* in See und erreichte bald die Strandungsstelle. Da der Logger aber noch dicht geblieben war, wollte die Besatzung nicht von Bord gehen. Auf Bitten von Kapitän Rahmann brachte das Rettungsboot einen Warpanker aus. Es gelang leider nicht, den Havaristen damit abzubringen und die Rettungsmänner ruderten wieder an Land. Im Tagesverlauf stieß die *Dresden* mit ihrer schweren Steinladung dann doch leck und lief voll Wasser. Unter diesen Umständen mußte die Mannschaft das Schiff aufgeben und verließ es in der folgenden Nacht im eigenen Boot. Später bemühte sich der Fischer und Lotse Fritz Schwenn aus Burgstaaken mit seinem Kutter *Sturmvogel*, etwas Inventar von dem Logger zu retten, der mitsamt Ladung verloren ging.

Über das Eisenbahnfährschiff *Fehmarnsund* wurde schon anläßlich seiner Inbetriebnahme 1905 chro-

1921 – Das in der Nacht vom 6./7. 11. 1921 bei Großenbrode gestrandete Fährschiff »Fehmarnsund«.

nologisch ausführlich berichtet. Der Trajektverkehr spielte sich damals nur am Tage ab, nachts lag das Schiff an der Fährbrücke von Fehmarnsund vertäut. Jeweils am frühen Morgen hatte ein Mann der Besatzung die Aufgabe, die Kessel aufzuheizen, damit die Maschine bei Dienstbeginn genügend Dampf hatte. In der Nacht vom 6. auf den 7. November tobte ein schwerer Oststurm, der große Wassermassen durch den Fehmarnsund trieb und in der westlichen Ostsee einen sehr hohen Wasserstand verursachte. Als der für die Kessel zuständige Mann am 7. 11. in der Dunkelheit frühmorgens zum Sund kam, reichte das Wasser schon bis zu der Albertschen Bahnhofsgaststätte. Er watete auf die überschwemmte Fährbrücke, fand aber keine Fähre mehr vor. Daraufhin weckte er eilends den Fährkapitän und gemeinsam suchte man den Strand ab. Erst bei Tagesanbruch sah man, daß das Schiff auf der gegenüberliegenden Festlandseite 400 m westlich von Großenbroder Fähre gestrandet war. Der ungewöhnlich hohe Wasserstand und die heftige Strömung hatten es losgerissen und über den Sund getrieben. Nach Abflauen des Sturmes lag es „hoch und trocken“ etwa 200 m vom Wasser entfernt auf einer Wiese! Noch am gleichen Tag versuchte der 1921 von der „Fehmarnlinie“ angekaufte Dampfer *Seelotse*, der später in *Bürgermeister Lafrenz* umbenannt wurde (siehe 1931), vergeblich den gestrandeten Trajekt abzuschleppen. Der Dampfer war gerade auf seiner Überführungsfahrt von Cuxhaven nach Burgstaaken und hatte wegen des schweren Sturmes in der Orther Bucht vor Anker Schutz gesucht. Das Abbringen des Fährschiffes gestaltete sich äußerst schwierig und dauerte viel länger als erwartet. Den Zuschlag für die auf zehn bis zwölf Tage veranschlagten Arbeiten hatte die Kieler Bergungsfirma Lafarenz & Lehmann für den hohen Festbetrag von 220 000 Mark bekommen (man befand sich schon in der Inflation). Lafarenz schickte einen Bergungsdampfer, der alleine nichts bewegen konnte. Die Fähre wurde erst mühsam auf Balken gesetzt und ein Graben in ihrer ganzen

Breite ausgehoben. Außerdem mußte man auf einen besonders hohen Wasserstand zum Aufschwimmen warten. Nachdem man einen solchen am 2. 1. 1922 mit 1,05 m über Normalstand verpaßte, gelang es endlich am 15. 1. 1922 bei einem erneuten Hochwasser, den Trajekt wieder in sein Element zu bringen. Über zwei Monate war kein Eisenbahnverkehr zwischen Fehmarn und dem Festland möglich. Alle Waren und Güter mußten in Großenbrode und Fehmarnsund per Hand aus- und umgeladen werden. Sie wurden dann mit dem alten hölzernen Fährprahm aus der Zeit von 1905 mittels eines Motorbootes herüber geschleppt. Auch die Reisenden hatten wieder die gleichen Erschwernisse wie vor dem Trajektverkehr auf sich zu nehmen.

Die aus Kiel kommende Barkasse **Else** wollte am 26. Dezember gegen 22 Uhr bei SW-Sturm in Burgstaaken einlaufen. An Bord befand sich nur der Schiffsführer Hilbert. Als das kleine Fahrzeug gerade die Einfahrt erreicht hatte, fiel der Motor aus und es wurde auf die Ostmole geworfen. Dabei stieß es leck und sank. Schiffer Hilbert rettete sich schwimmend an Land. Die Barkasse wurde später zwar gehoben, wegen ihrer starken Schäden aber für reparaturunwürdig erklärt. Der Anlaß der einsamen Sturmfahrt am zweiten Weihnachtstag von Kiel nach Fehmarn ist nicht bekannt.

1922

In Hamburg war der Zweischrauben-Motorleichter **Transport,** (RVSC), 155 BRT/114 NRT registriert. Er entstand 1895 im niederländischen Slikkeveer und wurde 1909 umgebaut. 1921 war er Eigentum der „Küstentransport- und Bergungs A. G." in Hamburg. Unter Kapitän Carl Wodrich war der Leichter zur Zeit der großen Lebensmittelknappheit in den Großstädten mit einer Ladung Mehl und Kartoffeln von Anklam in Pommern nach Dortmund unterwegs. Auch vier Passagiere befanden sich an Bord. Am 27. Mai herrschte NW-Sturm 7 bis 8 in der westlichen Ostsee und Kapitän Wodrich lief nach Burgstaaken ein, um besseres Wetter abzuwarten. In der Fahrrinne des Burger Binnensees schlug er sich die Schraubenflügel der Backbordmaschine an einem Stein ab und erreichte nur mit Mühe den Hafen.

Aus Petrograd, das später in Leningrad umbenannt wurde und zur Zarenzeit St. Petersburg hieß, stammte der russische Frachtdampfer **Transbalt,** (GVJL), ex Riga, ex Belgravia, 11 397 BRT/6828 NRT groß. Er lief 1899 in Hamburg bei Blohm & Voß vom Stapel, hatte 70 Mann Besatzung und wurde von Kapitän Skideh geführt. Die *Transbalt* befand sich mit einer Ladung Steinkohlen auf der Reise von Cardiff nach Petrograd und lief am 8. November bei schwachem Westwind und Nebel vor Westermarkelsdorf auf Grund. Der 3000 m vom Land entfernt festsitzende Dampfer wurde später durch einen Schlepper der „Vereinigten Bugsiergesellschaft Kiel" wieder abgebracht.

1923

Kiel war Heimathafen des ca. 20 Jahre alten Motorseglers **Anna,** zu dem jegliche Angaben fehlen. Unter Kapitän Otto Neumann hatte er am 20. Januar Kiel mit einer für Lübeck bestimmten Ladung Stückgut verlassen. Im Lauf des Tages frischte es aus W z N mit Stärke 8 bis 10 und Regenböen auf. Als die *Anna* am Abend den Fehmarnsund erreicht hatte, versagte plötzlich das Ruder. Man ging sofort vor Anker, doch hielt dieser nicht. Das Schiff geriet in der Nacht ins Treiben und strandete am 21. Januar gegen 4 Uhr morgens in der Nähe des Ortes Fehmarnsund. Mit Hilfe von einheimischen Fischern wurde es bei steigendem Wasser wieder flottgemacht.

Am 17. August fand der Lotse Fritz Schwenn aus Burgstaaken den Leichter **Heinrich** der Stettiner Reederei Otto Ippen südöstlich von Fehmarn unbemannt in der See treibend. Es ist leider nicht bekannt, unter welchen Umständen der Leichter von seinem Schlepper verloren und von der Besatzung verlassen wurde. Schwenn schleppte ihn nach Burgstaaken ein. An Bord fand man 75 Fässer mit Schwefel sowie 7,5 t Steinkohlen. Sicherlich bekam Fritz Schwenn einen guten Bergelohn zugesprochen.

Ebenfalls im August 1923 sind die ersten Strandungen von damals so genannten „Lustjachten" verzeichnet. Es handelte sich dabei um reine Sportsegler im Gegensatz zu dem einmastigen Handelsschiffstyp „Jacht" in der Ostsee. Während die Lustjacht **Möwe II** im Fehmarnsund auf Grund geriet, strandete die **Fritjof** unbemannt zwischen Westermarkelsdorf und Bojendorf. Sie wurde später vom Dampfer *Fehmarn* abgeschleppt und nach Burgstaaken eingebracht. Da die Seeunfälle der Sportsegler in den folgenden Jahren immer mehr zunahmen, diese Zeilen aber denen gewidmet sind, die beruflich zur See fahren mußten, werden sie künftig hier nicht mehr aufgeführt.

Die schwedische Motorgaleasse **Ala** (KDCP), ex Lady Plimsoll, 77 BRT/55 NRT, wurde 1877 in Grimsby gebaut. Sie war zuletzt in Rånås beheimatet. Unter der Führung von Kapitän S. B. Olsson befand sie sich mit einer Ladung Tonerde auf der Fahrt von Lübeck nach Otterbäcken/Schweden und schlug am 11. November plötzlich südöstlich von Fehmarn leck. Sie sank auf der Position 54° 20′ nördliche Breite und 11° 07′ 10″ östliche Länge, ihre Besatzung wurde gerettet.

In Hamburg war der Schoner **Amazone** (QLCR), 38 NRT, beheimatet. Er hatte fünf Mann Besatzung und sollte unter Kapitän W. Glaser eine Ladung Stabholz von Baltisch Port nach Itzehoe bringen. Am 23. Dezember lief er bei ONO-Wind 2–3 gegen 11 Uhr vormittags auf dem „Mittelgrund“ im Fehmarnsund auf, da bei dem schwachen Wind und zugleich hartem, nach Westen setzendem Strom kein Steuern mehr möglich war. Der Schoner wurde aber bald von den Kuttern *Schwalbe* und *Sturmvogel* des Lotsen Fritz Schwenn wieder abgebracht.

Der schwedische Dampfer **Gunlög** (KBDV), 1424 BRT/918 NRT, wurde 1917 in Papendracht bei J. & A. van der Schuijt gebaut. Er gehörte der Stockholms Rederi A/B „Svea“ in Stockholm und wurde 1923 von Kapitän Osterberg geführt. Dessen Frau befand sich ebenfalls mit an Bord. Der Dampfer war mit einer Ladung Koks von London nach Stockholm unterwegs und strandete am ersten Weihnachtstag nachmittags bei orkanartigem NW-Sturm mit Schnee nordwestlich von Westermarkelsdorf. Für die 20 Mann starke Besatzung bestand jedoch keine Gefahr. Unter der Leitung des von Fehmarn stammenden Bergungsinspektors, Kapitän Hein, begannen am nächsten Tag Schlepper der Reederei Schuchmann und Svitzer mit den Bergungsarbeiten. Man hatte am zweiten Weihnachtstag auf Fehmarn 40 Hilfskräfte zusammen bekommen und an Bord der *Gunlög* gebracht. Dort schaufelten sie ca. 70 bis 80 t Koks in die See. Ein weiterer Teil wurde in einen Leichter gelöscht und nach Kiel gebracht. Noch am gleichen Tag konnte der Havarist bei stark gestiegenem Wasserstand abgeschleppt werden. Anschließend fuhr er mit eigener Kraft, aber in Begleitung von drei Schleppern nach Nakskow, wo eine erste Untersuchung auf Bodenschäden und Seetüchtigkeit erfolgte. Um keine Zeit zu verlieren, blieben die Fehmarner Arbeiter an Bord der *Gunlög* und machten die Fahrt nach Nakskov mit. Von dort brachte sie am späten Abend ein Schlepper zurück und setzte sie in Fehmarnsund an Land. Die *Gunlög* ging im Zweiten Weltkrieg am 27. Oktober 1941 durch Bombentreffer vor der niederländischen Küste verloren.

1924

In einer Zeitungsmeldung vom 28. April heißt es nur ganz kurz, daß der Flensburger Motorschoner **Erato** (RTWQ), im Fehmarnsund durch den Dampfer *Fehmarn* aus Burgstaaken aus Seenot geborgen wurde. Die *Erato* entstand 1913 in Hoogezand bei den Gebrüdern van de Werf. Sie war 90 BRT/68 NRT groß und 1924 Eigentum der Flensburger Reederei Albert Peter Rickmers.

Der dänische Motorschoner **Fremad,** (NQTC), 56 BRT/34 NRT, stammte aus Frederikshavn und wurde dort 1908 auf der Werft von C. Nielsen gebaut. Eigner und Schiffsführer war Kapitän L. C. Jensen. Die *Fremad* hatte in Lübeck eine Ladung Gipssteine für Ålborg an Bord genommen. Am 21. November kurz vor Mitternacht strandete sie bei SW-Sturm 7–8 und Nebel unterhalb von Sahrensdorf, doch blieb die Besatzung an Bord. Um das Schiff abzubringen, mußte ein Drittel der Ladung in die See geworfen und ein anderer Teil geleichtert werden. Erst dann konnte der dicht gebliebene Schoner vom Dampfer *Fehmarn* in Zusammenarbeit mit dem Kutter *Sturmvogel* abgeschleppt werden.

1925

Aus Hamburg stammte die Tjalk **Georg** (KJGC), ex Sieka, 70 BRT/49 NRT groß. Das aus Stahl gebaute Schiff lief 1892 in Hoogezand bei H. Kroese vom Stapel und gehörte 1925 Kapitän Fritz Bahr. Unter seiner Führung hatte die Tjalk am 4. Januar Travemünde mit 110 t Weizen verlassen, die für Uetersen bestimmt waren. In der Lübecker Bucht geriet man in einen schweren SW-Sturm, der in Böen Stärke 10–11 erreichte. Kapitän Bahr versuchte deshalb Burgstaaken als Schutzhafen anzulaufen. Gerade als die Tjalk am Abend des 4. Januar die Einfahrt nach Burgstaaken erreicht hatte und sich zwischen den Molen befand, sprang der Sturm schlagartig von SW auf NW um. Dabei schlugen die wenigen noch stehenden Segel back und das Schiff trieb auf die Ostmole. Hier blieb es sitzen, stieß leck und lief teilweise voll Wasser. Die Mannschaft brachte sich alleine in Sicherheit. Um die Tjalk abzubringen, mußte in den nächsten Tagen der größte Teil des lose verladenen und fast vollständig naß gewordenen Getreides gelöscht werden. Der nasse Weizen wurde anschließend bei den Fehmarnschen Mühlenwerken in Burgstaaken wieder getrocknet. Nach harter Arbeit konnte das Schiff in der Nacht vom 6. auf den 7. Januar 1925 abgebracht und unter fortwährendem Pumpen in den Hafen geschleppt werden. Die Rehrsche Werft nahm es sofort auf die Slip.

Im gleichen Sturm vom 4. Januar verunglückte auch der Hamburger Motorewer **Preciosa** (RNFT), 39 BRT/28 NRT. Er wurde 1904 in Geversdorf bei J. H. A. Stegmann gebaut und war 1925 Eigentum von Kapitän Friedrich Kropp. Außer ihm befand sich nur noch ein zweiter Mann an Bord. Der Ewer lag bei dem orkanartigen SW-Sturm auf der Reede von Heiligenhafen vor zwei Ankern mit je 50 bis 60 Faden Kette. In einer heftigen Böe brachen beide Ketten. Die *Preciosa* kam ins Treiben und strandete am 4. Januar gegen 18.30 Uhr östlich der Fehmarnsunder Fähranlegestelle. Noch während des Treibens wuschen die Wellen das Beiboot vom Deck und zertrümmerten es an der Bordwand. Die zwei Leute retteten sich an einer Leine, die man ihnen vom Land aus zugeworfen hatte. Am 8. Januar wurde die *Preciosa*, an der nur der Motor defekt war, von dem Kieler Schlepper *Wieck* freigeschleppt und nach Heiligenhafen gebracht.

In Kungsviken war die schwedische Motorgaleasse **Arthur Pelham** (JSNP), 73 BRT/55 NRT, beheimatet. Sie wurde 1882 in Hull gebaut und 1908 neu aufgezimmert. Im Mai 1925 befand sie sich mit einer Ladung Quarzsand auf der Fahrt von Lübeck nach Sölvesborg. Am 18. Mai wurde die *Arthur Pelham* ca. 5 sm nordöstlich von Staberhuk von dem griechischen Dampfer *Kalypso Vergotti* gerammt und so schwer getroffen, daß sie innerhalb weniger Minuten sank. Ihre Besatzung nahm der Grieche an Bord.

Heimathafen des Gaffelschoners **Schneewittchen** (RTVD), 83 BRT/68 NRT, war Lübeck. Er wurde 1913 in Martenshoek auf der Werft vormals Gebr. Bodewes gebaut und war 1925 Eigentum von Wilhelm Lischau in Lübeck. Ohne daß Abgangs- und Bestimmungshafen bekannt sind, heißt es nur, daß der Schoner in der Nacht vom 27. auf den 28. August im Fehmarnsund vor Struckkamphuk auf Grund lief. Er saß zwischen großen Steinen in gefährlicher Lage, doch wurde er von Fritz Schwenn und seinem Kutter *Sturmvogel* daraus befreit und nach Burgstaaken geschleppt. Nach der Untersuchung auf eventuelle Bodenschäden setzte *Schneewittchen* seine Fahrt fort.

Aus Flensburg stammte der Motorschoner **Dagmar** (LNQD), 210 BRT/164 NRT. Er lief 1921 in Glückstadt auf der Norddeutschen Werft vom Stapel und gehörte zu einer neuen Generation stählerner Schoner, wie sie nach dem Ersten Weltkrieg auf mehreren Werften gebaut wurden. Eigentümer der *Dagmar* war die Reederei Matthias Nielsen in Flensburg. Wie im vorhergehenden Fall ist auch hier nichts über Reiseziel und Ladung bekannt. Der Schoner lief in der Nacht vom 6. auf den 7. September bei stürmischem Wetter ebenfalls vor Struckkamphuk auf die Steine. Am nächsten Morgen erschien Fritz Schwenn mit seinen Söhnen und dem Kutter *Sturmvogel* und begann trotz hochgehender See mit den Bergungsarbeiten. Damit hatte er nach einigen Stunden auch Erfolg und bekam den Schoner wieder flott.

In Bremen war der Dampfer **Phädra** (QGNK), 619 BRT/372 NRT, registriert. Er wurde 1898 in Geestemünde auf der Seebeckwerft für die D. G. „Neptun" in Bremen erbaut und brauchte nach dem Ersten Weltkrieg nicht an die Alliierten abgeliefert zu werden. Anfang Oktober 1925 hatte die *Phädra* in Burgstaaken bei der Firma Nico Mildenstein Ladung eingenommen und wollte am 6. Oktober in See gehen. Dabei geriet sie vor der „Steinkiste" wegen ungewöhnlich niedrigen Wasserstandes auf Grund. Es gelang nicht, sie sofort wieder abzuschleppen. Das glückte erst am nächsten Tag bei steigendem Wasser. „Steinkiste“ ist ein altes, heute fast unbekanntes Wort auf Fehmarn für die beiden Molen vor dem Hafen.

Die *Phädra* wurde im Zweiten Weltkrieg vor der niederländischen Küste von britischen Seestreitkräften erbeutet und fuhr danach unter verschiedenen Flaggen und Namen, ehe sie 1960 auf einer Abwrackwerft endete.
Heimathafen der Tjalk **Anna** (NJGH), 76 BRT/59 NRT, war Stralsund. Sie wurde 1884 in Martenshoek aus Eisen gebaut und 1925 von ihrem derzeitigen Eigner, Kapitän Erich Ewert, geführt. Die *Anna* war mit einer Ladung Roggen von Rostock nach Svendborg unterwegs und geriet in einen orkanartigen NO-Sturm mit Schneetreiben und hohem Seegang. Am 25. November frühmorgens strandete sie infolge des Unwetters und schlechter Sicht zwischen Wenkendorf und Altenteil. Gleich nach dem Auflaufen eilten Leute vom Wenkendorfer Teichhof an die Unglücksstelle und halfen der Mannschaft mit zugeworfenen Leinen an Land zu kommen. Anschließend nahmen sie die Schiffbrüchigen mit zum Hof, wo man sie mit trockener Kleidung und Nahrung versorgte. Die Tjalk wurde später vom Dampfer *Fehmarn* abgeschleppt und nach Burgstaaken gebracht.

1925 – Wrack der am 26. 11. 1925 zwischen Altenteil und Wenkendorf gestrandeten schwedischen Galeasse »Larsens Plads«.

Ein weiteres Opfer des NO-Sturmes Stärke 10–11 wurde die schwedische Galeasse **Larsens Plads** (JBPF), 74 BRT/67 NRT, die schon einmal 1913 vor Fehmarn in Seenot geraten war. Sie gehörte immer noch dem gleichen Schiffsführer, Kapitän Andersen, und sollte im November eine Ladung Holz von Oskarshamn nach Kappeln bringen. Am 26. November um 3.30 Uhr strandete die Galeasse östlich von Altenteil. Als gegen 11 Uhr vormittags weder ein Rettungsboot noch ein Bergungsdampfer zu sehen war, arbeiteten sich Fischer mit ihrem Boot durch die hohe Brandung und holten die vier Schweden an Land. Während die Holzladung nach dem Sturm geborgen wurde, mußte das Schiff aufgegeben werden. Der damalige Besitzer des dicht am Strand liegenden Teichhofes, Opitz, kaufte das Wrack zu einem geringen Preis. Anschließend ließ er es soweit wie möglich abbrechen und zu Brennholz zerkleinern. Dabei staunte man, wie fest das Eichenholz des immerhin 95 Jahre alten Schiffes noch war.

Mitte Dezember meldete ein japanischer Dampfer über Funktelegraphie, daß er vor Westermarkelsdorf auf Grund gelaufen sei und dringend starke Schlepper benötige. Ehe diese aber bei dem Havaristen eintrafen, wurde er am Vormittag des 17. Dezember bei steigendem Wasser mit eigener Kraft wieder flott. Der in dem Funkspruch stark verstümmelte Schiffsname ließ sich wegen zu großer Ähnlichkeit mit anderen Namen keinem bestimmten Schiff zuordnen.

1926

Die dänische Galeasse **Sigrid,** 38 BRT, war in Fredericia beheimatet. Sie war mit einer Ladung

Porzellanerde von Lübeck nach Kopenhagen unterwegs und segelte am späten Abend des 10. August durch den Fehmarnbelt. Dort fand zur gleichen Zeit ein nächtliches Übungsschießen der beiden deutschen Torpedoboote S-18 und S-19 statt. Dabei wurde die *Sigrid* kurz vor Mitternacht von einem Übungstorpedo getroffen. Dieser explodierte zwar nicht, beschädigte die Galeasse jedoch so sehr, daß sie zu sinken begann. Die beiden Torpedoboote eilten sofort zu Hilfe. Sie unterfingen den Segler mit Stahltrossen und versuchten ihn in die Nähe der Küste zu schleppen. Nach kurzer Zeit brach eine Trosse und die *Sigrid* sank auf 25 m Wassertiefe. Ihre Besatzung wurde von den T-Booten aufgenommen und nach Kiel gebracht.

1927

Der Ewer **Minna** (KNMW), 40 BRT/32 NRT, war 1927 in Rosenberg am Frischen Haff registriert. Er wurde 1878 in Achthöfenerdeich auf der Werft von Tiedemann gebaut und gehörte im Unfalljahr Kapitän Joh. Meyer aus Ostendorf an der Oste. Mit nur zwei Mann an Bord segelte die *Minna* in Sandballast von Hamburg nach Pillau und hatte am Abend des 13. April den Fehmarnsund erreicht. Bei SW-Sturm und Regen lief der Ewer in der Dunkelheit an der Festlandseite des Sundes auf Grund, stieß leck und kam wieder frei. Er machte jedoch viel Wasser und damit er nicht sank, setzte Kapitän Meyer ihn an der Küste von Fehmarn auf Strand. Zwei Tage später, am 15. April brachte Fritz Schwenn aus Burgstaaken die *Minna* wieder ab und schleppte sie unter fortwährendem Pumpen in den Hafen, wo sie auf der Werft von Rehr sofort aufgeslipt wurde. Der Ewer war in Hamburg mit 3000 RM versichert.

Nur einen Tag nach der *Minna* verunglückte in dem selben SW-Sturm die Hamburger Motorgaleasse **Margaretha** (RFHK), 80 BRT/34 NRT groß. Sie war 1902 in Vlaardingen gebaut worden und wurde 1927 von Kapitän Wilhelm J. Hoffmann aus Arnis geführt. Das Schiff hatte in Danzig 50 t Gerste und 30 t Kleeblumen in Säcken geladen, die für Hamburg bestimmt waren. Am 14. April um 1 Uhr früh strandete es bei schweren Sturmböen aus SW mit Regen auf „Grönwoldsbrink“, da der Kapitän das Licht eines Ankerliegers im Fehmarnsund für das Feuer von Flügge gehalten hatte. Nachdem ca. 15 t Ladung vorübergehend auf den Dampfer *Fehmarn* geleichtert wurden, schleppte dieser noch am Abend des gleichen Tages die nur gering beschädigte *Margaretha* wieder ab.

Aus Groningen stammte der 18 Jahre alte Motorsegler **Wiegatje Johanna** (DEDN), 65 NRT, unter dem Schiffsführer H. Dokters. Die Besatzung bestand aus der Frau des Kapitäns sowie ihrer Tochter und deren Mann, der als Steuermann an Bord war. Das Schiff befand sich mit einer Ladung Roggen auf der Fahrt von Stralsund nach Hamburg und strandete am 1. Juni um 7 Uhr morgens bei leichtem Ostwind und Nebel südlich von Presen. Anfangs versuchten die Holländer mit eigener Kraft mittels zweier Warpanker alleine freizukommen. Als der Ostwind aber wie üblich am Vormittag aufbriste und Stärke 6 erreichte, wurde die Lage gefährlich. Der Steuermann ruderte an Land und telefonierte um Hilfe. Daraufhin erschien gegen Mittag der Lotse Fritz Schwenn mit seinen beiden Kuttern *Sturmvogel* und *Schwalbe* und begann damit zu schleppen. Mit dem gleichzeitigen Einhieven beider Anker bekam man die *Wiegatje Johanna* gegen 15 Uhr flott. Diese war inzwischen leck gestoßen, konnte mit den Pumpen aber lenz gehalten werden und wurde zur Ausbesserung nach Burgstaaken gebracht.

Bei dem deutschen Tender **Nordsee** handelte es sich um ein Marinefahrzeug, das auf der Fahrt von Kiel nach Swinemünde war. Dabei rammte es am 9. Juni im Fehmarnsundfahrwasser die Sportjacht **Lust** des Kieler Vereins „Freie Turnerschaft Kiel“, die nach dem Zusammenstoß sofort sank. Der Tender nahm ihre Besatzung an Bord und gab sie sofort an eine andere Jacht des gleichen Vereins ab, die in der Nähe war. Menschen kamen bei dem Unfall nicht zu Schaden. In den nächsten Tagen wurde die gesunkene Jacht vom Tonnenleger *Bussard* aus Kiel gehoben und nach Kiel gebracht.

1928

Von Nakskov kam die dänische Motorgaleasse **Klara,** (NCLW), ex Wilhelm, 55 BRT/48 NRT groß. Es handelte sich um ein ehemals deutsches Schiff, das 1880 in Elmshorn gebaut wurde. Ihr jetziger Eigner, Kapitän Nielsen von Samsö, hatte nicht nur seine Frau, sondern auch seine beiden kleinen Kinder im Winter 1928 bei sich an Bord. Außerdem gehörten noch zwei Seeleute zur Besatzung. Ohne daß Angaben über Ladung und Reiseziel vorliegen, heißt es nur, daß die *Klara* am 31. Januar bei ruhiger See, aber dichtem Nebel nordwestlich von Westermarkelsdorf auf Strand geriet. Sie kam jedoch mit eigener Kraft wieder frei.

Die Hamburger Kufftjalk **Minna II,** (KJLB), ex Martha, lief 1903 in Papenburg bei Abraham Beckmann vom Stapel. Nach dem Einbau eines Hilfsmotors wurde sie mit 66 BRT/46 NRT vermessen. Unter ihrem Eigner, Kapitän Nicolai P. Christiansen, befand sich das Schiff mit einer Ladung Schlämmkreide auf der Fahrt von Stralsund nach Hamburg. Mit dem 35-PS-Glühkopfmotor der Firma Callesen aus Apenrade war man sehr zufrieden und hatte diesen am Abend des 12. August noch völlig in Ordnung befunden. Kurz nach dem mitternächtlichen Wachwechsel hörte der gerade zur Koje gegangene Kapitän plötzlich laute Hilferufe. Als er an Deck eilte, schlugen schon die hellen Flammen aus dem Maschinenraum und man hatte keine Möglichkeit mehr, einen Brand von diesen Ausmaßen mit Bordmitteln zu bekämpfen. Da auch der Kajütsniedergang inzwischen zu brennen begann, kletterte Kapitän Christiansen durch das Oberlicht, um wenigstens die Schiffspapiere und sein Geld zu retten. Danach hatte die Besatzung gerade noch Zeit, das Boot auszusetzen und von Bord zu gehen. Die *Minna II* sank am 13. August zwischen 5 und 6 Uhr morgens etwa 5 sm nordöstlich von Staberhuk. Gegen 8.30 Uhr erreichte das Boot mit den Schiffbrüchigen die Ostküste Fehmarns. Über die Entstehung des Feuers gab es nur Vermutungen. Man nahm an, daß sich heiße Brennstoffdämpfe an der Glühhaube des Motors entzündet hatten und dann der mit Holz verkleidete Maschinenraum in Brand geriet.

Zu der in Hamburg beheimateten Jacht **Cäcilie** (LBSV), fanden sich keine näheren Angaben. Bekannt ist nur, daß sie 1913 erbaut und 1928 von Kapitän Leesemann geführt wurde. Auch über die Ladung des von Kiel nach Travemünde segelnden Schiffes wird nichts erwähnt. Die Besatzung bestand aus insgesamt fünf Mann, außerdem hatte der Kapitän noch vier Familienangehörige zu dieser Fahrt im Sommer eingeladen. Am 25. August bei schwachem SW-Wind rammte im Fehmarnbelt der norwegische Frachtdampfer *Grana* die Jacht, die sofort sank. Drei Mann der Besatzung und ein Gast kletterten über den Bug des Dampfers zu diesem an Bord. Vier weitere Personen nahm ein sofort ausgesetztes Boot des Norwegers auf, und der letzte Mann wurde mit einer Leine an Deck des Dampfers geholt. Wer die Schuld an dem Zusammenstoß und damit auch am Verlust der *Cäcilie* trug, ist nicht bekannt.

Der 36 Jahre alte Motorsegler **Dorothea** (RFLW), 83 BRT/62 NRT, war in Hamburg registriert. Er gehörte 1928 dem Schiffsführer, Kapitän Peter Damman aus Neuenkirchen. Die *Dorothea* fuhr in Ballast von Flensburg nach Heiligenhafen. Sie lief am 6. Oktober gegen 19 Uhr bei schwachem SW-Wind und dichtem Nebel vor Struckkamphuk auf Grund. Später wurde sie durch den Kutter *Sturmvogel* des Lotsen Fritz Schwenn unbeschädigt wieder abgebracht.

In Arnis an der Schlei war die Galiote **Helene** (NMLG), 49 BRT/22 NRT, beheimatet. Sie wurde 1900 in Nordholm erbaut und 1928 von Heinecke & Co. in Hamburg bereedert. Unter Kapitän Sander aus Heiligenhafen sollte sie eine Ladung Briketts von Lübeck nach Århus bringen. Plötzlich brach am 25. Oktober morgens querab von Dahme das Stevenrohr, und es drang so viel Wasser in das Schiff, daß man es nicht mehr lenz halten konnte. Auch der Versuch, Burgstaaken als Nothafen zu erreichen, mißlang. Es sank gegen 9 Uhr vormittags kurz vor der Einfahrt auf flachem Grund. Die dreiköpfige Besatzung rettete sich ins eigene Boot, das vom Lotsen Schwenn in den Hafen geschleppt wurde. Anschließend barg Fritz Schwenn noch einiges Inventar von dem aus dem Wasser ragenden Schiff. Am 29. Januar 1929 wurde der Rumpf der *Helene* von den Firmen Karl Ehler aus Burg auf Fehmarn und Stölting, Laboe, gehoben. Die Bergungskosten betrugen genau 2307,50 RM.

Bei dem Motorsegler **Edith** (KMWR), 44 BRT/17 NRT, war 1928 Berlin als Heimathafen eingetragen. Das 1919 in Memel gebaute Schiff besaß einen Benzinmotor von 110 PS, hatte drei Mann Besatzung und wurde von Kapitän W. Holst geführt. Die *Edith* befand sich auf der Fahrt von Kiel nach Warnemünde, ob in Ballast oder mit Ladung ist nicht bekannt.

Da am Abend des 29. Dezember ein WSW-Sturm mit Schnee- und Hagelböen die Stärke 8–9 erreichte, wollte Kapitän Holst im Hafen von Burgstaaken Schutz suchen. Als sich das Schiff gerade zwischen den Molen befand, verdeckte eine Schneeböe die Richtfeuer der Einfahrt. Es lief an der östlichen Fahrwasserseite auf Grund und blieb sitzen. Am nächsten Tag brachte der Lotse Fritz Schwenn die *Edith* ab und schleppte sie in den Hafen.

1929

Aus Groningen stammte die holländische Motortjalk **Janna,** (PDJL), 116 BRT/74 NRT, die 1909 in Drachten/NL auf der Werft von Roorda ursprünglich als reiner Segler vom Stapel lief. 1929 wurde sie von ihrem Eigner, Kapitän S. Schuur, geführt. Außer seiner Frau und Tochter waren noch drei Mann Besatzung an Bord. Die *Janna* war mit einer Ladung Tonerde von Lübeck nach Kopenhagen unterwegs und hatte am 14. Januar spät abends auf der Reede von Burgtiefe wegen schlechten Wetters geankert. In der folgenden Nacht wuchs der Wind zu einem Schneesturm aus Süd an, die Kette brach und das Schiff kam ins Treiben. Daraufhin ließ man den zweiten Anker fallen und dampfte mit dem Hilfsmotor gegen den Sturm an. Trotzdem trieb die *Janna* immer näher auf die Küste zu und strandete schließlich am Morgen des 15. Januar zwischen der Burgstaakener Westmole und Bergmühle auf steinigem Grund. Hier verlor sie die Schraube. Kurz nach Tagesanbruch erschien Lotse Schwenn mit seinem Kutter *Sturmvogel* und brachte zuerst die beiden Frauen an Land. Anschließend begann man mit den Bergungsarbeiten. Nachdem man einen Teil der Ladung in die See geschaufelt hatte, gelang es Fritz Schwenn und seinen Söhnen, die Tjalk abzuschleppen und nach Burgstaaken einzubringen.

Die schwedische Galeasse **Flit,** (JPHB), ex Flid, 78 BRT/59 NRT, war in Fjällbacka beheimatet. Sie wurde 1889 in Yarmouth gebaut und 1912 neu aufgezimmert. Im April 1929 segelte sie in Ballast von Sonderburg/Dänemark nach Lübeck und geriet am 18. April gegen 3 Uhr morgens bei mäßigem SW-Wind und klarer Luft im Fehmarnsund bei Struckkamphuk auf Grund. Nach Aussage des Kapitäns hatte er den roten Sektor des dortigen Richtfeuers nicht gesehen. Die Galeasse, die in Uddevalla mit 14 000 Schwedenkronen versichert war, wurde durch den Lotsen Fritz Schwenn flottgemacht und nach Burgstaaken eingeschleppt.
In den letzten Jahren ist deutlich erkennbar, daß das Bergungsgeschäft um Fehmarn immer mehr an die Familie Schwenn in Burgstaaken überging und andere Reedereien kaum noch zum Einsatz kamen. Tatsächlich gab es in den zwanziger Jahren einen harten Konkurrenzkampf in dieser Sparte. Das führte dazu, daß einige neu hinzugekommene Firmen bald wieder aufgeben mußten und andere, wie die dänische Reederei Svitzer, zurückgedrängt wurden. Die Familie Schwenn hatte den Vorteil, schnell am Unfallort zu sein, und war außerdem mit der Grundbeschaffenheit rund um die Insel auf das beste vertraut. Ihr Erfolg bei den Bergungen beruhte trotz der schwachen Motorenleistungen ihrer Fahrzeuge auf einem einfachen Prinzip: Zuerst mußten die aufgelaufenen Schiffe leichter gemacht, also entladen, werden. Erst dann begann man mit dem Abschleppen und nutzte steigendes Wasser dabei geschickt aus.

Der Fischkutter **Pfadfinder** war 1929 in Travemünde zu Hause. Er wurde 1920 in Rostock erbaut und gehörte im Unfalljahr dem Fischer Paul Niemann. Dieser hatte mit einem zweiten Mann an Bord östlich von Fehmarn die Schleppnetzfischerei betrieben. Dabei bekamen sie das Netz in die Schraube, wodurch der Motor ausfiel. Der hilflose Kutter strandete am 28. Oktober bei stürmischem Wetter unterhalb von Sahrensdorf. Am 31. Oktober wurde er durch den Lotsen Schwenn abgebracht und zur Ausbesserung nach Burgstaaken geschleppt.

Bei dem Logger **Rechtenfleth** (QGFM), 88 BRT/45 NRT, handelte es sich wieder um ein ehemaliges Fischereifahrzeug, das nach dem Ersten Weltkrieg zum Handelsschiff umgebaut worden war. Aus Stahl gebaut, lief er 1896 in Vegesack bei der Bremer Vulkanwerft vom Stapel. 1929 war er in Brake beheimatet und besaß einen Hilfsmotor. Geführt wurde der Logger von seinem Eigner, Kapitän Fr. A. Steenken. Die *Rechtenfleth* war mit einer Ladung Weizen von Neustadt/Holstein nach Bremen unterwegs. Als sie in den Fehmarnsund einlaufen wollte, geriet sie am 5. Dezember gegen 7

Uhr morgens bei SO-Sturm 5–6 auf „Grönwoldsbrink“ fest. Dem jetzt schon „Berger Schwenn“ genannten Lotsen Fritz Schwenn gelang es zusammen mit seinen Söhnen und ihren Kuttern *Schwalbe* und *Sturmvogel*, die Getreideladung trocken zu löschen. Sie wurde anschließend im Speicher der Firma Peter Hiß in Burgstaaken gelagert. Später wurde auch der Logger abgeschleppt, bei dem nur der Motor beschädigt war.

1930

Am 14. November erschien in den „Wagrisch-Fehmarnschen Blättern“ ein Artikel mit der Überschrift „Strandgut“. Wörtlich hieß es darin: „Nach Mitteilung von Jägern, die am Gammendorfer Strand die Entenjagd erfolgreich betrieben, soll Holz in größeren Mengen sowie ein Boot am Strand angetrieben sein. Man vermutet, daß es sich dabei um die während des Sturmes in den letzten Tagen über Bord gegangene Deckslast eines Holzschiffes handelt. Behördliche Feststellungen in dieser Angelegenheit stehen noch aus. Vielleicht handelt es sich um ein Boot des im Sturm gekenterten dänischen Motorseglers **Stanley**. Das Wrack desselben treibt noch in der Ostsee. Da es eine Gefahr für die Schiffahrt bildet, wird danach gesucht.“ Die dänische Motorjacht *Stanley* (NLFP), 55 BRT/43 NRT, wurde 1882 in Aalesund gebaut. Zuletzt war sie in Allinge auf Bornholm beheimatet und Eigentum des Schiffsführers Andre M. Römer. Die *Stanley* verließ am 5. Oktober 1930 Swinemünde mit einer für Kalmar in Schweden bestimmten Holzladung. Unterwegs muß sie bei stürmischem Wetter gekentert sein. Von der dreiköpfigen Besatzung überlebte niemand. Das Wrack fand man später auf seiner Holzladung treibend. Die über Bord gegangene Deckslast spülte auf Fehmarn an Land.

Die Rettungsstation Puttgarden mit Mannschaft 1930.
Stehend von links: Heinrich Schlüter, Joachim Rosenberg, Karl Steiniger, Vormann Matthäus Möller, Heinrich Sörensen, Christian Plath, Henry Klütmann, Otto Schmidt
Liegend von links: Wilhelm Munsch und Ernst Stieg.
Zu Pferd sitzend: Georg Schacht, Gespannführer.

In Hamburg war die Galeasse **Dorothea** (RQHV), 81 BRT/52 NRT, registriert. Sie entstand 1910 aus Stahl in Hoogezand bei H. Kroese und gehörte 1930 dem Schiffsführer, Kapitän Hermann Hagenah aus Warstade. Die Galeasse hatte Stralsund mit Ladung für Bremen verlassen, die nicht direkt genannt ist. Am 20. November strandete sie gegen 23 Uhr bei OSO-Sturm 8 bis 9 mit Schneeböen vor der Markelsdorfer Huk, doch bestand für die drei Mann Besatzung keine Gefahr. Das Schiff erlitt zwar etliche Schäden, konnte später aber wieder abgebracht und zur Ausbesserung nach Heiligenhafen geschleppt werden.

1931

Die holländische Tjalk **Nordstern,** (FNCB), besaß ca. 150 t Tragfähigkeit. Sie wurde 1909 erbaut und war 1931 Eigentum von Kapitän Sloots, der sie auch führte. Die Tjalk segelte in Ballast von Nakskow nach Lübeck und lief am 15. Februar um 20 Uhr bei schwachem SO-Wind mit Nebel vor dem Fassensee auf Strand. Am nächsten Tag schleppte sie der Burgstaakener Dampfer *Bürgermeister Lafrenz* wieder ab.
Dieser Dampfer lief 1908 in Hamburg auf der Schiffswerft & Maschinenfabrik A. G., vormals Janssen & Schmilinsky, unter dem Namen *Seelotse* vom Stapel. Er war 168 BRT/68 NRT groß und Eigentum der Cuxhaven-Brunsbüttler Dampfschiffsgesellschaft. 1921 erwarb die „Fehmarnlinie“ in Burg a. F. das Schiff. Sie nannte es nach einem Umbau *Bürgermeister Lafrenz* und setzte es auf der gleichen Route ein, die ihr Dampfer *Fehmarn* befuhr. Bei einem neuen Umbau 1924 wurde der Dampfer von 31 auf 36 m verlängert und maß danach 177 BRT/64 NRT. Von 1921 bis 1951 fuhr Kapitän Asmus Hammer aus Burg a. F. den Dampfer. Dann verkaufte die Fehmarnlinie das Schiff nach Flensburg, wo es zum Viehtransporter umgebaut und *Flamingo* getauft wurde. Die *Flamingo* endete 1966 auf einer Lübecker Abwrackwerft.

Aus Griechenland stammte der Frachtdampfer **Massaliotes,** ex Domingo de Larrinaga, 4076 BRT/ 2651 NRT groß. Er lief 1899 in Port Glasgow bei R. Duncan & Co. Ld. vom Stapel und gehörte ab 1921 Theodoros Liaroutzos in Spetsai, der ihm den obigen Namen gab. Der Dampfer kam mit 7500 t Steinkohlen von Danzig, die für Genua bestimmt waren. Am 9. Mai gegen 10 Uhr vormittags lief er bei mäßigem NO-Wind und dichtem Nebel unterhalb von Staberdorf auf Grund. Da die *Massaliotes* auf diesem ersten Teil der Reise von Danzig bis Fehmarn schon eine Kollision gehabt hatte, gab man neben dem Nebel eine Kompaßstörung als Ursache des Auflaufens an. Am nächsten Tag wurde der Dampfer, der sonst keine Schäden davontrug, von einem Bergungsschlepper der Reederei Schuchmann wieder abgebracht.

In Krautsand an der Elbe war die stählerne Tjalk **Hans Peter,** (KLHM), 67 BRT/52 NRT, zu Hause. Sie wurde 1901 im niederländischen Stadskanaal gebaut und gehörte 1931 dem Schiffsführer, Kapitän Gustav Behrmann. Die Tjalk war mit einer Ladung Briketts von Lübeck nach Vejle/Dänemark unterwegs. Am 8. Juli nachmittags hatte sie wegen Sturm im Fehmarnsund bei der Tonne „4“ geankert, um besseres Wetter abzuwarten. Obwohl sie vor zwei Ankern lag, geriet sie in der folgenden Nacht ins Treiben und strandete am 9. Juli in den ersten Morgenstunden auf „Grönwoldsbrink“. Dort stieß sie hart auf die Steine, stieß leck und sank, während die beiden an Bord befindlichen Leute in den Mast kletterten. Bei Tagesanbruch wurden sie vom Lotsen Schwenn gesehen und anschließend abgeborgen. Zusammen mit der Besatzung barg Schwenn in den nächsten Tagen noch einen Teil des Schiffsinventars. Am 20. Juli 1931 hob die Hamburger Bergungsfirma Gebrüder Beckedorf das Wrack der Tjalk samt Ladung und brachte es nach Kiel ein.

Ålborg war Heimathafen der dänischen Motorgaleasse **Helene** (NBWP), ex Tove, ex Agnes, ex Erika, 33 BRT/25 NRT, die 1876 in Eckernförde erbaut wurde. Ihre Mannschaft bestand aus Kapitän Jenjenius Bech und einem Jungen, der seine erste Reise machte. Die *Helene* sollte eine Ladung Briketts von Lübeck nach Asaa in Dänemark bringen. Sie hatte Travemünde am 21. November gegen 9 Uhr vormittags verlassen und je weiter sie in die Lübecker Bucht hinauskam, um so mehr geriet sie in die Gewalt eines immer stärker werdenden Ost-Sturmes. Kurz vor der Fehmarnsundtonne wurde das Beiboot über Bord gewaschen. Gleich danach schlugen die Wellen in den Maschinenraum des tief weggeladenen kleinen Schiffes und ließen den 14 PS starken Glühkopfmotor ausfallen. Ein Versuch, mit Hilfe der Segel zu wenden, um der drohenden Strandung auf Fehmarn zu entgehen, mißlang. Gegen 19 Uhr strandete die Galeasse auf „Grönwoldsbrink“. Sie stieß schnell leck und sank auf ca. 4 m Tiefe, so daß die See etwa 1 m hoch über Deck ging. Da die Raketen naß waren, hatten die Schiffbrüchigen keine Möglichkeit, in der Dunkelheit Notsignale zu zeigen. Sie banden sich im Mast fest und mußten durchnäßt und erschöpft auf den Morgen warten. In der langen Novembernacht starb der 19 Jahre alte Schiffsjunge Frohde Talberg Olsen an Unterkühlung. Seine erste Seereise war zugleich auch seine letzte geworden! Bei Tagesanbruch wurde das Wrack von der Besatzung der Fehmarnsundfähre entdeckt. Fährkapitän Hermann Schröder machte sich sofort mit den Fischern Emil und Hans Carbuhn sowie Karl Paustian aus Fehmarnsund mit dem Verkehrsmotorboot *Rolf* auf den Weg zur Unglücksstelle. Sie bargen den völlig erstarrten Kapitän Bech von dem Wrack und nahmen auch den toten Schiffsjungen mit. Der Kapitän wurde im Gasthaus Evers in Burgstaaken untergebracht und von Dr. Brunk ärztlich versorgt, während man den Toten in die Leichenhalle des Krankenhauses brachte. Er fand einige Tage später auf dem neuen Friedhof in Burg a. F. seine letzte Ruhestätte. Von der nichtversicherten *Helene* wurden nur noch ein paar Teile des Riggs geborgen, und nach einigen Tagen sah man nichts mehr von dem Wrack. Damit hatte Kapitän Bech zwar seine Existenz verloren und kehrte als armer Mann nach Dänemark zurück, doch blieb ihm im Gegensatz zu seinem Schiffsjungen das Leben. – Ein Jahr später, am Todestag des jungen dänischen Seemannes, ließ die damalige Jungmarine auf Fehmarn auf seinem Grab ein Kreuz aus Eisen mit Namen und Lebensdaten errichten.

Das oben erwähnte Motorboot *Rolf* (JGHV), 15 BRT/10 NRT, lag im Fährhafen von Fehmarnsund und gehörte der Kreis-Oldenburger-Eisenbahn-Gesellschaft. Es diente bei Ausfall des Fährschiffes zur Aufrechterhaltung der Personenbeförderung. Das 13,5 m lange Boot wurde 1912 in Vegesack aus Holz gebaut und Anfang der zwanziger Jahre von Swinemünde nach Fehmarn verkauft.

Nur wenige Tage nach der Strandung der *Helene* verunglückte ein anderer dänischer Motorsegler ebenfalls auf „Grönwoldsbrink“. Sein Name lautete **Marna,** er war 39 NRT groß, aus Eisen gebaut und 28 Jahre alt. Trotz intensiver Nachforschungen in dänischen Registern ließ sich das Schiff nicht genau identifizieren. Die *Marna* war mit einer Ladung Braunkohlenbriketts von Lübeck nach Nyborg unterwegs und strandete am 30. November um 22.30 Uhr bei SO-Wind 4 bis 5 auf der erwähnten Untiefe. Der Schiffsführer Dickmann, der nur einen zweiten Mann mit an Bord hatte, gab später vor dem Strandvogt in Burgstaaken wörtlich zu Protokoll: „Die Feuer von Fehmarnsund waren schlecht zu sehen. Wir haben gelotet, 7 m, dann 5 m und bei 3 m wollten wir wenden. Das Schiff gehorchte aber dem Ruder nicht mehr, stieß auf Grund und blieb sitzen. Durch den Berger Fritz Schwenn wurde das Schiff an der Strandungsstelle geleichtert und dann abgeschleppt und nach Burgstaaken gebracht. Beim Löschen der Ladung sind etwa 5 bis 6 Zentner Briketts verlorengegangen. Das Backbordseitenschwert ist bei der Strandung in Stücke gegangen, sonst ist das Schiff dicht geblieben.“ Die *Marna* war in Dänemark mit 9000 Kronen versichert.

1932

Das schwerste Unglück vor Fehmarn war der Untergang des deutschen Marine-Segelschulschiffes **Niobe.** Es wurde 1913 als Viermast-Gaffelschoner *Morton Jensen* in Frederikshavn auf „Frederikshavns Vaerft & Flydedok“ mit 374 BRT/266 NRT für die Reederei L. F. Knackergaard in Nyköbing gebaut. Diese verkaufte ihn 1916 nach Norwegen, wo er den Namen *Tyholm* erhielt. Noch im selben Jahr wurde er mit einer für England bestimmten Holzladung von einem deutschen Unterseeboot aufgebracht. Ein Prisengericht erklärte darauf 1917 das Schiff wegen verbotenem Transport von Bannware rechtmäßig zu deutschem Eigentum. 1920 fuhr es vorübergehend unter dem Namen *Aldebaran* Fracht in Charter. 1921 übernahm die Kriegsmarine den Schoner und setzte ihn als Segeltender *Niobe* in Fahrt. Im gleichen Jahr wurde er für kurze Zeit an eine Filmgesellschaft verchartert, die ihn ohne Angabe eines Heimathafens als *Schwalbe* (VBKF), registrieren ließ. Nach Beendigung der Filmaufnahmen ließ die Marine den Schoner 1922/23 auf der Kieler Germania-Werft endgültig zum Schulschiff umbauen und zu einer Jackassbark umriggen. Mit

1932 – Schulschiff »Niobe« unter vollen Segeln.

höheren Masten und der um ein Drittel vergrößerten Segelfläche galt die *Niobe* unter alten Segelschiffsfachleuten für übertakelt.
Die *Niobe* hatte in der Nacht vom 25. auf den 26. Juli 1932 westlich von Fehmarn vor Anker gelegen. Am Vormittag des 26. 7. segelte sie mit 109 Mann Besatzung bei frischem SSO-Wind 4 bis 5 und klarer Luft durch den Fehmarnbelt, um Warnemünde anzulaufen. Das Feuerschiff *Fehmarnbelt* wurde um 13.50 Uhr mit SO-Kurs dicht an Steuerbord passiert. Inzwischen waren im Südwesten Wolken aufgekommen, die sich zu einer Gewitterfront auftürmten. Der Kommandant der *Niobe*, Kapitänleutnant Ruhfus, ließ daraufhin die Obersegel bergen, doch lief der normale Ausbildungsbetrieb weiter. Die gesamte Backbordwache war zum theoretischen Unterricht unter Deck versammelt. Während die an Deck befindliche Steuerbordwache gerade dabei war, Ölzeug zu empfangen, da es zu regnen begann, fiel um 14.15 Uhr eine an Stärke immer mehr zunehmende Böe aus SW über das Schiff her, drückte es nach Backbord über und warf es nach ca. 30 Sekunden vollständig auf die Seite. Durch die offenen Niedergänge und Bullaugen stürzten sofort Unmengen Wasser ins Schiffsinnere und hinderten fast alle unter Deck sich aufhaltenden Leute, ins Freie zu gelangen. Schon nach wenigen Minuten sank die *Niobe* in die Tiefe. Die an Deck gewesenen Kadetten und Offiziere, darunter auch der Kommandant, fanden sich im Wasser wieder und versuchten, sich nach Möglichkeit an auftreibenden Gegenständen festzuhalten und zusammenzubleiben.
Zum Glück befand sich der Hamburger Dampfer *Theresia L. M. Russ* (RGNK), 1694 BRT/992 NRT, der mit einer Ladung Holz von Trangsund/Finnland nach Gent unterwegs war, ganz in der Nähe. Er hatte kurz vor dem Kentern noch Flaggensignale mit der *Niobe* gewechselt und Kapitän Friedrich Müller hatte das Unglück beobachtet. Er ließ sofort beide Boote aussetzen und blieb nur mit dem Koch alleine an Bord. Auch vom nahen Feuerschiff wurde innerhalb kürzester Zeit das Motorboot zu Wasser gelassen und Kapitän Thom-

1932 – Bergung der »Niobe« in der Kieler Förde.

sen beteiligte sich selber an der Suche nach den im Wasser Schwimmenden. Vom Feuerschiffsboot wurden 19 Mann geborgen, von den Booten der *Theresia L. M. Russ* 21 Männer. Nach ca. 45 Minuten fand man keine Überlebenden mehr und hatte insgesamt 40 Menschen, darunter den Kommandanten, gerettet, während 69 Seeleute fehlten. Einige hatten sich nicht in der kabbeligen See über Wasser halten können. Die Mehrzahl war jedoch unter Deck gewesen und zusammen mit dem Schiff untergegangen.

Die Lage des Wracks auf 28 m Tiefe, 1,2 sm südöstlich des Feuerschiffes wurde mit Bojen markiert. Nach wenigen Tagen begannen Bergungsfahrzeuge der Bugsier-Reederei- und Bergungs A. G. aus Hamburg unter Leitung von Bergungsinspektor Kapitän Fuhrmann mit den Hebearbeiten. Diese gestalteten sich sehr schwierig, da erst die stählernen Masten der mit der Backbordseite platt auf dem Grund liegenden *Niobe* abgesprengt werden mußten, ehe man sie aufrichten konnte. Von den Hebeschiffen *Hiev* und *Griep* brachten Taucher unter dem Rumpf des Wracks Trossen hindurch. Nach mehrfachem Anheben und Absetzen in immer flacheres Wasser erreichte man am 17. August die Heikendorfer Bucht. Hier übernahmen die Bergungsschiffe *Kraft* und *Wille* die *Niobe*, die am 28. August aufschwamm. Endlich konnten auch die darin noch befindlichen Leichen geborgen werden. Von den 69 Ertrunkenen wurden 33 am 23. 8. 1932 unter großer Anteilnahme der Bevölkerung in einem Gemeinschaftsgrab auf dem Kieler Nordfriedhof beigesetzt. 17 Tote überführte man auf Wunsch ihrer Angehörigen in deren Heimatorte. 19 Opfer hatte die See behalten, sie wurden nie mehr gefunden.

Anstelle einer Seeamtsverhandlung kam es Anfang November 1932 zu einer kriegsgerichtlichen Untersuchung der Unglücksursache. Der Kommandant, Kapitänleutnant Ruhfus, war angeklagt, den Untergang der *Niobe* verschuldet zu haben. Nach Anhörung zahlreicher Zeugen und Gutachter führte das fast ausschließlich aus Marineoffizieren zusammengesetzte Gericht das plötzliche Kentern auf höhere

Gewalt in Form einer „Fallböe“ zurück. Es argumentierte, der Kommandant hätte nach dem Erscheinungsbild der aufziehenden Wetterfront nicht erkennen können, welche Energie tatsächlich in ihr steckte und wurde von jeder Schuld freigesprochen. Die wichtigsten Punkte betreffend der Stabilität und Übertakelung der *Niobe* wurden nur am Rande gestreift. Insgesamt ließ die Verhandlung viele Fragen unbeantwortet. Höchstwahrscheinlich hätte sich der Kapitän eines Handelsseglers beim Nähern einer drohenden und stets unberechenbaren Gewitterfront vorsichtiger verhalten.
Am 18. September 1932 versammelte sich fast die ganze damalige Flotte der Reichsmarine vor der hinterpommerschen Küste in Höhe der Stolper Bank. Dorthin hatte man auch das Wrack der *Niobe* geschleppt. Im Beisein aller Schiffe versenkte das Torpedoboot *Jaguar* den Rumpf der *Niobe* mit einem Torpedo auf der Position 55 ° 14′ nördliche Breite und 17 ° 21′ östliche Länge. Das glich der öffentlichen Hinrichtung eines Schuldigen und traf in gewisser Weise auch zu. Schon der Name *Niobe* war kein gutes Omen und unglücklich gewählt für ein Schiff voll junger lebensfroher Menschen. Gehört die Niobe doch zu den tragischsten Gestalten der griechischen Sage. Sie war die Tochter des Tantalus und wurde später die Gemahlin des Königs von Theben, Amphion, dem sie eine stattliche Zahl Töchter und Söhne gebar. Übermütig über dieses Glück verspottete sie die Göttin Leto, weil diese nur zwei Kinder besaß, nämlich Apollo und Artemis. Zur Strafe für den Spott töteten Apollo und Artemis alle Kinder der Niobe mit Pfeilschüssen vor deren Augen, worauf sie vor Schmerz zu Stein erstarrte.
Heute erinnert noch das am 15. 10. 1933 eingeweihte Denkmal in Form eines Schiffsmastes gegenüber der Unglücksstelle am Strand von Gammendorf auf Fehmarn an die 69 Toten der *Niobe*.

1933

In Hamburg war die Motorgaleasse **Stör,** (LRGJ), ex Petronella, 106 BRT/70 NRT, beheimatet. Sie wurde 1903 in Capelle an der Yssel bei A. Vuijk & Zn. gebaut und gehörte 1933 Kapitän Wilhelm Fischer. Unter seiner Führung war sie mit einer Ladung Futtermittel von Kassenort an der Elbe nach Stettin unterwegs. Am 2. Januar gegen 20.30 Uhr lief die Galeasse bei frischem SSO-Wind und Nebel im Fehmarnsund auf Grund und blieb sitzen. Sie wurde später mit Hilfe von Bahnangestellten aus Fehmarnsund geleichtert und flottgemacht.

Aus Kiel stammte das 15 Jahre alte Motorschiff **Helene,** über das es leider keine näheren Angaben gibt. Als einziges wird die Tragfähigkeit mit ca. 170 Ladetons erwähnt und daß der Schiffsführer Lorenzen hieß. Die *Helene* kam von Limhamn/Schweden mit einer für Hamburg bestimmten Ladung Zement und geriet in einen schweren Südsturm. Wegen Motorschaden und zerrissener Segel wollte Kapitän Lorenzen am 6. Oktober gegen 4 Uhr morgens Burgstaaken als Nothafen anlaufen. Bei dem ablandigen Sturm war jedoch der Wasserstand der westlichen Ostsee um 1,40 m unter Normalnull gefallen. Vor der Einfahrt stieß das Schiff hart auf Grund, lief aus dem Ruder und kam fest. Mit Hilfe von zwei ausgebrachten Ankern und den beiden Kuttern der Familie Schwenn wurde die *Helene* abgebracht und in den Hafen von Burgstaaken geschleppt.

Das Steinfischerfahrzeug **Heinrich,** (LBJF), 49 BRT/38 NRT, war in Heiligenhafen zu Hause. Es wurde 1887 in Lühe erbaut und war 1933 Eigentum von Kapitän Ernst Stock aus Heiligenhafen. Unter seiner Führung hatte man vor Marienleuchte Steine gefischt und befand sich am 11. Oktober mit einer ¾ Ladung auf der Heimreise. Als man hinter der Nordküste Fehmarns bei Westermarkelsdorf aus dem Landschutz herauskam, drehte der Wind von SW auf W und frischte innerhalb kurzer Zeit zum Sturm Stärke 8 bis 9 auf. Im schnell aufkommenden Seegang schlug das Schiff leck und machte so viel Wasser, daß man es nicht mit den Pumpen bewältigen konnte. Gegen 16 Uhr sank es in etwa 1000 m Entfernung vom Land querab von Flügge auf flachem Grund. Die dreiköpfige Besatzung rettete sich im eigenen Boot an das nahe Land. Später wurde das Fahrzeug wieder gehoben und ausgebessert.
1933 kam es auf internationaler Ebene zu einer Neuordnung der aus vier Buchstaben bestehenden Unterscheidungssignale. Dabei erhielten die Staaten einen bestimmten Buchstaben für die erste Stelle der Gruppe als äußeres Merkmal zugeteilt. Er war nicht immer identisch mit dem Anfangsbuchstaben im Namen des betreffenden Landes. Alle deutschen Schiffe führten jetzt das „D“ an

erster Stelle, die dänischen z. B. den Buchstaben „O“. Die neue Kennzeichnung begann mit dem 1. 1. 1934 und brachte besonders in Deutschland eine große Verbesserung mit sich anstelle der früheren provinziellen Vielfalt.

1934

In der Nacht vom 12. auf den 13. Juni fischte der aus Lemkenhafen stammende 10-m-Kutter **Kehrwieder** bei NW-Wind 3 bis 4 westlich von Fehmarn mit dem Schleppnetz nach Schollen. Außer dem Besitzer M. Haye war noch ein zweiter Fischer an Bord. Am 13. Juni gegen 1 Uhr früh wurde der sein Netz schleppende Kutter von dem Besanewer *Marie* übersegelt, da auf diesem ein unerfahrener Mann allein am Ruder stand. Die zwei Fischer retteten sich durch einen Sprung an Deck des Ewers, während ihr Kutter kurz danach sank. Die *Marie* brachte die beiden Schiffbrüchigen nach Orth auf Fehmarn, der Kutter wurde später gehoben und kam wieder in Fahrt.

Die Motortjalk **Thea,** (DIBF), 93 BRT/48 NRT, war in Hamburg registriert. Sie lief 1927 im holländischen Waterhuizen vom Stapel. Ihr Eigner und Schiffsführer war Kapitän Gerhard Krawinkel aus Rhaudermoor. Die *Thea* befand sich mit einer Ladung Ammoniak auf der Fahrt von Duisburg-Ruhrort nach Lübeck und wollte nachts den Fehmarnsund passieren. Dabei lief sie am 2. August um 1 Uhr früh bei schwachem Wind und leichtem Nebel vor Struckkamphuk auf Grund. Nach Leichterung der Ladung wurde sie durch die Gebrüder Schwenn wieder abgebracht.

Heimathafen des Motorschiffes **Ria** (DGGQ), 158 BRT/86 NRT, war Haren an der Ems. Es wurde 1928 in Delfzijl bei der N. V. Schepswerft gebaut, besaß einen 150-PS-Motor und wurde von seinem Eigner, Kapitän Heinrich Tim. Schepers, geführt. Die *Ria* hatte in Düsseldorf Papierrollen und Farbe für Berlin geladen und nach der Fahrt durch den Nord-Ostsee-Kanal am 1. September abends wegen NO-Sturm unter der Südküste Fehmarns geankert. In der folgenden Nacht sprang der Wind von NO auf SW und frischte in kurzer Zeit bis Stärke 9 auf. Plötzlich lag die *Ria* bei Sturm vor einer Luvküste. Sie begann zu treiben und da man den Motor nicht schnell genug in Gang bekam, strandete sie am Morgen des 2. September, einem Sonntag, gegen 5.30 Uhr vor Staberdorf. Der Dampfer *Bürgermeister Lafrenz* unter Kapitän Hammer lief zwar sofort aus, konnte aber bei dem stürmischen Wetter alleine nichts ausrichten. Das Abschleppen gelang erst am 3. September, nachdem die Gebrüder Schwenn 50 bis 60 t Papier gelöscht hatten. In Burgstaaken nahm das unbeschädigt gebliebene Schiff seine Ladung wieder auf.

Die holländische Tjalk **Titia** (PHZR), Kapitän Norlos, war zehn Jahre alt. Sie kam von der Nordsee mit einer Ladung Linsen und Salz, die für Königsberg bestimmt war. Nachdem sie den Fehmarnsund fast schon durchquert hatte, lief sie am 27. September mittags bei schwachem SW-Wind und klarer Sicht auf den „Mittelgrund“ auf. Die Ursache war eine Unaufmerksamkeit des Mannes am Ruder. Durch ausgebrachte Anker, Umstauen der Ladung und eigene Motorenkraft wurde die *Titia* alleine wieder flott, beschädigte sich aber die Schraube.

Aus Haren an der Ems stammte der Motorsegler **Willy,** der sich wegen fehlender Angaben keinem bestimmten Schiff in den Registern zuordnen ließ. Er hatte angeblich etwa 250 tons Tragfähigkeit und war mit einer Ladung Stückgut vom Rhein nach Berlin unterwegs. In der Nacht vom 18. auf den 19. Dezember lief er auf die Untiefe „Breiter Barg“ südöstlich in der Verlängerung der Krummsteertspitze auf. Am nächsten Tag wurde er durch die Fischkutter *Tom* aus Orth a. F. und *Else* aus Laboe abgeschleppt und setzte seine Fahrt fort.

1935

Das Hamburger Frachtmotorschiff **Montan** (DJNF), 1275 BRT/692 NRT, war erst 1934 in Kiel auf der Kruppschen Germania-Werft vom Stapel gelaufen. Es gehörte der Reederei Komrowski in Hamburg und wurde von dem belgischen Kapitän Mildoon geführt. Die *Montan* befand sich mit einer Ladung Thomasmehl auf der Reise von Gent nach Wismar. Bei der Fahrt durch den Fehmarnbelt lief sie am 5. Februar bei flauem Nordwind und klarer Luft mit voller Fahrt von 10 Knoten auf die „Presener Untiefe“ auf und blieb sitzen. Schuld hatte der wachhabende 2. Offizier, der die gut sichtbaren Feuer von Marienleuchte und Staberhuk nicht sorgfältig genug beachtet hatte. Er hätte die damals noch ausliegende Tonne „Presen" seewärts und nicht landwärts passieren müssen. Da das Schiff mit eigener Kraft nicht frei kam, ging der 2. Offizier bei Tagesanbruch im Boot an Land und telefonierte um Schlepperhilfe. Im Laufe des Tages erschien dann ein Schlepper der Kieler „NDC", der die *Montan* von dem flachen Grund herunterzog. Größere Schäden hatte sie nicht davongetragen. In der späteren Verhandlung am 21. Februar 1935 stellte das Hamburger Seeamt fest, daß die Strandung auf einem Navigationsfehler beruhte und durchaus hätte vermieden werden können.

Heimathafen des Dampfers **Energie** (DGWD), 985 BRT/534 NRT, war Köln am Rhein. Er wurde 1920 in Elbing bei F. Schichau erbaut und gehörte 1935 der „Kölner Reederei A. G.". Unter Kapitän Duken hatte der Dampfer in Gent Thomasmehl für Wismar geladen und wollte am 19. Februar abends durch den Fehmarnsund laufen. Dabei kam ihm ein deutsches Torpedoboot mit offenem Scheinwerfer entgegen. Das grelle Licht blendete die Brückenwache des Frachters so sehr, daß er bei seinem Ausweichmanöver aus dem Fahrwasser geriet und auf Grund lief. Er konnte sich jedoch mittels ausgebrachter Anker selber freihieven und weiterfahren.

In Bremen war der Dampfer **Victoria** (DOIG), 743 BRT/412 NRT, beheimatet. Er lief 1911 in Bremen auf der A. G. „Weser" vom Stapel und gehörte der dortigen Dampfschiffs-Gesellschaft „Neptun". Die *Victoria* hatte 13 Mann Besatzung und stand seit 1913 unter dem Befehl von Kapitän R. Baum. Sie war mit einer Ladung Stückgut von Bremen nach Lübeck und Stockholm unterwegs und lief am 13. März gegen 9 Uhr morgens bei Ostwind 4 bis 5 und dichtem Nebel östlich von Staberhuk auf Grund. Der Fischer Johann Beck aus Burgstaaken, der mit seinem Boot gerade in der Nähe war, benachrichtigte auf Wunsch von Kapitän Baum dessen Reederei und alarmierte den Dampfer *Bürgermeister Lafrenz* in Burgstaaken. Dieser traf auch bald am Unfallort ein, konnte aber alleine nichts ausrichten. Erst nach zwei Tagen gelang es ihm in Zusammenarbeit mit dem von der Reederei geschickten Schlepper *Titan* die *Victoria* am 16. März gegen 4.30 Uhr abzuschleppen. Diese dampfte dann alleine nach Lübeck, wo sie auch auf eventuelle Bodenschäden hin untersucht werden sollte. Das Schiff überlebte den Zweiten Weltkrieg, brauchte nicht an die Alliierten abgeliefert zu werden und endete 1954 auf der Abwrackwerft.

Der Schlepper *Titan*, (DHXW), ex Lucia Wrede, war 227 BRT/11 NRT groß und hatte eine 850 PSi starke Dampfmaschine. Er wurde 1912 in Hamburg auf der Schiffswerft und Maschinenfabrik A. G. (vormals Janssen & Schmilinsky) erbaut und war Eigentum der Bugsier-Reederei- und Bergungs-A. G. in Hamburg.

1936

Der Bremer Dampfer **Feronia** (DOHR), ex Tejo, ex Hans, war 651 BRT/343 NRT groß und wurde 1919 in Rendsburg auf der Nobiskrugwerft gebaut. Ab 1927 war er Eigentum der Neptun-Reederei in Bremen. Unter Führung von Kapitän Ulrich Wulf stieß die *Feronia* am 17. April bei dichtem Nebel vor Fehmarn mit dem nach Gdingen bestimmten Hamburger Dampfer **Marion Traber** unter Kapitän S. Mandt zusammen. Beide Schiffe wurden erheblich beschädigt und mußten sofort die Kieler Howaldtswerft anlaufen, die sie bei ruhiger See mit eigener Kraft erreichten. An der *Feronia* waren unter anderem mehrere Platten aufgerissen und die Back eingedrückt. Menschen wurden jedoch nicht verletzt. Bei der *Marion Traber* (DJLO), 2434 BRT/1465 NRT, handelte es sich um die ehemalige *Ushaven*, 1923 in Burntisland bei der Ship-Building Co. Ld. „Burntisland" erbaut und 1933 von der Hamburger Reederei W. Traber angekauft. In der späteren Seeamtsverhandlung in Flensburg lautete der Spruch: „Der Kapitän U. Wulf hat gegen den Artikel 16 Abs. 2 der Seestraßenverordnung verstoßen und dadurch den Unfall hervorgerufen. Die Leitung der *Marion Traber* trifft kein Verschulden." Die *Marion Traber* sank am 14. 10. 1939 nach Strandung vor Oxelösund an der schwedischen Küste, während die kleine *Feronia* den Zweiten Weltkrieg überstand. Sie ging 1957 in der Ostsee nach einer Kollision mit einem schwedischen Schiff verloren.

Am 26. April 1936 ereignete sich ein neuer Zusammenstoß im Fehmarnbelt. Betroffen war der englische Dampfer **Baltraffic** (GTXN), ex Refrigerant, ex War Coppice, 3297 BRT/1994 NRT und 1918 in

Sunderland bei J. Blumer & Co. vom Stapel gelaufen. Schiffsführer war Kapitän Egers. Sein Kollisionsgegner war das Hamburger dreimastige Motorschiff **Delphin IV** (DJDH), 174 BRT/85 NRT, das 1931 in Delfzijl bei den Gebrüdern Niestern gebaut wurde. Es gehörte dem Schiffsführer, Kapitän E. Harder aus Uetersen. Leider ließen sich die näheren Einzelheiten des Zusammenstoßes nicht in Erfahrung bringen, und es fand sich auch kein Seeamtsspruch. Vielleicht waren die Schäden in diesem Fall so gering, daß es zu keiner seeamtlichen Untersuchung kam.

In Stralsund war der Dreimastschoner **Maria II** (DBSE), 92 BRT/66 NRT, zu Hause. Er wurde 1900 im holländischen Martenshoek aus Stahl gebaut und 1936 von Kapitän Geerken geführt. Die *Maria II* war mit einer Ladung Holz von Ladgeviken/Schweden nach Papenburg an der Ems unterwegs. Am 15. August gegen 19.30 Uhr lief sie bei schwachem SW-Wind und diesiger Luft infolge von Motorschaden und Stromversetzung auf den „Mittelgrund" auf. Der unbeschädigt gebliebene Schoner wurde von den Gebrüdern Schwenn mit ihrem Kutter *Sturmvogel* abgeschleppt und in tiefes Wasser gebracht.

Am 9. September sah man von Fehmarn aus vor dem Wenkendorfer Strand einen unbekannten Dreimastschoner mit einer Holzladung auf Grund sitzen, der die Notflagge gehißt hatte. Ein in der Nähe befindlicher Motorsegler kam dem Havaristen zu Hilfe. Als der Wind auf Nord drehte und dadurch das Wasser anstieg, wurde das aufgelaufene Schiff wieder flott und setzte seine Fahrt fort.

Um den 12./13. September war der Lübecker Dampfer **Thyland** (DRBS), ex Thor, ex Ulvsund, 243 BRT/90 NRT, von Holtenau nach Lübeck unterwegs. Bei stürmischem Wetter fand er westlich von Fehmarn das in Delfzijl beheimatete holländische Motorschiff **Breezand,** 301 BRT/234 NRT groß und 1931 gebaut, mit gesetztem Notsignal manövrierunfähig in der See treibend. Trotz großen Seegangs konnte der Dampfer den Holländer ins Schlepptau nehmen und nach Travemünde bringen.

Über den Unfall des deutschen Motorseglers **Martha Luise** (DAWH), 117 BRT/65 NRT, ließen sich keine Einzelheiten in Erfahrung bringen. Das Schiff lief 1905 in Kiel-Wellingdorf bei Stocks & Kolbe als Heringslogger *Grete* für die Braker Heringsfischerei A. G. in Brake vom Stapel. In den zwanziger Jahren wurde es zum Frachtschiff umgebaut und 1929 von Kapitän Julius Hanke aus Ostswine bei Swinemünde erworben. Von Hanke bekam es auch den Namen *Martha Luise*. 1934 ging es in den Besitz von Kapitän Claus P. J. Kolster aus Geversdorf über, behielt aber seinen Namen. Auf der Fahrt von Königsberg nach Hamburg mit Holz geriet die *Martha Luise* 1936 westlich von Fehmarn in Brand und wurde als Wrack nach Holtenau eingeschleppt. 1938 soll sie in Wewelsfleth abgebrochen worden sein.

1937

Die Strandung des Schoners *Duhnen* im Januar auf dem Puttgarden-Riff hatte nicht nur eine tagelange dramatische Rettungsaktion, sondern auch den Tod zahlreicher Menschen zur Folge. Die **Duhnen** (DSKC), 127 BRT, wurde 1912 in Emden aus Stahl als letztes Segelschiff der Hamburger Lotsenschonerflotte gebaut. Bis 1936 diente es der Ausbildung von Lotsenanwärtern und wurde danach Segelschulschiff der damaligen Marine-SA, Gruppe Nordmark. Mit einer Stammbesatzung von acht Seeleuten und 15 seeunerfahrenen SA-Leuten an Bord wollte die *Duhnen*, die keinen Hilfsmotor besaß, unter dem Befehl von Sturmbannführer Kapitän Hasse von Kiel nach Schlutup segeln. Mitte Januar 1937 wehte ein langanhaltender heftiger Sturm aus östlichen Richtungen mit Schnee und Temperaturen bis zu 12 Grad minus. Nachdem die *Duhnen* über 24 Stunden mühsam gegen den Sturm angekreuzt hatte, strandete sie am 15. Januar gegen 18 Uhr auf dem Puttgarden-Riff. Sie lag etwa 1200 m von Land entfernt und Kapitän Hasse ließ Notraketen aufsteigen. Diese wurden auch vom Oberleuchtfeuerwärter Jessen von Marienleuchte gesehen, der sofort telefonisch den Vormann der Rettungsstation Puttgarden, den Fischer Matthäus Möller von dort, alarmierte. Hier folgt Möllers wörtlicher Bericht über die Ereignisse: „Am 15. Januar um 18 Uhr bekam ich telefonisch Nachricht vom Oberleuchtfeuerwärter von Marienleuchte, daß ein Schiff Notsignale gebe. Sofort bestellte ich die Mannschaften und Pferde, die auch pünktlich zur Stelle waren. Dann haben wir unser Boot

1937 – Der Schoner »Duhnen«, der am 15. 1. 1937 auf dem Puttgarden-Riff strandete.

(Helene) zu Wasser gefahren und sind nach dem Schiff gerudert, was alles gut vonstatten ging. Das Schiff war das Segelschulschiff „*Duhnen*" der SA-Nordmark. Der Kapitän, Sturmbannführer Hasse, bat uns, die SA-Leute von Bord zu nehmen. Es herrschte etwa Windstärke 6 aus Südost bei bewegter See. Wir übernahmen zunächst acht Mann, die wir an Land brachten. Dann sind wir wieder zu dem Schiff gerudert und haben noch sieben Mann abgeholt. Als wir wieder zum Land ruderten, kamen zwei große Brecher und schlugen unser Boot voll. Dabei setzte uns der harte Strom auf das Riff. Als wir nicht wieder freikamen, sind wir alle Mann über Bord gegangen und haben ungefähr zwei Stunden in harter Arbeit bis an den Leib im Wasser gestanden, ohne aber das Boot flott machen zu können. Zuletzt waren einige Leute so erschöpft, daß sie bei dem Boot in die Knie sanken. Nun konnten wir uns nicht anders helfen und mußten unser Boot vor Anker legen und liegen lassen bis zum nächsten Morgen (und sind zu Fuß über das flache Riff an Land gegangen). Dann haben wir uns ein Fischerboot geliehen und sind um 8 Uhr wieder zu unserem Boot gefahren. Wir haben es leer gemacht und an Land gebracht. Um 17 Uhr war es wieder im Schuppen."

Was die Rettungsbootmannschaft dort in dunkler Sturmnacht, durchnäßt und bei Minusgraden im eisigen Wasser stehend, mitgemacht hat, läßt sich nur ahnen. Der schon 65 Jahre alte Vormann erkrankte an der starken Unterkühlung und starb einige Monate später.

Inzwischen saß die *Duhnen* nicht mehr alleine auf dem Riff! Am 16. Januar war der Bergungsschlepper **Fairplay X** unter Kapitän Reese von seiner Station Warnemünde eingetroffen, um dem Schoner Hilfe zu bringen. Beim Versuch, vor Anker liegend sich an diesen herantreiben zu lassen, brach die Ankerkette und der Schlepper strandete dicht bei der *Duhnen* auf der Sandbank. Er setzte die Notflagge und funkte telegraphisch SOS. Die *Fairplay X* (DHHM), 146 BRT/71 NRT, wurde 1911 in Hamburg bei Janssen & Schmilinsky für die Schleppdampfschiffs-Reederei Richard Borchard in Hamburg erbaut. Borchard war jüdischer Abstammung und emigrierte 1938 nach England, um der Verfolgung der Juden im „Dritten Reich" zu entkommen. Den Schlepper *Fairplay X* nahm er mit. Er wurde als *Fairplay On* von der in London von Borchard gegründeten Fairplay Towage Co. bereedert, während der größte Teil seiner in Deutschland gebliebenen Schlepperflotte als Fairplay-Stifung von Wilhelm Algermissen weitergeführt wurde. Als Richard Borchard 1947 nach Deutschland zurückkehrte, erhielt er die im Krieg übrig gebliebenen restlichen Schiffe zurück. Die *Fairplay On* traf erst 1950 in Hamburg ein und wurde in *Fairplay XX* umbenannt. 1951 fand ein Umbau zum Motorschlepper statt, und ab 3. 9. 1951 fuhr der Schlepper wieder unter seinem alten Namen *Fairplay X*. 1964 verkaufte seine Reederei ihn dann nach Palermo an die „Augustea Introse Marit. SpA.", wo er den Namen *Duro* bekam. Soviel zur Geschichte des

1937 – Schlepper »Fairplay X« im Hamburger Hafen. Er strandete am 16. 1. 1937 auf dem Puttgarden-Riff beim Versuch, den gestrandeten Schoner »Duhnen« abzuschleppen.

gestrandeten Schleppers, der immer noch zusammen mit der *Duhnen* vor Puttgarden auf Grund saß. Am 17. Januar 1937 wurde das Motorrettungsboot *Geheimrat Sartori* der Station Heiligenhafen der DGzRS alarmiert, weil bei auflandigem SO-Sturm 7 bis 8, das Puttgardner Ruderrettungsboot nicht in See gehen konnte. Die *Geheimrat Sartori* lief um 14 Uhr aus. Nachdem sie an der Westküste Fehmarns noch Landschutz gehabt hatte, traf sie im Fehmarnbelt auf grobe See. Bei Temperaturen unter Null Grad vereiste das Boot stark, so daß die Fahrt reduziert werden mußte. Als man endlich die Unglücksstelle erreichte, fand man die *Duhnen* und den Schlepper in der Brandung hoch auf dem Riff sitzen. Als Folge des tagelangen Oststurmes war nämlich das Wasser in der westlichen Ostsee um einen Meter unter Normal gefallen. Das Rettungsboot fand bei den Havaristen nur noch einen Wasserstand von ca. 0,5 m und konnte sie trotz mehrfacher Anläufe nicht erreichen. Weil unter diesen Umständen aber auch keine direkte Gefahr für die Besatzungen beider Schiffe bestand, trat das Rettungsboot gegen 23 Uhr die Heimfahrt an. Am nächsten Morgen, dem 18. 1., wehte ein noch stärkerer Schneesturm aus SO und machte ein neues Auslaufen wegen der Vereisung unmöglich.

Noch am Abend des 15. Januar hatte die Marineleitung auf die Nachricht von der Strandung der *Duhnen* hin das Versuchsboot **Welle** der Reichsmarine auslaufen lassen, um dem Segler Hilfe zu bringen. Die *Welle* unter ihrem Kommandanten Leutnant z. S. Boehning hielt sich einige Tage und Nächte an der Strandungsstelle auf, ohne eingreifen zu können. Am Abend des 18. Januar wollte sie wegen des immer härter wehenden eisigen Sturmes westlich von Fehmarn im Schutz der Insel ankern. Hier kenterte das Schiff in der Nacht vom 18. auf den 19. 1. ganz plötzlich auf der Position 54° 25' nördliche Breite und 10° 24' östliche Länge. Die Ursache dürfte der Verlust der Stabilität als Folge totaler Vereisung gewesen sein. Auf den abgerissenen Funkverkehr mit der *Welle* hin suchten am 19. Januar drei Minensuchboote und der Flottenbegleiter *F-6* das Seegebiet westlich von Fehmarn bis in die Marstalbucht nach dem vermißten Schiff ab. Starker Schneesturm und geringe Sichtweite erschwerten die Suche und brachten kein Ergebnis. Am Mittwoch, dem 20. 1., setzte die Marine nach Wetterbesserung alle verfügbaren Schiffe sowie Flugzeuge ein. Das Versuchsboot *Nautilus* fand dann ca. 10 sm westlich von Fehmarn das Wrack, dessen Masten 4 m hoch aus dem Wasser ragten.

Keiner der insgesamt 25 Mann starken Besatzung der *Welle* hatte das Unglück überlebt. Bis zum 23. 1. wurden 14 Leichen aus der See aufgefischt und nach Kiel gebracht. Nicht nur dort, sondern auch auf Fehmarn wehten die Flaggen auf Halbmast. Bei der *Welle* handelte es sich um den 1916 gebauten ehemaligen Kriegsfischdampfer *Von der Goltz*, der 1922 als Reparationsleistung an England ging und dort in *Star of Eve* umbenannt wurde. 1924 kaufte seine alte Reederei das Schiff zurück und ließ es als Fischdampfer *Ottheinrich Sprenger* fahren. 1927 erwarb die Reichsmarine den Dampfer und setzte ihn als Versuchsfahrzeug *Grille* ein. Ab 1929 wurde er als Versuchsboot geführt und 1934 in *Welle* umbenannt, da im gleichen Jahr der Aviso *Grille* in Dienst gestellt wurde. Das Wrack der *Welle* wurde am 15. Februar 1937 gehoben und der Name am 12. 3. 1937 aus der Liste der Kriegsschiffe gestrichen. Entgegen anders lautenden Meldungen kann die *Welle* nicht abgebrochen worden sein, denn nur zehn Monate später begegnet sie uns erneut.

Doch noch einmal zurück zu den Ereignissen auf dem Puttgarden-Riff im Januar 1937. Als der orkanartige Sturm am 19. 1. etwas abgeflaut war, erschien das Minensuchboot *M-126* vor Puttgarden. Es hatte in den Tagen davor westlich von Fehmarn vor Anker gelegen und alle Funksprüche über die *Duhnen*-Strandung mitgehört. Bei einem neuen Hilferuf des Schleppers *Fairplay X* am Vormittag des 19. entschloß sich Kapitänleutnant Musenberg von „*M-126*" zu handeln. Er lotete sich in der früh einsetzenden Dämmerung vorsichtig von der Leeseite bis auf 600 m an den Schlepper heran. Trotz des immer noch schweren Sturmes, es herrschte OSO Stärke 9 bei minus 6 Grad mit Schneetreiben, hohem Seegang und heftigem nach Westen setzenden Strom, gelang es, die Motorpinasse des M-Bootes auszusetzen. Bemannt mit Obersteuermann Ludwig Märthesheimer, den Stabsmatrosen Alfons Dargel und Theodor Rademacher sowie dem Stabsheizer Gerhard Hörath, erreichte das Boot den Schlepper bei Dunkelheit mit Scheinwerferhilfe von *M-126*, und die acht Mann wurden abgeborgen. Für ihren mutigen Einsatz erhielten die Vier später die Rettungsmedaille am Bande verliehen. Die zu dieser Zeit ebenfalls noch an Bord befindliche Restbesatzung der *Duhnen* wollte dagegen ihr Schiff an diesem Abend noch nicht verlassen.

Am 20. Januar erschien der SA-Gruppenführer Meyer-Quade vom Gau Nordmark in Puttgarden bei Vormann Möller und bat ihn, doch die letzten acht Mann von der *Duhnen* ebenfalls an Land zu holen. Noch wortkarger als beim ersten Einsatz berichtet Möller wörtlich: „Wir ließen sofort unser Boot zu Wasser und fuhren mit dem Gruppenführer zu der Unfallstelle, nahmen dort die restliche Besatzung von acht Mann ins Boot und ruderten dieses Mal vor dem Wind an Land, wo wir etwa 6 km von unserem Schuppen ankamen (ungefähr am Gammendorfer Strand). Wir fanden dort schon den

ca. 1936 – Das Versuchsboot »Welle«, das im Januar 1937 westlich von Fehmarn mit 25 Mann Besatzung sank.

Bootswagen vor und waren um 13.30 Uhr wieder beim Schuppen in Puttgarden."

Am 5. Februar wurde die *Fairplay X* von einem anderen Schlepper der gleichen Reederei vom Riff heruntergezogen. Die *Duhnen*, die sich tief in den Sand eingegraben hatte, konnte erst am 21. Februar 1937 abgebracht werden. Ihr stählerner Rumpf hatte nicht nur das Arbeiten auf dem Riff überstanden, sondern auch den schweren Eisgang dieser Tage. Am 1. Februar mußten mehrere starke Dampfer die Fahrt durch den Fehmarnbelt wegen zuviel Treibeis aufgeben und nach Kiel zurückkehren. Am gleichen Tag wurde auch das Feuerschiff *Kiel* wegen Eisgefahr eingezogen.

Mitte März 1937 verhandelte das Flensburger Seeamt unter dem Vorsitzenden Amtsgerichtsdirektor Thomsen über die Strandung der *Duhnen*. Der Seeamtsspruch lautete: „Am 15. Januar 1937 ist das Segelschulschiff der SA-Gruppe Nordmark *Duhnen* in der Ostsee bei Puttgarden-Riff vor Fehmarn bei stürmischem SO-Wind gestrandet und von der Besatzung verlassen worden. Letzteres war bei Lage der Sache durchaus gerechtfertigt. Das Schiff wurde später geborgen. Der Unfall ist darauf zurückzuführen, daß das Schiff durch Versagen des Wendemanövers und infolge des zur Zeit des Unfalls herrschenden und von der Schiffsleitung in seiner vollen Wirkung nicht erkennbaren Stromes dem Lande zu nahe kam. Den Kapitän der *Duhnen* trifft an dem Unfall kein Verschulden. Der Besatzung des Rettungsbootes *Helene*, Station Puttgarden, und der des Motorbootes von *M-126* ist volle Anerkennung für ihre tadellos durchgeführten Hilfsmaßnahmen auszusprechen. Irgendwelche Mängel an der Ausrüstung oder Seetüchtigkeit der *Duhnen* sind nicht zutage getreten."

Das gleiche Seeamt untersuchte im September die Strandung des Schleppers *Fairplay X* und kam zu folgender Entscheidung: „Nachdem durch Vernehmung des Kapitäns Reese festgestellt war, daß diesem nicht der leiseste Vorwurf gemacht werden konnte, beschloß das Seeamt im Einvernehmen mit dem Reichskommissar Konteradmiral a. D. Riedel, das Verfahren einzustellen."

Außer den 25 Toten von der *Welle* forderte die Strandung der *Duhnen* noch ein weiteres Opfer. Am 5. Mai starb der Vormann Möller aus Puttgarden im Alter von 65 Jahren an den Folgen der schweren Unterkühlung vom 15. Januar. Damit starben insgesamt 26 Menschen, weil einige SA-Leute mitten im Winter segeln wollten. Im Sommer 1937 wurde allen Männern des Puttgardner Rettungsbootes für ihren Einsatz bei der *Duhnen*-Strandung vom damaligen „Führer und Reichskanzler" die Lebensrettungsmedaille am Band zusammen mit einer Urkunde verliehen. Die obige Kopie zeigt die Verleihungsurkunde von Karl Steiniger aus Puttgarden. Dieser wurde nach Matthäus Möllers Tod Vormann der Station Puttgarden, doch kam es bis zum Kriegsende 1945 nicht mehr zu einem aktiven Einsatz. Am 30. 6. 1899 geboren, lebte Karl Steiniger im Sommer 1987 noch recht rüstig als einziger der 1937 an der Rettungstat Beteiligten. Er starb am 22. 11. 1987.

In Anerkennung seiner mutigen Rettungstat
am 15. Januar 1937
verleihe ich dem

Arbeiter

Carl Steiniger

die Rettungsmedaille am Bande.

Berchtesgaden, ~~Berlin,~~ den 6. August 1937

Der Führer und Reichskanzler

Die *Duhnen* wurde 1945 englische Kriegsbeute und von der Royal Air Force als Ausbildungsschiff eingesetzt. Später erwarb sie ein amerikanischer Sportsegler, der sie zu einer Brigantine umtakeln ließ und in *Yankee* umbenannte. Unter diesem Namen ging sie 1964 durch Strandung auf einem Korallenriff vor der Südseeinsel Roratonga verloren. Das Wrack war dort noch lange Jahre zu sehen.

Am 14. März 1937 kam es zu einem Zusammenstoß zwischen dem Stettiner Dampfer **Werner Kunstmann** und dem dänischen Dampfer **Marie Clausen.** Die *Werner Kunstmann* (DATB), ex Efstathios, ex Clearwy, ex Nonsuch, war mit 3845 BRT/2387 NRT vermessen. Sie war 1906 in Sunderland bei W. Doxford & Sons vom Stapel gelaufen und gehörte ab 1925 der Stettiner Reederei W. Kunstmann. Der Dampfer wurde 1937 von Kapitän Witt geführt und befand sich mit einer Ladung Koks auf der Reise von Emden zum Hochofenwerk Herrenwyk bei Lübeck. Ihm entgegen kam die *Marie Clausen* (OUIO), 324 BRT/167 NRT groß. Sie wurde 1911 in Stettin bei Nüscke & Co. als *Phönix* für die „D/S Phönix" in Esbjerg gebaut und 1930 an C. Clausen in Hadersleben verkauft. Dort erhielt sie ihren neuen Namen und wurde von der hauptsächlich im Viehtransport tätigen Reederei zwischen dänischen und deutschen Häfen eingesetzt. Die *Marie Clausen* hatte gerade eine Ladung Vieh nach Lübeck gebracht und lief in Ballast zurück nach Kolding. Am 14. März, einem Sonntag, gegen 5 Uhr morgens stießen beide Frachter bei dichtem Nebel einige sm vor der Nordostküste Fehmarns, etwa oberhalb von Marienleuchte, zusammen. Die *Marie Clausen* wurde so schwer getroffen, daß sie in kurzer Zeit sank. Dank der energischen Bemühungen von Kapitän Witt und dem Einsatz der Besatzung des Stettiner Dampfers konnten alle 13 Mann des Dänen gerettet werden. Die *Werner Kunstmann* hatte nur geringe Schäden erlitten. Sie setzte die Fahrt fort und erreichte noch am selben Tag Herrenwyk. – Da die Stettiner Reederfamilie Kunstmann jüdischer Abstammung war, konnte sie im sogenannten „Dritten Reich" ihren Betrieb nicht länger aufrechterhalten. Um der Enteignung zu entgehen, ließ sie ab 1938 ihre Flotte unter dem Firmenmantel der befreundeten Reederei Johannes Fritzen in Emden laufen. Die Schiffe bekamen neue Namen und andere Schornsteinmarkierungen und aus *Werner Kunstmann* wurde *Hermann Fritzen*. Diese sank am 12. 11. 1944 im Hamburger Hafen nach Bombentreffern, wurde 1949 aber wieder gehoben und repariert. Sie fuhr noch bis 1959 und endete danach auf einer Abwrackwerft.

Als Untergangsposition der *Marie Clausen* wurden 54° 30' Nord und 11° 21' Ost angegeben. Einige Tage später fanden deutsche Dampfer in der Ostsee zwei treibende Rettungsboote des dänischen Schiffes und fischten sie auf. Nachdem durch den Bergungsschlepper *Titan* zusammen mit einem Kutter des Heiligenhafener Wasserbauamtes tagelang vergeblich nach dem Wrack der *Marie Clausen* gesucht worden war, fand man es später doch. Die Reederei Svitzer erhielt den Auftrag, es zu heben. Dabei ereignete sich ein neuer Unfall. Am 28. April 1937 lagen mehrere Svitzerschiffe im Fehmarnbelt in der Nähe der Untergangsstelle. Es waren die Dampfer *Ägir* mit 162 BRT, *Bien*, 120 BRT, und *Urd*, 84 BRT. Außerdem ankerten direkt über dem Wrack die beiden Hebepontons von Svitzer, *Odin* und *Thor*, jeder 409 BRT groß. Am gleichen Vormittag lief der Rendsburger Frachtdampfer **Glückauf** (DCGU), 1061 BRT/609 NRT, mit einer von Danzig nach Tréport/Frankreich bestimmten Ladung Kohlen durch den Fehmarnbelt. Angeblich hielt Kapitän S. die Schiffsansammlung über dem Wrack von weitem für einen Schleppzug und bemerkte erst im letzten Moment, daß es Bergungsschiffe waren. Diese passierte die *Glückauf* an Backbord in nur 40 m Abstand und reduzierte die Fahrt nicht. Zur gleichen Zeit, um 11.30 Uhr, fuhr der etwas im Hintergrund liegende Bergungsdampfer *Bien* einen weiteren Warpanker aus und legte von den anderen Fahrzeugen ab. Wegen des schnell näher kommenden deutschen Frachters war ein Zusammenstoß nicht mehr zu vermeiden. Kapitän S. gab zwar „Volle Kraft rückwärts" und „Hartsteuerbordruder", die *Glückauf* rammte die **Bien** aber mittschiffs und beschädigte sie erheblich. Der Däne blieb jedoch dicht, und es gab keine Verletzten. Kapitän S. setzte die Fahrt fort, ohne zu stoppen und sich um das havarierte Schiff zu kümmern. Er sagte später vor dem Seeamt, es wären genug andere Schiffe und Arbeitsboote in der Nähe gewesen. Das Flensburger Seeamt verhandelte am 8. 1. 1938 über den Unfall und gab dem Schiffsführer der *Glückauf* die ganze Schuld an dem Zusammenstoß. Es warf ihm vor, die Arbeitsstelle der Bergungsschiffe viel zu nahe und mit hoher Fahrt passiert zu haben. Dadurch wären nicht nur die nach allen Seiten festverankerten Fahrzeuge, sondern vor allem auch die Taucher in ernste Gefahr geraten. Außerdem habe er sich nicht um das gerammte Schiff gekümmert. Einen Antrag auf Patententziehung stellte das Seeamt allerdings nicht. Der beteiligte Dampfer *Glückauf*, ex Geheimrat Mahn, ex John S. Calvert, ex Eider, ex Gertrude, ex Marianne wurde 1907 in Stettin bei Nüscke & Co. erbaut. 1937 war er Eigentum der Rendsburger Reederei Zerssen & Co. und wurde 1941 an Erich Komrowski in Hamburg verkauft. Dort erhielt er den Namen *Mangan* und sank 1945 nach Bombentreffern im Hamburger Hafen. Er wurde nach dem Krieg wieder gehoben und kam für einige Jahre in Fahrt. Die 1937 erfolgreich gehobene *Marie Clausen* lief im Zweiten Weltkrieg am 5. 12. 1942 3,5 sm nordöstlich von Schleimünde auf eine Mine und sank. Dabei fanden zwölf Mann, wahrscheinlich die gesamte Besatzung, den Tod.

In Rotterdam war das holländische Tankmotorschiff **Ingeborg** (PEWN), 479 BRT/233 NRT, beheimatet. Es war erst 1937 in Papenburg bei Jos. Meyer fertiggebaut worden und wurde von Kapitän Dehas geführt. Die *Ingeborg* war mit einer Ladung von 600 t Walfischtran auf der Fahrt von Rotterdam nach Danzig. Am 25. April um 2 Uhr früh lief sie bei ruhiger See, aber dichtem Nebel in der Nähe des Westermarkelsdorfer Leuchtfeuers auf Strand. Als der Nebel aufklarte, entdeckte gegen 5 Uhr der Leuchtturmwärter Lüthmann den Havaristen. Er fuhr mit seinem Ruderboot hin und stellte fest, daß keine direkte Gefahr für Besatzung und Schiff bestand. Anschließend benachrichtigte er vom Turm aus telefonisch die Reederei der *Ingeborg*, die den Bergungsdampfer *Stein* aus Kiel schickte. Dieser brachte den Holländer noch am Nachmittag des gleichen Tages ab, der seine Reise fortsetzte.
Bei dem Schlepper *Stein* (DCHA), 160 BRT/2 NRT, handelte es sich um das zweite Schiff mit diesem Namen, das die Kieler „NDC“ bauen ließ. Es lief 1930 als moderner Motorschlepper auf den Kieler Howaldtswerken vom Stapel und war mit einem 750 PS starken Dieselmotor ausgerüstet.

Nur wenige Tage nach der Kollision zwischen der deutschen *Glückauf* und der dänischen *Bien* ereignete sich ein neuer Schiffszusammenstoß in der Nähe von Fehmarn. Der finnische Dampfer **Charterhague** (OHDJ), 2522 BRT/1438 NRT, war mit einer Ladung Koks von Nordenham nach Norrköping unterwegs. Ihm entgegen kam der 1924 in Hamburg auf der Elbschiffswerft erbaute und in Hamburg registrierte Dreimastschoner **Ingeborg** (DJDQ), 195 BRT/97 NRT. Er sollte eine Ladung Holz von Memel nach Antwerpen bringen.
Eigner und Schiffsführer war Kapitän Wilhelm tom Wörden aus Gräpel. Am 2. Mai um 7.35 Uhr rammte der finnische Dampfer den Schoner westlich der damals noch ausliegenden Heultonne Westermarkelsdorf bei ruhiger See und Nebel. Beide Schiffe hatten vorschriftsmäßige Nebelsignale gegeben.
Die *Ingeborg* wurde an der Backbordseite mittschiffs getroffen und bekam ein Leck in Höhe der Wasserlinie. Der Finne eilte sofort herbei und dessen Besatzung half den Männern auf dem Schoner, die Holzdeckslast nach Steuerbord umzutrimmen. So kam das Leck frei vom Wasser und konnte notdürftig abgedichtet werden. Beide Schiffe setzten dann ihre Fahrt fort. Die *Ingeborg* lief Holtenau zur Unfallaufnahme an und ging anschließend in eine Rendsburger Werft zur Reparatur. Anfang September untersuchte das Flensburger Seeamt den Unfall und kam zu dem Schluß, daß der Zusammenstoß in erster Linie eine Folge des dichten Nebels war. Beide Schiffsführer hätten jedoch gegen Artikel 16 der Seestraßenordnung verstoßen, weil sie ihre Fahrt wegen des Nebels nicht entsprechend verringerten. Außerdem wurden die von Kapitän tom Wörden gemachten Ausweichmanöver beanstandet und die Fahrtangaben des finnischen Dampfers für unrichtig gehalten. Dessen schnelle Hilfeleistung fand jedoch lobende Erwähnung. Die *Charterhague*, ex Silverway, ex War Fig lief 1920 noch nach Plänen der Einheitsbauweise des Ersten Weltkrieges (War-Typ) in Chepstow bei der Monmouth Shipbuilding Co. Ltd. vom Stapel. Sie ging im Zweiten Weltkrieg verloren. Letzter Eigner war die Ångfartygs Aktiebolaget „Alfa“ in Mariehamn.

Heimathafen des Gaffelschoners **Olga** (DDOA), 107 BRT/53 NRT, war Hamburg. Er wurde 1906 in Hammelwarden bei C. Lühring gebaut und hatte inzwischen einen Hilfsmotor von 75 PS bekommen. 1937 gehörte er dem Schiffsführer Kapitän H. Meeder und befand sich mit einer Ladung Mais auf der Fahrt von Brake nach Rügenwaldermünde. Am 3. Juli geriet die *Olga* angeblich wegen eines Navigationsfehlers in der Nähe von Westermarkelsdorf auf Grund. Ein Schlepper aus Travemünde brachte sie später unbeschädigt wieder ab.

Aus Gdingen stammte der polnische Fischdampfer **Barbara** (PBMP), ex Barbara, ex St. Endellion, ex John Cottrel. Er war 325 BRT/150 NRT groß, wurde 1919 in Goole/England bei der Goole S. B. & Co. Ltd. gebaut und später nach Polen verkauft. Einschließlich des Kapitäns Ebert Brons hatte er 14 Mann Besatzung. Der Dampfer befand sich auf der Heimreise vom Fischfang bei Island nach Gdingen und strandete am 22. Oktober gegen 0.30 Uhr früh bei dichtem Nebel nordwestlich vom Leuchtturm Westermarkelsdorf. Er wurde noch am gleichen Tag von einem Bergungsdampfer abgeschleppt und setzte die Fahrt nach Hause fort.

Als letztes Schiff verunglückte 1937 vor Fehmarn der in Braila/Rumänien beheimatete Dampfer **Prahova** (YPBN), 3609 BRT/2221 NRT groß. Er lief 1922 in Newcastle bei Armstrong, Whitworth & Co. Ltd. vom Stapel, Eigner und zugleich Schiffsführer war Kapitän A. Vlassov. Die Besatzung bestand aus 25 Mann. Die *Prahova* war auf der Reise von Griechenland nach Lübeck und hatte Eisenerz für die Lübecker Hochofenwerke Herrenwyk geladen. Am 2. Dezember morgens lief sie bei dichtem Nebel ebenfalls vor Westermarkelsdorf auf Grund. Sie wurde noch am gleichen Tag von drei Schleppern aus Warnemünde, wahrscheinlich unbeschädigt, abgebracht.

Am 11. Dezember lief der Marineschlepper *Orkan* bei einem schweren Sturm schutzsuchend in den Hafen von Burgstaaken ein. Er rief auf Fehmarn die Erinnerungen an die Strandung der *Duhnen* vor elf Monaten wieder wach, denn es handelte sich bei diesem Schiff um die ehemalige *Welle*, die im Januar des gleichen Jahres mit der ganzen Besatzung gesunken war. Nach der Bergung ließ die Marine den Rumpf zum Motorschlepper *Orkan* umbauen.

1938

Heimathafen der dänischen Tjalk **Mary** (OUXY), ex Morgenstern, 82 BRT/56 NRT, war Egernsund. Sie wurde 1895 in Hoogezand bei E. J. Smit & Zoon aus Stahl gebaut. Zu Jahresbeginn 1938 befand sie sich unter Führung von Kapitän W. Marquardt mit einer Ladung Ammoniakkalk auf der Fahrt von Lübeck nach Apenrade. Dabei strandete sie am 9. Januar gegen 21 Uhr bei SO-Sturm, Stärke 8, und Schnee auf dem „Grünen

1938 – Der Kutter »Sturmvogel« als Steinfischerfahrzeug im Hafen von Burgstaaken.

Grund". Ob die vierköpfige Besatzung an Bord blieb oder sich an Land rettete, ist nicht bekannt. Nach dem Sturm wurde die Ladung vom Kutter *Sturmvogel* der Gebr. Schwenn gelöscht und anschließend auch die Tjalk wieder flottgemacht.

Der Logger **Anni** (DIJI), 97 BRT/56 NRT, war in Hamburg registriert. Er entstand 1896 im holländischen Leiderdorp als stählernes Fischereifahrzeug. Später wurde er nach Deutschland verkauft und für die Frachtfahrt umgebaut. Unter Kapitän Waller aus Hamburg sollte er im Sommer 1938 eine Ladung Hafer von Rostock nach Bremen bringen. Am 31. August um 1 Uhr früh lief die *Anni* bei schwachem NW-Wind vor Staberhuk auf Grund. Sie wurde am selben Tag durch die Gebrüder Schwenn geleichtert und vom Dampfer *Bürgermeister Lafrenz* abgeschleppt.

Aus Schiedam stammte das holländische Motorschiff **Jos Maria** (PFEY), ex Margot, 182 BRT/111 NRT groß. Es lief 1928 in Foxhol bei Mulder & Suurmeyer vom Stapel und gehörte dem Schiffsführer, Kapitän Hendrik Fleurbaay. Es war mit einer Getreideladung von Hamburg nach Wolgast in Pommern unterwegs und geriet am 21. September bei Westermarkelsdorf auf den Strand. Da keine weiteren Angaben vorliegen, dürfte das Schiff mit eigener Kraft wieder freigekommen sein.

Die alte Eisenbahnfähre *Fehmarnsund* war schon lange nicht mehr dem zunehmenden Verkehr auf Schiene und Straße gewachsen und deshalb durch die 1927 in Rendsburg bei Nobiskrug gebaute größere Fähre **Fehmarn** (DOGM), ersetzt worden. Das 227 BRT/94 NRT große Schiff fuhr bei Bedarf auch im Pendelverkehr und nicht nur zu bestimmten Zeiten. Die *Fehmarnsund* blieb als Reserve im Fährhafen von Fehmarnsund liegen. Am 4. Oktober gegen 6 Uhr morgens geriet die *Fehmarn* beim Auslaufen aus Fehmarnsund selber auf Grund. Es herrschte an diesem Tag SO-Sturm Stärke 7 und eine heftige nach Westen setzende Strömung. Wegen starker Versandung der Ausfahrt bekam das Schiff Grundsog. Es lief aus dem Ruder, ließ sich nicht mehr steuern und trieb nach Westen ab, wo es fest kam. An Bord waren außer dem Fährkapitän Ferdinand Hinrichsen und fünf Mann Besatzung noch 40 Passagiere in zwei Personenwaggons und eine Lokomotive. Mit ausgebrachten Drahtseilen und der Kraft der eigenen Dampfwinde hievte sich die Fähre nach einiger Zeit vom Grund frei und setzte Zug und Passagiere in Großenbrode an Land. Ganz sicher hatte der Anschlußzug von Heiligenhafen nach Lübeck nicht so lange gewartet und war inzwischen abgefahren, so daß die Reisenden sich mit einem längeren Aufenthalt in Großenbrode abfinden mußten.

Der dänische Motorsegler **Birte** (OYLO), ex Friesland, ex Cornelia Hendrika, ex Johanna Adriana, war in Kopenhagen beheimatet. Das mit 144 BRT/74 NRT vermessene Schiff wurde 1918 in Vlaardingen bei den Gebrüdern van der Windt gebaut. Unter Kapitän Rasmussen fuhr die *Birte* im Oktober 1938 in Ballast von Aerösköbing nach Lübeck. Sie strandete am 30. Oktober um 1 Uhr früh bei NO-Wind 3 bis 4 und dichtem Nebel in der Presener Bucht. Angeblich war sie durch Versagen des Kompaß' vom richtigen Kurs abgekommen. Mittels Warpanker und der eigenen Maschinenkraft wurde die *Birte* wieder flott.

Der Hamburger Dampfer **Wilhelm Russ** (DHZY), 999 BRT/504 NRT, lief 1921 auf den Stettiner Oderwerken für die Hamburger Reederei Ernst Russ vom Stapel. Ende 1938 befand er sich unter Führung von Kapitän Simon Matzen mit einer Ladung Stückgut auf der Reise von Reval/Estland nach Hamburg. Am 28. Dezember um 3.35 Uhr lief er bei NO-Wind Stärke 6 mit voller Fahrt vor Presen auf Grund und blieb dicht unter der Küste sitzen. Wieder einmal war Leuchtfeuerverwechslung die Ursache, denn der wachhabende 2. Offizier hatte das Licht von Marienleuchte zwar gut gesehen, es aber für das Feuerschiff *Fehmarnbelt* gehalten. Da die *Wilhelm Russ* noch keine Telegraphie besaß, schickte Kapitän Matzen ein Boot mit drei Leuten an Land und ließ über die Signalstation der Marine bei Marienleuchte einen Schlepper anfordern. Bei dem auflandigen und zunehmenden Sturm stieg das Wasser in der Zwischenzeit so stark an, daß der Dampfer gegen 7.30 Uhr mit eigener Kraft frei kam. Er setzte die Reise trotz erheblicher Bodenschäden alleine fort. Da die Rückkehr der drei an Land befindlichen Besatzungsmitglieder wegen der hohen Brandung mit dem kleinen Boot zu gefährlich war, ließ man sie auf Fehmarn zurück.

Sie reisten mit dem Zug nach Hamburg. Die Beseitigung der bei der Strandung entstandenen Schäden wurde auf 20 000,– bis 30 000,– RM geschätzt. Im Februar 1939 fand in Flensburg die Seeamtsverhandlung über den Unfall statt. Darin stellte sich eindeutig die Schuld des wachhabenden 2. Offiziers heraus, dem das Seeamt mehrere Navigationsfehler nachwies. Die *Wilhelm Russ* überlebte zwar den Zweiten Weltkrieg, mußte danach aber an England abgeliefert werden. Dort fuhr sie anfangs als *Empire Cony*, später *Elsie Beth*. 1950 kaufte die Reederei Russ den Dampfer zurück und gab ihm seinen alten Namen wieder. 1958 endete er auf der Abwrackwerft.

Im Herbst 1938 stationierte die Bremer „Deutsche Gesellschaft zur Rettung Schiffbrüchiger" im Hafen von Burgstaaken ein halbgedecktes eisernes Motorrettungsboot. Zur Erinnerung an den im Zusammenhang mit der Strandung der *Duhnen* verstorbenen Vormann in Puttgarden trug es den Namen *Matthäus Möller*. Das Boot war ein aus Stahl gebautes Spitzgattboot, 11 m lang, 3,10 m breit und hatte 0,85 m Tiefgang. Es wurde von einem 85 PS starken Dieselmotor angetrieben. Anfangs lag es noch im freien Hafenwasser und sollte 1939 in einem neu zu bauenden massiven Schuppen nahe der Einfahrt auf Burgtiefe untergebracht werden. Der Ausbruch des Zweiten Weltkrieges 1939 verzögerte die Arbeiten, und der Bootsschuppen wurde erst 1941 fertig. Vormann des neuen Rettungsbootes wurde Kapitän Christian Schwenn aus Burgstaaken. Während er selber bei der DGzRS jetzt fest angestellt war, bestand die übrige Besatzung aus Freiwilligen.

1952 – Feuerschiff »Fehmarnbelt« (2) auf seiner Station

3. Abschnitt, 1939 – 1945

1939

Haren an der Ems war Heimathafen des Motorschiffes **Hermann Litmeyer** (DGML), 198 BRT/96 NRT, das erst 1938 in Waterhuizen bei den Gebrüdern van Diepen vom Stapel gelaufen war. Eigner war die Witwe H. Litmeyer, geführt wurde es von Kapitän Willi Marsen aus Orth auf Fehmarn. Die *Hermann Litmeyer* hatte in Neuwied am Rhein Bimskies für Stralsund geladen. Am 5. August gegen 6 Uhr morgens kam sie bei schwachem SO-Wind und Nebel während eines Ausweichmanövers im Fehmarnsund aus dem Fahrwasser und lief westlich vom Fähranleger auf Grund. Dort saß das Motorschiff bis zum nächsten Tag fest. Da das Wasser inzwischen etwas angestiegen war, brachte der mit den Verhältnissen um Fehmarn vertraute Kapitän Marsen das Schiff mittels eines Warpankers am 6. August wieder ab.

Der deutsche Dampfer **Nordkap** (DRCO), hatte eine wechselvolle Geschichte. Er wurde 1891 als *Mietzing* in Danzig bei J. W. Klawitter mit 514 BRT/293 NRT für den Danziger Reeder D. H. E. Siedler gebaut (Mietzing, von Kätzchen kommend, war der Kosename der Frau des Reeders Siedler). Für Siedler war später die Danziger Reederei Reinhold als Korrespondenzreeder tätig. 1922 wurde *Mietzing* an Faber in Stettin verkauft und in *Desia* umbenannt. 1927 erwarb Hans Schössow aus Hamburg den Dampfer. 1928 wurde er an die Nordische Dampfer-Reederei in Lübeck verkauft, erhielt den Namen *Nordkap* und wurde von Lilienfeld & Oldendorff bereedert. Ab 1937 gehörte er Egon Oldendorff in Lübeck. Am 9. 4. 1939 erwarb ihn der damals im schleswig-holsteinischen Schmalenbek ansässige Paul Zoeke, der 1940 nach dem Anschluß Danzigs an das Reich nach dort verzog. Im Sommer 1939 war die *Nordkap* unter Kapitän Sievertsen mit einer Ladung Schrott von Rotterdam nach Gdingen unterwegs. Aus unbekannter Ursache strandete der Dampfer am 10. August vor Fehmarn. Die genaue Unfallstelle ist nicht bekannt. Er wurde unbeschädigt durch den Schlepper *Seeteufel* von der Bugsier-Reederei- und Bergungs A. G. aus Kiel abgebracht. Am 13. 4. 1940 sank die *Nordkap* im Großen Belt, nachdem sie bei einem englischen Luftangriff von Bomben getroffen wurde. Paul Zoeke trat seine Ansprüche auf das Schiff an die Bremer Reederei Thyselius ab. Diese ließ den Dampfer 1941 heben und setzte ihn nach notdürftiger Reparatur als *Fido* wieder in Fahrt. Unter diesem Namen überlebte er trotz neuer Kriegsschäden den Zweiten Weltkrieg, kam 1947 wieder in Fahrt und wurde 1953 in Vegesack abgebrochen.

Der Ausbruch des Zweiten Weltkrieges am 1. 9. 1939 brachte für die Handelsschiffahrt große Veränderungen. Eine davon war die jetzt von den Behörden vorgeschriebene Benutzung der betonnten „Zwangswege" in der Nord- und Ostsee. Sie galten, zumindest offiziell, als minenfrei und wurden von Minensuchbooten abgesucht. Ein Hauptschiffahrtsweg in der Ostsee war der durch den Fehmarnbelt führende „Weg 1". Mit dem Kriegsbeginn fielen auch die Fanggründe im Nordmeer und in der Nordsee für die deutschen Fischdampfer weg. Soweit die Marine sie nicht als Vorpostenboote oder andere Zwecke beschlagnahmte, wurden sie zum Fischfang in die östliche Ostsee geschickt. Dort machten sie mit ihrem schweren Geschirr in den auf diese Weise noch nie befischten Gewässern reiche Dorschfänge. Der 1914 in Bremerhaven auf der Seebeckwerft gebaute Fischdampfer **Helgoland** (DEXL), ex Grönland, 241 BRT/89 NRT, der Reederei Ludwig Jansen & Co. aus Wesermünde hatte ebenfalls in der Ostsee gefischt. Er befand sich mit einer vollen Ladung Dorsch auf der Heimreise, als er am 20. November bei Oststurm 6 bis 7 auf dem Puttgarden-Riff strandete. Er wurde jedoch nach wenigen Stunden von einem anderen heimfahrenden Fischdampfer abgeschleppt. Die *Helgoland* gehörte zu den wenigen Schiffen der großen deutschen Fischdampferflotte, die den Zweiten Weltkrieg überlebten und nach 1945 wieder in der Hochseefischerei tätig waren.

In Hamburg war das Motorschiff **Frieda Peters** (DIZJ), 465 BRT/249 NRT, beheimatet. Es lief 1920 in Lübeck bei der Lübecker Maschinenbau-Gesellschaft für die Hamburger Reederei Hinrich

Peters vom Stapel. 1939 wurde es von Kapitän Schwidersky geführt und hatte in Schweden Eisenerz für Lübeck geladen. Die Besatzung war neun Mann stark. Am 24. November gegen 16 Uhr geriet die *Frieda Peters* bei schwachem SW-Wind und Schneefall infolge von Stromversetzung auf dem Puttgardner Riff fest. Das Abbringen des schwer beladenen Schiffes bei niedrigem Wasserstand gestaltete sich schwierig. Erst nach mehreren Tagen gelang es dem Schlepper *Seeteufel* aus Kiel in Zusammenarbeit mit dem Dampfer *Bürgermeister Lafrenz* und dem Kutter *Sturmvogel* aus Burgstaaken, den Erzfrachter abzubringen.

Kopenhagen war Heimathafen des dänischen Motorschiffes **Nathalia** (OYJU), ex Reinholdine, ex Nathalia. Es wurde 1898 in Sjötorp bei S. Groth gebaut und war mit 188 BRT/126 NRT vermessen. Unter Kapitän Hansen fuhr es 1939 in Ballast von Halmstad nach Lübeck. Ihm entgegen kam der in Ütersen registrierte deutsche Schoner **Emma Johanna** (DCSG), ex Amanda, 106 BRT/58 NRT. Er war 1913 in Stade bei D. Roepers vom Stapel gelaufen und gehörte 1939 Kapitän Joh. Fesefeldt. Unter seiner Führung war der Schoner mit einer Holzladung auf der Fahrt von Kalmar nach Elmshorn. Am 7. Dezember um 21 Uhr stießen beide Schiffe bei schwachem Südwind und diesiger Luft im Fehmarnsund zusammen. Die Schäden waren jedoch gering, so daß beide Schiffe bei dem ruhigen Wetter die Fahrt fortsetzen konnten.

Nachdem 1928/29 das Motorrettungsboot *Geheimrat Sartori* von der DGzRS in Heiligenhafen stationiert worden war, zeigte sich, daß das bisher dort liegende große Ruderrettungsboot *Weißer Hirsch* jetzt überflüssig war. Es kam deshalb 1939 auf die Station Puttgarden anstelle des kleineren Bootes *Helene*, das die DGzRS ausmusterte.

1940

Der Motorschoner **Zukunft** (DJCH), ex Meta Buck, ex Aldebaran, ex Gevaerts van Simonshaven, 103 BRT/53 NRT, stammte aus Hamburg. Er lief 1903 in Krimpen an der Ijssel bei A. J. Otto & Zoon als Heringslogger vom Stapel. Später wurde er nach Deutschland verkauft und zum Frachtschiff umgebaut. Zu Jahresbeginn 1940 war er unter Kapitän Poffels mit einer Ladung Kreide von Saßnitz nach Hamburg unterwegs. Am 6. Januar um 20.30 Uhr lief der Schoner bei ruhiger See, aber dichtem Nebel vor Altenteil auf den Strand. Im Laufe der Nacht kam er bei steigendem Wasser alleine wieder frei und ein bereits ausgelaufener Bergungsdampfer wurde nicht mehr gebraucht.

Marstal war Heimathafen der dänischen Motortjalk **Karen** (OYNG), 93 BRT/67 NRT, die 1902 in Martenshoek aus Stahl gebaut wurde. Sie hatte im Mai 1940 in Lübeck Quartzsand geladen und war damit, wahrscheinlich wegen Motorschadens, im Schlepptau eines anderen Fahrzeuges unterwegs nach Naestved/Dänemark. Mitten im Fehmarnbelt gab es plötzlich am 7. Mai um 2.15 Uhr früh eine Grundminenexplosion unter dem Achterschiff der Tjalk. Danach drang sofort viel Wasser in den Maschinenraum und die Kajüte ein, doch hielt das Kollisionsschott stand, und die Besatzung bemühte sich mit Pumpen und Überbordwerfen der Ladung, das Schiff über Wasser zu halten. Der Schlepper versuchte die schwer beschädigte Tjalk an die dänische Küste zu bringen. Das glückte leider nicht. Als das Schott zu brechen drohte, ging die Mannschaft von Bord. Die *Karen* sank gegen 10 Uhr vormittags 8 sm südöstlich von Kjels Noer Feuer auf 20 m Tiefe.

In Neuenfelde bei Elsfleth war der Motorewer **Martha** (DNWV), 84 BRT/52 NRT, zu Hause. Er wurde 1926 in Hammelwarden erbaut und gehörte 1940 dem Schiffsführer, Kapitän Gustav Bunkenberg. Der Ewer befand sich mit einer Ladung Zement auf der Fahrt von Itzehoe nach Lübeck und hatte am 30. August spätabends vor Flügge geankert. Sein Anker hielt jedoch nicht und nachts trieb das Schiff auf die Untiefe „Breiter Barg" in der Orther Bucht. Am nächsten Tag wurde ein Teil der Ladung geleichtert und anschließend brachte ein Schlepper die *Martha* wieder ab.

1941

Der norwegische Dampfer **Borgsten** (LDID), 1569 BRT/914 NRT, lief 1922 in Oslo bei Akers Mekaniske Verksted für die A/S „Borga" (Petter Olsen) in Oslo vom Stapel. Er war ein typischer Drei-Insel-Frachter. Am 26. September kollidierte er nur wenige Kabellängen westlich des Feuerschiffes *Fehmarnbelt* mit dem schwedischen Motorschiff *Luossa* aus Stockholm. Dabei wurde die *Borgsten* am

Vorschiff so schwer beschädigt, daß sie innerhalb kurzer Zeit sank. Ihre ganze Besatzung konnte sich in Sicherheit bringen.

1942

Stockholm war der Heimathafen des schwedischen Frachtdampfers **Lidingö** (SGUA), ex Bellona, ex Skagern, 5842 BRT/3605 NRT groß. Er wurde 1917 in Gothenburg auf Göteborgs Nya Vaerft gebaut und gehörte 1942 der Reederei A/B „Rex" in Stockholm. Die *Lidingö* war mit einer Ladung Schrott auf der Reise von Lulea zu einem deutschen Nordseehafen und lief am 6. November im Fehmarnbelt auf dem Zwangsweg 1 zwischen den Tonnen „6a" und „6b" (ungefähr nordöstlich von Marienleuchte) auf eine Mine. Sie wurde mittschiffs so schwer leck, daß sie nach zwei Stunden sank. Menschen kamen nicht zu Schaden. Das Wrack der *Lidingö* lag noch 1960 auf dem Meeresgrund. Damals war der schwedische Steinfischer *Wyk* aus Torekow damit beschäftigt, die Ladung zu löschen. Wieweit diese Arbeiten Erfolg hatten, um das Schiff anschließend zu heben oder ob es gesprengt und verschrottet wurde, ist nicht bekannt (Nr. 26 der Wrackkarte).

1943

In Rödbyhavn war der 1938 gebaute dänische Fischkutter **Bodil,** 13 BRT, zu Hause. Er hatte am 6. Mai im Fehmarnbelt nördlich des Weges 1 mit dem Grundschleppnetz gefischt. Um 14.30 Uhr war er 2 sm westlich des Feuerschiffes *Fehmarnbelt* gerade dabei, das Netz einzuhieven, als plötzlich nur 20 bis 30 m von der Steuerbordseite entfernt eine Mine explodierte. Der Kutter machte sofort viel Wasser und begann zu sinken. Seine zwei Mann Besatzung nahm ein anderer in der Nähe befindlicher Fischkutter auf, während von der *Bodil* nach 30 Minuten nichts mehr zu sehen war.

Schon nach dem zweiten Kriegsjahr gab es keine offiziellen deutschen Angaben mehr über zivile Schiffsunglücke vor Fehmarn. Aus dem Jahr 1943 ist jedoch ein Seeunfall bekannt, weil er ein direkt auf Fehmarn beheimatete Schiff betraf. Die Galeasse **Helene** (DCGR), 49 BRT/31 NRT, wurde 1906 in Wewelsfleth bei Claus Witt erbaut. Sie war inzwischen Eigentum von Kapitän Henry Lüthje aus Burgstaaken und hatte einen Hilfsmotor von 25 PS erhalten. In Burgstaaken hatte man 70 t Roggen für Lübeck an Bord genommen und verließ

1942 – Der schwedische Dampfer »Lidingö« sinkt nach Minentreffer am 6. 11. 1942 im Fehmarnbelt.

am 11. August bei frischem SO-Wind den Hafen. Kurz nach dem Erreichen der offenen See sprang das Schiff plötzlich leck und machte so viel Wasser, daß man es mit den Pumpen nicht mehr bewältigen konnte. Auf Notsignale hin kam das in der Nähe liegende Torpedofangboot *Waltraud* der T. V. A. Eckernförde herbei und versuchte die *Helene* nach Burgstaaken zu schleppen. Sie sank aber dicht vor der Hafeneinfahrt im flachen Wasser und ihre zwei Mann Besatzung nahm das Fangboot auf. Durch das Steinfischerfahrzeug *A. M. 1*, Kapitän Max Lüthje, wurde der größte Teil der Roggenladung naß geborgen und anschließend auf dem Staakensweg in Burgstaaken zum Trocknen ausgebreitet. Die unversicherte *Helene* konnte am 21. August leergepumpt, gehoben und in den Hafen gebracht werden, wo sie sofort aufgeslipt wurde.

1944

Mit der zunehmenden Luftüberlegenheit der Alliierten wurden die Schiffahrtszwangswege immer stärker von Flugzeugen aus der Luft mit Grundminen verseucht. Die Flugzeuge orteten mit ihren Radargeräten nachts die Fahrwassertonnen und fanden auf diese Weise leicht ihre Ziele. Bei den Minen handelte es sich um Geräusch- und E-Minen. Darunter waren viele, die erst explodierten, wenn eine bestimmte Anzahl von Schiffen über sie hinweggelaufen waren und deshalb auch von den Räumbooten nicht gleich gefunden wurden. Enge Gewässer wie Flußmündungen, Buchten oder der Fehmarnbelt waren das bevorzugte Ziel der Minenflugzeuge. Der Fehmarnsund hatte im Zweiten Weltkrieg nicht mehr die Bedeutung wie 1914–1918, da viele Schiffe ihn wegen ihrer Größe nicht mehr passieren konnten. Über die zahlreichen Minenverluste ab 1944 drang kaum etwas an die Öffentlichkeit. So stammen die folgenden Berichte alle aus der Nachkriegszeit und erheben keinen Anspruch auf Vollständigkeit.

Am 22. Februar lief der in Svendborg beheimatete dänische Motorschoner **Lehnskov,** 100 BRT, im Fehmarnbelt auf eine Mine. Er sank anschließend 3 sm von der Ostküste Fehmarns entfernt etwa oberhalb von Gahlendorf. Die Besatzung konnte sich vollständig retten (Nr. 30).
Nur vier Tage später ging das deutsche Motorschiff **Klaus Groth,** 100 BRT/41 NRT verloren, das 1911 auf den Kieler Howaldtswerken als Fährdampfer *Lauenburg* auf der Förde für die „NDC“ in Kiel gebaut wurde. Nach einem Umbau 1937 zum Motorschiff erhielt es den Namen *Klaus Groth*. Es wurde bei Kriegsbeginn 1939 von der Marine beschlagnahmt und für das Nachrichtenversuchskommando eingesetzt. Am 26. Februar lief das Schiff südlich von Fehmarn auf eine Mine und sank ohne Menschenverluste. Das Wrack wurde am 18. 7. 1952 durch die Kieler Taucherfirma Jensen gehoben und nach Kiel gebracht. Wegen der schweren Schäden lohnte eine Reparatur nicht und es endete auf der Abwrackwerft.

Heimathafen des dänischen Motorschoners **Mary Lass** (OYBI), ex Carli, ex Ogna, ex Hertha, 197 BRT/89 NRT, war Tuborg Havn. Er lief 1902 in Thorskogs Mek. Verksted als Dampfschiff vom Stapel und wurde 1935 zum Motorschiff umgebaut. Zuletzt gehörte er der Reederei Mary Lass in Kopenhagen. Im März 1944 war die *Mary Lass* unter Kapitän Egil Qvist mit einer Ladung Briketts von Wismar nach Odense unterwegs. Am späten Abend des 2. März hatte sie auf dem „Weg 1“ das Feuerschiff *Fehmarnbelt* gerade passiert, als sich gegen 23.30 Uhr eine Unterwasserexplosion ereignete. Der Motorschoner fiel sofort auf die Seite und sank innerhalb weniger Minuten. Drei Menschen starben dabei. Zwei Seeleute, die sich an Deck aufgehalten hatten, wurden über Bord geschleudert. Sie konnten auf ein aufschwimmendes Rettungsfloß klettern und trieben darauf 13 Stunden bei Schneeböen naß und völlig erstarrt in der bewegten See. Am 3. März gegen 12.30 Uhr wurden sie von einem schwedischen Schiff entdeckt und aufgenommen.

Das Bremer Fischereimotorschiff **Burg,** 344 BRT/114 NRT, war ein für die damalige Zeit hochmodernes Fangfahrzeug, das 1938 in Emden bei Schulte & Bruns für die Reederei H. Bischoff & Co. vom Stapel lief. Im Kriegsmarineeinsatz sank es am 15. März nach einem Minentreffer im Fehmarnbelt. Die Besatzung wurde gerettet. (Nr. 25)

Ebenfalls in Bremen war der Frachter **Erfurt** (DOGC), 4201 BRT/2554 NRT, beheimatet. Er wurde 1923 auf der Stettiner Vulcanwerft als Motorschiff für den NDL in Bremen erbaut, hatte aber das Aussehen eines normalen Dampfers, nur daß der Schornstein fehlte. Dafür besaß es am Ende der Mittschiffsaufbauten ein dünnes Rohr als Auspuff für die Abgase, was dem Schiff ein etwas ungewöhnliches Aussehen gab. Die *Erfurt* hatte eine Ladung Steinkohlen für die Marine an Bord und lief am 20. März nordwestlich von Westermarkelsdorf auf eine Mine. Sie sank ohne Verluste. Aus dem Wrack barg man 1946/47 die damals wertvolle Kohlenladung. Einige Jahre später wurde der Rumpf, wie zu dieser Zeit üblich, mit Torpedoköpfen aus ehemaligem Kriegsmaterial gesprengt und der Schrott geborgen. „Private" Schrottfischer von der Insel Fehmarn holten sich ebenfalls ihren Anteil davon und hoben unter anderem einen Anker von ca. 3 t Gewicht. Höchstwahrscheinlich stieß 1946 der englische Dampfer *Balteako* auf das Wrack der *Erfurt*, da er kurz nach dem Auflaufen auf ein Unterwasserhindernis in deren Nähe sank (*Erfurt*: Nr. 6).

Der schwedische Dampfer **Frigg,** ex Helny, ex Helios, ex Tremayne, 1495 BRT/860 NRT, lief 1886 in South Shields bei J. Readhead & Co. vom Stapel. Er war zuletzt in Schweden beheimatet und befand sich im April 1944 mit einer Ladung Koks auf der Reise von Emden nach Sundsvall. Am 28. April lief er wenige sm östlich von Fehmarn angeblich auf ein Wrack und sank (Nr. 51).

Bei der Besetzung Norwegens 1940 fiel auch das norwegische MS **Tento** (LCBV), ex America, 4917 BRT/3314 NRT in deutsche Hände und fuhr danach unter deutscher Flagge. Das Schiff wurde 1921 in Oslo bei Akers Mekaniske Verksted gebaut und war ab 1937 Eigentum von E. B. Aaby's Rederi A/S Oslo. Am 6. Mai sank die *Tento* nordwestlich von Fehmarn auf dem Zwangsweg 1 nach einem Minentreffer. Über Verluste der Besatzung ist nichts bekannt. Nach 1945 wurde das Wrack, das auf der Originalkarte irrtümlich den Namen *Vento* trägt, gesprengt und der Schrott geborgen (Nr. 10).

Das deutsche Minensuchboot **M 515,** ex Arkona, ex M 115, war ein dampfgetriebenes Boot älterer Bauart von 662 t Wasserverdrängung, das 1918 auf den Bremer Atlas-Werken entstand. Es nahm noch kurz am Ersten Weltkrieg teil und wurde 1919 von der Reichsmarine, 1934 dann von der Kriegsmarine übernommen. Von 1935 bis 1941 machte es als Versuchsboot *Arkona* Dienst, bis es danach zum aktiven Minensucheinsatz herangezogen wurde. Wie alle alten M-Boote erhielt es eine „5" als Anfangskennziffer. Als Sperrschulboot sank *M 515* am 22. Mai nach einer Grundminenexplosion ebenfalls nordwestlich von Fehmarn auf der Position 54° 34′ Nord und 10° 45′ Ost. Die Besatzung erlitt keine Verluste. Nach dem Krieg wurde das Wrack gehoben und abgebrochen (Nr. 39).

In Svendborg war die dänische Motorgaleasse **Doriana,** 108 BRT groß, registriert. Am 4. Oktober lief sie westlich des Fehmarnsundes auf der Position 54° 26′ Nord und 10° 48′ Ost auf eine Mine und versank. Die Besatzung konnte sich retten, das Wrack wurde nach dem Krieg wieder gehoben (Nr. 75).

1944 wurde das 16 m lange Doppelschrauben-Motorrettungsboot der DGzRS, *August Nebelthau,* das zuletzt in Cuxhaven stationiert war, nach Burgstaaken verlegt. Der Anlaß dürften die zahlreichen Schiffsverluste im Fehmarnbelt durch Minen

1944 – MRB »August Nebelthau« unter dem Zeichen des Roten Kreuzes im Hafen von Burgstaaken. Rechts: Das Achterschiff des Feuerschiffes »Fehmarnbelt«.

gewesen sein. Das 1929 aus Stahl gebaute Boot besaß einen Dieselantrieb von 150 PS, mit dem es eine Geschwindigkeit von 8,5 Knoten erreichte und war schon mit FT ausgerüstet. Während der Kriegsjahre fuhr die *August Nebelthau* wie alle Rettungsboote der DGzRS unter der Flagge des Roten Kreuzes. Das Rote Kreuz war auch groß an den Bordwänden des Bootes aufgemalt, wie auf einer seltenen Aufnahme zu sehen ist, die die *August Nebelthau* 1944 im Hafen von Burgstaaken zeigt. Rechts neben dem Boot sieht man das Achterschiff des Feuerschiffes *Fehmarnbelt.* Dieses erlitt in einem schweren Sturm Ankerkettenbruch und da es selber keinen eigenen Antrieb besaß, trieb es hilflos in dem verminten Fehmarnbelt. Vom MRB *August Nebelthau* unter Vormann Christian Schwenn wurde es in Schlepp genommen und nach Burgstaaken als nächsten Nothafen eingebracht. Nach dem Kriegsende mußte jedes deutsche Seeschiff eine Zulassung der jeweiligen Besatzungsmacht haben und die *August Nebelthau* fuhr mit der britischen Kontroll-Nr. XL 23. Vormann blieb wie bisher Christian Schwenn aus Burgstaaken.

1945

Heimathafen des Kohlenfrachters **Hedwigshütte** (DHKT), 2221 BRT/1211 NRT, war ab 1929 Hamburg. Er lief 1922 auf den Stettiner Oderwerken für die „Hedwigshütte Anthrazit-Kohlen- und Kokswerke“ in Stettin vom Stapel. Im Zweiten Weltkrieg fuhr er für die Marine als Kohlenschiff „Station Ostsee“ und hatte 21 Mann Besatzung. Am 13. Februar sank der Dampfer relativ schnell nach einem Minentreffer nordwestlich von Westermarkelsdorf. Da hierbei 96 Menschen den Tod fanden, muß es sich größtenteils um Flüchtlinge aus den deutschen Ostgebieten gehandelt haben. Nach 1945 erhielt das Burgstaakener Steinfischerfahrzeug *A. M. 1* unter Kapitän Max Lüthje von einer Kieler Firma den Auftrag, die Kohlenladung aus dem Wrack zu bergen. Zufällig war Kapitän Lüthje aus Burgstaaken um 1925 selber als Matrose auf der *Hedwigshütte* gefahren. Er kannte deshalb das Schiff genau und konnte die Taucher gut einweisen (Nr. 13). Während die Steinfischerei in den ersten Nachkriegsjahren mangels Absatz still lag, fand sich für deren Fahrzeuge mit ihren Helmtauchern vielseitige Verwendung bei Bergungsarbeiten an den zahlreichen Schiffswracks.

Das Torpedoschulschiff **Hugo Zeye** wurde 1940 als kombiniertes Fracht- und Passagiermotorschiff in Rostock auf der A. G. „Neptun“ gebaut. Das Baukonzept entsprach dem eines Hilfskreuzers, doch wurde das ca. 6700 BRT große Schiff 1942 als Torpedoschulschiff der Kriegsmarine in Dienst gestellt und hatte 240 Mann Besatzung. Am 14. März lief die *Hugo Zeye* nordwestlich von Fehmarn auf eine Mine und sank. Dabei fanden ein Mann der Besatzung sowie vier der an Bord befindlichen Flüchtlinge den Tod (Nr. 4).

Nur einen Tag nach der *Hugo Zeye*, am 15. März, ging der Hamburger Kohlenfrachter **Nordfahrt** (DHEB), ex Hammonia, ex Clara Blumenfeld, ex Marsden, 2543 BRT/1463 NRT, im Fehmarnbelt verloren. Der Dampfer wurde 1910 in England gebaut und war zuletzt Eigentum der Norddeutschen Kohlen & Kokswerke A. G. in Hamburg. Die *Nordfahrt* sank nach einer Grundminenexplosion westlich des Feuerschiffes *Fehmarnbelt* in der Nähe der Tonne „5a“. Sie wurde schon 1946 wieder gehoben und kam 1950 als *Clara Blumenfeld* wieder in Fahrt (Nr. 16).

Die **Ingrid Leonhardt,** 1923 BRT/635 NRT, war ein modernes Motorfrachtschiff, das erst 1944 in Bremerhaven auf der Rickmerswerft als sogenannter „Hansa-A-Typ“ der Hansa-Serie vom Stapel lief. Es wurde zwar für die Hamburger Reederei Leonhardt & Blumberg gebaut, jedoch sofort nach Fertigstellung von der Kriegsmarine übernommen. Die *Ingrid Leonhardt* sank am 23. April nahe der Tonne „5“ nach einem Minentreffer, angeblich ohne Personalverluste (Nr. 14).

Mit dem unaufhaltsamen Vormarsch der sowjetischen Armeen in Ostpreußen, Schlesien und Pommern zu Beginn des Jahres 1945 setzte eine Flucht der Zivilbevölkerung aus diesen deutschen Gebieten von nie gekannten Ausmaßen ein. Millionen Menschen strömten zu Land und zu Wasser nach Westen. In den ersten drei Monaten erschwerten eisige Stürme die Flucht über die See und machten sie oft unmöglich. Zum Kriegsende zeigte sich dann die Ostsee von ihrer besten Seite. Bei fast spiegelglatter See und strahlend blauem Himmel kam eine Armada aller nur irgendwie schwimmfähigen Fahrzeuge aus den letzten noch freien Häfen heraus.

Soweit sie nicht mit eigener Kraft fahren konnten, wurden sie geschleppt. Anfangs war das Hauptziel Dänemark, bis dort in den letzten Kriegstagen das Anlaufen verboten wurde. Andere Konvois liefen die Lübecker Bucht an oder ankerten vor der Südküste Fehmarns, da die Weiterfahrt nach Kiel wegen der schweren englischen Luftangriffe auf diese Stadt große Gefahr bedeutete.
Leider war das Bild des von der Frühlingssonne beschienenen ruhigen Meeres nur äußerlich friedlich. Die großen Schiffsansammlungen in der westlichen Ostsee lockten die englischen Bomber und Jagdflugzeuge an. Es gab außer der eigenen Bordflak kaum noch eine deutsche Abwehr, denn die eigene Luftwaffe trat aus Mangel an Maschinen und Treibstoff selten in Erscheinung. Besonders die unbewaffneten Handelsschiffe waren den englischen Angriffen aus der Luft hilflos ausgeliefert. Die schwersten Angriffe begannen am Morgen des 3. Mai in der Neustädter Bucht und führten zur Versenkung der *Cap Arcona*, der *Deutschland* und *Thielbeck*. Dabei kamen Tausende von KZ-Gefangenen, die auf diesen dort vor Anker liegenden Schiffen untergebracht waren, ums Leben.

Auch die vor Fehmarn ankernden Schiffe wurden am gleichen Tag mehrmals Ziel der englischen Flugzeuge. Als erstes wurde der Passagierdampfer **Swakopmund,** 6133 BRT/3139 NRT, angegriffen. Er lief 1939 in Hamburg bei Blohm & Voß unter dem Namen *Egemen* für die Türkei vom Stapel, kam aber wegen des inzwischen ausgebrochenen Zweiten Weltkrieges nicht mehr zur Auslieferung. Am 15. 3. 1941 wurde er der Deutschen-Ostafrika-Linie übergeben, dann aber sofort von der Kriegsmarine in Dienst gestellt. Als *Swakopmund* fuhr der Dampfer anfangs als Hilfszielschiff der 26. U-Flotille in der Ostsee. Später diente er der U-Boot-Ausbildungsgruppe „Front" in Hela als Wohnschiff und wurde 1945 bei der Evakuierung der deutschen

1945 – Dampfer »Swakopmund« im 2. Weltkrieg. Am 3. 5. 1945 nach Bombentreffern südlich von Staberhuk gesunken.

1945 – Motorschiff »Musketier« ex Jylland, am 3. 5. 1945 nordwestlich von Fehmarn bombardiert und später gesunken.

Ostgebiete mit eingesetzt. In den letzten Apriltagen 1945 lag die *Swakopmund* in der Lübecker Bucht vor Anker und wollte am 3. Mai nach Kiel laufen. Dabei wurde sie östlich von Fehmarn von englischen Bombern angegriffen und getroffen. Die Schiffsleitung versuchte, sie noch auf den Strand zu setzen, doch kenterte sie südlich von Staberhuk dicht vor der Küste und sank mit der Steuerbordseite auf Grund, während die Backbordhälfte hoch aus dem Wasser ragte. Menschen kamen bei dem Angriff nicht ums Leben. Auf dem Dampfer war auch ein Matrose, der aus Burgstaaken stammte. Für ihn endete der Krieg auf diese Weise direkt „vor der Haustür". Der Betreffende holte sich später einen passenden Motor vom Wrack der *Swakopmund*, baute ihn in einen Lkw ein und eröffnete damit gleich nach dem Krieg ein Fuhrgeschäft auf Fehmarn (Nr. 56).

Das nächste Opfer englischer Flugzeuge wurde das Motorschiff **Erna Gaulke** (DJMQ), ex Hartmut, ex Bjørnø, 400 BRT/202 NRT groß. Es lief 1919 in Larvik bei der A/S Fram Skibsbyggeri vom Stapel und gehörte zuletzt der Hamburger Reederei Ernst und Karl-Ernst Gaulke. Am 3. Mai sank die *Erna Gaulke* nach Bordwaffenbeschuß nahe der Fehmarnschen Nordwestküste. Über Verluste der Besatzung ist nichts bekannt. Anfang März 1951 stießen Fischer aus Westermarkelsdorf nicht weit von diesem Dorf auf ein Wrack, das sie der Wasserschutzpolizei meldeten und von dieser als die *Erna Gaulke* identifiziert wurde. Bei der Untersuchung durch Taucher stellte man fest, daß das Schiff Fliegerbomben geladen hatte und benachrichtigte deshalb den Munitionsbergungstrupp in Kiel (Nr. 1).

Ebenfalls am 3. Mai 1945 ging der Dampfer **Jade** (DHMX), 536 BRT/269 NRT, an der Westseite des Fehmarnsundes durch Fliegerbomben verloren. Das Schiff wurde 1912 auf den Stettiner Oderwerken erbaut, letzter Eigner war die Bugsier-Reederei- und Bergungs A. G. in Hamburg. Menschen sollen beim Untergang der *Jade* nicht umgekommen sein (Nr. 73).

Ein großer Handelsschiffgeleitzug fuhr am 3. Mai mit Westkurs durch den Fehmarnbelt und wurde dabei mehrfach nordwestlich von Fehmarn von englischen Flugzeugen angegriffen. Das MS **Muske-**

tier befand sich wegen einer Maschinenhavarie im Schlepptau des Dampfers *Wogram*, konnte nicht ausweichen und wurde getroffen. Es erreichte die Kieler Förde nicht mehr und sank nordöstlich von Kiel-Feuerschiff. Bei dem MS *Musketier* handelte es sich um die ehemalige dänische *Jylland*, 2762 BRT/1559 NRT, der Forenede-Dampskibs-Selskab in Esbjerg. Das 1926 in Helsingör gebaute Schiff wurde 1940 bei der Besetzung Dänemarks von den Deutschen beschlagnahmt und fuhr danach als *Musketier* unter deutscher Flagge. Einige Jahre nach dem Krieg wurde das Wrack gehoben und verschrottet.

In dem erwähnten Geleitzug befand sich auch der Dampfer **Irmtraut Cords,** 2814 BRT/1648 NRT groß. Er wurde 1924 als *M. C. Holm* in Helsingør für die Kopenhagener Reederei D/S/A/S „Norden" gebaut. 1939 erwarb ihn die Rostocker Reederei Cords. Nach einem Bombentreffer flog die *Irmtraut Cords* durch eine schwere Explosion am 3. Mai 1945 westlich von Fehmarn in die Luft und sank auf der Position 54° 30′ 57″ Nord und 10° 32′ 30″ Ost. Dabei fanden etwa zehn Mann der Besatzung den Tod. Anfang 1953 wurde das Wrack vom deutschen Wracksuchschiff *Atair* geortet und von der Laboer Bergungsfirma Paul Wolkowski beseitigt.

Dem gleichen Angriff fiel auch der Marinetanker **Taifun** zum Opfer. Er wurde von einem Flugzeugtorpedo getroffen und von der eigenen Besatzung an der dänischen Küste gegenüber Fehmarn auf Strand gesetzt. Es handelte sich dabei um den ehemaligen norwegischen Tanker **Polycarp** (LCUG), ex Fanny Hoegh, 6405 BRT/3840 NRT, der 1931 in Gothenburg auf Eriksberg Mek. Verkstad A/B gebaut wurde. Zu Beginn des Zweiten Weltkrieges fiel er als Prise in deutsche Hand und kam bei der Marine als Troßschiff zum Einsatz. Der Tanker wurde bald wieder abgebracht und noch 1945 an seine früheren norwegischen Eigner zurückgegeben. Ab 1948 fuhr er unter dem Namen *Wilstar* und endete 1963 in Oslo auf einer Abwrackwerft.

Das KdF-Schiff **Der Deutsche** (DOCM), 11 430 BRT/6445 NRT, war der frühere Passagierdampfer *Sierra Morena*. Er lief 1924 in Lobbendorf auf der Bremer Vulkanwerft für den Norddeutschen Lloyd in Bremen vom Stapel und wurde 1934 von der damaligen „Deutschen Arbeitsfront" übernommen. Gegen Ende des Zweiten Weltkrieges war der Dampfer als Hospitalschiff eingesetzt und als solches deutlich gekennzeichnet. Mit Verwundeten und Flüchtlingen voll beladen wollte es vor den nahenden russischen Truppen von Wismar nach Kiel fliehen. Wegen Kohlenmangel mußte es jedoch schon auf halbem Weg im Fehmarnbelt nördlich von Puttgarden vor Anker gehen und bunkerte am 3. Mai aus dem längsseits liegenden kleinen Dampfer **Dwarssee** (DHFP) Kohlen. Gerade während der Kohlenübernahme erfolgte der englische Luftangriff mit Bomben und Bordwaffenbeschuß. Die *Dwarssee* wurde getroffen und sank schnell, glücklicherweise ohne Menschenverluste. Aber auch *Der Deutsche* hatte ein großes Leck von einem Bombentreffer bekommen und wurde an der Nordküste Fehmarns westlich von Puttgarden-Riff auf Grund gesetzt, damit er nicht sank. Zwei Fischer aus Puttgarden machten mit ihrem Boot an dem Dampfer fest und tauschten ihren Fang in diesen Tagen der allgemeinen Auflösung in Bett- und Tischwäsche um. Nach provisorischer Abdichtung erreichte *Der Deutsche* nach einigen Tagen Kiel, mußte aber 1946 wie alle übriggebliebenen großen Schiffe an die Alliierten als Kriegsbeute abgeliefert werden. Das einstige KdF-Schiff ging nach Rußland und fuhr hier noch viele Jahre unter dem Namen *Asia*. Der oben erwähnte Dampfer *Dwarssee*, ex Hannaburg, ex Hanna Hölken, ex Louisa, war 553 BRT/287 NRT groß. Er wurde 1920 in Waterhuizen bei den Gebr. van Diepen erbaut. Zuletzt gehörte er der Reederei W. Schuchmann in Bremerhaven (Nr. 29 wahrscheinlich *Dwarssee*).

Am 3. Mai 1945 wurde auch das Feuerschiff **Adlergrund**, das als **Wachtschiff 5** ca. 9 sm nordöstlich von Staberhuk auf seiner letzten Kriegsposition dort vor Anker lag, versenkt. Es fiel einem englischen Jagdbomberangriff zum Opfer und ging mit der gesamten Besatzung verloren. Die Versenkung muß so plötzlich erfolgt sein, daß das Schiff wie mit einem Schlag von der Oberfläche verschwand. Das Feuerschiff *Adlergrund* lief im Mai 1914 in Stettin-Grabow bei Nüscke & Co. unter dem Namen *Almirante Abreu* vom Stapel. Es war mit 282 BRT vermessen und besaß schon einen eigenen Antrieb

1945 – Feuerschiff »Adlergrund« 1940 in Swinemünde einlaufend, längsseits eine Schute, die den Namen etwas verdeckt. Hinter dem Feuerschiff die „Galeriebake“.

in Form von zwei Dieselmotoren zu je 120 PS der Firma Benz. Das Schiff sollte ein Geschenk des Deutschen Reiches an Brasilien werden, wegen des am 1. August 1914 ausgebrochenen Weltkrieges wurde es jedoch von der Reichsregierung beschlagnahmt. Es ersetzte noch im gleichen Jahr das alte, 1884 gebaute Feuerschiff *Adlergrund* auf dessen Station neben der gleichnamigen Untiefe zwischen Rügen und Bornholm. 1938 wurden die beiden Fahrmotoren durch zwei je 160 PS starke Deutz-Diesel ersetzt, nachdem man in den Jahren davor zahlreiche Modernisierungsmaßnahmen durchgeführt hatte. Im Zweiten Weltkrieg wurde das Feuerschiff ab 25. 5. 1941 von der Marine auf den verschiedensten Positionen und mit wechselnden Namen wie: *Rot 9/7*, *Sperrwachtschiff 27* und *DWO 127* eingesetzt. Zuletzt lag es wie oben erwähnt östlich von Fehmarn auf dem Schnittpunkt mehrerer wichtiger Zwangswege auf der Position 54° 27′ 46″ Nord und 11° 32′ 30″ Ost. Hier führte es die Bezeichnung: *Wachtschiff 5* und gehörte zur 1. Sicherungsflotille, B.-Gruppe, in Kiel-Friedrichsort. Kommandant war Bootsmann der Reserve Markstadt. Wie alle deutschen Feuerschiffe im Zweiten Weltkrieg war es mit zwei 2-cm-Flak bewaffnet. Mit dieser schwachen Abwehr, noch dazu fest vor Anker liegend, wurde das Feuerschiff bei glatter See und klarem blauen Himmel ein leichtes Ziel der englischen Flugzeuge. Angeblich ist das Wrack um 1952 gesprengt und verschrottet worden, aber in einer amtlichen Wrackliste vom 1. 4. 1969 wird es noch aufgeführt. Wahrscheinlich handelte es sich um letzte, bei der Wrackräumung liegengebliebene Reste (Nr. 34). Ein seltenes Privatfoto zeigt das Feuerschiff *Adlergrund* im Herbst 1940 mit eigener Kraft in Swinemünde einlaufend und zum letzten Mal unter dem alten Stationsnamen. Danach dürfte es für die Marine umgerüstet worden sein. Das Feuerschiff *Fehmarnbelt* überstand dagegen den Zweiten Weltkrieg auf seiner alten Position und lag dort noch bis 1965.

Auch am 4. Mai gingen die englischen Luftangriffe vor Fehmarn bei schönem sommerlichen Wetter weiter. An diesem Tag wurde die **Vega** vor Staberhuk versenkt. Ein Mann kam dabei ums Leben. Das Wrack der *Vega* lag etwa 600 bis 700 m westlich von dem der *Swakopmund* und ragte ebenfalls weit aus dem Wasser. Das moderne Motorschiff wurde 1938 als *Vega* mit 7287 BRT/4184 NRT auf einer italienischen Werft für die norwegische Reederei „Bergenske Dampskibsselkab“ in Bergen erbaut und 1940 bei der Besetzung Norwegens von der Deutschen Kriegsmarine beschlagnahmt. Der

1945 – MS »Vega«, am 4. Mai 1945 bei Staberhuk durch englische Flugzeuge versenkt.

1945 – MS »Bolkoburg« im 2. Weltkrieg. Am 4. Mai 1945 nach Bombentreffern vor Sahrensdorf ausgebrannt und gesunken.

Name wurde in *Wega* geändert und das Schiff ab 1941 vorwiegend in der Ostsee als U-Boot-Zielschiff eingesetzt (Nr. 58).
Am gleichen Tag, dem 4. Mai, geriet die vor Sahrensdorf ankernde **Bolkoburg** durch Bombentreffer in Brand und versank. Dabei gab es einige Verluste bei der Besatzung. Leider fehlen darüber genaue Angaben, weil in den letzten Kriegstagen in solchen Situationen fast jeder nur an das eigene Überleben dachte. Bei der *Bolkoburg* handelte es sich um ein polnisches Schiff von 3437 BRT, das noch 1940 als *Warszawa* bei der niederländischen Werft J. C. Smit Werf De Noord in Alblasserdam vom Stapel lief. Nach der Fertigstellung übernahm es die Ostdeutsche Reederei GmbH, hinter der die Handelskammer Königsberg stand und die es *Ostwind* nannte. Bald legte jedoch die Kriegsmarine ihre Hand auf das Motorschiff. Sie gab ihm den

Namen *Bolkoburg* und setzte es als U-Boot-Zielschiff ein. Kurz nach dem Krieg wurde das Wrack der *Bolkoburg* komplett gehoben und nach Gdingen geschleppt. Auf dem Weg dorthin soll es noch einmal gesunken sein und mußte erneut gehoben werden. Das Schiff kam später als *Monte Cassino* wieder in Fahrt und fuhr noch bis ca. 1957 für polnische Rechnung (Nr. 59).

Im Fehmarnsund lag der Dampfer **Helga Schröder,** ex Kjell Billner, ex Falksten, ex Furuland, ex Inger, vor Anker. Er wurde ebenfalls am 4. Mai von Bomben getroffen und von seiner Besatzung verlassen. Das 1159 BRT/668 NRT große Schiff war 1907 in Trondheim bei „Trondhjem Mekaniske Verksted“ als *Inger* erbaut worden. Nach der Besetzung Norwegens 1940 wurde es von Deutschland beschlagnahmt. Die Rostocker Reederei Richard Schröder erhielt es dann zur Bewirtschaftung zugewiesen und zwar als Ersatz für ihren Dampfer gleichen Namens, den sie 1939 durch Minentreffer vor Marstal verloren hatte. Es handelte sich also bei der 1945 vor Fehmarn bombardierten *Helga Schröder* um das zweite Schiff mit dem gleichen Namen. Bei den zahlreichen Wracks, die damals vor Fehmarn lagen, läßt sich nicht mit letzter Sicherheit sagen, ob es dasjenige Schiff war, das im Sommer 1945 ohne Besatzung ins Treiben geriet. Mit dem nachgeschleppten Anker blieb es an dem Hauptstromkabel hängen, das auf dem Grund des Fehmarnsundes lag und das Fehmarn vom Festland aus mit Elektrizität versorgte. Der damalige Oberlt. z. See Rafael Weiskeller, der von einem der Anfang Mai östlich von Staberhuk selbstversenkten deutschen U-Boote stammte, erkannte schnell die Gefahr. Zusammen mit einem Kameraden schwamm er zu dem Schiff. Sie kletterten an Bord und schlugen den Schäkel der Ankerkette los. Dadurch bewahrten sie die Insel vor einem langen Stromausfall. Der von seinem Anker befreite Dampfer trieb weiter, bis er auf Grund stieß und sitzen blieb. Die *Helga Schröder* wurde schon 1947 als eines der ersten Wracks vor Fehmarn geborgen und kam nach einer gründlichen Überholung in Lübeck wieder in Fahrt (Nr. 61).

Im Hafen von Orth und in der Orther Bucht lagen Ende April 1945 zahlreiche kleinere Schiffe, die hier die weiteren Ereignisse abwarten wollten. Darunter befanden sich auch drei Dampfer des Reeders Paul Zoeke, der 1940 von Hamburg nach Danzig übergesiedelt war. Von Zoekes 1939 vor Fehmarn gestrandetem Dampfer *Nordkap* wurde schon berichtet. Nun war Paul Zoeke wie viele andere ostdeutsche Reeder mit Familienangehörigen und Firmenangestellten auf den eigenen Schiffen nach Westen geflüchtet. Im Orther Hafen lagen seine Dampfer *Lühe* (DRBW), ex Nordstern, ex Albatros, 870 BRT/451 NRT und *Sundsvall* (DRCA), ex Nordland, ex Sundsvall 663 BRT/415 NRT. Näher zum Sundfahrwasser ankerte auf der Orther Reede Zoekes größter Dampfer *Nordkap.* Es war sein zweites Schiff mit diesem Namen. Die erste *Nordkap*, die 1939 vor Fehmarn strandete, ging 1940 im Großen Belt durch englische Fliegerbomben verloren. Paul Zoekes zweite **Nordkap** wurde 1896 in Hartlepool bei der Irvine & Eng. Ltd. als *Jacob Bright* mit 2775 BRT/1691 NRT erbaut. Der Dampfer wechselte mehrfach Flagge und Namen und fiel im Zweiten Weltkrieg als estnische Prise *Kadri* in deutsche Hände. 1941 erhielt Paul Zoeke das Schiff zur „vorläufigen Bewirtschaftung“ zugeteilt, wie es damals hieß. Er nannte es erst *Nordlicht*, dann *Nordsturm* und endlich 1944 *Nordkap.* Damit hatte die Familie Zoeke Danzig auf der Flucht vor den sowjetischen Truppen verlassen und hielt sich an Bord des Dampfers in der Orther Bucht auf. Die *Nordkap* war als einziges der vor Orth ankernden Schiffe mit Bordflak ausgerüstet und hatte zu deren Bedienung Marinesoldaten an Bord. Zufällig stammte der Flak-Leiter, Gerhard Pagels, aus Burg a. F. Alle auf der Orther Reede liegenden Handelsschiffe hatten am 4. Mai schon die weiße Fahne gehißt, nur nicht die *Nordkap* wegen ihrer Flak-Soldaten. Als einige englische Flugzeuge zum Angriff auf die Schiffe ansetzten, ließ Pagels das Feuer eröffnen. Ein Bomber drehte ab, setzte aber zu einem neuen Anflug an und warf zwei Bomben auf die *Nordkap*, von denen eine davor, die andere dicht neben dem Schiff in Höhe des Flak-Standes explodierte. Zwei Angehörige der Geschützbedienung starben durch Bombensplitter. Frau Zoeke wurde von einem Splitter in den Magen getroffen und erlag später ihrer schweren Verletzung. Der Flak-Leiter Gerhard Pagels verlor bei der Explosion der Bombe sein Gehör. Paul Zoeke versuchte nach dem Krieg in Lübeck seine Reederei wieder aufzubauen. Den

Dampfer *Nordkap* mußte er als Reparationsleistung 1946 an die UdSSR abliefern. Dort fuhr er noch lange Jahre unter dem Namen *Nordsturm*. Zuletzt blieben Zoeke nur noch die kleine *Lühe* und der 1908 in Frederikstad gebaute Dampfer *Bravo I*, 1569 BRT/874 NRT. Er selbst lebte ab 1948 in Lübeck auf dem ehemaligen Minensuchboot „*TS-1*" (M-371), das er Wohnschiff *Fehmarn* nannte. Als Folge der nach dem Zweiten Weltkrieg völlig veränderten Verhältnisse im Ostseeraum mußte auch Paul Zoeke wie so viele andere Reeder aus den deutschen Ostgebieten nach wenigen Jahren den Reedereibetrieb einstellen. Seine Firma erlosch 1953, das Wohnschiff wurde 1955 ins Ausland verkauft.

Doch noch einmal zurück zu den letzten Kriegstagen vor der Insel Fehmarn! Ein Konvoi von vier kleinen Schiffen aus Ostpreußen und Pommern hatte sich, vollbeladen mit Flüchtlingen, entlang der Küste von Hafen zu Hafen bis nach Fehmarn durchgeschlagen. Sie wollten in Burgstaaken einlaufen, erhielten aber vom damaligen Hafenkapitän keine Erlaubnis und mußten wieder in See gehen. Es handelte sich einmal um drei ostpreußische Binnenschiffe. Der in Tapiau registrierte Motorkahn **Wehlau** wurde 1927 mit 101 t Tragfähigkeit erbaut und gehörte Max Guttkowski aus Königsberg. Aus Danzig stammten die beiden kleinen Flußdampfer **Graudenz,** 1877 erbaut mit 172 t und **Einigkeit,** 1885 gebaut und 164 t Tragfähigkeit. Beide waren Eigentum des Danziger Reeders Emil Berenz. Das vierte war das MS **Geheimrat Löffler** (DBPZ), 100 BRT/39 NRT, aus Stralsund, das dort 1927 als Forschungsschiff für die „Staatlichen Anstalten Insel Riems" in Dienst gestellt worden war. Am 5. Mai wurden die vier von Fehmarn kommenden Schiffe östlich des Feuerschiffes *Kiel* bei spiegelglatter See von acht britischen Jagdbombern angegriffen. Die *Geheimrat Löffler* erhielt einen Volltreffer und sank innerhalb einer Minute. Dabei fanden 28 Menschen den Tod. Eine Bombe traf das Vorschiff der *Graudenz*. Sie nahm 17 Opfer mit in die Tiefe. *Einigkeit* und *Wehlau* kamen ohne Treffer davon.

Am 9. Mai 1945, dem Tag der deutschen Kapitulation, war der Zweite Weltkrieg zwar offiziell zu Ende, aber die Aktionen der Kriegs- und Handelsmarine zur Rettung von Zivilisten und Wehrmachtsangehörigen aus den Ostgebieten liefen noch tagelang weiter. Auch dabei gab es noch Verluste. So lief am 9. Mai nördlich von Fehmarn das Motorschiff **Jaspis,** 6094 BRT/3624 NRT, auf eine Mine und sank. Die gesamte Besatzung wurde gerettet. Das Schiff war 1930 in Sunderland bei J. L. Thompson & Sons als *Vigdis* für die norwegische Reederei „Skibs A/S Vigdis" in Sandefjord vom Stapel gelaufen. Nach der deutschen Besetzung Norwegens wurde es beschlagnahmt und der Hamburger Reederei John T. Essberger als Ersatz für deren eigene Schiffsverluste zur Bewirtschaftung übergeben. Unter dem Namen *Jaspis* gehörte es im Kriegseinsatz zum „Troßschiffsverband Nord" der Marine und war am 27. 2. 1945 schon einmal zwischen Warnemünde und Gedser auf eine Mine gelaufen. Das Schiff wurde aber nach Kiel geschleppt und kam nach notdürftiger Reparatur sofort wieder zum Einsatz, bis es dann im Fehmarnbelt erneut auf eine Mine lief und sank. Bald nach Kriegsende wurde die *Jaspis* gehoben und kam unter dem gleichen Namen, aber panamesischer Flagge, wieder in Fahrt. 1959 endete sie auf einer Abwrackwerft.

Neben den schon aufgeführten Handelsschiffen lagen bei Kriegsende noch zahlreiche kleinere Wracks an Fehmarns Küste. Vor Burgtiefe saß ein KFK (Kriegsfischkutter) der Marine auf Grund. Aus diesem baute sich der Burgstaakener Steinfischer Heinrich Göttsch den Dieselmotor aus und setzte ihn nach Überholung in sein Schiff *Mariechen* ein, wo er ihm noch viele Jahre gute Dienste leistete. Bei Katharinenhof lag ein Torpedoboot dicht am Strand, das keinen Torpedosatz mehr trug. Da es nicht den alten deutschen T-Booten aus dem Ersten Weltkrieg zugeordnet werden konnte, dürfte es sich um ein Beutefahrzeug gehandelt haben. Im Lauf der Zeit bildete sich eine Sandanspülung hinter dem Wrack, so daß man es von Land aus trockenen Fußes erreichte. Es wurde später von dem Laboer Bergungsunternehmer Paul Wolkowski verschrottet und mit seinem Motorschiff *Mulli*, 137 BRT/65 NRT, abtransportiert (Nr. 57). In der Presener Bucht war weiter in See eine unbekannte Schute gesunken. Das Wrack lag etwa auf der „Presener Untiefe". Vor „Schlohdenweih" (zwischen Marienleuchte und der Ostmole des heutigen Fährhafens) lagen die ausgebrannten Reste eines Schnellbootes am Strand. Mit ihm waren aus dem Osten geflüchtete Marineangehörige an Land gekommen. Bei Westermarkelsdorf dicht vor der Küste lag eine noch aus Holz gebaute Schute auf Grund, die hauptsächlich mit Infanteriemunition beladen war. Letztere wurde später von Schrottsammlern geborgen, die die Hülsen verkauften.

Vor Flügge saß „hoch und trocken" der kleine Luftwaffentanker **Emil** auf dem Strand. Es handelte sich um einen ehemaligen Leichter von ca. 25 m Länge, der 1925 in Lauenburg/Elbe bei E. Heidtmann entstand. 1938 wurde er in Rendsburg auf der Nobiskrug-Werft zum Tankschiff umgebaut und mit zwei Behältern für je 50 000 l Brennstoff und einem Dreizylinder-Dieselmotor ausgerüstet. In der ersten Zeit nach dem Krieg fand vieles von dem Schiff eine Verwendung für private Zwecke, und damals war fast alles zu gebrauchen. Als nach der Währungsreform im Juni 1948 Schrott plötzlich wieder gutes Geld brachte, zerschnitten Schrottsucher den Rumpf des Tankers gleich am Strand in transportable Stücke. Nur der Motorblock blieb zurück und ragte einsam aus dem Sand (Nr. 63).
Bei „Spitzenort" in der inneren Orther Bucht saß eine ehemalige holländische Luxusjacht mit Namen **Quo Vadis** auf Grund. Sie wurde nach dem Krieg von der Bevölkerung so restlos ausgeplündert, daß

1945 – Motorrettungsboot »Matthäus Möller« auf der Ablaufbahn des Rettungsschuppens in Burgtiefe. Links: Joachim Schwenn, rechts: Max Böhrk, langjähriger Maschinist bei der DGzRS.

nur ihre stählerne Außenhaut übrig blieb. Eines Tages erschien ein dänischer Schlepper, nahm den Rumpf auf den Haken und brachte ihn nach Dänemark. Dort soll der Schlepperführer wegen Diebstahls von Eigentum der britischen Besatzungsmacht vor Gericht gestellt und angeblich sogar zu einer Gefängnisstrafe verurteilt worden sein (Nr. 62).
Viele Wracks von Kriegs- und Handelsschiffen wurden erst in den Jahren nach dem Krieg von Fischern bei der Grundschleppnetzfischerei entdeckt, da sie mit ihren Netzen daran hängen blieben. Alle Angaben über die Verhältnisse vor Fehmarn im Mai 1945 erheben keinen Anspruch auf Vollständigkeit. Sie wurden zum Teil erst viele Jahre nach dem Krieg anhand privater Erinnerungen aufgeschrieben, da damals keine Zeitung auf der Insel erschien und niemand entsprechende Aufzeichnungen machte. Die offiziellen Archive weisen für diese Zeit große Lücken auf. Ähnlich wie vor Fehmarn sah es bei Kriegsende überall an Schleswig-Holsteins Ostseeküste aus. Ganz chaotisch waren die Verhältnisse in den großen Häfen und Förden. Sie waren mit Hunderten von Schiffswracks verstopft, die entweder von Bomben getroffen oder bei Kriegsende selbst versenkt worden waren.
Als nach der deutschen Kapitulation englische Truppen auch nach Fehmarn übersetzten, machten sie die Insel zu einem großen Gefangenenlager für deutsche Soldaten, das den Namen „Ostsee" erhielt. Allerdings konnten sich die Gefangenen auf der gesamten Insel frei bewegen. Um aber eine Flucht über See zu verhindern, mußten im Mai 1945 alle schwimmenden Fahrzeuge Fehmarn verlassen und wurden von den Engländern zum Festland, hauptsächlich nach Travemünde, gebracht. Fischerboote, die sie am offenen Strand vorfanden, weil ihre Besitzer sie nicht rechtzeitig in Scheunen versteckt hatten, wurden von der Besatzungsmacht mit Benzin übergossen und verbrannt. Für die betroffenen Fischer war das ein schwerer Verlust, denn ein Boot war in dieser Zeit kaum wieder zu beschaffen.
Ein anschauliches Bild der zahlreichen Wracks um Fehmarn gibt der folgende Ausschnitt aus einer bis 1957 laufend ergänzten Wrackkarte der Wasserschutzpolizei. In der gesamten Karte, die den größten Teil der westlichen Ostsee einschließlich

der Lübecker Bucht bis Gedser zeigt, werden 513 Wracks aufgeführt. Trotzdem ist sie nicht vollständig. Der hier abgebildete Teil des Seegebietes um Fehmarn wurde von den Verfassern um einige Schiffe ergänzt und mit einer neuen fortlaufenden Numerierung versehen. Leider gibt es unter den 76 eingezeichneten Wracks mehrere, deren Identität sich nicht klären ließ, wie z. B. die Nummern 41, 43 und 49. Vielleicht handelt es sich bei einigen um solche Schiffe, die schon vor dem Krieg verloren gingen und die man erst im Zuge der intensiven Wracksuche mit modernen Geräten nach 1948 wieder fand.

Numerische Liste der auf der vorhergehenden Karte eingezeichneten Wracks; Stand: Ende 1957.

Nr. 1	Motorschiff *Erna Gaulke*
Nr 2	Munitionsschute
Nr. 3	Dampfer *Balteako*
Nr. 4	Motorschiff *Hugo Zeye*
Nr. 5	Fischdampfer *Braunschweig*
Nr. 6	Motorschiff *Erfurt*
Nr. 7	Spüler
Nr. 8	unbekannte Baggerschute
Nr. 9	M 515
Nr.10	Motorschiff *Tento*
Nr.11	Scheibenschlepper
Nr.12	Tjalk *Karen*
Nr.13	Dampfer *Hedwigshütte*
Nr.14	Motorschiff *Ingrid Leonhardt*
Nr.15	Fischdampfer „*VS 53*“
Nr.16	Dampfer *Nordfahrt*
Nr.17	Logger
Nr.18	unbekannter Dampfer
Nr.19	Dampfer *Amstel*
Nr.20	R-126
Nr.21	Motorschoner *Hika*
Nr.22	KFK
Nr.23	Fischdampfer „*PWO 27*“
Nr.24	Logger
Nr.25	Fischdampfer „*VS 54*“ – Burg
Nr.26	Dampfer *Lidingö*
Nr.27	Schnellboot
Nr.28	unbekannte Schute
Nr.29	vermutlich Dampfer *Dwarssee*
Nr.30	Dreimastschoner *Lehnskov*
Nr.31	unbekannter Kümo
Nr.32	unbekannter Fischdampfer
Nr.33	Dampfer *Väring*
Nr.34	Feuerschiff *Adlergrund – Wachtschiff 5*
Nr.35	U-Boot
Nr.36	U-Boot
Nr.37	unbekannter Motorschlepper
Nr.38	unbekanntes Kümo
Nr.39	U-Boot
Nr.40	U-Boot
Nr.41	unbekanntes Kümo
Nr.42	Zweimastschoner
Nr.43	unbekannter Dampfer
Nr.44	unbekannter Bergungsschlepper
Nr.45	Zweimastschoner
Nr.46	unbekannter Bagger
Nr.47	unbekannte Tjalk
Nr.48	unbekannter Dampfschlepper (ev. *Polly* von der Hamburger Getreideheber-Gesellschaft)
Nr.49	unbekanntes Kümo
Nr.50	Logger
Nr.51	Dampfer *Frigg*
Nr.52	Fischdampfer „*VS 75*“
Nr.53	unbekannter Segler
Nr.54	Bagger *Ostland*
Nr.55	Zweimastschoner
Nr.56	Passagierdampfer *Swakopmund*
Nr.57	unbekanntes Torpedoboot
Nr.58	Motorschiff *Vega*
Nr.59	Motorschiff *Bolkoburg*
Nr.60	KFK
Nr.61	Dampfer *Helga Schröder*
Nr.62	Jacht *Quo Vadis*
Nr.63	Tanker *Emil*
Nr.64	Dampfer *Eilerts de Haan*(?)
Nr.65	MFP (Marinefährprahm)
Nr.66	MFP
Nr.67	Torpedofangboot
Nr.68	Flugzeugwrack
Nr.69	MFP
Nr.70	Spüler *Odin*
Nr.71	Motortjalk *Hertha Spetz*
Nr.72	Leichter 166
Nr.73	Dampfer *Jade*
Nr.74	Fischdampfer
Nr.75	Motorgaleasse *Doriana*
Nr.76	Motortjalk *Esther*

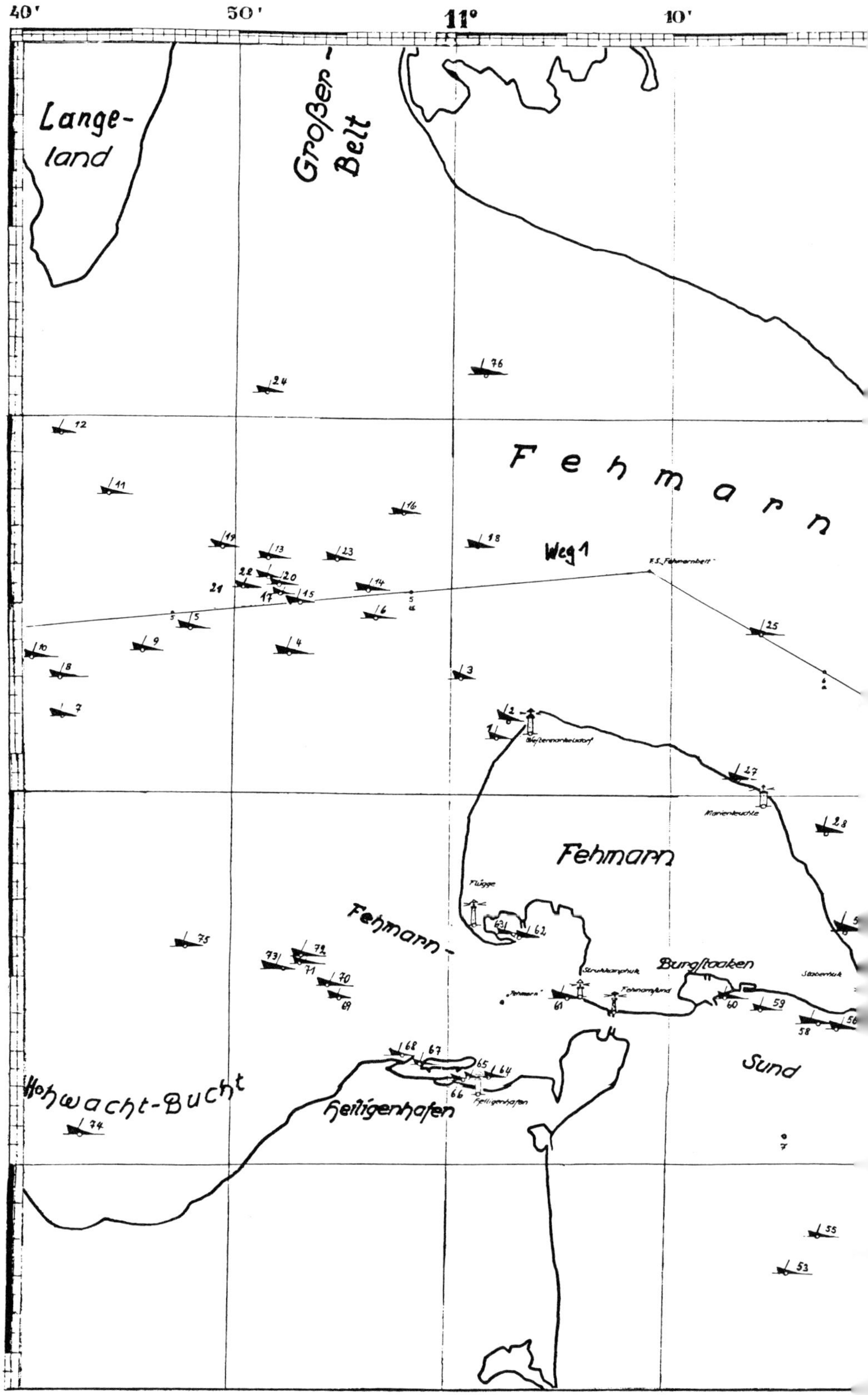
40'
50'
11°
10'
Lange-
land
Großer-
Belt
Fehmarn
Weg 1
Fehmarn
Fehmarn-
Burgstaaken
Sund
Hohwacht-Bucht
Heiligenhafen

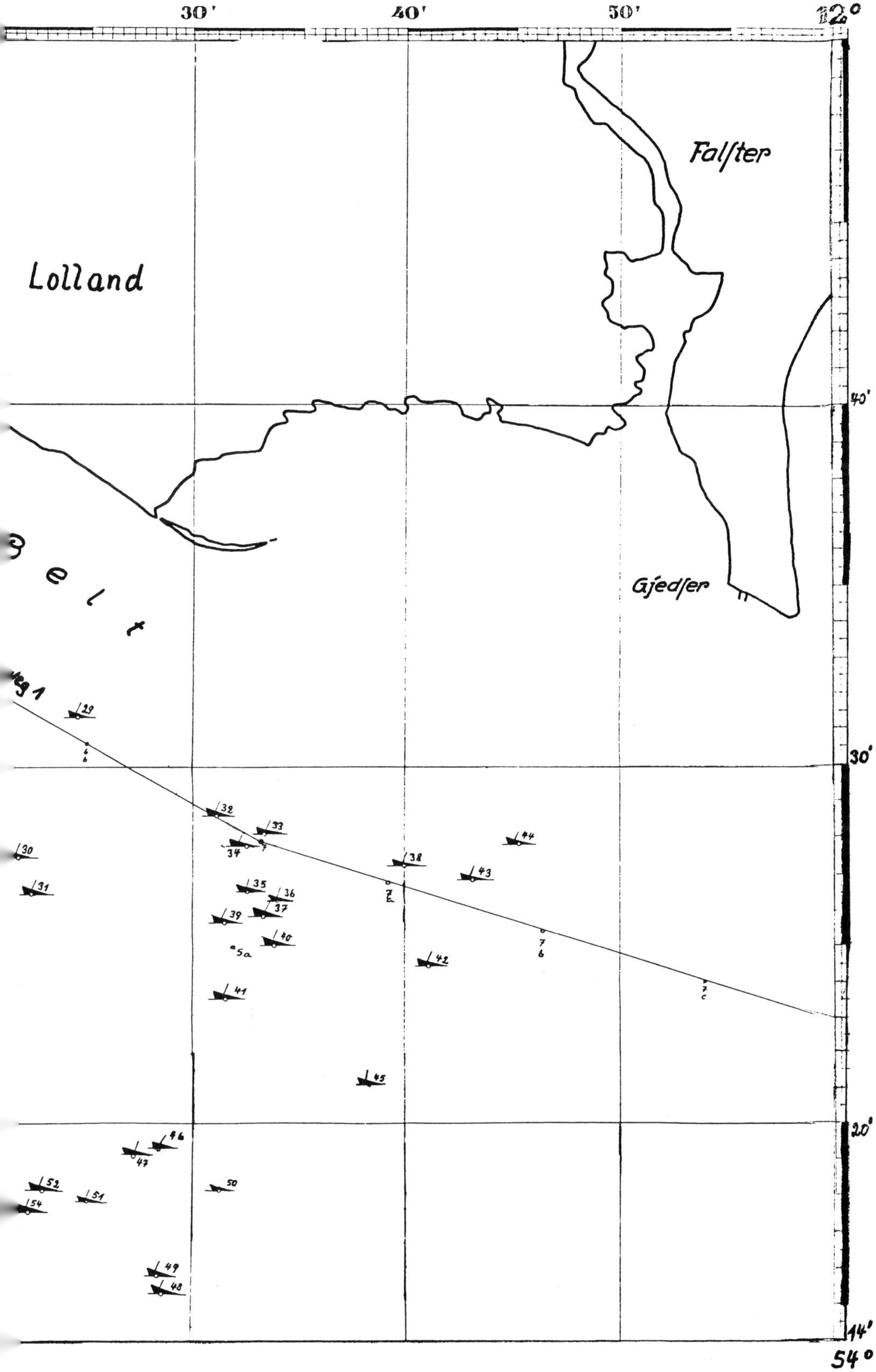
30'
40'
50'
12°
Falster
Lolland
Gjedser
40'
30'
20'
14'
54°
29
30
31
32
33
34
35
36
37
38
39
40
41
42
43
44
45
46
47
48
49
50
51
52
54
5a

4. Abschnitt, 1946 bis 1987

1946

Das erste Opfer eines Seeunfalles vor Fehmarn nach dem Krieg wurde der englische Frachtdampfer **Balteako** (MJYF), 1328 BRT/541 NRT groß. Er lief 1920 unter dem Namen *Heron* als sogenannter „Shelterdecker" in Troon bei der Ailsa Shipbuilding Co. vom Stapel. Letzter Eigner war die Anglo-Latvian Shipping Company Ltd. in London, während die Bereederung über die ebenfalls in London ansässige United-Baltic-Corporation erfolgte. Im März 1945 sollte die *Balteako* im Auftrag der amerikanischen Hilfsorganisation UNNRA Spenden von England nach Polen bringen. Ihre Ladung bestand aus ungemahlenem schwarzen Pfeffer in Säcken, Kakao in Kisten und losen paarweisen Schuhen. Auch ein Passagier befand sich an Bord. Am 29. März sank der Dampfer 2 – 3 sm nordwestlich von Westermarkelsdorf, nachdem er vorher auf ein Unterwasserhindernis aufgelaufen und schwer leck geworden war. Wahrscheinlich handelte es sich dabei um das in der Nähe liegende Wrack des deutschen Motorschiffes *Erfurt*, das am 20. 3. 1944 nach einem Minentreffer vor Fehmarn sank (siehe unter 1944). Beim Untergang der *Balteako* wurde die gesamte Besatzung gerettet. Der Dampfer lag mit der Steuerbordseite auf dem Meeresgrund, während seine Backbordseite ca. 2 m über die Wasseroberfläche hinausragte. In den ersten Wochen wurde das Wrack Tag und Nacht von einem Fahrzeug der Besatzungsmacht bewacht. Als die Bewachung aber eingestellt wurde, erschienen sofort Fischkutter aus Kiel mit Schweißbrennern. Man schnitt große Löcher in die Bordwand und erreichte nun leicht mit Bootshaken die zu damaliger Zeit unerhört wertvolle Fracht. Besonders der Pfeffer, der Kakao weniger gut, ließ sich leicht trocknen. Er war in den Nachkriegsmonaten mit ihrer Lebensmittelknappheit und Zwangsbewirtschaftung für alle anderen Waren ein begehrtes Tauschobjekt. Auch aus den Fehmarnschen Küstenorten eilten Fischer zu dem Wrack und luden soviel Pfeffer und Kakao in ihre Boote, wie

1946 – der englische Dampfer »Balteako«, am 29. 3. 1946 vor Westermarkelsdorf gesunken. Dies war der später so genannte „Pfefferdampfer".

diese tragen konnten. Ganz problemlos lief das alles nicht ab, da sich der Zoll einschaltete und versuchte, die Waren zu beschlagnahmen. Zwei Puttgardener Fischer fanden in dem Wrack sogar einen großen Überseekoffer, der Wäsche und Kleidung eines prominenten Engländers enthielt, der mit der *Balteako* nach Polen reisen wollte. Auch dieser Fund war ein Schatz in der Zeit des wertlosen Geldes und der Bezugscheine. Leider hatte der Kofferbesitzer eine kleinere Statur als die Fischer, so daß ihnen die Sachen nicht paßten. Dafür ließen sie sich leicht gegen Lebensmittel eintauschen. Als die Kunde der privaten Bergungsaktionen zu sehr an die Öffentlichkeit drang, wurde das Wrack der *Balteako* wieder bewacht. Später war das nicht mehr nötig, denn mit der Erwärmung der Ostsee im Sommer 1946 verdarb die Ladung. Der schwere Eisgang des strengen Winters 1946/47 richtete das Wrack fast vollständig wieder auf, rasierte zugleich aber Masten und Aufbauten ab. Im Sommer 1949 wurde der Dampfer von den beiden Hebeschiffen *Hiev* und *Griep* gehoben und nach Kiel geschleppt. Er kam jedoch nicht wieder in Fahrt. Wegen der großen Schäden lohnte eine Reparatur nicht und die Reederei schrieb das Schiff als Totalverlust ab. Private Schrottfischer bargen um 1950 in Zusammenarbeit mit dem Burgstaakener Steinfischerfahrzeug *A. M. 2* die vom Eis abgerissenen Teile wie Masten, Ladebäume und Winden. Ein Mast der *Balteako* wurde sogar im Hafen von Burgstaaken an der Steinfischerpier aufgerichtet und diente den Steinfischern als Lademast, bis er mit dem Niedergang der Steinfischerei nicht mehr gebraucht wurde. Unter dem volkstümlichen Namen „Pfefferdampfer" ist die *Balteako* auf Fehmarn heute noch unvergessen. Ihren richtigen Namen wußte allerdings niemand mehr zu nennen. Im Lauf der Jahre war er erst zu *Baltico*, später noch mehr vereinfacht zu *Baltic* geworden (Nr. 3). In mühsamen Nachforschungen stießen die Verfasser wieder auf den wahren Namen. Mit dem heimlich geborgenen Pfeffer wurde ganz Schleswig-Holstein überschwemmt und der normale Handel damit für viele Jahre ruiniert. Noch 1950 beschlagnahmten die Behörden Pfeffer, der von dem UNNRA-Dampfer stammte.

Auch die folgende Geschichte hängt mit den Nachkriegsverhältnissen zusammen. Kurz vor Kriegsende lag im Hafen von Orth a. F. das deutsche Motorschiff *Stör*, von dem 1933 schon einmal in Verbindung mit einem Seeunfall vor Fehmarn berichtet wurde. 1945 hatte es Lebensmittel und Schnaps geladen und lief damit wenige Tage vor der Kapitulation aus. Damit der Alkohol nicht in die Hände des sich nähernden Feindes fiel, warf die Besatzung die Schnapsflaschen in der Orther Bucht auf der flachen Untiefe „Breiter Barg" über Bord. Das führte bald zu ersten privaten Taucherunternehmen, die auch das Ohr der Besatzungsmacht erreichten. 1946 beauftragten englische Offiziere das Burgstaakener Steinfischerfahrzeug *Mariechen*, Kapitän Göttsch, die hochprozentigen Schätze vom Grund der Orther Bucht durch Taucher zu bergen. Als Aufsicht kamen zwei englische Soldaten an Bord der *Mariechen*, doch fand schnell eine Verbrüderung zwischen ihnen und der Schiffsmannschaft statt. Sie führte dazu, daß die offiziellen Auftraggeber, die Offiziere, nur ⅓ der Funde bekamen und ⅔ sich die beiden Soldaten mit der Besatzung der *Mariechen* teilten. Wie einer der Beteiligten erzählte, barg man am ersten Tag etwa 300 Flaschen und am nächsten noch ca. 150. Alkohol war in der Zeit des Schwarzen Marktes ein begehrter Tauschartikel, für den man alles Gewünschte bekam.

Heimathafen der dänischen Motorjacht **Esther** (OUSL), ex Magda Bloch, ex Ada, 77 BRT/ 50 NRT, war Naestved. Sie wurde 1909 in Holland aus Stahl erbaut. Auf der Fahrt durch den Fehmarnbelt lief die Tjalk am 14. November außerhalb des Zwangsweges 1 auf eine Mine und flog in einer gewaltigen Explosion in die Luft. Dabei fanden drei Personen den Tod: die Frau des Kapitäns mit ihrem Kind sowie der Bestmann. Der Eigner, Kapitän Steffens, und der Schiffsjunge wurden von einem in der Nähe befindlichen Fischkutter aufgenommen und gerettet. Die Untergangsstelle der *Esther* lag auf Position 54° 41′ 7″ Nord und 11° 01′ 2″ Ost (Nr. 76).

1947

In diesem ungewöhnlich strengen zweiten Nachkriegswinter, der der viertkälteste Winter seit 230 Jahren war, fror die westliche Ostsee ab Februar vollständig zu. Anfangs waren nur die Küstengewässer mit Eis bedeckt. Später konnte der Fehmarnsund nur noch zu Fuß oder mit Pferdeschlitten überquert werden.

Anfang Januar 1947 ertrank an der Ostseite des Puttgarden-Riffs der aus Pommern stammende und nach dem Krieg in Puttgarden angesiedelte Fischer Edmund Zimmermann. In einem Herbststurm war ihm sein Boot davon getrieben. Nun wollte er, nur mit einem leichten Fliegerschlauchboot ausgerüstet, im Treibeis seine Dorschangeln einholen. Dabei zerschnitten die Eisschollen das Boot und der Fischer ertrank, ehe andere Kollegen ihm zu Hilfe kamen. Sie konnten nur noch seine Mütze auffischen. Zimmermanns Leiche wurde erst nach Forttreiben des Eises im April 1947 unterhalb von Klausdorf an den Strand gespült.
Am 18. Januar rettete das MRB *August Nebelthau* vier Seeleute von einem im Eis festsitzenden Motorsegler. Zwei Tage später, am 20. Januar, barg die *August Nebelthau* drei Fischer von ihrem im Scholleneis fast schon gesunkenen Fischkutter.
Bis Mitte Februar hatte das Feuerschiff *Fehmarnbelt* noch im Eis auf seiner Station ausgehalten. Zuletzt war es durch das Eis jedoch schon ca. 6 sm davon vertrieben. Nur unter größten Anstrengungen gelang es dem Eisbrecher *Preussen*, das Feuerschiff zu befreien und durch hohe Eisbarrieren nach Kiel zu schleppen.

Mit dem vollständigen Zufrieren der Ostsee und einer starken Eisdecke erreichten jetzt auch die Einwohner Fehmarns, die kein Boot besaßen, die Wracks der *Swakopmund* und der *Vega*. Man fand dort noch manches Brauchbare. An erster Stelle war bei der strengen Kälte Heizmaterial gefragt, das in diesem Nachkriegswinter unglaublich knapp war. Sogar Pferdeschlitten fuhren über das holperige Ostseeis zu den Wracks und holten Holz. Viele wertvolle Teakholzplanken wanderten der Not gehorchend in die Öfen. Als dann im Frühjahr das Eis verschwand, spülten die ersten Stürme große Mengen Wrackholz und viele vom Eis umgerissene Reusenpfähle der dänischen Bundgarnfischer zur Freude der Strandgutsucher an den Strand.

Marstal war der Heimathafen der dänischen Motorgaleasse **Adele** (OWBX), ex Calypso, 48 BRT/34 NRT, die 1893 in Barth in Pommern bei Carl Holzerland gebaut wurde. 1948 gehörte sie dem Schiffsführer, Kapitän E. K. Thordsen aus Marstal. Die *Adele* war in Ballast von Nakskov nach Wismar unterwegs und hatte bei schwerem SW-Sturm in der Lemkenhafener Bucht vor Anker Schutz gesucht. Bei rechtsdrehendem Wind brach am 28. September die Ankerkette und die Galeasse trieb auf den Strand. Am nächsten Tag wurde sie von dem Fischer Fritz Siebert aus Lemkenhafen abgeschleppt und in den Hafen von Orth gebracht.

Noch mehrere Jahre nach dem Krieg kam es in dem einst besonders stark verminten Fehmarnbelt zu Schiffsverlusten durch Minen. Oft traf es Fischkutter, die außerhalb der Zwangswege fischten und Minen ins Schleppnetz bekamen. Das späte Opfer einer Grundmine wurde auch der 11-m-Kutter **August Paulsen,** Fischerei-Nr. ORT. 1, des Fischers Julius Piel aus Orth auf Fehmarn. Sein Kutter lief 1935 in Kappeln auf der Grauhöftwerft des Bootsbauermeisters August Paulsen vom Stapel und war der letzte, den dieser in den 50 Jahren Tätigkeit gebaut hatte. Deshalb widmete Paulsen dem Fahrzeug besondere Sorgfalt und bestes Material. Am Bau beteiligt war außerdem ein Sohn des künftigen Eigentümers, der auf der Grauhöftwerft Bootsbauer gelernt hatte und dort beschäftigt war. Aus dieser persönlichen Verbindung und als ein Zeichen des Dankes für ein halbes Jahrhundert Bootsbau taufte man den Kutter auf den Namen *August Paulsen*. In der Nacht vom 18. auf den 19. Oktober 1947 lief der Kutter auf der Fahrt zum Fangplatz im Fehmarnbelt etwa nördlich der Wenkendorfer Feuerschiffsbake bei ca. 20 m Wassertiefe auf eine Mine und sank. Dabei ertrank der Fischer Adolf Kohnke aus Orth, während Julius Piel und ein zweiter Mann von dem in der Nähe befindlichen Kutter des Fischers Popall aufgenommen und nach Orth zurückgebracht wurden. Einige Tage später hob man den gesunkenen Kutter wieder. Er wurde repariert und noch viele Jahre in der Fischerei eingesetzt.

1948

Bei schwerem SW-Sturm und niedrigem Wasserstand lief am 6. Januar das Eisenbahnfährschiff **Fehmarn** während seiner planmäßigen Überfahrt von der Insel zum Festland im Fehmarnsund auf Grund und kam nicht mehr frei. Die Passagiere mußten geduldig warten, bis das von Land aus alarmierte MRB *August Nebelthau* aus Burgstaaken eintraf und die Fähre abschleppte.
Im Februar trieben nach einem tagelangen Ost-

sturm zahlreiche Schweinehälften, die in Sackleinen eingenäht waren, an der Nordküste Fehmarns an Land. Das Fleisch war zwar nicht mehr genießbar, doch fand sich entsprechend den Nachkriegsverhältnissen auch dafür eine Verwendung. Aus dem Fett und den Knochen wurde Seife gekocht! Sie roch allerdings nicht gut und eignete sich höchstens zum Wäschewaschen. Innerhalb weniger Tage gab es auf Fehmarn keinen Seifenstein mehr zu kaufen, den man zum Seifekochen benötigte. Die Schweinehälften stammten von einem ausländischen Frachter, der auf der Reise von Polen nach England mit einer Ladung Fleisch und Eiern oberhalb von Warnemünde auf eine Mine gelaufen und gesunken war. Einige Burgstaakener Fischkutter bargen auch Kisten mit Eiern aus der See, die man im Gegensatz zu dem Fleisch noch essen konnte.

In Hamburg war das Motorschiff **Hannover** (DGNI), 133 BRT/76 NRT, beheimatet. Es wurde 1904 in Vlaardingen gebaut und gehörte 1948 Kapitän Heinrich Kulpe. Die Besatzung bestand aus vier Mann. Die *Hannover* sollte eine Ladung Steinkohlen nach Burgstaaken bringen. Als sie am 31. Januar nachmittags bei steifem SW-Wind dort einlaufen wollte, geriet sie bei sehr niedrigem Wasserstand außerhalb der Molen auf eine Sandbank und blieb sitzen. Nachdem sich das Steinfischerfahrzeug *A. M. 2* vergeblich bemüht hatte, die *Hannover* abzuschleppen, gelang dies später in Zusammenarbeit mit dem MRB *August Nebelthau*.

Aus Hamburg stammte auch das 1907 in Vlaardingen gebaute MS **Jutta** (DGSL), ex Käthe, 104 BRT/53 NRT groß. Die *Jutta* geriet am 10. März beim Verlassen von Burgstaaken bei stürmischem W-Wind vor den Molen auf Grund und schlug quer. Da ein direktes Abschleppen nicht gelang, drehte das MRB *August Nebelthau* die *Jutta* mit dem Bug nach See und zog sie von der Untiefe herunter.

Ähnlich wie den beiden vorher erwähnten Schiffen ging es auch dem Tourendampfer **Bürgermeister Lafrenz** (DCDQ) der Fehmarnlinie aus Burgstaaken, von dem mehrfach berichtet wurde. Als er am 18. September von Kiel kommend in Burgstaaken einlaufen wollte, geriet er bei WNW-Sturm auf die Sandbank vor den Molen und schlug quer zum Fahrwasser. Das MRB *August Nebelthau* kam sofort zu Hilfe und nahm als erstes die 35 Passagiere an Bord und brachte sie in den Hafen. Das Abschleppen des Dampfers erwies sich als sehr schwierig, da das Wasser immer weiter fiel. Erst nachdem das Rettungsboot mit seiner Schraube eine Rinne gespült hatte, bekam man den Dampfer endlich frei.

Ein plötzlich einsetzender Weststurm ließ am späten Nachmittag des 29. November Puttgardener Strandfischer zu ihren vor Gammendorf ausgelegten Buttnetzen eilen, um diese zu bergen. Während ein Boot in der frühen Dämmerung sicher nach Puttgarden zurückkehrte, geriet ein anderes bei Dunkelheit östlich vom Niobe-Denkmal in die Brandung und kenterte. Dabei ertrank der Fischer Hannes Bruhn aus Puttgarden, während sich sein Halbbruder Heinrich Weber am Boot festhielt und damit an Land trieb. Bruhns Leiche wurde schon am nächsten Morgen von kiesfahrenden Bauern am Strand angespült gefunden und auf einem Kieswagen ins Dorf gebracht.

Nach der Währungsreform vom Juni 1948 galten noch für ungefähr ein Jahr die bisherigen festen Fischpreise aus der Zeit der Zwangsbewirtschaftung weiter, ehe man sie dem freien Markt mit entsprechendem Preisverfall überließ. Bis dahin brachte die Fischerei gutes Geld. Reiche Dorschfänge im tiefen Bornholm-Becken zogen auch zahlreiche Fischkutter von der Nordseeküste in die Ostsee. Der 21-m-Kutter **Albinus** (DFLM) des Fischers Karl Hansen aus Cuxhaven befand sich mit einer Ladung Dorsch auf der Heimreise von Bornholm und wollte den Fehmarnsund durchlaufen. In der Nacht vom 14. auf den 15. Dezember geriet er dabei auf dem „Mittelgrund" fest. Nachdem mehrere andere Kutter vergeblich versucht hatten, den Havaristen abzuschleppen, rief man das MRB *August Nebelthau* zu Hilfe. Ihm gelang es mit großer Mühe, den inzwischen leckgeschlagenen Kutter *Albinus* frei zu bekommen und nach Heiligenhafen zu bringen. Bei der *Albinus* handelte es sich um einen ehemaligen KFK (Kriegsfischkutter) des kleineren Typs im Gegensatz zu den häufigeren 24-m-KFK. Sie wurden auf verschiedenen Werften, unter anderem auf der Swinemünder Burmeisterwerft in Serie für die Marine gebaut und mit 2-cm-Bewaffnung für Sicherungs- und Vorpostendienste eingesetzt. Die Kutter, die den Krieg überlebten, galten als alliierte Kriegsbeute. Sie wurden aber nach 1945 von den westlichen Besatzungsmächten an Fischer verchartert und fanden nach entsprechendem Umbau endlich eine friedliche Verwendung. Später wurden sie endgültig an die Fischer verkauft.

Am Abend des gleichen Tages, da die *August Nebelthau* den Kutter *Albinus* abgeschleppt hatte, erreichte das Rettungsboot ein neuer Hilferuf. Auf dem minenfreien Zwangsweg 1 waren östlich von Fehmarn bei der Tonne „7" zwei Schiffe zusammengestoßen. Das eine war der schwedische Dampfer **Väring** (SHJU), ex Elna, 1402 BRT/819 NRT, aus Högenäs. Er lief 1898 in Middlesbrough bei Sir Raylton Dixon & Co. Ltd. vom Stapel und gehörte 1948 der Förnyade Rederei A/B „Commercial" in Högenäs. Die *Väring* war mit einer Ladung von 1737 t Steinkohlen auf der Reise von Danzig nach L'Orient und wurde dabei am 15. Dezember abends vor Fehmarn von dem russischen Dampfer **Stephan Khalturin** gerammt. Das schwedische Schiff wurde an der Backbordseite schwer getroffen und sank innerhalb kurzer Zeit auf der Positon 54° 28′ 02″ Nord und 11° 33′ 03″ Ost. Seine Besatzung nahm der sowjetische Frachter an Bord. Damit brauchte das Burgstaakener Rettungsboot nicht mehr tätig zu werden. Über die Schäden an der *Stephan Khalturin* ist nichts bekannt (*Väring:* Nr. 33).
Neben den ausführlich erwähnten Ereignissen kam das MRB *August Nebelthau* 1948 noch in acht weiteren Fällen in Not befindlichen Fischkuttern zu Hilfe. Um 1948/49 wurde auch der nicht mehr gebrauchte massive Rettungsschuppen der ehemaligen Station Puttgarden abgerissen, der inzwischen dicht an der Uferkante stand. Das seit 1945 nicht mehr einsatzbereite Ruderrettungsboot war schon 1946/47 nach Bremen gebracht worden.
Die Normalisierung der Nachkriegsverhältnisse in Deutschland nach der Währungsreform vom 21. Juni 1948 machte sich auch auf See bemerkbar. Mit großer Energie ging man an die Beseitigung der vielen Schiffswracks in der westlichen Ostsee, da Schrott und vor allem Buntmetalle jetzt sehr gefragt waren und gut bezahlt wurden. So hatten die Bergungsfirmen in dieser Zeit Hochkonjunktur und erzielten große Gewinne. In der Lübecker Bucht und um Fehmarn arbeitete unter anderem die Düsseldorfer Taucherfirma Dahmen, die in Neustadt/Holstein einen Zweigbetrieb errichtete. Auf die Bergung und Verschrottung von Unterseebooten hatte sich die Hamburger Bergungsfirma Harmstorf spezialisiert. Wegen des vielen Bleis und der Buntmetalle brachten U-Boote besonders viel Geld. Zum Beispiel zahlten die Taucherbetriebe nach 1948 an die Fischer für jedes gefundene und mit einer Boje gekennzeichnete U-Boot 1500,– DM.
Die Fischer waren auch aus anderen Gründen an der Beseitigung der Wracks interessiert, da sie die Fischerei stark behinderten und die Netze zerrissen. Östlich von Fehmarn und etwas südlich der Tonne „7" fand man dicht beieinander liegend die Wracks von vier deutschen Unterseebooten. Sie waren dort bei Kriegsende von ihren Besatzungen selbst versenkt worden, damit sie nicht in Feindeshand fallen sollten. Die Besatzungen gingen danach in Schlauchbooten bei Katharinenhof an Land. Ein anderer Fischer aus Burgstaaken blieb mit dem Schleppnetz an einem Wrack hängen, das nahe bei den vier U-Booten lag. Bei der Untersuchung durch Taucher stellte sich heraus, daß es sich um einen nur ganz leicht beschädigten Motorschlepper der Marine handelte. Für diesen Wrackfund zahlte Taucher Harmstorf 900,– DM an den Fischer. Der nur einige Einschüsse aufweisende Schlepper wurde komplett gehoben und kam wieder in Fahrt. Er lief später sogar einmal in Burgstaaken ein. Leider ist sein Name in Vergessenheit geraten.
Während die *Bolkoburg* 1949 wie erwähnt ganz gehoben wurde, brannte man bei der *Vega* das Mittelteil mit der Maschinenanlage heraus, hob es und baute es in Kiel in ein anderes norwegisches Schiff ein. Das Vor- und Achterschiff des *Vega*-Wracks wurde in transportable Stücke gebrannt und von dem Burgstaakener Steinfischerfahrzeug *A. M. 1* nach Kiel gebracht. Dort soll es damals bei der Berechnung der angelieferten Schrottmengen recht großzügig zugegangen sein. Einer der damals Beteiligten von der *A. M. 1* sagte später: „Ich glaube, wir haben die *Vega* dreimal nach Kiel gefahren." Am Abbruch der *Vega* arbeitete die Kieler Bergungsfirma Schubert & Co. Da die Stadt Burg sehr an der Beseitigung des vor dem Badestrand von Burgtiefe liegenden Wracks interessiert war, erließ sie der Firma Schubert die Hafengebühren für ihre Schiffe.

Bei der Verschrottung der *Swakopmund* wunderten sich die Taucher über die seltsamen ausländischen Beschriftungen auf diesem angeblich deutschen Schiff. Da die *Swakopmund* ursprünglich für türkische Rechnung erbaut worden war, handelte es sich um türkische Schrift.

1949

Am 2. April ereignete sich bei den Verschrottungsarbeiten am Wrack der *Vega* ein Unfall, bei dem ein Seemann schwer verletzt wurde. Das MRB *August Nebelthau* holte den Verunglückten von dem Bergungsschiff und brachte ihn nach Burgstaaken. Von dort kam er sofort in das Burger Krankenhaus.

Der Leuchtturmwärter von Marienleuchte alarmierte am Abend des 9. November den Vormann des Rettungsbootes in Burgstaaken, weil nördlich des Turmes mit Scheinwerfern Notsignale gegeben wurden. Wie sich später herausstellte, handelte es sich um den 16-m-Kutter **Annemarie**, Fischerei Nr. KAP. 53, des Fischers Emil Matzeit aus Kappeln an der Schlei. Matzeit war 1945 mit seinem 1944 in Labiau gebauten Kutter wie viele andere ostdeutsche Fischer nach Schleswig-Holstein geflüchtet. Am 9. November von einer Fangreise aus der mittleren Ostsee zurückkommend, strandete die *Annemarie* abends bei SSO-Wind 4 bis 5 und Nebel vor Marienleuchte. Kurz vor Mitternacht traf das MRB *August Nebelthau* an der Unfallstelle ein und fand den Kutter unter Land auf großen Steinen festsitzen. Da der Wind auffrischte und Seegang aufkam, war höchste Eile geboten. Nach mehreren Anläufen bekam das Rettungsboot unter Vormann Christian Schwenn den Havaristen frei und schleppte ihn nach Burgstaaken ein.

Zusätzlich zur *August Nebelthau* stationierte die Bremer DGzRS 1949 das Strand-Motorrettungsboot **Maasholm** in Burgstaaken. Das 1935 aus Mahagoniholz gebaute, 9 m lange Boot besaß einen Dieselmotor von 60 PS und wurde im Rettungsschuppen auf Burgtiefe untergebracht.
Nach den schweren Schiffsverlusten im Zweiten Weltkrieg und den allmählich hinzukommenden Neubauten war dringend eine Neuordnung bei den Internationalen Unterscheidungssignalen erforderlich. Dies geschah 1949 nach der Konstituierung der Bundesregierung in Bonn für die drei ehemaligen westlichen Besatzungszonen. Dabei behielt man wie schon bei der Neuregelung von 1933 das „D“ als ersten Buchstaben der Viderergruppe bei.

1950

Einst in Dievenow in Pommern beheimatet, war der 16-m-Fischkutter **Neptun** als Folge des Krieges jetzt in Burgstaaken auf Fehmarn mit der Fischerei-Nr. BUR. 19 registriert. Er wurde 1938 in Swinemünde aus Eichenholz gebaut und gehörte den Fischern Franz und Karl Schmiedeberg (Vater und Sohn). Man hatte vor der hinterpommerschen Küste nach Dorsch gefischt und lief auf der Heimreise am 11. Januar in dichtem Nebel vor Meeschendorf auf den steinigen Strand. Der schwer leck gewordene Kutter konnte erst nach zwei Tagen von den Burgstaakener Steinfischern *A. M. 1* und *A. M. 2* abgebracht werden und mußte sofort auf die Slip in Burgstaaken.

Am 8. März geriet der in Strande bei Kiel beheimatete Fischkutter **STR. 17** ebenfalls in dichtem Nebel vor Fehmarn auf Grund und wurde von dem MRB *August Nebelthau* wieder abgeschleppt.

Der deutsche Bagger **Ostland,** der seit 1944 in Lübeck stillag, wurde bei Kriegsende von den Alliierten beschlagnahmt. Im Sommer 1950 sollte er von Lübeck nach Kiel geschleppt werden. Dabei sank er am 19. Juli einige sm südlich von Staberhuk. Die an Bord des Baggers befindliche Überführungsmannschaft nahm der Schlepper zu sich an Bord, nachdem die Trosse schnell losgeworfen worden war. Im September 1950 verhandelte das Flensburger Seeamt auf einer Sitzung in Kiel über den Unfall. Es kam zu der Entscheidung, daß der Bagger als alliiertes Eigentum nicht der deutschen Seestraßenordnung unterlag. Dieser hätte sonst vor der Fahrt über See, nachdem er sechs Jahre stillgelegen hatte, gründlich untersucht und wahrscheinlich überholt werden müssen. Aus diesem Grund fällte das Seeamt keinen Spruch über Schuld oder Unschuld der Beteiligten (Nr. 54).

1951

In Möltenort war der 17-m-Kutter **Klaus Günther,** Fischerei-Nr. HEI. 12, des Fischers Otto Steinke zu Hause. Steinke hatte mit noch drei Mann an Bord in der mittleren Ostsee Hering gefischt und befand sich auf der Heimfahrt. Als man am 7. April abends gegen 23 Uhr bei leichtem SW-Wind, aber schlechter Sicht und schweren Regenfällen endlich ein Landfeuer aufleuchten sah, war es schon zu spät für eine Kursänderung. Gleich darauf saß der Kutter vor Staberhuk auf Grund. In der ersten Morgenstunde des 8. April traf das MRB *August Nebelthau* an der Strandungsstelle ein. Vormann Schwenn fand den Havaristen nur 30 m von Land entfernt zwischen großen Felsen sitzen. Da die See ruhig war und keine direkte Gefahr bestand, wartete

ca. 1950 – Motorrettungsboot »August Nebelthau« im Hafen von Burgstaaken. Rechts: Vormann Christian Schwenn, links: Heinrich Scheel.

Schwenn den Tagesanbruch ab, um die günstigste Richtung für das Abschleppen zu finden. Am Morgen konnte der Kutter dann mühsam über große Steine hinweg in tiefes Wasser gezogen werden. Glücklicherweise war das aus Stahl gebaute, fast neue Fahrzeug dicht geblieben und konnte die Heimreise mit eigener Kraft fortsetzen.

Heimathafen des MS **Uwe Ursula** (DHCX), 199 BRT/104 NRT, war Hamburg. 1935 lief es in Brake auf der Werft von C. Lühring vom Stapel. Unter Führung von Kapitän Johann Henning geriet das Schiff am 3. Dezember auf der Fahrt von Schweden nach Lübeck vor der Ostküste Fehmarns auf Grund. Es kam später bei steigendem Wasser aus eigener Kraft wieder frei.

1952

In diesem Jahr ereignete sich vor Fehmarn kein Schiffsunfall. 1952 wechselte die Bremer DGzRS ihr im Rettungsschuppen auf Burgtiefe stationiertes Strand-Motorrettungsboot *Maasholm* gegen das modernere Boot *Carl Behnk* aus. Es war 10 m lang, erst 1944 aus Mahagoniholz gebaut worden und besaß wie sein Vorgänger einen 60 PS starken Dieselmotor.

1953

Als einziges Ereignis dieses Jahres barg das MRB *August Nebelthau* am 24. Februar den in Seenot geratenen 18-m-Kutter **Nordmeer,** Fischerei-Nr. ECKE. 45, und brachte ihn und seine vier Mann Besatzung nach Heiligenhafen ein. Der Kutter war Eigentum des Fischers Christian Lorenz II. aus Eckernförde.

1954

Von dem Hamburger MS **Stör** (DHBU), ex Petronella, wurde hier schon aus den Jahren 1933 und 1946 berichtet. Es war inzwischen verlängert und umgebaut worden und maß jetzt 168 BRT/95 NRT. 1954 gehörte es dem Schiffsführer, Kapitän Wilhelm Höge aus Ütersen. Außer Höge befanden sich noch fünf Mann an Bord. Am 29. Januar trieb die *Stör* mit Motorschaden im Schneesturm manövrierunfähig in der See und rief über FT um Hilfe. Daraufhin lief das MRB *August Nebelthau* aus, nahm das Motorschiff ins Schlepptau und brachte es in den Fährhafen von Fehmarnsund in Sicherheit.

Im Sommer 1954 wurde das 25 Jahre alte Rettungsboot *August Nebelthau* wegen Überalterung und hoher Reparaturanfälligkeit außer Dienst gestellt, zur Zentrale nach Bremen gebracht und dort ausgeschlachtet. An seine Stelle trat in Burgstaaken das 1944 aus Stahl gebaute, 14 m lange Einschraubenboot **Weser,** das bis dahin in Bremerhaven stationiert war. Es besaß einen Dieselmotor von 150 PS, mit dem eine Geschwindigkeit von 8,5 Knoten erreicht wurde und war mit FT ausgerüstet.

Kragenaes war Heimathafen des dänischen Motorseglers **Haabet** (OWKR), ex Anna Dorthea,

1954 – Motorrettungsboot »Weser« im Hafen von Burgstaaken. Rechts: Vormann Christian Schwenn, links: Henry Lüthje.

20 BRT/14 NRT groß. Er wurde 1883 in Faaborg als Jacht aus Eichenholz erbaut und 1922 neu aufgezimmert. 1954 gehörte die *Haabet* dem Schiffsführer Eli Peter Anders. Dieser wollte mit einem zweiten Mann an Bord in Ballast von Rödbyhavn nach Lübeck laufen. Kurz nachdem das Schiff am Abend des 7. November Rödbyhavn verlassen hatte, fiel der Motor aus und war nicht mehr in Gang zu bringen. Daraufhin setzte man die Fahrt unter Segeln fort. Nur wenig später brach bei NO-Sturm 6 bis 7 die Gaffel des gerefften Großsegels, worauf das Schiff auf die Küste Fehmarns zutrieb. Nachdem man auf drei Faden Wassertiefe östlich vom Puttgarden-Riff geankert hatte, riß auch noch die Ankerkette! Anschließend strandete die *Haabet* im Morgengrauen des 8. November auf dem Riff und schlug schnell leck. Die Puttgardener Fischer Jakob und Karl Böhnke holten mit ihrem Ruderboot die beiden Dänen aus der Brandung und brachten sie an Land. Sie fanden wie immer in solchen Fällen in „Johnsons Gasthof" in Puttgarden freundliche Aufnahme. Schiffer Anders sah die *Haabet* als Totalverlust an und unternahm keine Versuche, sie wieder abzubringen. Wahrscheinlich war er nicht traurig über den Verlust des über 70 Jahre alten und unrentablen, aber versicherten Schiffes. Das Wrack konnte man bei sehr niedrigem Wasserstand später trockenen Fußes erreichen. Es wurde von den gleichen Fischern, die die beiden Dänen von Bord geholt hatten, abgebrochen und zu Brennholz gemacht. Bis heute, 1987, blieb die *Haabet* das letzte Schiff, das auf dem Riff vor Puttgarden ganz verloren ging. Einige Plankenreste sind immer noch zu sehen, wenn bei schweren SW-Stürmen das Riff weithin trocken fällt.

1954 – Dänischer Motorsegler »Haabet«, am 8. 11. 1954 auf dem Puttgarden-Riff gestrandet.

Aber auch die Überbleibsel zahlreicher anderer Wracks auf dem flachen Meeresgrund an der Westseite des Riffs bis hin zum Niobe-Denkmal, erinnern an die vielen Schiffsverluste früherer Zeiten. Je nach Veränderung der Sandbänke durch Stürme und Strömung sieht man an windstillen Tagen im klaren Wasser an manchen Stellen Spanten und Kielbalken aus dem Sand ragen. Ein Haufen vierkantiger Steine dazwischen weist auf eine ehemalige Ladung Pflastersteine hin. Auch dort, wo heute die Molen des Puttgardener Fährhafens sind, früher „Kamper Eck" genannt, lagen die Reste mehrerer gestrandeter Schiffe auf dem Grund. Mit dem Baggergut beim Bau des Fährhafens sind sie unbeachtet noch einmal an die Oberfläche gelangt, um dann auf den Schüttstellen im Fehmarnbelt für immer zu versinken.

1955

Am Morgen des 12. Januar um 5 Uhr morgens verließ die Motor-Eisenbahnfähre der Deutschen Bundesbahn **Schleswig-Holstein** (DBFX) fahrplanmäßig den Hafen von Fehmarnsund zur Überfahrt nach dem Festland. An Bord befand sich der Frühzug mit Reisenden nach Lübeck. Bei böigem SW-Sturm und sehr niedrigem Wasserstand lief im Sund ein starker nach Osten setzender Strom. Kurz vor der Einfahrt zum Anleger Großenbroder Fähre, nicht zu verwechseln mit dem Hafen von Großenbrode, geriet die *Schleswig-Holstein* auf Grund. Trotz aller Anstrengungen kam sie aus eigener Kraft nicht mehr frei. Durch ein Zusammentreffen widriger Umstände bekam man die Reservefähre *Fehmarn* erst um 8 Uhr in Gang, denn der Schlüssel zu ihrem Maschinenraum befand sich auf der festsitzenden *Schleswig-Holstein* und das Motorverkehrsboot war gerade in der Werft. Die *Fehmarn* ging dann längsseits der großen Schwester, holte die Passagiere von Bord und brachte sie zum Festland. Allerdings konnten sie ohne den Zug, der ja auf der Fähre stand, die Fahrt trotzdem nicht fortsetzen. Inzwischen hatten sich auf dem Festland und der Insel zahlreiche Autos und Lastwagen gestaut; aber anstatt diese über zu setzen, bemühte sich die *Fehmarn* lange Zeit vergeblich, den Havaristen abzuschleppen. Ehe sie dann den Fährbetrieb aufnahm, gab es fünf Stunden lang keine Verbindung zwischen Fehmarn und dem Festland. Am gleichen Tag gegen 20 Uhr wurde die *Schleswig-Holstein* durch steigendes Wasser alleine flott. Das Schiff wurde 1940 als *Frauke* in Königsberg auf der Werft von Otto Kuscewski für die Deutsche Luftwaffe gebaut, die es im Fährdienst zwischen Pillau und Neutief einsetzte. Mit Flüchtlingen beladen kam die *Frauke* 1945 in den Westen. Nachdem sie bis 1949 stillgelegen hatte, ließ die Deutsche Bundesbahndirektion Hamburg das Schiff in Rendsburg auf der Nobiskrug-Werft um 14 m verlängern und zur Eisenbahnfähre umbauen. Unter dem Namen *Schleswig-Holstein* wurde sie dann im Fehmarnsund eingesetzt. Der alte, 1927 gebaute Trajekt *Fehmarn*, war 1951 motorisiert worden und diente anfangs als Reservefähre. Später machte der zunehmende Straßenverkehr, der auch mit dem Bau der Sundbrücke und des Fährhafens in Puttgarden zusammenhing, den Einsatz beider Fährschiffe im Pendelverkehr notwendig. Nach der Inbetriebnahme der Fehmarnsundbrücke am 30. 4. 1963 wurden die Fährschiffe nicht mehr gebraucht. Die Bundesbahn verkaufte als erstes die *Schleswig-Holstein* an die italienische Reederei Giuffre & Lauro in Neapel. Am 11. 9. 1965 verließ sie Fehmarn für immer und trat die weite Reise mit eigener Kraft an. Schon im Englischen Kanal erlitt sie bei stürmischem Wetter schwere Seeschäden und mußte Cherbourg als Nothafen anlaufen. Nach Ausbesserungsarbeiten schlug sich das Schiff von einem Hafen bis zum nächsten durch und erreichte glücklich das Mittelmeer. Hier fuhr es noch 1984 als *Ferry Capri* zwischen dem italienischen Festland und der Insel Capri.
Den Weg nach Italien nahm 1965 auch das kleinere Fährschiff *Fehmarn*, das allerdings vom Hochseeschlepper *Fairplay II* dorthin geschleppt wurde. Nach einigen Umbauten zu einer Autofähre fuhr es bis ca. 1980 als *Peloritana* zwischen Neapel und der Insel Sizilien.

Das Hamburger MS **Jenny Porr** (DGFL), ex Claus Bischoff, ex Finkenwerder, wurde 1936 in Hamburg-Finkenwerder bei August Pahl als Hafenfähre gebaut. Als Folge des Schiffsmangels nach dem Zweiten Weltkrieg vergrößerte man sie 1949 und baute sie in Elsfleth zum Frachtfahrzeug um. Danach maß sie 390 BRT/225 NRT und war ab 1951 Eigentum der Reederei Franz Hagen in Hamburg. Am 5. Februar 1955 morgens kollidierte die *Jenny Porr* bei nebligem Wetter östlich von Fehmarn auf dem Zwangsweg 1 mit dem Hamburger Dampfer **Holstein**. Das Motorschiff wurde in Höhe des Maschinenraumes schwer getroffen, erhielt ein großes Leck und sank innerhalb von zehn Minuten. Verletzt wurde nur der am Ruder stehende Jungmann von dem plötzlich zurückschlagenden Steuerrad. Die sieben Mann Besatzung der *Jenny Porr* nahm der Dampfer auf und setzte sie in Kiel von Bord. Die *Jenny Porr* wurde später gehoben, repariert und kam wieder in Fahrt. 1959 wurde sie nach Finnland verkauft und fuhr dort noch 1972 unter dem Namen *Svanjö*. Der Dampfer *Holstein*, ex Eskdalegate, 4355 BRT/2631 NRT, lief 1930 in Burntisland bei der Burntisland S. B. Co. Ltd. vom Stapel. 1950 wurde er von der Nordstern-Reederei (C. Mackprang jr.) G.m.b.H. in Hamburg aus englischem Besitz angekauft.

Am gleichen Tag, dem 5. Januar, und nur wenige Stunden nach dem obigen Unfall ereignete sich nördlich von Fehmarn ebenfalls auf dem Weg 1 ein weiterer Zusammenstoß. Besonders betroffen war das MS **Katharina** (DIGQ), 349 BRT/223 NRT, aus Elsfleth, das 1954 in Hamburg-Neuenfelde bei H. Rancke gebaut worden war. Es gehörte der Reederei Tim. Schepers in Elsfleth. Die *Katharina* wurde von dem finnischen MS **Rhea** gerammt und sank sofort. Der Finne, der selber nur leichte Schäden am Bug davontrug, nahm die sechs deutschen Seeleute auf und brachte sie nach Kiel. Anschließend setzte er seine Reise durch den Nord-Ostsee-Kanal nach Antwerpen fort. Bei der *Rhea* handelte es sich um ein erst 1954 in Hardinxsveld/Holland bei „De Merwede" v. Vliet & Co. gebautes modernes Motorschiff. Es war mit 2211 BRT/769 NRT vermessen und Eigentum der Finska Ångfartygs Aktiebolaget in Helsingfors.

Am späten Abend des 25. März lief bei SO-Wind 4 bis 5 und schlechter Sicht ein deutsches Motorschiff **Ingrid** auf dem Flügge-Sand auf. Da um 1955 in Deutschland drei Motorschiffe mit dem Namen *Ingrid* registriert waren und der Bericht der DGzRS keine näheren Angaben enthält, ließ sich die vor Fehmarn aufgelaufene *Ingrid* keinem bestimmten Schiff zuordnen. Der Leuchtturmwärter von Flügge hatte die Notsignale gesehen und das Burgstaakener Rettungsboot alarmiert. Nur eine halbe Stunde später traf das MRB *Weser* unter Vormann Christian Schwenn bei dem Havaristen ein. Erste Abschleppversuche in der Dunkelheit brachten keinen Erfolg. Man wartete deshalb den Tagesanbruch des 26. März ab und begann dann, mit der Schraube des Rettungsbootes eine Rinne zu spülen. Nach einer Stunde Spülen bekam man das Motorschiff wieder flott.

Der finnische Dampfer **Mira** (OHCH), 826 BRT/413 NRT, war in Helsinki beheimatet. Er lief 1898 in Grangemouth bei der Grangemouth Dockyard Co. als **Virgo** für die Finska Angfartygs A/B in Helsinki vom Stapel und wurde 1905 an die Hamburg-Amerika-Linie verkauft. Nachdem er bis 1912 im Libau-Antwerpendienst gefahren war, kaufte ihn seine ehemalige Reederei zurück und nannte ihn *Mira*. 1955 befand sich der Dampfer in Ballast auf der Reise von Lübeck nach Ålborg und strandete am 21. September bei dichtem Nebel vor Klausdorf. Bei dem Versuch, mit eigener Kraft freizukommen, schlug er sich auf dem steinigen Grund die Schraubenflügel ab. Später kam der deutsche Schlepper **ALK** zu Hilfe, brachte den Havaristen ab und schleppte ihn nach Travemünde. Hier stellte man fest, daß nicht nur die Schraube fehlte, sondern auch der Schiffsboden schwere Schäden davongetragen hatte. Unter diesen Umständen sah die Reederei von der teuren Reparatur des alten Schiffes ab und verkaufte es zum Abbruch an die Firma Eisen & Metall.
Bei dem Schlepper *Alk* (DAMC), 138 BRT, handelte es sich um ein Motorschiff, das 1943 in Walsum auf der Rheinwerft der Gutehoffnungshütte A. G. erbaut worden war. Eigner war die Bugsier-Reederei- und Bergungs A. G. in Hamburg, die den Schlepper zeitweise auch an die Reederei Knöhr & Burchard vercharterte.

Schon bei der Strandung des schwedischen Schoners *Marie* 1874 wurde im Zusammenhang mit dessen an Land gespülter Holzladung beschrieben, wie es beim Antreiben einer Deckslast Holz in den Küstendörfern auf Fehmarn zuging. Im Herbst 1955 trieben nach langer Zeit wieder einmal viele neue Planken und Bretter an den Nordstrand der Insel, die von der Ladung des schwedischen Dampfers **S. M. Stjärna** stammten, der östlich von Gedser nach einer Kollision gesunken war. Die *S. M. Stjärna* (SDIK), ex Royal, ex Sortland, ex Ferm, ex Hollandia 11, ex Falkaas, war 793 BRT/493 NRT groß und in Malmö beheimatet. Sie wurde 1918 in Hansweert/Holland auf der N. V. Werf Zeeland gebaut und gehörte 1955 der Reederei A. B. „Egon" (Egon Stjärna). Der Dampfer hatte 180 Standard Schnittholz in den Räumen und 67 Standard als Deckslast geladen und befand sich auf der Reise von Karlsvik nach Wisbeck. Am 7. Juni wurde er auf der Position 54° 29′ 36″ Nord und 12° 15′ 03″ Ost von dem Stockholmer Dampfer *Korsör* gerammt. Dabei erlitt *S. M. Stjärna* so schwere Schäden an Backbord, daß sie innerhalb kurzer Zeit auf ebenem Kiel sank. Die Masten und der Schornstein ragten danach noch aus dem Wasser hervor. Menschen kamen bei dem Unfall nicht zu Schaden. Die Decksladung schwamm auf und trieb bei vorherrschend östlichen Winden nach einigen Wochen auf Fehmarn an Land. Der schwedische Dampfer wurde wieder gehoben und 1957 nach Finnland verkauft. Einige Monate nach dem Antreiben der Deckslast stand vor dem heute noch auf Fehmarn gut bekannten Amtsrichter Raschies ein Inselbewohner, der angeklagt war, nicht sein ganzes gefundenes Holz beim Strandvogt angemeldet zu haben. Der Betreffende fand einen verständnisvollen Richter und wurde nur zu 10,– DM Geldstrafe, ersatzweise zwei Tage Haft, verurteilt.

1956

Am 24. Januar starb der langjährige Vormann der Rettungsstation Burgstaaken, der Kapitän und Lotse Christian Schwenn im Alter von 63 Jahren. Während seiner achtzehnjährigen Tätigkeit als Vormann war er auf drei Rettungsbooten gefahren: *Matthäus Möller, August Nebelthau* und *Weser*. Dabei hatte er nicht nur viele Menschen aus Seenot gerettet, sondern auch große materielle Werte vor dem Verlust bewahrt. Sein Nachfolger und ebenfalls festangestellter Vormann auf dem MRB *Weser* wurde sein Bruder, Kapitän Ludwig Schwenn aus Burgstaaken, nicht zu verwechseln mit einem Onkel der beiden. Dieser hieß ebenfalls Ludwig Schwenn, war vor 1914 Kapitän auf *Berger Wilhelm* im Mittelmeer und fuhr nach dem Ersten Weltkrieg den Dampfer *Fehmarn*.

Heimathafen der dänischen Motorgaleasse **Argo** (OWKX), ex Veritas, 104 BRT/74 NRT, war Kolding. Sie wurde 1915 in Råå/Schweden auf Holms Werft noch aus Holz gebaut. 1945 erwarb sie Kapitän Valdemar Schmidt aus Kolding, der sie als Schiffsführer mit einem zweiten Mann an Bord

1956 – Dänische Motorgaleasse »Argo«, am 23. 9. 1956 bei Puttgarden gestrandet.

selbst fuhr. Im September 1956 war die *Argo* mit einer Ladung Kali von Wismar nach Kolding unterwegs. Am 23. 9. frühmorgens bei einer frischen Brise aus OSO bemerkte man plötzlich östlich von Staberhuk, daß im Maschinenraum viel Wasser stand und das Schwungrad des Motors schon darin lief. Kurz darauf fiel der Motor aus und die beiden Männer versuchten, mit der Handpumpe das Wasser aus dem Schiff zu lenzen. Als sie sahen, daß ihre Mühe vergeblich war und das Wasser weiter stieg, riefen sie über Sprechfunk um Hilfe. Außerdem ließen sie das Beiboot zu Wasser und heißten das Vorsegel, damit die *Argo* schneller Fehmarn erreichte.

Als ca. 8 Fuß Wasser im Schiff standen, gingen sie in das Boot, das aber immer noch mit der *Argo* verbunden war, die langsam auf die Küste zutrieb. Sie stieß dann gegen 9.30 Uhr westlich von Marienleuchte bei „Schlohdenweih" etwa 200 m vom Land entfernt auf Grund und lief sofort voll Wasser. Die beiden Dänen erreichten in ihrem Boot sicher den nahen Strand. Ihr Schiff ging vollständig verloren. Nachdem die See die Salzladung herausgewaschen hatte, warf ein schwerer Oststurm in den nächsten tagen die *Argo* bei „Kamper Eck" so weit auf den Strand, daß sie nach dem Abflauen hoch und trocken lag. Der Rumpf war auf den Steinen vollständig aufgebrochen und das Schiff ein Totalverlust. Innerhalb weniger Tage wurde das Wrack von den Puttgardener Einwohnern bis zur letzten Planke abgebrochen. Jeder nahm sich, was er nach besten Kräften und Möglichkeiten fortschaffen konnte. So sägte ein Bauer von Marienleuchte einen Mast ab und schleppte ihn mit seinem Traktor davon. Die Ursache des Verlustes der *Argo* gab man mit plötzlichem Leckspringen an.

Aus Esbjerg stammte der dänische 16-m-Kutter **Evy**, Fischerei-Nr. E. 400, der 1942 in Gilleleje bei Andersen & Ferdinandsen gebaut wurde. Unter Schiffsführer Thauren und mit drei weiteren Fischern befand er sich auf einer Fangreise in die mittlere Ostsee. Am 25. Oktober spätabends strandete der Kutter bei SW-Sturm 7 bis 8 mit schweren Regenböen und schlechter Sicht vor Westermarkelsdorf. Der Leuchtturmwärter sah die Notsignale und alarmierte um 23 Uhr Vormann Ludwig Schwenn in Burgstaaken. Nur 20 Minuten später lief das MRB *Weser* aus. Wegen des schweren Wetters hatte Schwenn zusätzlich zur Stammbesatzung zwei freiwillige Rettungsmänner mitgenommen. Am 26. Oktober gegen 1.30 Uhr traf das Rettungsboot an der Unfallstelle ein und fand den Havaristen quer in schwerer Brandung sitzen. An Deck konnte sich niemand von der Besatzung aufhalten. Vor Anker liegend und ständig lotend ließ Vormann Schwenn die *Weser* so nahe an den Kutter herantreiben, daß man mittels einer hinüber geschossenen Leine eine Trosse festmachen konnte. Da Abschleppversuche in der dunklen Nacht ohne Erfolg blieben, wartete man den Morgen ab und begann gegen 6.30 Uhr erneut mit dem Schleppen. Mühsam gelang es, den Kutter mit dem Bug nach See zu drehen und langsam aus seinem tief in den Grund gewühlten Bett zu ziehen.

Um 8 Uhr hatte man ihn endlich flott und schleppte ihn nach Burgstaaken, wo er sofort aufgeslipt wurde. Die *Evy* hatte das Ruder verloren, der Kiel war gebrochen und auch die Beplankung beschädigt. Nur seiner außerordentlich starken Bauweise war es zu verdanken, daß der Kutter die Nacht in der Brandung überstanden hatte.

1957

Leider sind die Ereignisse in den Jahresberichten der DGzRS aus neuerer Zeit selten einmal so ausführlich beschrieben wie im Fall des Kutters *Evy* 1956. Mit der Zunahme der Freizeitbewegung werden auch die Unfälle der Sportsegler immer zahlreicher und beanspruchen mehr Platz in den Unfallmeldungen. Damit beschränken sich andere Meldungen auf nur noch wenige Worte, abgesehen von besonders schweren Rettungsbooteinsätzen. So heißt es unter dem Datum vom 4. Januar 1957 lapidar: „Das MRB *Weser* schleppte bei SO-Wind 4 bis 5 den in dichtem Nebel an der Küste Fehmarns aufgelaufenen Fischkutter **Knurrhahn** mit drei Personen wieder frei." Hier ließ sich der Eigentümer und Heimathafen ermitteln. Der 16-m-Kutter *Knurrhahn*, Fischerei-Nr. SO. 309, später SK. 54 wurde 1949 in Rostock-Gehlsdorf erbaut und gehörte 1957 dem jetzt in Kiel lebenden Fischer Hermann Hahn.

Bei der erwähnten ungewöhnlichen Fischerei-Nummer SO. 309 handelte es sich nicht um eines der üblichen Kennzeichen für Fischereifahrzeuge. Diese bestanden bis auf wenige Ausnahmen aus den drei ersten Buchstaben des Heimathafens mit fortlaufender Numerierung. Zum Beispiel hieß

BUR.: Burgstaaken, TRA.: Travemünde. Dagegen mußten alle in der Ostsee beheimateten bundesdeutschen Fischkutter, die zeitweise auch in der Nordsee fischten, anstelle der üblichen Fischerei-Nummer nach dem Nordseeübereinkommen von 1882 ein Nordseekennzeichen führen. Diese Nordseekennung bestand anfangs einheitlich für alle in der Nordsee fischenden Ostseekutter aus den Buchstaben "SO" und einer Nummer, wobei das „S" für Schleswig-Holstein, das „O" für Ostsee stand. Nach einer neuen Polizeiverordnung vom 18. 8. 1959 gab es eine Neuregelung, wonach an zweiter Stelle nach dem „S" der Anfangsbuchstabe des Heimathafens stehen mußte.
Bei dem oben genannten Kutter *Knurrhahn* bedeutete SK demnach Kiel und SH wäre das Nordseekennzeichen von Heiligenhafen.

Am 10. Oktober kam es im Fehmarnbelt westlich des Feuerschiffes auf dem Zwangsweg 1 zu einem Zusammenstoß zwischen dem Hamburger Dampfer **Christiane Schulte** und dem dänischen Motorschoner **Hika,** wobei letzterer sank. Die *Christiane Schulte* (DAOC), ex Sigfried J. Nimtz, ex Stettiner Greif, lief 1938 auf den Stettiner Oderwerken vom Stapel. Sie war mit 2245 BRT/1283 NRT vermessen und gehörte ab 1955 der Reederei Schulte & Bruns in Hamburg. Im Oktober 1957 befand sich der Dampfer unter Führung von Kapitän Bischoff auf der Reise von Finnland nach Belgien (wahrscheinlich hatte er Holz geladen). Als er am 10. 10. morgens den Fehmarnbelt passierte, traf man einzelne Nebelfelder, doch konnte mit voller Fahrt gelaufen werden. Um 8.30 Uhr wurde der Nebel so dicht, daß man die Geschwindigkeit reduzierte und Nebelsignale gab. Gleich darauf hörte man das Nebelhorn eines anderen Schiffes in der Nähe, stoppte die Maschine und gab die vorgeschriebenen Signale für ein Schiff ohne Fahrt. Als man plötzlich in etwa 70 m Entfernung einen Motorschoner sah, wurde dieser schwer am Vorschiff getroffen, obwohl der Dampfer die Maschine „voll rückwärts" gehen ließ. Bei dem Kollisionsgegner handelte es sich um die in Faaborg beheimatete *Hika*, die unter ihrem Eigner, Kapitän Kaj L. Möller, mit einer Ladung Koks von Lübeck nach Odense unterwegs war. Auf ihrem nördlichen Kurs kreuzte sie den Zwangsweg 1 zwischen den Tonnen „5" und „5a" und zugleich auch den Kurs der *Christiane Schulte*. Bei dem Zusammenstoß wurde der Bug des dänischen Schiffes eingedrückt, das langsam zu sinken begann und längsseits des Dampfers klappte. Die ganze Besatzung wurde von der *Christiane Schulte* aufgenommen und später in Kiel an Land gesetzt. Nach dem Untergang des Dänen ankerte der Dampfer und legte eine Boje als provisorische Kennzeichnung der Unglücksstelle aus (Wrack Nr. 2). Die *Hika* (OUZZ), ex Dina Wal, ex Dina, ex Sif, ex Marie, war mit 126 BRT/88 NRT vermessen. Sie wurde 1918 in Korsör auf der „Korsør Skibsvaerft" aus Holz gebaut und war im Unfalljahr in Dänemark mit 120 000 dkr versichert. Das Wrack wurde später zwar gehoben, wegen zu großer Schäden aber für reparaturunwürdig erklärt. Kapitän Möller erklärte als Zeuge in Hamburg vor dem Seeamt, daß die *Christiane Schulte* nicht ganz still lag, sondern noch etwas Fahrt gemacht habe, weil

Am 10.Oktober 1957 gegen 08.40 Uhr ist der Dampfer "Christiane Schulte" in der Ostsee auf dem Zwangsweg 1 westlich Fehmarnbelt-Feuerschiff mit dem auf Nordkurs befindlichen dänischen Motorschoner "Hika" zusammengestoßen. "Hika" ist gesunken. Die Besatzung ist vollzählig gerettet worden.

Der Unfall ist darauf zurückzuführen, daß die Schiffe in eine dichte Nebelwand hineingelaufen waren und der Kapitän der "Hika" vor dem Sichten des Gegners ein Ausweichmanöver eingeleitet hat, als er von "Christiane Schulte" das Nebelsignal für ein ohne Fahrt treibendes Schiff hörte.

Ein Verschulden der Schiffsführung der "Christiane Schulte" ist nicht festzustellen. Zu beanstanden ist jedoch die Art und Weise, wie Änderungen im Maschinenmanöverbuch dieses Schiffes vorgenommen worden sind.

Nach dem Unfall ist sachgemäß gehandelt worden.

Am 8. 11. 1957 verkündete das Hamburger Seeamt nach Abschluß seiner Untersuchungen obigen Spruch.

sie sein Schiff so schwer traf. Andererseits gab er zu, daß er nach dem ersten Hören der Nebelsignale entgegen den Vorschriften schon ein Ausweichmanöver eingeleitet hätte, ohne den deutschen Dampfer gesehen und dessen Kurs erkannt zu haben.

Ein spektakuläres Ereignis war die Strandung des Bundesbahnfährschiffes **Deutschland** (DBFW), 3863 BRT/1389 NRT, das zwischen 1953 und 1963 auf der vorläufigen Route zwischen Großenbroder-Kai und Gedser verkehrte. Von Gedser kommend mit einem Reisezug und zahlreichen Passagieren an Bord lief das Fährschiff am 11. November morgens bei NO-Sturm 7 bis 8 dicht neben der Einfahrt des Fährhafens auf Grund und kam mit eigener Kraft nicht wieder frei. Es lag kurz vor der Brandung, und wenn bei der Größe des Schiffes auch keine ernste Gefahr für die Menschen an Bord bestand, wollte man wenigstens verhindern, daß es noch weiter auf den Strand geworfen wurde. Als erstes eilte die kleine Fehmarnsundfähre *Schleswig-Holstein* zu Hilfe und versuchte vergeblich, die *Deutschland* abzuschleppen. Dabei geriet sie in die Brandung, stieß auf Grund und lief voll Wasser, so daß nur das Deck und die Aufbauten herausragten. Die Besatzung wollte aber nicht von Bord gehen, als gegen 9 Uhr das MRB *Weser* an der Unglücksstelle eintraf. Während man auf den Hochseeschlepper *Hermes* aus Kiel wartete, frischte der Sturm immer mehr auf. Deshalb wurde die Lage der Männer auf der *Schleswig-Holstein* gefährlich und man entschloß sich, sie abzubergen. Weil das Schiff aber auf flachem und mit großen Steinen bedecktem Grund lag, war das auch für das Rettungsboot nicht einfach. Vormann Schwenn ließ die *Weser* ankern und mit dem Wind langsam an den Havaristen heransacken, so nahe, daß man trotz schwerer Brandung längsseits gelangte und die Fährschiffer einzeln herüberspringen konnten. Das Rettungsboot wurde dabei von schweren Brechern eingedeckt, ein Besatzungsmitglied beinahe über Bord gewaschen und das Beiboot aus den Zurrin-

1957 – Bundesbahnfährschiff »Schleswig-Holstein«, am 11. 11. 1957 bei Großenbrode gestrandet. Das Motorrettungsboot »Weser« ist gerade dabei, die Besatzung abzubergen.

gen gerissen. Nach geglückter Rettung gab man die Schiffbrüchigen auf die nur 80 m entfernt sitzende *Deutschland* über. Von hier waren die Rettungsarbeiten mit Spannung beobachtet und fotografiert worden. Gegen 13 Uhr traf der Schlepper *Hermes* ein und bekam am späten Abend die *Deutschland* frei. Die Sundfähre wurde erst nach einigen Tagen gehoben und anschließend zur Reparatur nach Kiel gebracht. Danach nahm sie ihren Dienst zwischen Fehmarn und dem Festland wieder auf.
Das Fährschiff *Deutschland* wurde 1952 auf den Kieler Howaldtswerken erbaut und 1953 in Betrieb genommen. Von 1963 bis 1972 fuhr es auf der Vogelfluglinie zwischen Puttgarden und Rödbyhavn. Dann wurde es außer Dienst gestellt und durch ein 1972 in Rendsburg bei Nobiskrug gebautes, fast doppelt so großes Fährschiff ersetzt, das ebenfalls den Namen *Deutschland* (DBFX), 6119 BRT/2020 NRT, trug.
Bei dem genannten Motorschlepper *Hermes* (DEPU), 293 BRT/16 NRT, handelte es sich damals um einen der stärksten Schlepper der Bugsier-Reederei- & Bergungs A. G. in Hamburg. Er wurde 1956 in Bremerhaven auf der Ferdinand Schichau A. G. gebaut und hatte eine Motorenleistung von 1900 PS.

1958

Am 3. August, einem Sonntag, sah der Leuchtturmwärter von Marienleuchte bei Tagesanbruch ein gestrandetes Schiff auf dem Puttgarden-Riff liegen. Er alarmierte sofort Vormann Ludwig Schwenn in Burgstaaken. Als die *Weser* an der Unfallstelle eintraf, fand man das in Donsö bei Göteborg beheimatete schwedische MS **Zeus** (SHKR), 131 BRT/72 NRT, an der Westseite des Riffes liegen. Da NW-Sturm 6 bis 7 herrschte, arbeitete es schwer in der Brandung. Es mußte so schnell wie möglich Hilfe gebracht werden. Erst nach mehreren vergeblichen Anläufen konnte das Rettungsboot eine Schleppverbindung herstellen. Es gelang der *Weser* aber nicht, das Motorschiff abzuschleppen, da es sich tief in den sandigen Riffgrund eingewühlt hatte. Glücklicherweise drehte der Wind im Lauf des Tages auf NO und mit dem nun ansteigenden Wasser bekam man den Schweden vom Riff herunter und brachte ihn nach Burgstaaken.

Drei Wochen später, am 25. August, morgens lief das mit Holz beladene holländische MS **Tanny** auf das Puttgarden-Riff auf. Wieder kam das MRB *Weser* dem Havaristen zu Hilfe und unterstützte ihn beim Freikommen. Anschließend begleitete das Rettungsboot die *Tanny* nach Burgstaaken. Nach einer kleinen Reparatur verließ der Holländer am nächsten Tag den Hafen und setzte seine Reise fort.

Ende August stand der gleiche Fehmarner Fischer, der schon 1955 im Zusammenhang mit dem von der *S. M. Stjärna* angespülten Schnittholz verurteilt wurde, erneut vor dem Amtsgericht in Burg. Es ging dieses Mal um Grubenholz, das der Betreffende nicht beim Strandvogt gemeldet hatte. Richter Raschies zeigte wieder Verständnis für den Angeklagten. Ihm sei das Holz praktisch „vor die Haustür" gespült worden, und die Versuchung sei dann doch groß bei dem alten Seeräubergeist, der immer noch in der Küstenbevölkerung stecke. Während der Staatsanwalt 250,– DM Geldstrafe forderte, beließ es der Richter unter Berücksichtigung der schlechten wirtschaftlichen Lage des Fischers bei 150,– DM. Zum Schluß warnte Amtsgerichtsrat Raschies jedoch den Betreffenden, daß er beim nächsten Mal mit einer Gefängnisstrafe rechnen müsse.
Für den geplanten Bau des Puttgardner Fährhafens ließ die Bundesbahn im Herbst 1958 vor der Küste Probebohrungen machen. Die damit beauftragte Firma hatte eine schwimmende Bohrinsel eingesetzt, die aus stählernen Schwimmkästen mit einem Bohrturm bestand. Am 17. September bei starkem Ostwind und stürmischer See schlugen die Schwimmkästen leck und liefen voll Wasser, worauf die Bohrinsel in etwa 100 m Entfernung vom Land sank. Nur das Bohrgerüst ragte noch aus dem Wasser. Das Bedienungspersonal hatte sich wegen des Sturmes schon vorher in Sicherheit gebracht. Später wurde die Bohranlage wieder gehoben und setzte ihre Arbeit fort.

Das holländische MS **Jato** (PFCE), ex Meike, 472 BRT/237 NRT, war in Groningen beheimatet. Dort wurde es 1950 bei der „N. V. Scheeps. Unie" gebaut und gehörte 1958 der Reederei N. V. Wijnne & Barends in Groningen. Die *Jato* kam vom Englischen Kanal mit einer für Lübeck bestimmten Ladung Kleie und strandete am 26. September abends bei frischem NW-Wind und diesiger Luft auf dem Staberhuker Steinriff. Das MRB *Weser* wurde durch den Leuchtturmwärter von Staberhuk alarmiert und traf gegen 20 Uhr bei dem Havaristen ein. Trotz Hinweis auf bevorstehenden Sturm nahm der Kapitän des Schiffes keine Hilfe an und hoffte, am nächsten Tag mit eigener Kraft wieder freizukommen. Nach einigen Stunden traf der Schlepper **Goliath** der Bugsier-Reederei- und Bergungs A. G. aus Kiel ein und wurde ebenfalls zurückgewiesen. Rettungsboot und Schlepper blieben in der Nähe des Havaristen, um die weiteren Ereignisse abzuwarten. Tatsächlich frischte der Nordwest in den Morgenstunden des 27. September stark auf und erreichte in Böen Stärke 8 bis 9. Das Motorschiff begann in der immer gröber werdenden See schwer zu arbeiten und wurde noch weiter auf die Steine gesetzt. Nun versuchte der Kapitän mit eigener Maschinenkraft abzukommen, doch schlug er sich dabei die Schraubenflügel auf dem felsigen Grund ab. Der Bergungsinspektor der „Bugsier" hatte inzwischen auf eigene Faust mit der Reederei der *Jato* Kontakt aufgenommen und diese wiederum mit ihrer Versicherung. Der holländische Kapitän bekam nun Anweisung, Schlepperhilfe auf der bekannten Basis („Kein Erfolg – keine Bezahlung") anzunehmen. Mit dem zusätzlich aus Kiel eingetroffenen Schlepper **Strande** bekam man das Motorschiff um 14 Uhr von der Untiefe herunter. Da es neben der Schraube auch das Ruderblatt verloren hatte, wurde es total manovrierunfähig vom Schlepper *Golitath* nach Travemünde gebracht.

1959

Haren an der Ems war Heimathafen des MS **Christel** (DCVC), 300 BRT/185 NRT. Es wurde 1950 in Emden bei Schulte & Bruns für Hermann Elfring und Reinhard Wessels gebaut und von Kapitän Bernhard Wessels geführt. Die *Christel* befand sich im August 1959 mit einer Ladung Stückgut, in der Hauptsache aber Stahlblechen auf der Fahrt von Duisburg nach Stockholm. Am 13. August wurde das Motorschiff östlich von Fehmarn bei der Tonne „7b" von einem russischen Zerstörer gerammt, der ein großes Loch in den Bug riß. Die *Christel* konnte sich jedoch über Wasser halten. Das MRB *Weser* lief ihr entgegen und begleitete sie in den Hafen von Burgstaaken. Hier übernahm ein anderes Schiff der gleichen Reederei die Ladung, um diese nach Stockholm zu bringen, während die *Christel* eine Kieler Werft aufsuchen mußte.

1959 – MS »Christel« läuft nach Kollision vor Gedser am 13. 8. 1959 mit eigener Kraft in Burgstaaken ein.

Aus Wladistawowo, dem früheren deutschen Großendorf stammte der polnische Fischkutter **WLA.116.** Er hatte mit neun Mann Besatzung vier Monate in der Nordsee gefischt und befand sich nun auf der Heimreise. Am 8. Oktober gegen 3 Uhr früh lief er bei Westermarkelsdorf voll auf den Strand. Bei Tagesanbruch wurde er von dem Leuchtturmwärter entdeckt, der die Rettungsstation Burgstaaken benachrichtigte. Das MRB *Weser* traf um 11.20 Uhr an der Strandungsstelle ein. Dort hatten schon zwei große deutsche Fischkutter mit zusammen 300 PS vergeblich versucht, den Polen abzubringen. Auch der *Weser* gelang es nicht, den Kutter über das Achterschiff abzuschleppen. Nun versuchte Vormann Schwenn, den Havaristen mit dem Bug nach See zu drehen. Um 14 Uhr hatte man den Kutter endlich flott, und, da er dicht geblieben war, konnte er die Heimreise fortsetzen. Vorher bedankten sich die Polen für die Hilfe der Rettungsbootbesatzung.

1960

Am 22. Januar strandete der 21-m-Kutter **Bleibtreu,** ex Anni, Fischerei-Nr. SH. 9 mit drei Mann Besatzung vor Fehmarns Küste. Er wurde von dem MRB *Weser* wieder aus der Brandung herausgeschleppt. Hier handelte es sich um einen ehemaligen KFK (Kriegsfischkutter) des kleineren Typs. Er wurde 1944 aus Holz gebaut und gehörte 1960 dem Fischer Harry Gnewuch in Heiligenhafen.

In Hamburg war das MS **Bernd** (DIRE), ex Flosshilde, 205 BRT/114 NRT, beheimatet. Es lief 1908 in Einswarden bei J. Frerich vom Stapel und wurde 1960 von Kapitän Bernhard Tapken geführt. Im Februar war es mit einer Ladung Koks von Lübeck nach Nakskov unterwegs und strandete am 5. 2. bei SO-Sturm 6 bis 7 mit Schneeschauern auf dem „Mittelgrund" im Fehmarnsund. Das MRB *Weser* schleppte das Motorschiff, auf dem fünf Mann Besatzung waren, ab und brachte es nach Burgstaaken ein.

Im gleichen Südoststurm verunglückte am 5. Februar auch das Hamburger MS **Dorothea Siemering** (DCFK), ex No. 62. Das mit 290 BRT/198 NRT vermessene Schiff war ein ehemaliger Leichter des NDL in Bremen. Er stammte aus einer Baureihe von über 170 ähnlichen Schleppschiffen ohne eigenen Antrieb, die alle vor 1914 entstanden. Der hier genannte mit der Nr. 62 wurde 1887 in Bremen mit 231 BRT/225 NRT erbaut. Nach dem Verkauf durch den NDL wurde er vergrößert, zum Motorschiff umgebaut und war 1960 Eigentum der Reederei Diedrich Siemering in Hamburg. Über Ladung und Reiseziel der *Dorothea Siemering* ist nichts bekannt. Sie lief am Abend des 5. Februar im Fehmarnsund auf Grund, die Besatzung bestand aus fünf Personen. Da der Wasserstand außergewöhnlich niedrig war und noch weiter fiel, hatten die ersten Abschleppversuche des MRB *Weser* keinen Erfolg. Das Rettungsboot blieb über Nacht in der Nähe des Havaristen vor Anker liegen und konnte ihn dann am 6. Februar abbringen.

Im Sommer 1960 wurde der neu erbaute „schnelle" Seenotrettungskreuzer **Hamburg** (DBAF) in Burgstaaken stationiert, während man die *Weser* nach Laboe verlegte. Der Rettungskreuzer (künftig nur SRK abgekürzt) war 23,2 m lang, 5,3 m breit und hatte 1,4 m Tiefgang. Drei Motoren leisteten zusammen 1750 PS und die drei Schrauben brachten 20 Knoten Geschwindigkeit. Bei der *Hamburg* handelte es sich um einen neuen Typ von Rettungskreuzern. Das besondere war ein auf dem Achterschiff vorhandenes Tochterboot für den Einsatz in flachen Küstengewässern. Auf der *Hamburg* führte es den Namen *Michel.* Ludwig Schwenn blieb weiterhin Vormann.

Heimathafen des MS **Harald Ottens** (DFMS), 1497 BRT/845 NRT, war Cuxhaven. Es wurde 1919 als *Osric* in Limhamn/Schweden erbaut und gehörte 1960 der Cuxhavener Reederei Ewald Ottens. In der Nacht vom 23. auf den 24. Juli wurde die *Harald Ottens* unter Führung von Kapitän Hobowsky mit einer Koksladung in der Nähe von Gedser von dem ca. 7000 BRT großen russischen Frachter **Ashold** gerammt. Die *Harald Ottens* sank in wenigen Minuten auf 20 m Tiefe, ihre gesamte Besatzung von 18 Personen konnte sich auf die *Ashold* retten. Diese, selbst nur wenig beschädigt, gab die Schiffbrüchigen an die bald am Unfallort eingetroffene *Hamburg* ab, die sie in Burgstaaken an Land setzte. Da mitten im Sommer alle Hotelzimmer auf Fehmarn belegt waren, mußten die Seeleute in Oldenburg/Holstein untergebracht werden. Die *Harald Ottens* wurde einige Tage später durch die beiden Hamburger Hebeschiffe *Energie*

1960 – Hebung des Motorschiffs »Harald Ottens« vor Fehmarn.

und *Ausdauer* von Schuchmann problemlos gehoben und im flachen Wasser vor Burgtiefe abgesetzt. Hier fand eine erste provisorische Abdichtung des ca. 3 m^2 großen Lecks statt. Außerdem wurde die Koksladung von einem anderen Schiff übernommen und zu ihrem Bestimmungshafen gebracht. Am 15. August schwamm die *Harald Ottens* wieder und wurde nach Kiel in eine Werft geschleppt. Reeder Schuchmann war mit seiner Jacht *Asgard* selber nach Burgstaaken gekommen, um die Bergungsarbeiten bei schönem Sommerwetter zu verfolgen. Schon am 2. 8. 1960 fand in Hamburg die Seeamtsverhandlung über den Unfall statt. Das Seeamt sah die Schuld an dem Zusammenstoß bei dem russischen Frachter, da dieser zu spät sein Ausweichmanöver eingeleitet hatte.

Auch im weiteren Verlauf des Jahres 1960 war der SRK *Hamburg* äußerst aktiv. Während die DGzRS in Bremen bei ihrer Gründung 1865 einst nur zur Rettung von Schiffbrüchigen gedacht war, hatte sich das inzwischen geändert. Mit ihren starken Motoren nahmen die Rettungskreuzer zum Teil die Stelle der früheren Bergungsdampfer ein, vor allem bei kleineren gestrandeten Schiffen. Die 1750 PS der Rettungskreuzer reichten fast immer aus, um aufgelaufene Motorschiffe zusammen mit deren Besatzung abzuschleppen. Sie retteten damit nicht nur Menschenleben, sondern auch beträchtliche materielle Werte.

Das in Brake beheimatete Kümo **Aenne Jacobs** (DDFA), ex Henny, war 104 BRT/50 NRT groß und 1960 Eigentum von Hans Schlichting aus Brake. Es hatte in Lübeck Weizen für Oldenburg i. O. geladen und erlitt am 3. August westlich von Fehmarn in der Hohwachter Bucht Maschinenhavarie. Bei auffrischendem NW-Sturm 7 bis 8 trieb die *Aenne Jacobs* manovrierunfähig in der groben See und drohte auf die holsteinische Küste zuzutreiben. Auf ihre Notrufe kam der SRK *Hamburg* zu Hilfe, nahm sie ins Schlepptau und brachte sie nach Heiligenhafen ein.

Am 20. September strandeten vor Presen bei NO-Sturm und Nebel die beiden Arbeitsfahrzeuge *Bornhofen* und *Sölve*, die beim Bau des Fährhafens beschäftigt waren und einer Kieler Firma gehörten. An Bord der ehemaligen Fischkutter befanden sich insgesamt vier Personen. Beide Schiffe wurden von der *Hamburg* abgebracht und nach Burgstaaken geschleppt. Da sie leckgeschlagen waren, mußten sie sofort auf die Slip.

Am Abend des gleichen Tages, dem 20. September, geriet im Fehmarnbelt bei weiter zunehmendem Sturm das Hamburger MS **Möjenhörn** (DGLO), ex Gertrud, in Seenot. Das mit 199 BRT/169 NRT vermessene Schiff lief 1930 in Rendsburg bei der Nobiskrugwerft vom Stapel und gehörte zuletzt John Kruse aus Hamburg. Die Holzladung der *Möjenhörn* war so stark verrutscht, daß sie zu kentern drohte und die Maschine bereits ausgefallen war. Als der SRK *Hamburg* bei dem manövrierunfähigen und mit schwerer Schlagseite treibenden Schiff eintraf, waren nur noch der Kapitän und seine Frau an Bord. Auf Bitten des Kapitäns sollte die *Hamburg* versuchen, das Kümo nach Kiel zu schleppen. Eine Schleppverbindung wurde auch hergestellt, aber kurz nach dem Anschleppen kenterte die *Möjenhörn* und sank. Im letzten Moment konnten der Kapitän und dessen Frau, die über Bord gesprungen waren, in der dunklen Nacht von der *Hamburg* gefunden und aus der stürmischen See gerettet werden.

Aus Haren an der Ems stammte das MS **Glückauf** (DCHO), 145 BRT/102 NRT, das 1911 in Mulder/Holland erbaut wurde. Es lief am 13. November mit einer Ladung Holz bei ruhigem, aber nebligem Wetter vor Puttgarden bei „Kamper Eck“ auf den Strand. Nur mit großer Mühe bekam der SRK *Hamburg* das Schiff wieder vom steinigen Grund herunter.

Heimathafen des dänischen MS **Toto** (OUMO), 199 BRT/94 NRT, war Saksköbing. Es lief 1902 in Kopenhagen auf „Köbenhavns Flydedok Skibsvaerft“ vom Stapel. Am 1. Dezember 1960 geriet es mit vier Mann Besatzung an Bord vor Fehmarn in Seenot und wurde von dem SRK *Hamburg* in Sicherheit gebracht.

Nur wenige Tage später strandete am 7. Dezember ein dänisches, in Egernsund beheimatetes Motorschiff auf dem Puttgarden-Riff. Es hieß **Rose Marie** (OYYN), war 96 BRT/61 NRT groß und wurde 1910 in Zoutkamp bei J. Smith & Zoon gebaut. Die SRK *Hamburg* schleppte es unbeschädigt mit seiner zweiköpfigen Besatzung wieder ab.

In Hamburg war das MS **Irmgard** (DGRE), ex Alfa, 158 BRT/110 NRT, registriert. Das 1912 erbaute Schiff gehörte 1960 dem Schiffsführer, Kapitän Helmut Beister und erlitt am 22. Dezember auf der Fahrt von Kiel nach Lübeck südöstlich von Fehmarn Maschinenhavarie. Es wurde von dem SRK *Hamburg* in den Hafen von Burgstaaken geschleppt. Von hier setzte es nach Reparatur des Schadens seine Reise fort.

1961

Das MS **Wilma,** (DCRW), 161 BRT/107 NRT, war in Haren an der Ems zu Hause. Es wurde 1929 im holländischen Waterhuizen gebaut und war 1960 Eigentum der Reederei Ww. Helene Litmeyer. Als die *Wilma* am 13. Januar abends den Fehmarnsund passieren wollte, geriet sie wegen schlechter Sicht aus dem Fahrwasser und lief vor Struckkamphuk auf steinigen Grund. Der SRK *Hamburg* bekam das Schiff erst nach langem Schleppen frei und brachte es anschließend nach Burgstaaken zwecks Bodenuntersuchung auf eventuelle Schäden.

Hamburg war der Heimathafen des MS **Cormoran II (DHGG),** ex Ulmbrueder III, 249 BRT/166 NRT. Es wurde 1950 in Hamburg bei Stülcken erbaut und gehörte 1961 der Reederei H. & H. Steffens in Assel. Am 3. Dezember abends strandete das mit 260 t Eisenplatten beladene Schiff vor Klausdorf unterhalb des Campingplatzes. Mit der schweren Ladung stieß es auf dem steinigen Grund schnell leck, lief voll Wasser und ließ sich nicht mehr abbringen. Die vier Mann Besatzung blieben aber an Bord und am nächsten Tag wurde von dem Burgstaakener Steinfischerfahrzeug *Hoffnung* ein Teil der Ladung gelöscht und übernommen. Der ebenfalls am 4. 12. eingetroffene Schlepper *Hermes* pumpte den Havaristen leer, schleppte ihn nach provisorischer Abdichtung ab und brachte ihn sofort in eine Lübecker Werft. Der SRK *Hamburg* hatte sich während der ganzen Zeit in der Nähe aufgehalten, um die *Cormoran*-Besatzung notfalls sofort abzubergen.

In Burgstaaken war das MS **Dora** (DJWT), 71 BRT/36 NRT groß, zu Hause. Es lief 1911 im holländischen Martenshoek vom Stapel und gehörte 1961 Kapitän Wilhelm Bendfeldt aus Burgstaaken. Unter seiner Führung hatte die *Dora* in Lübeck

103 t Weizen für Hamburg geladen und geriet am 19. Dezember abends bei der Fahrt durch den Fehmarnsund auf dem „Grünen Grund" fest. Am nächsten Tag wurde sie vom SRK *Hamburg* abgeschleppt, dabei aber so stark über den steinigen Grund gezogen, daß sie ein großes Leck bekam. Man konnte sie jedoch in den Hafen von Burgstaaken bringen und setzte sie im kleinen Hafenbecken auf Grund. Hier löschte das Burgstaakener Steinfischerfahrzeug *A. M. 3* die nasse Getreideladung und anschließend erfolgte eine provisorische Abdichtung auf der Slip. Danach mußte die *Dora* für eine gründliche Reparatur eine Kieler Werft aufsuchen.

1962

Am 11. Januar um 11.30 Uhr vormittags rammte der polnische Frachter **Polanica** (SPNJ), 3441 BRT/ 1819 NRT bei seiner Fahrt durch den Belt das auf seiner Station liegende Feuerschiff *Fehmarnbelt*. Die Ursache war ein Versagen der elektro-hydraulischen Ruderanlage der *Polanica*. Das Feuerschiff wurde schwer getroffen und erhielt ein tiefes Loch in der Mitte der Backbordseite. Dabei fanden der Koch und der Funker den Tod. Die Leiche des letzteren wurde nie mehr gefunden. Die übrige Feuerschiffsbesatzung wurde von dem Polen und dem deutschen Kümo *Bremer Reeder* abgeborgen.

1962 – Feuerschiff »Fehmarnbelt« nach der Kollision mit dem polnischen Frachter »Polonica«, vom Schlepper »Hermes« im halbfertigen Puttgardener Fährhafen in Sicherheit gebracht.

1962 – Taucherarbeiten am Feuerschiff »Fehmarnbelt« im Landschutz von Puttgarden nach der Kollision mit dem polnischen Frachter »Polonica« am 11. 1. 1962.

Das Feuerschiff konnte in den Schutz des halbfertigen Fährhafens von Puttgarden geschleppt werden. Dort nahm ein Taucher eine notdürftige Abdichtung vor, anschließend wurde es in eine Rendsburger Werft geschleppt. Die *Polanica* wurde 1958 auf der Stocznia Szcecinska, den ehemaligen Stettiner Oderwerken, erbaut.

Im Morgengrauen des 28. Januar entdeckte der Leuchtturmwärter von Staberhuk auf dem dort vorgelagerten Steinriff bei NO-Sturm 6 bis 7 ein gestrandetes Schiff, das die Notflagge zeigte. Er alarmierte den SRK *Hamburg*, der schon nach 30 Minuten an der Unfallstelle eintraf. Er fand das in Groningen beheimatete und 1950 in Delfzijl bei den Gebr. Niestern & Co. gebaute MS **Argo,** (PTCO), 499 BRT/318 NRT, auf den Steinen sitzend. An Bord befanden sich fünf Mann Besatzung. Wegen ihres eigenen zu großen Tiefganges erreichte die *Hamburg* die in der Brandung liegende *Argo* nicht, doch brachte das Tochterboot *Michel* eine Leine hinüber. Nachdem eine Schleppverbindung hergestellt war, zog die *Hamburg* den Holländer von den Steinen herunter und schleppte ihn nach Burgstaaken zur Bodenuntersuchung.

Aus Heikendorf bei Kiel stammte der 17-m-Kutter **Martin,** Fischerei Nr. SK. 68. Er wurde 1949 in Kiel gebaut und gehörte dem Fischer Reinhard Mey. Außer ihm waren noch zwei Fischer an Bord. In der Nacht vom 4. auf den 5. Oktober lief der Kutter bei dichtem Nebel vor Gahlendorf auf den Strand. Er wurde schon am Morgen des 5. 10. von dem SRK *Hamburg* wieder abgeschleppt und setzte die Heimreise nach Kiel fort.
Am Abend des 11. Oktober fing die *Hamburg* einen Notruf des holländischen MS **Narwal,** (PGCY), 291 BRT/129 NRT, auf. Es lief 1939 in Foxhol bei der N. V. Scheeps-Vooruitgang vom Stapel und war Eigentum der Reederei P. van Streun. Die mit Eisen beladene *Narwal* hatte nordöstlich von Staberhuk bei dichtem Nebel plötzlich einen starken Wassereinbruch und drohte zu sinken. Der SRK *Hamburg* fand mit seinem Radargerät schnell den Havaristen, dessen Besatzung gerade ins Boot ging. Dem Rettungskreuzer gelang es mit seinen starken Fremdlenzpumpen, gegen das eindringende Wasser anzukommen und die *Narwal* vor dem Sinken zu bewahren. Inzwischen traf auch der Schlepper *Hermes* aus Kiel ein und setzte zwei weitere Pumpen an Deck des Holländers. Anschließend schleppte er ihn auf Fehmarn zu und setzte ihn vor Meschendorf im flachen Wasser auf Grund. Hier wurde das Leck provisorisch abgedichtet und das Schiff danach in eine Kieler Werft geschleppt.

1963

Nach einem strengen Winter trieb Ende März 1963 immer noch viel Eis auf der Ostsee, so daß die Fischer nach der langen Zwangspause voller Ungeduld waren, endlich auslaufen zu können. Die Burgstaakener Kutterflotte hatte am 29. März im Fehmarnbelt Dorsch gefischt und befand sich am späten Nachmittag auf der Heimreise. Als sich von Südosten ein großes Treibeisfeld heranschob, gelangten die vorauslaufenden Kutter noch zwischen dem Eis und der Landspitze von Staberhuk hindurch. Der 14-m-Kutter **Wollin,** ex Hans Werner, Fischerei Nr. BUR. 1 schaffte es nicht mehr. Schneller als erwartet kam das Eis heran. Die rasch treibenden Schollen erfaßten das Fahrzeug und schoben es hoch auf das Staberhuker Steinriff. Hier drohte es von den unaufhaltsam herankommenden Eismassen begraben zu werden. Während die anderen Kutter außerhalb des Eisfeldes liegen blieben und dem Geschehen zusahen, ohne sich in das Eis hineinzuwagen, eilte der über Sprechfunk alarmierte SRK *Hamburg* mit höchster Fahrt heran. Wegen seines Tiefganges konnte er den bedrohten Kutter nicht selbst erreichen, aber es gelang dem Tochterboot *Michel*, Rinnen im Eis auszunutzen und eine Trosse hinüberzubringen. Als die *Hamburg* mit voller Kraft anschleppte, gingen die drei an Bord befindlichen Fischer hinter dem Ruderhaus in Deckung, da sich die Perlontrosse wie ein Gummiband reckte und reißen konnte. Plötzlich brachten die starken Maschinen des Rettungskreuzers den Kutter in Bewegung, und förmlich über den steinigen Grund springend, wurde er durch das Eis ins freie Wasser gezogen. Da Ludwig Schwenn annahm, der Kutter wäre leck gestoßen, schleppte ihn die *Hamburg* mit voller Fahrt nach Burgstaaken. Tatsächlich war der 1946 in Niendorf/Ostsee bei Konrad Voss aus Eichenholz gebaute Kutter vollständig dicht geblieben. Er gehörte dem aus Wollin in Pommern stammenden Fischer Karl Sabin aus Burgstaaken.

Am 19. April ereignete sich bei dichtem Nebel im Fehmarnbelt ein Zusammenstoß zwischen einem sowjetischen Frachter und dem Hamburger MS **Hedwig Henning** (DIJV), 468 BRT/219 NRT. Letzteres wurde dabei schwer beschädigt, blieb aber schwimmfähig. Der SRK *Hamburg* eilte dem Havaristen zu Hilfe und half, ihn in Sicherheit zu bringen. Die *Hedwig Henning* war 1955 in Wewelsfleth bei H. Peters vom Stapel gelaufen und Eigentum der Reederei Ww. Hedwig Henning in Hamburg.
Bei dem 1963 beendeten Bau des neuen Fährhafens in Puttgarden hatte man gleichzeitig einen Liegeplatz für Bergungsdampfer geschaffen, da dieser Hafen an der Nordküste Fehmarns eine günstige Basis dafür bot. Die Bugsier-Reederei- & Bergungs A. G. aus Hamburg hielt hier einige Jahre lang einen Schlepper in Bereitschaft, unter anderem die *Hermes* und *Danzig* sowie *Bugsier 15* und *Bugsier 17.* Die Auslastung der Schlepper war jedoch so gering, daß die Station von der Reederei in den siebziger Jahren wieder aufgehoben wurde.

1964

Der Turbinenfrachter **Bogota** (HPXE), 5033 BRT/ 2883 NRT, wurde 1940 als *Fanal Head* in Belfast

1969 – Dampfer »Bogota« vor Marienleuchte auf Grund, im Hintergrund Schlepper »Danzig« und »Hermes«.

Harland & Wolff Ltd. gebaut. Er war eines der vielen Einheitsschiffe vom War-Emergency-Typ, wie sie im Zweiten Weltkrieg in Schnellbauweise in England entstanden. 1964 gehörte die unter panamesischer Flagge fahrende *Bogota* der Pan-Norse Steamship Company S. A. Panama mit Heimathafen Hongkong. Sie befand sich Anfang Januar mit einer Ladung Zement auf der Reise von Danzig nach Indien. Tagelanger dichter Nebel dürfte nur eine der Ursachen gewesen sein, warum der Frachter, der einen polnischen Ostseelotsen an Bord hatte, trotz Radar so weit vom Kurs abkam. Am 20. Januar lief er ca. 1 sm östlich von Marienleuchte auf 6 m Wassertiefe bei 6,50 m eigenem Tiefgang auf harten Grund auf. Die Außerbetriebnahme des Nebelhorns von Marienleuchte im Herbst 1963 kann dabei keine Rolle gespielt haben, weil das Fahrwasser für so große Schiffe mitten im Fehmarnbelt verlief. Neben dem SRK *Hamburg* fanden sich auch bald die beiden Schlepper *Danzig* (2150 PS) und *Hermes* (1900 PS) an der Unfallstelle ein. Da bei mäßigem SW-Wind der Wasserstand in der westlichen Ostsee 30 cm niedriger als normal war, bestand keine Aussicht, das schwer beladene Schiff sofort abzubringen. Außerdem verhandelte der norwegische Kapitän der *Bogota* erst mit seiner Reederei, die ihm auf der Basis „Kein Erfolg – keine Bezahlung" erlaubte, Schlepperhilfe anzunehmen. Als nach einigen Tagen das Wasser wieder anstieg, zogen die beiden Schlepper die unbeschädigte *Bogota* vom Grund ab.

Mit ihrem kleinen, in Rödbyhavn beheimateten Versorgungsschiff **Ørnen** belieferten zwei Dänen im Fehmarnbelt vorbeifahrende Schiffe mit frischen Lebensmitteln und anderen Waren. Am 1. Februar fiel plötzlich der Motor aus und die *Ørnen* trieb manövrierunfähig bei auffrischendem Sturm in der groben See. Ihre Hilferufe über Sprechfunk wurden jedoch von dem SRK *Hamburg* gehört, der den Dänen zu Hilfe kam und ihr Schiff nach Rödbyhavn einschleppte.

Genau vier Wochen nach der Strandung des Frachters *Bogota* geriet vor Fehmarn das größte bisher dort verunglückte Schiff auf Grund. Es war der griechische Dampfer **Armathia** (SVUT), ex Amstelbrug, ex Amsteltoren, ex Ceram, ex Philips Wouwerman, ex Empire Courage, 7091 BRT/4181

NRT groß. Er wurde 1943 in Glasgow bei Barclay, Curle & Co. Ld. als Serienschiff nach dem „Liberty“-Muster gebaut und hatte, wie aus dem häufigen Namenswechsel ersichtlich ist, bereits eine bewegte Vergangenheit hinter sich. 1964 war die *Armathia* Eigentum der Reederei Alameda Compania Nav. Soc. in Piräus und machte ihre erste Reise mit einer griechischen Besatzung. Am 21. Februar lief sie ohne ersichtlichen Anlaß mit einer von Hamburg nach Wismar bestimmten Ladung Weizen außerhalb des regulären Fahrwassers 2,6 sm westlich von Westermarkelsdorf auf steinigen Grund. Dabei wurde ein Laderaum leck. Kurz nach der Strandung traf der SRK *Hamburg* vor Westermarkelsdorf ein, nur wenig später der SRK *Theodor Heuss* aus Laboe. Schnell am Unfallort war auch der in Puttgarden stationierte Schlepper *Danzig* und der Schlepper *Hermes* aus Kiel. Außerdem hielten sich Boote vom Zoll und der Wasserschutzpolizei in der Nähe auf. Bei dem ruhigen Wetter dieser Tage gab es für die Besatzung und die *Armathia* keine Gefahr. Weil das Wasser aber fiel, bestand auch keine Aussicht, das mit ca. 10 000 t Weizen beladene Schiff abzuschleppen. Es mußte leichter gemacht, also entladen werden. Dazu wurden mehrere Kümos als Leichterfahrzeuge angefordert. Gleichzeitig mit dem Löschen des Weizens begann man, große Mengen nasses Getreide aus dem lecken Laderaum in die See zu schütten. Dies wurde nach einigen Tagen vom Wasser- und Schifffahrtsamt Kiel verboten, weil man in der wärmeren Jahreszeit durch das Verfaulen des Weizens eine Verschmutzung der Küstengewässer befürchtete. Kurze Zeit später wurde das Verbot widerrufen, um das Abbringen des Havaristen zu beschleunigen. Nachdem sich am 28. Februar die Wetterlage geändert hatte und das Wasser anstieg, brachten die Schlepper, zu denen als dritter noch die *Bugsier 17* hinzugekommen war, die *Armathia* gegen 12.30 Uhr ab. Sie wurde anschließend in eine Kieler Werft geschleppt.

Als letztes Schiff verunglückte 1964 der in Malta beheimatete Dampfer **Robertina** (ZHTH), ex San Pawl, ex Burgundia, 1591 BRT/848 NRT groß. Er lief 1920 in Malmö bei Kockums Mekaniske Verkstad A/B vom Stapel und fuhr 41 Jahre unter schwedischer Flagge. 1964 gehörte er der Malta Maritime Services Ltd. in La Valetta auf Malta und war im Dezember mit einer Ladung Holz von Schweden nach Algerien unterwegs. Im Sturm war die Decksladung verrutscht und der Dampfer hatte schwere Steuerbordschlagseite bekommen. Bei immer noch stürmischem und diesigem Wetter lief er am 12. Dezember nachmittags östlich von Marienleuchte auf Grund und kam mit eigener Kraft nicht wieder frei. Der in Puttgarden stationierte Schlepper *Danzig* lag nur wenige Seemeilen vom Strandungsort entfernt und war deshalb in kürzester Zeit zur Stelle. Eine Schleppverbindung kam auch schnell zustande, es gelang aber erst am 14. 12., die *Robertina* abzubringen. Anschließend schleppte die *Danzig* sie direkt nach Kiel, wo die Ladung wieder zurechtgestaut werden sollte.

1965

In Brunsbüttelkoog war das MS **Bruno** (DIZG), ex Pargas VI, 270 BRT/182 NRT, beheimatet. Es war 1945 in Middlesborough gebaut worden und gehörte 1965 Hans Schramm in Brunsbüttelkoog. Am 29. Januar strandete das Schiff mit sechs Mann Besatzung und 400 t Weizen an Bord bei SW-Sturm und niedrigem Wasserstand im Fehmarnsund. Es wurde von dem SRK *Hamburg* abgeschleppt und setzte seine Reise fort.

Das dänische Motorschiff **Ida Clausen** (OWVP), 348 BRT/162 NRT, war in Apenrade registriert, gehörte aber der Reederei C. Clausen in Kopenhagen. Diese hatte es 1957 in Krajevica/Jugoslawien auf der „Titovo Brodogradiliste“ bauen lassen und setzte es hauptsächlich als Viehtransporter zwischen deutschen und dänischen Häfen ein. Mit einer Besatzung von zehn Mann war die *Ida Clausen* mit einer Ladung von 172 Stück lebenden Ochsen auf der Fahrt von Dänemark nach Lübeck. Sie lief am 2. März gegen 1 Uhr früh bei NO-Wind 5 bis 6 im Fehmarnsund vor Struckkamphuk hoch auf die Steine. Der SRK *Hamburg* wurde um 1.30 Uhr alarmiert, nachdem alle Versuche des Dänen, mit eigener Kraft freizukommen, keinen Erfolg brachten. Die *Hamburg* traf schnell am Unfallort ein, doch hatte der dänische Kapitän inzwischen zwei andere Schiffe seiner Reederei angefordert und wollte die Ochsen von Bord geben. Das hätte allerdings große Verzögerungen für das lebende Vieh bedeutet, und es wurde beschlossen, daß der Rettungskreuzer das Abschleppen versuchen sollte.

Nach großen Anstrengungen hatte die *Hamburg* den Havaristen samt Ladung gegen 17 Uhr über den Achtersteven freigezogen.
Außer den beiden Handelsschiffen brachte der Rettungskreuzer im Berichtsjahr etlichen in Gefahr geratenen Fischkuttern Hilfe.
Das 1905 auf seine Station gekommene zweite Feuerschiff *Fehmarnbelt* hatte mit Ausnahme von kurzen Unterbrechungen in strengen Eiswintern und den notwendigen Werftzeiten ständig auf seiner Seeposition gelegen. 1965 wurde es eingezogen, in *Reserve Kiel* umbenannt und als Ersatzschiff für den Bereich Kiel in Holtenau einsatzbereit gehalten. 1967 erfolgte dann die endgültige Außerdienststellung und im September 1968 der Verkauf zum Abbruch an die Firma „Eisen & Metall". Als Ersatz kam 1965 ein Feuerschiff aus der Nordsee auf die Station „Fehmarnbelt" mit der gleichen Bezeichnung. Es war etwas größer als sein Vorgänger, war 1908 in Brake auf der Werft von G. H. Thyen erbaut worden und besaß einen Hauptantriebsmotor und von Anfang an eine eigene Stromerzeugung. Von 1908 bis 1954 lag es auf der Station „Außeneider" und wurde danach vom Wasser- und Schiffahrtsamt Kiel als Reservefeuerschiff für die Ostsee übernommen. Ab 1965 unterstand es dem Wasser- und Schiffahrtsamt Lübeck, das es im gleichen Jahr als Stammschiff *Fehmarnbelt* auf dessen alte Position brachte. Dort sollte es noch 19 Jahre liegen, ehe 1984 die Geschichte der deutschen Feuerschiffe in der Ostsee endgültig endete.

1966

In Hamburg war das MS **Lisa D.** (DIRE), ex Bernd, 205 BRT/114 NRT, registriert. Es war unter dem Namen *Bernd* 1960 schon einmal vor Fehmarn verunglückt und hatte inzwischen Namen und Eigner gewechselt. Neuer Reeder war jetzt Bruno Diekmann aus Wyk auf Föhr. Die *Lisa D.* kam mit einer Ladung Holz von Skandinavien und strandete am 21. Januar abends bei schwerem SO-Sturm und starker Kälte auf dem Puttgarden-Riff. Seine Notsignale in Form von Leuchtkugeln wurden sofort vom nahen Fährhafen aus gesehen und der SRK *Hamburg* alarmiert. Dieser mußte erst eine geschlossene Eisdecke durchbrechen, um ins freie Wasser zu kommen. Am Strandungsort fand er das Kümo mit vereister Holzdeckslast in der Brandung liegend vor. Der in Puttgarden stationierte Schlepper *Hermes* hielt sich bereits in der Nähe auf, konnte den Havaristen aber wegen seines zu großen Tiefganges nicht erreichen. Der Rettungskreuzer arbeitete sich langsam von der Leeseite des Riffes heran und konnte auch eine Schlepptrosse hinübergeben. Zuerst wollte Vormann Schwenn das Kümo nicht über die Westseite des Riffes abschleppen, weil dort noch zahlreiche alte Wrackreste lagen. Als aber die Deckslast verrutschte und die *Lisa D.* zu kentern drohte, mußte er sich doch dazu entschließen. Die *Hamburg* bekam das Kümo frei und schleppte es mit langsamer Fahrt um die Westseite Fehmarns herum in den Hafen von Orth.

Brake war Heimathafen des MS **Freiheit** (DDMO), 198 BRT/113 NRT, das 1960 in Hamburg bei J. J. Sietas vom Stapel lief. Es gehörte der Reederei Heiko Lahme in Nordenham-Blexen und strandete am 30. August gegen 4 Uhr morgens in einem schweren Sommersturm auf dem „Grünen Grund" unterhalb von Bergmühle. Die Notsignale mit Böllerschüssen wurden an Land gehört und nur zehn Minuten später lief die *Hamburg* vom nahen Burgstaaken in See. Der Rettungskreuzer kam wegen seines zu großen Tiefganges nicht an das in der Brandung liegende Kümo heran, doch brachte das Tochterboot *Michael* eine Trosse hinüber. Das anschließende Schleppen blieb leider erfolglos, deshalb mußte die *Hamburg* erst mühsam mit ihren Schrauben eine Rinne spülen. Durch diese wurde der Havarist dann von der Untiefe herunter gezogen und in den Hafen von Orth gebracht.

Der libanesische Frachtdampfer **Nedi** (ODBM), ex Thistledale, war mit 7227 BRT/4360 NRT vermessen. Er wurde 1942 in Sunderland bei J. L. Thompson & Sons Ld. als Standardschiff des War-Emergency-Typs gebaut und befand sich 1966 im Besitz der Atlis Companhia Naviera Soc. Anon. in Beirut/Libanon. Die *Nedi* hatte in Lübeck ca. 8000 t Schrott für Formosa geladen und strandete am 29. November gegen 22.30 Uhr bei SW-Sturm 7–8 vor Staberhuk. Der SRK *Hamburg* erschien sofort am Unfallort, um den insgesamt 26 Mann Besatzung im Notfall beistehen zu können. Aus Puttgarden kam der damals dort liegende Schlepper *Bugsier 15* herbei, vermochte aber mit seinen 850 PS bei fallendem Wasserstand alleine nichts auszurichten. Zusätzlich wurde der 2640 PS starke Schlepper *Atlas* der gleichen Reederei, der in Cuxhaven lag,

1966 – Dampfer »Nedi«, am 29. 11. 1966 vor Staberhuk gestrandet. Links SRK »Hamburg« und Schlepper »Bugsier 15«.

angefordert. Er traf am nächsten Tag ein. Da der Wasserstand an der westlichen Ostsee inzwischen um 1 m gefallen war, konnten auch zwei Schlepper das Schiff nicht abbringen. Andererseits bestand für die *Nedi* keine direkte Gefahr, weil sie mit dem Bug genau gegen Wind und bei dem niedrigen Wasser relativ ruhig lag. Als ein Laderaum Wasser machte, setzten die Schlepper Fremdlenzpumpen auf den Frachter. In der Nacht vom 1. auf den 2. Dezember drehte der Wind auf Nordwest und brachte das Wasser zum Steigen, so daß die beiden Schlepper kurz nach Mitternacht anpacken konnten. Gegen 3 Uhr morgens hatten sie den Dampfer frei und brachten ihn zuerst in den Landschutz von Fehmarn, um ihn am Vormittag in den Fehmarnbelt zum Weg 1 zu schleppen. – Nur wenige Stunden später sandte der Kapitän der *Nedi* einen neuen Hilferuf aus. Durch das lange Liegen unter Dampf auf dem Staberhuker Steinriff hatte sie so viel Speisewasser in den Kesseln verbraucht, daß sie Kiel nicht mehr erreichte. Sie mußte deshalb die Fahrt unterbrechen und ankern. Von Land aus wurde der *Nedi* ein Bunkerboot mit 100 t Frischwasser entgegengeschickt. Sie konnte nach der Wasserübernahme endlich ihre Reise fortsetzen. – Der Motorschlepper *Atlas* (DAQG), 250 BRT/9 NRT, wurde 1960 in Bremerhaven bei F. Schichau erbaut. Der Schlepper *Bugsier 15* (DIOX), 94 BRT/24 NRT, entstand 1957 auf der gleichen Werft. Beide waren Eigentum der Bugsier-Reederei- und Bergungs A.G. in Hamburg.

1967

Der einzige Seeunfall in diesem Jahr vor Fehmarn betraf den in Hamburg registrierten Saugbagger **Heinrich Hupfeld** (DFRP), ex Sabine. Er war mit 654 BRT/431 NRT vermessen und lief 1953 in Wewelsfleth bei Hugo Peters vom Stapel. 1967 gehörte er der Kies- und Sandwerk Rudolf Hupfeld K.G. in Neu Wulmsdorf. In der Nacht vom 4. auf den 5. November strandete der Bagger mit zehn Mann Besatzung an Bord und wurde von dem SRK *Hamburg* wieder abgeschleppt. Leider sind keine Einzelheiten bekannt.

1969 – Kabelleger »Eider« im März 1969 vor Presen in Seenot. Dahinter links der Seenotrettungskreuzer »Hamburg«.

1968

Das in Flensburg beheimatete MS **Iris Clausen** (DGPA), 300 BRT/124 NRT, wurde 1957 in Bremen-Hemelingen auf der Rolandwerft erbaut und von der Cimbria-Schiffahrts- und Handels-A.G. in Flensburg bereedert. Es war mit einer Ladung Zucker von Kopenhagen gekommen und hatte am 15. Januar wegen Maschinenhavarie unterhalb von Sahrensdorf geankert. Im Laufe des Tages frischte der bis dahin schwache SW-Wind zum schweren Sturm auf. Manövrierunfähig bei auflandigem Sturm vor der Küste liegend, geriet die *Iris Clausen* mit ihren sechs Mann Besatzung in große Gefahr. Auf ihre Hilferufe lief die *Hamburg* von Burgstaaken aus, um das Schiff auf einen geschützteren Ankerplatz im Fehmarnsund zu bringen. Dabei gab es in der Dunkelheit ein Mißverständnis zwischen der Rettungsbootbesatzung und der des Kümos. Ehe letzteres sicher vor Anker lag, warf man dort zu früh die Schlepptrosse los. Zum Aufnehmen der schweren Trosse mußte die *Hamburg* stoppen, trieb auf den „Mittelgrund" und blieb sitzen. Zwar konnte sie sich alleine freidampfen, beschädigte dabei aber die Schrauben und den Rumpf. Wegen des Doppelbodens blieb der Rettungskreuzer jedoch dicht. Zur Beseitigung seiner Schäden lief er am nächsten Tag in die Niendorfer Everswerft.

1969

Die Bergung des Kabellegers **Eider** Mitte März gestaltete sich zu einem der schwierigsten Einsätze von Vormann Ludwig Schwenn. – Die in Kiel beheimatete *Eider* (DHON), 406 BRT/380 NRT, wurde 1951 in Lauenburg/Elbe auf der Hitzlerwerft erbaut. Sie besaß keinen eigenen Antrieb und gehörte der Reederei J. Rathjen in Hamburg. Die *Eider* hatte an der Verlegung eines Telefonkabels der Deutschen Bundesbahn von Puttgarden nach Rödbyhavn gearbeitet. Mit zehn Mann Besatzung an Bord hatte sie bei SW-Sturm in der Presener Bucht dicht unter Land sicher vor Anker gelegen, als in der Nacht vom 12. auf den 13. März der Wind schlagartig auf NO umsprang und zu einem orkanartigen Schneesturm anwuchs. Damit lag das antriebslose Schiff plötzlich bei auflandigem Sturm nur ca. 100 m vom Strand entfernt auf flachem steinigem Grund hilflos direkt vor der schäumenden Brandung. Sollten die Anker nicht halten, mußte es sofort stranden. Auf Notrufe der *Eider* erschien rasch ein Schlepper vom nahen Fährhafen Puttgarden, konnte sie aber wegen seines zu großen Tiefganges nicht erreichen. Die inzwischen ebenfalls eingetroffene *Hamburg* versuchte nun, nach bewährter Methode sich vor Anker liegend an die *Eider* herantreiben zu lassen, um eine Verbindung herzustellen. Dabei flog in einer heftigen Schneeböe die bereitgelegte Perlonschlepptrosse über Bord und geriet in eine der drei Schrauben des Rettungskreuzers. Dadurch war dessen Manövrierfähigkeit angesichts der nahen Brandung stark eingeschränkt und Ludwig Schwenn lief den Puttgardener Fährhafen an, um die Schraube zu klarieren. Unglücklicherweise hatte man in der dunklen Sturmnacht übersehen, daß noch ein Stück Trosse nachschleppte. Dieses wickelte sich beim Anlegemanöver um die anderen beiden Schrauben und machte die *Hamburg* bewegungsunfähig. Jetzt konnte nur noch ein Taucher helfen, der aber nicht kommen konnte, weil der über Ostholstein tobende Schneesturm sämtliche Straßen blockiert hatte. Später schaffte die Bundesmarine einen Froschmann von Großenbrode heran. Es gelang ihm in mühsamer stundenlanger Arbeit im eisigen Wasser, wenigstens zwei Schrauben freizubekommen. Damit lief die *Hamburg* nach Burgstaaken zurück, wurde sofort aufgeslipt und auch die dritte Schraube freigemacht. Im Morgengrauen des 15. März traf der Rettungskreuzer wieder bei der *Eider* ein, deren Anker zum Glück gehalten hatten. Sie wurde nun in Schlepp genommen und entlang der Nordküste der Insel um diese herum in den Hafen Orth gebracht.

Am 7. September vormittags ereignete sich im Fehmarnbelt auf dem Weg 1 bei der Tonne „6b" ein Zusammenstoß zwischen zwei Schiffen. Der polnische Frachter **Kopalina Kleofas** (SPYS), 8406 BRT/ 4322 NRT, war erst im gleichen Jahr in Nakskov bei der Aktieselskab Nakskov Skibsvaerft erbaut worden. Er gehörte der polnischen Staatsreederei Polish Steamship Co. in Szczecin (Stettin) und befand sich auf der Reise nach dort. Dabei wurde er von dem panamesischen Frachter **Tiger**, 3877 BRT/ 2409 NRT, mittschiffs gerammt und von der Wasserlinie bis zu den Aufbauten beschädigt, blieb aber schwimmfähig. Schwerer hatte es den Panamesen getroffen. Sein Bug war bis zum Ankerspill aufgerissen, die Luke 1 lief voll Wasser, und er drohte zu sinken. Auf seine SOS-Rufe eilten zahlreiche Schiffe zu Hilfe, darunter waren allein fünf polnische. Zuerst erreichte das Bremer MS *Ruth Dieter* die Unfallstelle und ging bei der *Tiger* längsseits, um deren Besatzung zu übernehmen.
Diese wollte aber nicht von Bord gehen, da so viel Hilfe unterwegs war. Inzwischen traf der SRK *Hamburg* ein, der an diesem Tag von Fritz Schwenn in Vertretung seines Bruders Ludwig geführt wurde. Außerdem erschien das WSP-Boot *Staberhuk* aus Heiligenhafen sowie ein Rettungshubschrauber, worauf die anderen Hilfsschiffe ihre Fahrt fortsetzten. Die *Tiger* konnte mittels Fremdlenzpumpen von der *Hamburg* so lange über Wasser gehalten werden, bis der Schlepper *Bugsier 4* aus Kiel eintraf. In dessen Schlepptau und begleitet vom Rettungskreuzer dampfte man ganz langsam mit 3 sm Fahrt nach Travemünde, das auch glücklich erreicht wurde. – Die *Tiger*, ex Corallo, ex Coral, ex Mindl, ex Jalaratna, ex Knight of the Real, hatte bereits ein abwechslungsvolles Leben hinter sich. Sie lief 1930 in Sunderland bei Sir. J. Priestmann & Co. vom Stapel und war im Unfalljahr Eigentum der Tigermar Sociedad Anonyme in Panama. Wegen der bei der Kollision erlittenen schweren Schäden dürfte das 39 Jahre alte Schiff nicht mehr repariert worden sein. – Der obengenannte Schlepper *Bugsier 4* (DGEF), 105 BRT/ 12 NRT, wurde 1953 in Bremerhaven bei F. Schichau erbaut. Er hatte einen 850 PS starken Dieselmotor und gehörte der Bugsier-Reederei- und Bergungs A.G. in Hamburg.
Aber auch so etwas passierte einmal: Anfang September vormittags fischten die Burgstaakener Fischer Hans und Adolf Fröse mit ihrem Kutter *Pelikan*, Fischerei-Nr. BUR.11, in der Nähe von Westermarkelsdorf. Es wehte ein schwacher Südostwind und die Sonne schien. Plötzlich sahen sie zu ihrem großen Erstaunen, wie ein Kümo auf die Küste zuhielt und, ohne zu stoppen, mit voller Fahrt auf Grund lief. Zum Glück bestand er dort aus Sand. Das Schiff blieb fast einen Meter aus der Last sitzen, die Schraube lief weiter und kein Mensch ließ sich sehen. Es sah aus, als wäre ein

Geisterschiff aufgelaufen. Die nur ca. 500 m entfernten Fischer fuhren hin und gingen längsseits, um zu sehen, ob mit der Mannschaft etwas passiert sei. Adolf Fröse kletterte an Bord und fand nur ein junges Mädchen in der Kombüse, das, ohne aufzublicken, Kartoffeln schälte und nicht antwortete. Der Fischer riß daraufhin die Tür zum Ruderhaus auf, wobei ihm eine Schnapsdunstwolke entgegenschlug. Er sah die in einer Ecke zusammengekauerte Gestalt des Rudergängers und stellte zuerst einmal die Maschine ab. Aufgeschreckt erwachte der Seemann und rief: „Was willst Du hier, wir sind auf dem richtigen Kurs." Nun tauchte auch aus dem Logis eine verschlafene Gestalt auf, die sich ob der stehenden Maschine und des nahen Landes verwundert umschaute. Es war der Steuermann, dem die Fischer rieten, den in Puttgarden stationierten Schlepper der Bugsier zu Hilfe zu rufen. Tatsächlich gelang es der Besatzung aber, mit vielem Vor- und Rückwärtsarbeiten der Schraube eine Rinne zu spülen und das Kümo alleine wieder frei zu bekommen. Es handelte sich um die in Rendsburg beheimatete **Frauke Catharina** (DLEU), 499 BRT/305 NRT, die 1967 in Wewelsfleth bei H. Peters für Georg Peterson in Rendsburg vom Stapel lief.

Leider nahm das nächste Ereignis einen tragischen Verlauf. Am 1. Oktober hatte der 14-m-Kutter **Heimwärts**, Fischerei-Nr. HEIL. 34, des Fischers Friedrich Passau aus Heiligenhafen östlich von Fehmarn mit der Scheerzeese Dorsch gefischt. Neben Passau war der Fischer Uwe Heisler mit an Bord. Als man am Nachmittag zum letzten Mal für diesen Tag das Netz einholen wollte, fiel die Netzwinde aus. Ohne diese war es bei dem inzwischen fast zu Windstärke 10 aufgefrischtem Weststurm nicht möglich, das Netz einzuhieven. Die Fischer kennzeichneten es deshalb mit einer Boje, um es später wiederzufinden, und dampften auf Fehmarn zu, damit sie in Landschutz kamen. Plötzlich erschütterten zwei harte Schläge das Vorschiff, worauf der Kutter sofort wegsackte. Die beiden Fischer konnten sich aber eine Schwimmweste umbinden. Zusätzlich band sich jeder noch einige Netzkugeln um den Leib. Als der Kutter gesunken war, griff der im Wasser schwimmende Heisler einen treibenden Rettungsring und hielt sich daran fest. Nachdem er über zwei Stunden in der stürmischen See getrieben hatte, wurde er von der Besatzung des Travemünder Saugbaggers *Hanseat 3* entdeckt und an Bord genommen. Vermißt wurde jedoch der Kutterbesitzer Friedrich Passau. Trotz einer großen Suchaktion des SRK *Hamburg* sowie von Booten der Wasserschutzpolizei und der Bundesmarine fand man ihn nicht. Am 3. Oktober liefen 20 Heiligenhafener Fischkutter aus, um gemeinsam mit nachgeschleppten Drahtseilen nach dem Wrack des Kutters zu suchen, da man vermutete, daß Passau von diesem mit auf den Grund gerissen wurde. Bereits nach kurzer Suche stieß man gegen 8 Uhr morgens auf das Wrack. Eine Tauchergruppe der Marine war bereits vorbereitet und kam von Neustadt/Holstein herbei. Gegen Mittag hatten sie die Leiche des Fischers gefunden. Die Netzkugeln, die ihn retten sollten, hatten sich in den Wanten verhakt und ihn mit in die Tiefe gezogen. Halbstocks geflaggt brachte das WSP-Boot *Staberhuk* die Leiche nach Heiligenhafen. Friedrich Passau hinterließ eine Frau und drei kleine Kinder. Der Kutter *Heimwärts* wurde nicht wieder gehoben. Nach dem schnellen Sinken vermutete man so schwere Schäden, daß eine Reparatur nicht lohnte. Hinzu wären noch die hohen Bergungskosten gekommen.

1970

Am 3. April strandete bei Dunkelheit vor Fehmarn ein Kümo mit zwei Mann Besatzung. Es herrschte WNW-Wind 4–5 mit Schneetreiben. Der Havarist wurde vom SRK *Hamburg* wieder abgeschleppt.

ca. 1970 – Kapt. Ludwig Schwenn, bis 1975 Vormann auf dem Seenotrettungskreuzer »Hamburg« in Burgstaaken.

Leider erwähnt die DGRS in ihrem Jahresbericht für 1970 weder den Schiffsnamen noch den genauen Strandungsort.

1971

Am 15. Februar morgens waren bei SW-Wind 3–4 die Fischer Heinz und Anton Preuß (Vater und Sohn) aus Heiligenhafen mit ihrem 14-m-Kutter **Danzig,** Fischerei-Nr. HEIL. 15, in das Seegebiet östlich von Fehmarn gelaufen. In der Nähe der Tonne „7" wollten sie mit dem Grundschleppnetz Dorsch fischen. Während sie gegen 6.15 Uhr dabei waren, die Dorschzeese ins Wasser zu lassen, hörten sie plötzlich im Motorraum ein unbekanntes Rauschen. Als Heinz Preuß den Motorraum öffnete, sah er, daß in diesem eine Menge Wasser stand und das Schwungrad bereits darin lief. Da die Suche nach dem Leck keinen Erfolg hatte, das Wasser aber immer höher stieg und der Kutter zu sinken begann, rief er über Sprechfunk um Hilfe. Darauf eilte der Kutter *Albatros* Fischerei-Nr. GRO. 8, mit den Fischern Heinrich und Lothar Popall aus Großenbrode herbei. Bei seinem Eintreffen spülte die See schon über das Achterdeck des Kutters *Danzig.* Ehe man überhaupt versuchen konnte, diesen ins Schlepptau zu nehmen, sackte er auch schon weg. Bevor die beiden Fischer überstiegen, befestigten sie noch eine Boje, um die Lage des Wracks zu kennzeichnen. Ihr mit 50 000 DM versicherter Kutter wurde später gehoben und kam nach Reparatur wieder in Fahrt.

Das in Brake beheimatete MS **Gerd Wiskow** (DDFU), 297 BRT/192 NRT, lief 1963 in Wilhelmshaven auf der Jadewerft vom Stapel. Es war Eigentum der Reederei Meram, Meyer & Ramm K. G. in Bremen. – Am 17. November trieb das Schiff mit sechs Mann Besatzung bei orkanartigem W-Sturm mit Maschinenschaden vor Fehmarn. Auf seinen Notruf kam der SRK *Hamburg* zu Hilfe, nahm die *Gerd Wiskow* ins Schlepptau und brachte sie in Sicherheit.

Heimathafen des dänischen MS **Ilse Clausen** (OXFZ), 299 BRT/127 NRT, war Kolding. Es war 1958 in Jugoslawien gebaut worden und gehörte zur Viehtransporterflotte der Reederei C. Clausen in Kopenhagen. Deshalb hatte die *Ilse Clausen* auch 10 Mann Besatzung an Bord. Am 26. Dezember lief das Schiff vor Fehmarn auf Grund und wurde später von einem Bergungsschlepper abgebracht.

1972

In Oberndorf an der Oste war das MS **Allegro** (DJBL), ex Salztor, 212 BRT/110 NRT, zu Hause. Es war 1939 in Hamburg-Wilhelmsburg bei Gustav Wolkau erbaut worden und wurde 1972 von seinem Eigner, Kapitän Erwin Hochmuth, geführt. Das Schiff hatte am 10. Januar abends in der Orther Bucht geankert. In der folgenden Nacht frischte der Wind aus SSO bis Stärke 7 auf und da der Anker nicht hielt, geriet es ins Treiben, ohne daß die schlafende Besatzung es merkte. Am 11. Januar gegen 5 Uhr morgens strandete die *Allegro* auf dem Flügge-Sand. Von dem zu Hilfe gerufenen SRK *Hamburg* wurde sie ohne Schäden noch am gleichen Vormittag abgeschleppt.

Aus Marstal stammte das dänische MS **Minde** (OZFX), 283 BRT/147 NRT, das 1921 in Leiden bei den Gebrüdern Boot vom Stapel lief. Es war Eigentum des Schiffsführers, Kapitän H. E. Hansen, und hatte 414 t Gerste von Holbaek/Dänemark nach Burgstaaken gebracht und hier gelöscht. Als es am 15. Januar den Hafen wieder verließ, um in Ballast nach Bandholm zu laufen, geriet es direkt vor den Molen bei stürmischem Wind, verbunden mit starker Eisdrift, westlich des Fahrwassers auf Grund. Die *Minde* mußte von dem SRK *Hamburg* freigeschleppt werden und setzte anschließend ihre Fahrt fort.

Das Hamburger MS **Wagrien** (DHQK), ex Kapitän Schröder, 474 BRT, 286 NRT, wurde 1963 auf den Kieler Howaldtswerken gebaut. 1972 gehörte es Kapitän Hans Kühl aus Itzehoe. Außer ihm waren noch fünf Mann Besatzung an Bord. Am 18. November strandete das Kümo bei Nordwind Stärke 5, der später auf NW drehte und stürmisch auffrischte, vor Fehmarn. Es wurde von dem SRK *Hamburg* abgeschleppt und in Sicherheit gebracht.

1973

Anfang Mai war der SRK *Hamburg* auf seiner ehemaligen Bauwerft in Bardenfleth grundüberholt worden. Am 14. Mai machten sich vier Mann der Besatzung von Fehmarn aus mit dem Auto auf den Weg dorthin, um nach einer abschließenden Probefahrt den Rettungskreuzer auf dem Seeweg wieder nach Fehmarn zu überführen. Auf der Fahrt nach Bardenfleth wurden sie mit ihrem Auto in einen schweren Verkehrsunfall verwickelt. Drei der Rettungsmänner starben auf der Stelle, darunter Klaus Schwenn, ein Neffe des derzeitigen Vormannes Ludwig Schwenn. Er war als Kapitän zur See gefahren, 1972 zur DGzRS gekommen und sollte nach der in Kürze zu erwartenden Pensionierung seines Onkels dessen Nachfolger und Vormann werden. Die anderen beiden Opfer waren Max Kühl von Fehmarn und Walter Helling aus Niendorf/Ostsee. Als einziger überlebte schwerverletzt Horst Unhold aus Burg a. F. das Unglück. Ganz Fehmarn trauerte mit den Hinterbliebenen um die Toten.

Über Lyngby-Radio in Dänemark erfuhr am 24. November nachmittags der SRK *Hamburg*, daß ein dänischer Fischkutter mit Kurbelwellenschaden im Fehmarnsund treibe und zu stranden drohe. Es herrschte an diesem Tag orkanartiger SW-Sturm 10–11, der im Fehmarnsund einen harten nach Osten setzenden Strom verursachte und den Wasserstand in der Ostsee um 0,80 m unter Normal fallen ließ. Wenige Minuten nach dem Alarm lief die *Hamburg* aus und fand den Kutter schon auf dem „Mittelgrund" gestrandet vor. Wegen des niedrigen Wasserstandes erreichte der Rettungskreuzer den Havaristen nicht, sondern mußte das Tochterboot aussetzen. Diesem gelang es dann, die beiden völlig durchnäßten und erschöpften dänischen Fischer abzubergen. Sie wurden mit dem Tochterboot direkt nach Burgstaaken gebracht. Als der Sturm am nächsten Tag etwas nachgelassen hatte, konnte auch der dänische Kutter geborgen und nach Burgstaaken eingeschleppt werden.

1974

Aus diesem Jahr ist kein Seeunfall aus der Handelsschiffahrt und der Fischerei vor Fehmarn bekannt. Ganz allgemein wurde die Seefahrt in den letzten Jahren sicherer. Zum inzwischen selbstverständlich gewordenen *Radar* kamen neue elektronische Navigationsmittel, z. B. *Decca*, hinzu. Sie machten bei jedem Wetter eine Standortbestimmung fast auf den Meter genau möglich. Außerdem waren die einst großen Fischkutterflotten in den bundesdeutschen Ostseehäfen infolge immer geringerer Fangstärke stark geschrumpft. Auch beschränken sich jetzt die Jahresberichte der DGzRS nur noch auf besonders schwere Seenotfälle, weil die Zahl der Hilfeleistungen für Sportsegler bis hin zum Badegast auf der Luftmatratze so enorm anstieg.

1975

In diesem Jahr wurde der neue SRK *John T. Essberger* in Dienst gestellt und in Burgstaaken stationiert. Er entstand in Bardenfleth auf der Werft von Fr. Schweers, war 44,05 m lang, 8,05 m breit und hatte 2,58 m Tiefgang. Der Antrieb bestand aus einer Mittelanlage zu 4500 PS und zwei Seitenmotoren von je 1350 PS, die dem Schiff eine Höchstgeschwindigkeit von 32 Knoten ermöglichten. Das Tochterboot *Elsa* war mit einem 150-PS-Dieselmotor ausgerüstet und erreichte damit 15 Knoten. Mit der Stationierung des neuen Rettungskreuzers ging Ludwig Schwenn in Pension. Sein Nachfolger auf der *John T. Essberger* wurde sein Neffe, der Kapitän und Lotse Fritz Schwenn aus Burgstaaken. Er verließ die DGzRS aber schon 1976, und an seine Stelle trat Peter Löbenbrück, später Gerd Lemke von Helgoland. – Im Gegensatz zur *Hamburg* lag der neue Rettungskreuzer nicht mehr im Hafen von Burgstaaken, sondern auf verschiedenen Seepositionen vor Fehmarn. Dafür wurden extra vier Festmacherbojen verankert, von denen eine vor Burgstaaken lag, die zweite östlich vom Puttgarden-Riff, die dritte vor Bojendorf und die vierte auf der Reede vor Heiligenhafen. Damit gab es je nach Wetterlage und Windrichtung immer einen geschützten Liegeplatz. Der bewährte SRK *Hamburg* fand einen neuen Liegeplatz im Jachthafen zu Grömitz. Vormann darauf wurde Joachim Schwenn, ein Sohn des 1956 verstorbenen Vormannes des MRB *Weser* Christian Schwenn.

Das Hamburger MS **Irene** (DGQY), 297 BRT/143 NRT, war 1939 in Wewelsfleth bei H. Peters erbaut worden und gehörte inzwischen dem Reeder Hinrich Pahl aus Fischerhütte bei Rendsburg. Unter Führung von Kapitän Stein kam die *Irene* leer von Fredericia, um in Burgstaaken Getreide zu laden. Als sie am 30. Dezember gegen 1.30 Uhr früh einlaufen wollte, geriet sie auf die Westmole, da der Kapitän die roten und grünen Richtfeuer bei der Ansteuerung verwechselt hatte. Dabei stieß sie leck und lief teilweise voll Wasser. Etwas später sagte

1979 – Der gekenterte Saugbagger »Ysselmeer« vor der Küste Fehmarns.

der Steuermann wörtlich zu Kapitän Stein: „Wir haben überall Wasser, im Vorschiff, im Laderaum und im Logis, sogar im Öltank, nur unter dem Kiel haben wir kein Wasser." Die *Irene* wurde später durch den SRK *John T. Essberger* abgebracht und nach Burgstaaken eingeschleppt. Nach einer provisorischen Abdichtung mußte sie sofort eine Kieler Werft zur Erneuerung einiger Bodenplatten aufsuchen. Am 8. Januar 1976 traf die *Irene* wieder in Burgstaaken ein und verließ am 10. Januar den Hafen mit 485 t Weizen für Kolberg.

1976–1980

Aus den Jahren 1976 bis 1978 ist nichts Besonderes zu berichten. 1979 ereignete sich vor Fehmarn ein schwerer Seeunfall, der zwei Menschenleben forderte. Der holländische Saugbagger **Ysselmeer** war kurze Zeit im Fehmarnsund tätig, um eine Rinne zuzuspülen, die man zur Verlegung einer neuen Wasserleitung vom Festland zur Insel gebaggert hatte. Nach Beendigung dieser Arbeit befand er sich am 21. September bei schwachem SW-Wind auf dem Weg nach Westen durch den Fehmarnbelt. Am Morgen desselben Tages entdeckte ein Marinefahrzeug oberhalb von Marienleuchte einen gekenterten treibenden Schiffsrumpf, den man als den des Saugbaggers *Ysselmeer* identifizierte. Um 7.30 Uhr traf der SRK *Hamburg* am Unfallort ein, der die *John T. Essberger* gerade vertrat. Klopfzeichen der Rettungsmänner wurden nicht beantwortet und mit einem Hubschrauber herangebrachte Marinetaucher konnten nur zwei Seeleute tot aus dem Ruderhaus des Baggers bergen. Als einziger hatte sich der Schiffsführer in eine Rettungsinsel gerettet und war von einem DDR-Frachter aufgenommen worden. – Später stellte man fest, daß der Bagger eine schwere Grundberührung gehabt hatte, bei der er sich ein ca. 4 m langes Loch in den Rumpf gerissen hatte. Als Erklärung blieb nur die Vermutung, daß er auf einen einzelnen sehr großen Stein von 5 bis 6 m Höhe gestoßen sei. Davon sollen mehrere zwischen Marienleuchte und dem Fehmarnbeltfahrwasser liegen und bei den Vermessungsarbeiten für die Seekarten angeblich nicht entdeckt worden sein.

1981

Am 24. September wurde ein finnischer Ponton namens **Refanaut** von dem russischen Schlepper *Zubr* mit Ostkurs durch den Fehmarnbelt geschleppt. Dabei kollidierte der Ponton mittags gegen 12.30 Uhr mit dem auf seiner Position liegenden Feuerschiff **Fehmarnbelt**. Letzteres wurde an der Vorschiffsteuerbordseite so schwer beschädigt, daß es die Station verlassen mußte. Zur Beseitigung der Schäden lief es mit eigener Kraft nach Rendsburg. Die Reparaturkosten betrugen ca. 50 000 DM.

1982

Fast genau ein Jahr später mußte das Feuerschiff wieder eine Kollision über sich ergehen lassen. Das in Haren/Ems beheimatete MS **Thekla Wessels** (DCHJ), 999 BRT/606 NRT, befand sich auf der

Fahrt nach Sölvesborg in Schweden. Am 4. Oktober um 4.35 Uhr morgens rammte es das Feuerschiff an der Steuerbordseite des Vorschiffes. Dessen Schäden waren jedoch so gering, daß es auf der Station verbleiben konnte. Über die Beschädigungen der *Thekla Wessels* ist nichts bekannt. Das Schiff wurde 1981 in Nordenham bei der M.A.N. Aktien-Gesellschaft Gutehoffnungshütte gebaut und war Eigentum der Wessels-Bereederungs-Gesellschaft m.b.H. „Thekla Wessels" in Haren/Ems.

Der über 5000 BRT große griechische Autotransporter **Lucky Rider** lief im November mit 37 Mann Besatzung, in Ballast nach Lübeck, um hier Autos zu laden. Ein plötzlich in der Lübecker Bucht ausbrechendes Feuer an Bord ließ die gesamte elektrische Energieversorgung ausfallen und auf den SOS-Ruf des Griechen hin eilte auch der SRK *Hamburg* zur Unfallstelle. Er fand den Havaristen unter einer großen Rauchwolke mit starker Hitzeentwicklung einige sm südöstlich von Fehmarn vor Anker liegen. Mit der vollen Kraft einer Seitenmaschine pumpte der Rettungskreuzer Löschwasser und Schaum in die Luken und konnte den Brand etwas eindämmen. Als zwei Schlepper aus Lübeck eintrafen, mußte erst die Ankerkette durchgebrannt werden, da das Schiff keinen Strom für die elektrischen Winden hatte. Anschließend begleitete die *Hamburg* fortwährend löschend den Schleppzug bis nach Travemünde, wo das Feuer von der Lübecker Berufsfeuerwehr endgültig gelöscht wurde.

1983–1984

Am 31. März 1984 wurde die *Fehmarnbelt* als letztes deutsches Feuerschiff in der Ostsee mit einer kurzen Feier an Bord verabschiedet und verließ danach seine Position für immer. An seine Stelle trat eine verankerte unbemannte 12 m hohe Großtonne. Der Grund für diese Umstellung hieß Einsparung, denn die Unterhaltung eines Feuerschiffes mit zwei Mannschaften (zur Ablösung) betrug pro Jahr 1,3 Mill. DM, während der Betrieb der Großtonne nur ca. 300 000 DM kosten sollte. Allerdings brachte das Einziehen des Feuerschiffes auch erhebliche Nachteile mit sich. Unter anderem fiel die direkte Beobachtung des Seeraumes und des Wetters fort, wie es schon bei der Automatisierung der Leuchttürme der Fall war. Es gab auch kein Feuerschiff-Rettungsboot mehr, das Schiffbrüchigen Hilfe bringen konnte. Für deren Aufnahme ist in der Großtonne eine kleine heizbare Notunterkunft einschließlich Proviant vorhanden. Andererseits entfiel aber die dauernde Gefahr, daß das Feuerschiff von passierenden Schiffen gerammt wurde. Allein das letzte Fehmarnbelt-Feuerschiff hatte in den 19 Jahren auf seiner Station 12 Zusammenstöße erlebt. Für den starken Schiffsverkehr in dem engen Seeraum zwischen Fehmarn und Dänemark spricht eine Zahl von 1963. In diesem Jahr wurden vom Feuerschiff aus ca. 80 000 Schiffe gezählt, die den Fehmarnbelt passierten. – Inzwischen fand die außer Dienst gestellte *Fehmarnbelt* einen Liegeplatz im Lübecker Holstenhafen, wo sie als schwimmendes Museum an die lange Tradition der Ostseefeuerschiffe erinnert.

1985

Die ersten beiden Monate dieses Jahres brachten strengen Frost und starke Eisbildung mit sich und behinderten vor allem die Fischerei. Nur mit Eisschutz versehene Fischkutter wagten es trotzdem, zum Dorschfang den eisfreien Teil der mittleren Ostsee aufzusuchen. Der in Maasholm beheimatete 21-m-Kutter **Rosengarten,** Fischerei-Nr. SM. 4 (ein 1943 gebauter ehemaliger KFK), gehörte dem Fischer Horst Panten aus Kappeln. Am letzten Februarwochenende lief er mit Ostkurs durch den Fehmarnbelt, um bei Bornholm zu fischen. Von entgegenkommenden großen Treibeisfeldern ließ man sich nicht aufhalten und umging sie nach Möglichkeit. Ganz plötzlich sackte der Kutter mit dem Bug weg und begann zu sinken. Ein Notruf über Sprechfunk erreichte den SRK *John T. Essberger,* der an diesem Tag zufällig auf seiner Seeposition vor Puttgarden lag. Er erreichte deshalb sehr schnell den Kutter und konnte mit seinen starken Fremdlenzpumpen dessen Sinken verhindern. Mit langsamer Fahrt wurde der Havarist nach Heiligenhafen geschleppt und auf der Werft von Sakuth sofort aufgeslipt. An der Form des Lecks war zu sehen, daß es nicht vom Eis stammte, sondern durch einen treibenden Bundgarnpfahl verursacht wurde, mit dem der Kutter kollidierte. Diese bis zu 12 m langen schweren Hartholzpfähle werden reihenweise vor der Küste in den Grund gerammt und dienen zur Befestigung der großen

Bundgarne, hauptsächlich für den Aalfang im Spätherbst. Nach dem Aufnehmen des Netzzeuges bleiben sie in der See stehen. Dabei brechen sie in strengen Wintern oft durch das Eis um oder werden von diesem aus dem Grund gehoben. In der See treibend und kaum zu sehen, können sie zu einer ernsten Gefahr für kleinere Schiffe werden.

Helsinki war Heimathafen des finnischen MS **Anga,** 500 BRT/267 NRT. Unter Kapitän Högbeck hatte es in Burgstaaken 1481 t Gerste für Stettin geladen und verließ am 22. Mai nachmittags den Hafen. Dabei lief es noch innerhalb der Molen auf Grund und alle Versuche freizukommen, blieben erfolglos. Der Wasserstand war an diesem Tag um 0,40 m gefallen und lag mit 4,40 m um 20 cm niedriger als der Tiefgang der *Anga*, der 4,60 m betrug. Unter diesen Voraussetzungen schaffte es selbst der starke SRK *John T. Essberger* nicht, das Schiff abzuschleppen. Es kam am nächsten Morgen gegen 7 Uhr allein wieder frei, da der Wasserstand in der Nacht gestiegen war, und konnte seine Reise nach Stettin antreten.

1986

Wie im vergangenen Jahr waren auch die ersten drei Monate 1986 an der Ostsee sehr kalt und ließen deren westlichen Teil fast zufrieren. Die Fischerei lag vollständig still und auch die Handelsschiffahrt wurde stark behindert. So wie in früheren sehr strengen Wintern die Feuerschiffe durch das Eis von ihrer Station abtrieben, hielt auch die neue Großtonne im Fehmarnbelt dem Treibeis nicht stand. Durch dieses wurde sie mit ihrer Verankerung von der Position geschoben. Beim Versuch des SRK *John T. Essberger*, die Tonne wieder an ihren Platz zu schleppen, beschädigte er sich im Eis die Schrauben und war danach vorübergehend nur bedingt einsatzfähig.

Am 1. Juni 1986 wurde das seit 1974 im Rettungs-

1985 – Das finnische Motorschiff »Anga« am 22. 5. 1985 innerhalb der Molen von Burgstaaken auf Grund. Abschleppversuche des Seenotrettungskreuzers »John T. Essberger« hatten keinen Erfolg.

schuppen auf Burgtiefe liegende Strandmotorrettungsboot *Bruntje* dort abgezogen und in den Fährhafen von Puttgarden verlegt. Damit war Puttgarden nach ca. 40 Jahren wieder Rettungsstation der DGzRS in Bremen. Die Mannschaft für das 7 m lange und mit einem 45-PS-Motor ausgerüstete Boot stellten Angehörige des Wasserschutzpolizeikommandos aus Puttgarden. In diesem Zusammenhang wurde Mitte Juni die bisher östlich vom Puttgarden-Riff liegende Festmachertonne des SRK *John T. Essberger* auf eine Position in der Orther Bucht verlegt.

In Burgstaaken war der Angelkutter **Störtebecker I,** (DJSX), 72 BRT/29 NRT, zu Hause. Er wurde 1951 in der DDR, und zwar im vorpommerschen Ribnitz-Damgarten, als Fischkutter erbaut und später nach Büsum verkauft. Dort baute man ihn zum Angelkutter für Sportfischerzwecke um. 1972 erwarb Rudi Neumann aus Burgstaaken das für 50 Personen zugelassene Fahrzeug, mit dem er Sportangler fuhr, aber auch sogenannte „Butterfahrten" machte. Nach Beendigung der Saison 1986 wollte Rudi Neumann zusammen mit seinem Sohn den Kutter am 13. Oktober nach Dänemark bringen. In einer Svendborger Werft sollte die Ruderanlage erneuert werden. Auf der Fahrt durch den Großen Belt fiel plötzlich der Motor aus, verursacht durch

1986 – Angelkutter »Störtebecker I«, sinkend am 13. 10. 1986 im Großen Belt. Im Vordergrund links ein zu Hilfe eilendes dänisches Marinefahrzeug.

1986 – Angelkutter »Störtebecker I« nach erfolgreicher Bergung im Tau des Hebeschiffes »Baer« am 8. 11. 1986 auf dem Weg nach Kiel.

Wassereinbruch im Maschinenraum. Da keine Pumpe mehr lief und man das Leck nicht fand, begann der Kutter langsam zu sinken, und Neumann rief über UKW um Hilfe. Daraufhin erschienen ein Rettungshubschrauber und ein dänisches Marinefahrzeug. Letzteres konnte trotz Einsatz seiner Pumpen nicht verhindern, daß der Kutter 2 sm östlich der Nordspitze von Langeland sank. Rudi Neumann und sein Sohn Martin wurden von den Dänen an Bord genommen. Gleichzeitig passierte das dänische MS *Kyru* aus Vejle die Unglücksstelle und dessen Kapitän Henning fotografierte den mit dem Achterschiff zuerst wegsackenden Angelkutter. – Am 7. 11. 1986 wurde der mit 400 000 DM versicherte Kutter von dem Hebeschiff *Bär* der Hamburger Bergungsfirma Harms gehoben und nach Kiel-Friedrichsort geschleppt. Zufällig lief auch Kapitän Henning mit seinem MS *Kyru* am 8. 11. 1986 ebenfalls durch den Großen Belt und begegnete dabei dem Schleppzug mit dem Hebeschiff, das den gehobenen Kutter im Tau hatte. Wieder konnte Kapitän Henning ein Foto machen. – Auf der Werft von Rathjen in Kiel stellte man fest, daß der hölzerne Kutterrumpf sowie die Aufbauten beim Heben durch die schweren Stahltrossen zusätzliche starke Schäden erlitten hatten. Man sah deshalb von einer teuren Reparatur ab und entschied sich für Abwracken. – In der Seeamtsverhandlung vom 13. 2. 1987 wurde dann festgestellt, daß das Seeventil des Kutters nicht in Ordnung und damit Ursache des Wassereinbruchs war. Auch die Warnanlage für „Wasser im Schiff" hatte an diesem Tag nicht funktioniert.

1987

Nachdem zum dritten Mal hintereinander ein strenger Winter mit viel Eis die Schiffahrt behindert und die Fischerei zum Erliegen gebracht hatte, besserte sich Ende Januar 1987 die Eislage in der westlichen Ostsee vorübergehend. Trotz der immer noch bestehenden Gefahr durch starke Treibeisfelder liefen zahlreiche Fischkutter zum Dorschfang in die eisfreiere mittlere Ostsee aus. Darunter befand sich auch der in Heikendorf beheimatete 14,5-m-Kutter **Nordmeer**, Fischerei-Nr. HEI. 17, der 1943 aus Holz gebaut worden war und dem Fischer Gerhard Luick aus Heikendorf gehörte. Der Kutter passierte am 28. Januar abends den mit Treibeis bedeckten Fehmarnbelt. Plötzlich bemerkten die zwei an Bord befindlichen Fischer starken Wassereinbruch im Vorschiff, den sie mit eigenen Mitteln nicht bewältigen konnten. Da der Kutter zu sinken begann, liefen sie auf die nahe dänische Küste zu, um ihn dort auf Grund zu setzen. Gleichzeitig riefen sie über ihr Sprechfunkgerät um Hilfe. Ehe sie jedoch den rettenden Strand erreichten, sank der Kutter gegen 20 Uhr abends ca. 6 sm westlich von Rödby auf 5–6 m Wassertiefe dicht vor der Küste, so daß nur noch die Masten herausragten. Daran klammerten sich die beiden Fischer fest. Auf die Notrufe hin eilten das deutsche Bundesbahnfährschiff *Theodor Heuss*, die dänische Fähre *Dronning Margarethe* und der SRK *John T. Essberger* herbei und suchten nach dem Kutter. Dabei wurden sie von dänischen SAR-Hubschraubern unterstützt. Das dänische Fährschiff fand das Wrack als erstes und setzte ein Rettungsboot aus. Der Kuttereigner Luick wurde total erstarrt, aber noch lebend geborgen und in ein dänisches Krankenhaus gebracht. Für den zweiten Fischer, Horst Henke, kam die Hilfe zu spät, er starb an Unterkühlung. – Ursache des Sinkens waren scharfe Eisschollen, die den Bug des Kutters zerschnitten hatten.

Mit dem Abschluß des Manuskriptes im Juni 1987 enden die Berichte über Schiffsunglücke rund um Fehmarn. Solange aber Menschen zur See fahren, wird es auch in Zukunft immer wieder zu Unfällen kommen. – Die Autoren sind sich darüber klar, daß es bei einem so vielseitigen Thema trotz intensiver Nachforschungen auch Ereignisse gegeben hat, die nicht in den ihnen zugänglichen Archiven aufgezeichnet waren oder über die ein Leser vielleicht mehr weiß. Beide Verfasser wären deshalb allen dankbar, die mit Ergänzungen zur Vervollständigung dieser Seeunfall- und Heimatchronik beitragen können.

Register der zwischen 1857 und 1987 verunglückten und erwähnten Schiffe

Name	Typ	Heimathafen bzw. Nationalität	Unfalljahr
Adele	Motor-Galeasse	DK	1947
Adler	Dampfer	Flensburg	1904
Adlergrund	Feuerschiff	auf Kriegsposition	1945
Aenne Jacobs	MS	Brake	1960
Aina	Dreimastschoner	RU	1907
Ala	Motor-Galeasse	S	1923
Albinus	Fischkutter	Cuxhaven	1948
Alcides	Schoner	S	1880
Alfred	Dampfer	Königsberg	1890
Allegro	MS	Oberndorf/Oste	1972
Alpha	Dampfer	Lübeck	1889
Alster	Schlepper	Hamburg	1916
Altefähr	Galeasse	Stralsund	1884
Alwine Seyd	Dampfer	Vegesack	1886
Amasia	Schoner	RU	1887
Amazone	Schoner	Barth i. Pom.	1864
Amazone	Schoner	Hamburg	1923
Amisia	Dampfer	Emden	1906
Anga	MS	FI	1985
Anna	Schaluppe	RU	1868
Anna	Galiote	Rendsburg	1870
Anna	Brigg	S	1878
Anna	Schoner	Stolpmünde	1887
Anna	Jacht	Arnis	1902
Anna	Schoner	S	1903
Anna	Galeasse	Laboe	1910
Anna	Schoner	Barth i. Pom.	1911
Anna	Besanewer	Hamburg	1921
Anna	Motor-Segler	Kiel	1923
Anna	Tjalk	Stralsund	1925
Anne Adele	Ewer	Osten a. d. Oste	1906
Anna Catharina	Schoner	DK	1874
Anna Catharina	Fischereifahrzeug	Kiel	1894
Anna Elisabeth	Schoner	RU	1897
Anna Krell	Bark	Wismar	1869
Anna Luise	Besanewer	Harburg	1920
Anna Margarethe	Kuff	Heiligenhafen	1890
Anna Marie	Schoner	Preußen	1860
Anne	Schoner	DK	1902
Anne Marie	Schoner	DK	1894
Anne Marie	Jacht	Apenrade	1907
Annemarie	Fischkutter	Kappeln	1949
Anni	Tjalk	Barth i. Pom.	1907

Name	Typ	Heimathafen bzw. Nationalität	Unfalljahr
Anni	Logger	Hamburg	1938
Apollo	Jacht	unbekannt	1900
Arbutus	Dampfer	NO	1904
Ardle	Dampfer	GB	1904
Argo	Segler	S	1874
Argo	M.-Galeasse	DK	1956
Argo	MS	NL	1962
Armathia	Dampfer	GR	1964
Arnold	Galiote	Rhaudermoor	1896
Arnold Ruge	Schaluppe	Barth i. Pom.	1889
Arthur Pelham	M.-Galeasse	S	1925
Ascania	Dampfer	Hamburg	1911
Ashold	Dampfer	RU	1960
Atlas	Dampfer	S	1892
Atmah	Luxusdampfjacht	F	1904
August Paulsen	Fischkutter	Orth a. F.	1947
Auguste Lau	Galeasse	Rostock	1896
Auguste Sophie	Brigg	Rostock	1888
Aurora	Galeaßewer	Haseldorf/Holst.	1896
Aveta	Jacht	Burgstaaken	1873
Avika	Schoner	S	1863
Balder	Schoner	S	1870
Balteako	Dampfer	GB	1946
Baltraffic	Dampfer	GB	1936
Barbara	Fischdampfer	PL	1937
Berlin	Bark	Danzig	1875
Bernd	MS	Hamburg	1960
Bernhardine	Tjalk	Leer	1886
Bertha	Schaluppe	Stettin	1874
Bertha	Motorsegler	Stettin	1920
Bien	Bergungsdampfer	DK	1937
Biene	Kuff	Stralsund	1864
Biene	Dampfer	Bremen	1892
Birte	Motorsegler	DK	1938
Blandina	Galiote	Dellstedt/Holst.	1907
Bleibtreu	Fischkutter	Heiligenhafen	1960
Bodil	Fischkutter	DK	1943
Bogota	Turbinenfrachter	PA	1964
Bolkoburg	MS (U-Boot-Zielsch.)	Kriegseinsatz	1945
Borgsten	Dampfer	NO	1941
Bornhofen	Arbeitsschiff	Kiel	1960
Bremen	Bagger	?	1916
Breezand	MS	NL	1936
Bruno	MS	Brunsbüttelkoog	1965
Bürgermeister Lafrenz	Dampfer	Burg a. F.	1948

Name	Typ	Heimathafen bzw. Nationalität	Unfalljahr
Burg „*VS 54*“	Fischerei-MS	Bremen (Kriegseinsatz)	1944
C. A. Beug	Schoner	Stralsund	1887
Cäcilie	Tjalk	St. Margarethen	1919
Cäcilie	Jacht	Hamburg	1928
Carl	Jachtgaleasse	Rostock	1892
Caroline	Jacht	Burg a. F.	1884
Caroline	Jacht	Burg a. F.	1886
Caroline	Brigg	DK	1905
Castlegate	Dampfer	GB	1893
Catharina	Galiote	Rendsburg	1881
Catharina	Kuff	Rendsburg	1885
Catharina	Galiote	Delve/Holst.	1885
Catharina	Kuff	Emden	1887
Catharina	Galeasse	Elmshorn	1892
Catharina	Galeasse	Apenrade	1909
Catharina Amalia	Jacht	Heiligenhafen	1898
Catharina Amalia	Jacht	Heiligenhafen	1900
Catharina Margaretha	Jacht	Heiligenhafen	1882
Catharina Marie	Jacht	DK	1893
C. F. Ivers	Bark	S	1906
Charterhague	Dampfer	FI	1937
Christel	MS	Haren/Ems	1959
Christiane Schulte	Dampfer	Hamburg	1957
Christina	Galiote	Breiholz/Oste	1896
Christine	Schoner	DK	1889
Christine Marie	Jacht	NO	1871
Cito	Ewer	Hohn b. Rendsburg	1874
Cito	Bark	NO	1890
Clara und Meta	Schoner	deutsch	1868
Claus	Kufftjalk	Neufeld/Dithm.	1913
Cormoran II	MS	Hamburg	1961
Dagmar	M.-Schoner	Flensburg	1925
Dagny	Schoner	S	1906
Danzig	Fischkutter	Heiligenhafen	1971
De Fire Brødre	Jacht	DK	1862
Delphin	Ewerkahn	Westrhauderfehn	1901
Delphin IV	MS	Hamburg	1936
Der Deutsche	Passagierdampfer	Bremerhaven	1945
De 8 Sødskende	Jacht	DK	1903
Deutschland	Panzerschiff	Kaiserliche Marine	1894
Deutschland	Fährschiff	Dt. Bundesbahn	1957
Dora	Galeasse	Ekensund	1907
Dora	MS	Burgstaaken	1961
Dora Hagen	Jacht	Flensburg	1864

Name	Typ	Heimathafen bzw. Nationalität	Unfalljahr
Dorathea	Besanewer	Ütersen	1902
Doriana	M.-Galeasse	DK	1944
Doris	Jacht	DK	1866
Dorothea	M.-Segler	Hamburg	1928
Dorothea	Galeasse	Hamburg	1930
Dorothea Siemering	MS	Hamburg	1960
Drammens Paket	Schaluppe	NO	1863
Drei Gebrüder	Schoner	Barth i. Pom.	1887
Dresden	Logger	Hamburg	1921
D. Siedler	Dampfer	Danzig	1899
Dsimtene	Schoner	RU	1901
Duhnen	Segelschulschiff	Kiel	1937
Dwarssee	Dampfer	Bremerhaven	1945
Dwina	Dampfer	GB	1891
Edinburgh	Dampfer	GB	1894
Edith	M.-Segler	Berlin	1928
Eiche	Kuff	Alsen	1912
Eider	Spezialschiff	Kiel	1969
Einigkeit	Schoner	Preußen	1881
Einigkeit	Schoner	Greifswald	1881
Einigkeit	Dampfer	Danzig	1945
Elbe	Ewer	Altona	1860
Elbing I	Dampfer	Elbing	1919
Elise Dyreborg	Schoner	DK	1884
Else	Barkasse	Kiel	1921
Elvira	Schoner	DK	1889
Emanuel	Galeasse	DK	1896
Emerentia	Schoncr	S	1897
Emil	Tanker	dt. Luftwaffe	1945
Emma Hammar	Dampfer	S	1908
Emma Johanna	Schoner	Ütersen	1939
Emmanuel	Tjalk	NL	1900
Emmelie	Tjalk	S	1872
Energie	Dampfer	Köln	1935
Enigheden	Jacht	DK	1890
Enosis	Dampfer	GB	1912
Erato	M.-Schoner	Flensburg	1924
Erfurt	MS	Bremen	1944
Erna Gaulke	MS	Hamburg	1945
Ernst	Galeasse	Stralsund	1880
Esther	M.-Tjalk	DK	1946
Estland	Dreimastschoner	RU	1897
Ettje	Tjalk	Westrhauderfehn	1887
Evy	Fischkutter	DK	1956
Express	Dampfer	Flensburg	1907

Name	Typ	Heimathafen bzw. Nationalität	Unfalljahr
Fairfield	Schoner	GB	1897
Fairplay X	Schlepper	Hamburg	1937
Faraday	Dampfer	GB	1889
Fehmarn	Dampfer	Burg a. F.	1921
Fehmarn	Eisenbahnfährschiff	Fehmarnsund	1938
Fehmarn	Eisenbahnfährschiff	Fehmarnsund	1948
Fehmarnbelt (1)	Feuerschiff	Kiel	1903
Fehmarnbelt (2)	Feuerschiff	Kiel	1962
Fehmarnbelt (3)	Feuerschiff	Lübeck	1981
Fehmarnsund	Eisenbahnfährschiff	Fehmarnsund	1921
Fenna	Kuff	Iheringsfehn	1884
Feronia	Dampfer	Bremen	1936
Fiducia	Dampfer	Flensburg	1897
Finse	Dampfer	NO	1911
Fled	Bark	NO	1876
Flid	Galeasse	S	1929
Flintshire	Dampfer	GB	1904
Fördernestlandet	Schoner	S	1869
Franz	Schoner	Stettin	1875
Frauke Catharina	MS	Rendsburg	1969
Frederik	Dampfer	DK	1911
Freiheit	MS	Brake	1966
Fremad	M.-Schoner	DK	1924
Frieda	Galiote	Hamburg	1908
Frieda Peters	MS	Hamburg	1939
Frigg	Dampfer	S	1944
Fritjof	Lustjacht	unbekannt	1923
Garibaldi	Schoner	Stettin	1877
Geheimrat Löffler	MS	Stralsund	1945
Georg	Tjalk	Hamburg	1925
Gerd Wiskow	MS	Brake	1971
Gerhard Heinrich	Schoner	deutsch	1867
Germania	Schnigge	Pahlhude/Rendsburg	1893
Gesine	Besanewer	Bassenfleth	1887
G. G. 8	Bagger	Düsseldorf	1908
G. G. 15	Baggerschute	Kiel	1903
Gloria	Besanewer	Breitenwisch	1894
Glückauf	Dampfer	Rendsburg	1937
Glückauf	MS	Haren/Ems	1960
Gobelas	Dampfer	SP	1910
Grana	Dampfer	NO	1928
Graudenz	Flußdampfer	Danzig	1945
Greta	Bark	S	1910
Gunlög	Dampfer	S	1923
Gustav Salling	Dampfer	Flensburg	1920

Name	Typ	Heimathafen bzw. Nationalität	Unfalljahr
Gustav Wilhelm	Schoner	Wismar	1878
Haabet	Galeasse	DK	1900
Haabet	M.-Jacht	DK	1954
Hammonia	Dampfer	Hamburg	1920
Hannover	MS	Hamburg	1948
Hans	Jachtgaleasse	Burg a. F.	1891
Hans Peter	Tjalk	Krautsand/Elbe	1931
Harald Ottens	MS	Cuxhaven	1960
Hedwig Henning	MS	Hamburg	1963
Hedwigshütte	Dampfer	Hamburg	1945
Heimwärts	Fischkutter	Heiligenhafen	1969
Heinrich	Jacht	Burg a. F.	1892
Heinrich	Jacht	Burg a. F.	1892
Heinrich	Leichter	Stettin	1923
Heinrich	Steinfischer	Heiligenhafen	1933
Heinrich Hupfeld	Saugbagger	Hamburg	1967
Heinrich Moll	Brigg	S	1903
H. G. Kiehn	Schlepper	Hamburg	1904
Helene	Dampfer	Kiel	1891
Helene	Galiote	Arnis	1928
Helene	M.-Segler	DK	1931
Helene	MS	Kiel	1933
Helene	Galeasse	Burg a. F.	1943
Helga	M.-Jacht	DK	1914
Helga Schröder	Dampfer	Rostock	1945
Helgoland	Fischdampfer	Wesermünde	1939
Henriette	Galeasse	S	1888
Herbert Horn	Dampfer	Schleswig	1919
Hercules	Galeasse	Barth i. Pom.	1874
Herman	Schoner	S	1892
Hermann Litmeyer	MS	Haren/Ems	1939
Hermann und Maria	Dreimastschoner	Wolgast	1896
Hernösand	Dampfer	Hamburg	1902
Hesyrus	Schoner	DK	1868
Hika	M.-Schoner	DK	1957
Hinnerika	Kuff	Warsingfehn	1889
Hinrich Wilhelm	Schoner	Hamburg	1911
Hiram	Schoner	S	1887
Hoffnung	Schoner	Hamburg	1905
Holstein	MS	Hamburg	1955
Hugo Zeye	Torpedoschulschiff	dt. Kriegsmarine	1945
Ida Clausen	MS	DK	1965
Ilse Clausen	MS	DK	1971
Industrie	Brigg	NO	1872

Name	Typ	Heimathafen bzw. Nationalität	Unfalljahr
Ingeborg	Schoner	DK	1898
Ingeborg	Dreimastschoner	S	1908
Ingeborg	M.-Tanker	NL	1937
Ingeborg	Dreimastschoner	Hamburg	1937
Ingrid	MS	unbekannt	1955
Ingrid Leonhardt	MS	Hamburg	1945
Ino	Bark	S	1901
Irene	Jacht	S	1898
Irene	MS	Hamburg	1975
Iris Clausen	MS	Flensburg	1968
Irmgard	MS	Hamburg	1960
Irmtraut Cords	Dampfer	Rostock	1945
Jade	Dampfer	Hamburg	1945
Jaffa	Dampfer	GB	1909
Janna	M.-Tjalk	NL	1929
Jantje Martens	Segler	NL	1864
Jaspis	MS	dt. Kriegsbeute	1945
Jato	MS	NL	1958
Jenny Porr	MS	Hamburg	1955
Johann	Schoner	Stettin	1879
Johanna	Jacht	Burg a. F.	1889
Johanna	Galeasse	Wismar	1901
Johanna	Galiote	Hamburg	1904
Johanna Maria	Mutte	Westrhauderfehn	1900
Johannes	Besanewer	Cranz/Elbe	1886
Johannes	Besanewer	Estebrügge	1889
Johannes	Ewer	Ütersen	1905
Johanne Theodora	Schoner	DK	1880
John	Bark	S	1909
Jos Maria	MS	NL	1938
Juliane	Jachtschoner	DK	1896
Juno	Schoner	S	1889
Jutta	MS	Hamburg	1948
Käte	Kuff	NL	1912
Kalypso Vergotti	Dampfer	GR	1925
Karen	M.-Tjalk	DK	1940
Karl	Schaluppe	Barth i. Pom.	1892
Karl Johann	Segler	S	1868
Karl Olof	Schoner	S	1900
Karlshamn	Schoner	S	1885
Katharina	MS	Elsfleth	1955
Kehrwieder	Fischkutter	Orth a. F.	1934
King	Dampfer	GB	1911
Klara	M.-Galeasse	DK	1928

Name	Typ	Heimathafen bzw. Nationalität	Unfalljahr
Klaus Günther	Fischkutter	Möltenort	1951
Klaus Groth	Fördedampfer	Kiel (Kriegseinsatz)	1944
Klippan	Dampfer	S	1911
Knurrhahn	Fischkutter	Kiel	1957
Komet	Ewer	Hamburg	1912
Kongen Oscar	Dampfer	NO	1876
Koophandel	Tjalk	NL	1868
Kopalina Kleofas	Frachter	PL	1969
Larsens Plads	Galeasse	S	1913
Larsens Plads	Galeasse	S	1925
Laura	Jacht	DK	1892
Lehnskov	M.-Schoner	DK	1944
Lidingö	Dampfer	S	1942
Lina	Kuff	Westrhauderfehn	1874
Lina	Schoner	S	1905
Lisa D.	MS	Hamburg	1966
Loch Linnhe	Vollschiff	RU	1900
Loire	Dampfer	F	1909
Luba	Dampfer	Lübeck	1907
Lucinde	Ewer	Hamburg	1909
Lucky Rider	Autotransporter	GR	1982
Lübeck	Dampfer	Lübeck	1870
Lust	Sportjacht	Kiel	1927
M-515	Minensuchboot	dt. Kriegsmarine	1944
Magdalena	Jacht	S	1866
Margaretha	Ewer	Hamburg	1878
Margaretha	Tjalk	Westrhauderfehn	1887
Margaretha	M.-Galeasse	Hamburg	1927
Margarethe	Kuff	Seester/Holst.	1889
Margarethe	Schoner	Bremen	1919
Margaretha Catharina	Jacht	Hohwacht	1866
Maria	Galeasse	Lemkenhafen a. F.	1908
Maria II	Dreimastschoner	Stralsund	1936
Maria Goine	Kuff	Emden	1883
Maria Goine	Kuff	Burgstaaken	1888
Maria Louise	Tjalk	Breiholz/Oste	1897
Marianne	Schoner	Preußen	1859
Marie	Schaluppe	Stettin	1873
Marie	Schoner	S	1874
Marie	Schoner	RU	1875
Marie	Galiote	Rendsburg	1895
Marie	Besanewer	Warstade b. Osten	1900
Marie	Schoner	Hamburg	1905
Marie	Jachtgaleasse	Hamburg	1907

Name	Typ	Heimathafen bzw. Nationalität	Unfalljahr
Marie	Schoner	DK	1911
Marie	Schaluppe	Barth i. Pom.	1912
Marie Clausen	Dampfer	DK	1937
Marie F. Cummins	Viermastschoner	USA	1920
Marion Traber	Dampfer	Hamburg	1936
Marna	M.-Segler	DK	1931
Martha	Galeaßewer	Stolpmünde	1877
Martha	M.-Ewer	Neuenfelde/Elsfleth	1940
Martha Luise	M.-Segler	Geversdorf/Holst.	1936
Martin	Fischkutter	Heikendorf	1962
Mary	Tjalk	DK	1938
Mary Lass	M.-Schoner	DK	1944
Massaliotes	Dampfer	GR	1931
Mathilde	Slup	Rügen	1857
Mathilde	Schoner	Hamburg	1904
Max Fischer	Dampfer	Rostock	1917
Meteor	Schoner	Hamburg	1905
Meteor	Schoner	Lübeck	1920
Minde	MS	DK	1972
Minna	Ewer	Rosenberg/Ostpr.	1927
Minna II	Kufftjalk	Hamburg	1928
Mira	Dampfer	FI	1955
Moca	Brigg	GB	1876
Moder	Galeasse	DK	1905
Möjenhörn	MS	Hamburg	1960
Möwe II	Sportjacht	unbekannt	1923
Montan	MS	Hamburg	1935
Musketier	MS	dt. Kriegsbeute	1945
Narwal	MS	NL	1962
Nathalia	MS	DK	1939
Nedi	Dampfer	Libanon	1966
Neptun	Fischkutter	Burgstaaken	1950
Nicolina	Schoner	S	1908
Nikolaus	Schoner	S	1873
Niobe	Segelschulschiff	dt. Reichsmarine	1932
Norden	Schaluppe	NO	1869
Norden	Schoner	S	1881
Nordfahrt	Dampfer	Hamburg	1945
Nordfarer	Dampfer	DK	1910
Nordkap	Dampfer	Danzig	1939
Nordkap	Dampfer	Danzig	1945
Nordmeer	Fischkutter	Eckernförde	1953
Nordmeer	Fischkutter	Heikendorf	1987
Nordsee	Tender	dt. Reichsmarine	1927
Nordstern	Tjalk	NL	1931

Name	Typ	Heimathafen bzw. Nationalität	Unfalljahr
Norma	Dampfer	Flensburg	1885
Norma	Schonerbrigg	RU	1894
Oder	Schlepper	Kiel	1916
Olga	Schoner	S	1896
Olga	Dreimastschoner	S	1902
Olga	Dampfer	Hamburg	1912
Olga	Schlepper	Hamburg	1937
Onnen Toivo	Schoner	RU	1876
Oostermoer	Tjalk	NL	1907
Orion	Schoner	S	1868
Ørnen	Versorgungsschiff	DK	1964
Ostland	Bagger	Alliiert. Eigentum	1950
Otto	Dampfer	Kiel	1898
Otto	Dampfer	Kiel	1903
Otto	Dampfer	Kiel	1907
Ottokar	Dampfer	Königsberg	1895
Palme	Jachtgaleasse	Hamburg	1906
Paradies	Besanewer	Elmshorn	1900
Paul	Schaluppe	Anklam i. Pom.	1883
Paul	Schoner	RU	1901
Pauline	Schlepper	DK	1904
Pauline Haubuss	Dampfer	Stettin	1905
Pellworm	Leichter	Husum	1904
Peter	Leichter	Hamburg	1897
Peter	Schoner	Klint/Oste	1911
Peter	Ewer	Hamburg	1919
Petrea	Jacht	Möltenort	1891
Petter	Schoner	S	1914
Pfadfinder	Fischkutter	Travemünde	1929
Phädra	Dampfer	Bremen	1925
Polanica	Frachter	PL	1962
Prahova	Dampfer	Rumänien	1937
Präsident Koch	Dampfer	Kiel	1897
Preciosa	M.-Ewer	Hamburg	1925
Queen	Brigg	GB	1864
Quo Vadis	Luxusjacht	NL	1945
Rapide	Schoner	S	1875
Rechtenfleth	Logger	Brake	1929
Refanaut	Ponton	FI	1981
Rhea	Dampfer	Bremen	1909
Rhea	Dampfer	FI	1955
Rhein	Transportdampfer	dt. Marine	1877

Name	Typ	Heimathafen bzw. Nationalität	Unfalljahr
Ria	MS	Haren/Ems	1934
Robert	Jacht	Pommern	1869
Robert Bluhm	Schoner	Barth i. Pom.	1873
Robertina	Dampfer	MA	1964
Roelfina	Tjalk	NL	1875
Rose	Besanewer	Neuhaus/Oste	1888
Rose Marie	MS	DK	1960
Rosengarten	Fischkutter	Kappeln	1985
Ruhkis	Schoner	RU	1898
Ruth	Dampfer	S	1906
S-18 und S-19	Torpedoboote	dt. Reichsmarine	1926
S-85	Torpedoboot	kaiserl. Marine	1898
Schlei	Dampfer	Hamburg	1904
Schleswig-Holstein	Eisenbahnfährschiff	Fehmarnsund	1955
Schleswig-Holstein	Eisenbahnfährschiff	Fehmarnsund	1957
Schneewittchen	Schoner	Lübeck	1925
Schülp	Schlepper	Lübeck	1904
Schwaben	Linienschiff	kaiserl. Marine	1904
Schwark	Schoner	Barth i. Pom.	1876
Sedan	Dampfer	Kiel	1875
Sigrid	Galeasse	DK	1926
Silke	Jacht	Burg a. F.	1881
Silvana	Dampfer	Hamburg (Kriegseins.)	1915
Sirene	Ewer	Estebrügge	1882
Siri	Dampfer	S	1880
Slemmestad	Dampfer	NO	1903
S. M. Stjärna	Dampfer	S	1955
Sölve	Arbeitsschiff	Kiel	1960
Sophia	Schoner	Stettin	1881
Sophie	Schoner	unbekannt	1865
Stanley	M.-Jacht	DK	1930
Stephan Khalturin	Dampfer	RU	1948
Stockholm	Dampfer	Hamburg	1910
Stockholm	Dampfer	Hamburg	1916
Stör	M.-Galeasse	Hamburg	1933
Stör	M.-Galeasse	Hamburg	1954
Störtebecker I	Angelkutter	Burgstaaken	1986
STR. 17	Fischkutter	Kiel-Strande	1950
Sturmvogel	Schoner	Stralsund	1907
Suomi	Schonerbark	RU	1909
Svan	Schaluppe	S	1901
Swakopmund	Passagierdampfer	Hamburg (Kriegseins.)	1945
Taifun	Tanker	dt. Beuteschiff	1945

Name	Typ	Heimathafen bzw. Nationalität	Unfalljahr
Tammö	Kufftjalk	NL	1899
Tanny	MS	NL	1958
Tento	MS	dt. Beuteschiff	1944
Thea	M.-Tjalk	Hamburg	1934
Thekla Wessels	MS	Haren/Ems	1982
Theodora	Jacht	Orth a. F.	1892
Theodora	Jacht	Orth a. F.	1893
Thine	Galeasse	S	1898
Tiger	Frachter	PA	1969
Titia	Tjalk	NL	1934
Torquay	Dampfer	GB	1900
Toto	MS	DK	1960
Transbalt	Dampfer	RU	1922
Transport	Motorleichter	Hamburg	1922
Tre Brødre	Jacht	DK	1860
Trientje	Kufftjalk	Hamburg	1907
Twe Gebroeders	Tjalk	NL	1858
Ulrich Stever	Jacht	Wismar	1899
Ultimus	Schoner	S	1905
Uno	Schaluppe	S	1881
Uwe Ursula	MS	Hamburg	1951
Väring	Dampfer	S	1948
Valdemar	Schoner	S	1891
Vanadis	Dampfer	S	1915
Vauxhall	Dampfer	GB	1901
Vega	MS (U-Boot-Zielschiff)	dt. Beuteschiff	1945
Vera	Galeasse	DK	1912
Verein	Dampfer	Burg a. F.	1905
Vettern	Schoner	S	1906
Victoria	Galeasse	S	1904
Victoria	Dampfer	Bremen	1935
Viktor	Brigg	S	1895
Vorwärts	Slup	Pommern	1857
Wacht	Aviso	kaiserl. Marine	1894
Wachtschiff 5	ex Feuerschiff ADLERGRUND	(Kriegsposition)	1945
Wagrien	Dampfer	Hamburg	1893
Wagrien	MS	Hamburg	1972
Waterkelpi	Brigg	Rostock	1869
Wehlau	Motorkahn	Königsberg	1945
Welle	Versuchsboot	dt. Kriegsmarine	1937
Wentorf II	Quatze	Kiel?	1877
Werner Kunstmann	Dampfer	Stettin	1937

Name	Typ	Heimathafen bzw. Nationalität	Unfalljahr
West Durfee	Turbinenfrachter	USA	1919
White Sea	Dampfer	GB	1911
Wiegatje Johanna	M.-Segler	NL	1927
Wilhelm	Dampfer	Kiel	1896
Wilhelmina	Kuff	Hooksiel	1863
Wilhelmine	Besanewer	Geversdorf/Holst.	1902
Wilhelmine	Schoner	Hamburg	1912
Wilhelm Russ	Dampfer	Hamburg	1938
Willy	M.-Segler	Haren/Ems	1934
Wilma	MS	Haren/Ems	1961
Wla. 116	Fischkutter	PL	1959
Wm. Th. Malling	Dampfer	DK	1920
Wollin	Fischkutter	Burgstaaken	1963
Ysselmeer	Saugbagger	NL	1979
Ystävä	Brigg	RU	1889
Zelos	Dampfer	S	1905
Zeus	MS	S	1958
Zukunft	M.-Schoner	Hamburg	1940

Erklärung der Nationalitätsabkürzungen:

DK = Dänemark
GB = England
GR = Griechenland
F = Frankreich
FI = Finnland (ab 1918)
MA = Malta
NL = Niederlande
NO = Norwegen
PA = Panama
PL = Polen
RU = Rußland (einschließlich der bis 1918 unter russischer Flagge fahrenden baltischen und finnischen Schiffe)
S = Schweden
SP = Spanien
USA = Vereinigte Staaten von Amerika

Verzeichnis der Bergungsdampfer und Hilfsschiffe sowie aller anderen Schiffsnamen mit dem Jahr, in dem sie zum ersten Mal genannt werden

Name	Typ	Heimathafen bzw. Nationalität	Unfalljahr
Adler	Dampfer	Flensburg	1900
Adlershorst	Dampfer	Danzig	1890
Ägir	Bergungsdampfer	DK	1937
Afrika I	Schlepper	?	1919
Albatros	Fischkutter	Großenbrode	1971
Alexandra	Dampfer	Stettin	1896
Alfred	Segler	unbekannt	1912
Alk	Schlepper	Hamburg	1955
A.M. 1	Steinfischer	Burgstaaken	1943
A.M. 2	Steinfischer	Burgstaaken	1946
A.M. 3	Steinfischer	Burgstaaken	1961
Anklam Packet	Dampfer	Anklam	1887
Arcona	Dampfer	Greifswald	1887
Asgard	Luxusjacht	Hamburg	1960
Atair	Wrackortungsschiff	Hamburg	1945
Atlas	Schlepper	Hamburg	1966
August	Dampfer	Kiel	1884
August Nebelthau	Rettungsboot	Burgstaaken	1946
Ausdauer	Hebeschiff	Hamburg	1960
Aveta	Jacht	Burgstaaken	1863
Bär	Hebeschiff	Hamburg	1986
Berger Wilhelm	Bergungsdampfer	Hamburg	1920
Bravo I	Dampfer	Lübeck	1945
Brefeld	Dampfer	Kiel	1901
Bremer Reeder	Kümo	Bremen	1962
Bremse	Kreuzer	kaiserl. Marine	1908
Brummer	Kreuzer	kaiserl. Marine	1908
Bruntje	Rettungsboot	Puttgarden	1986
Bülk	Schlepper	Kiel	1904
Bürgermeister Lafrenz	Dampfer	Burg a. F.	1931
Bugsier 4	Schlepper	Hamburg	1969
Bugsier 15	Schlepper	Hamburg	1963
Bugsier 17	Schlepper	Hamburg	1963
Bussard	Tonnenleger	Kiel	1921
Cap Arcona	Passagierdampfer	Hamburg	1945
Carl Behnk	Rettungsboot	Burgstaaken	1952
D-4	Torpedoboot	kaiserl. Marine	1898
Dahlström	Bergungsdampfer	Kiel	1889
Danzig	Schlepper	Hamburg	1963
Diomedes	Schlepper	Hamburg	1908
Dronning Margarethe	Fährschiff	DK	1987

Name	Typ	Heimathafen bzw. Nationalität	Unfalljahr
Düsternbrook	Dampfer	Kiel	1912
Edward Waugh	Schonerbrigg	Barth i. Pom.	1889
Else	Fischkutter	Laboe	1934
Energie	Hebeschiff	Hamburg	1960
Fairplay II	Schlepper	Hamburg	1955
Fehmarn (1)	Dampfer	Burg a. F.	1875
Fehmarn (2)	Dampfer	Burg a. F.	1900
Fehmarnbelt (1)	Feuerschiff	Kiel	1902
Fehmarnbelt (2)	Feuerschiff	Kiel	1905
Fehmarnbelt (3)	Feuerschiff	Lübeck	1965
Fehmarnsund	Eisenbahnfährschiff	Fehmarnsund	1905
Frederikshavn	Bergungsdampfer	DK	1906
Fylla	Schleppdampfer	Sonderburg	1886
Geheimrat Sartori	Rettungsboot	Heiligenhafen	1937
Goliath	Schlepper	Kiel	1958
Griep	Hebeschiff	Hamburg	1932
Habicht	Schlepper	Frankfurt/M.	1896
Hamburg	Rettungskreuzer	Burgstaaken	1960
Hansa	Dampfer	Lübeck	1891
Hanseat III	Saugbagger	Travemünde	1969
Helene	Rettungsboot	Puttgarden	1898
Helene	Motorsegler	Burgstaaken	1909
Helsingør	Bergungsdampfer	DK	1887
Henny	Schoner	S	1905
Hercules	Schlepper	Stralsund	1897
Hermann und Marie	Schoner	Preußen	1860
Hermes	Schlepper	Kiel	1957
Hertha	Dampfer	Flensburg	1886
Hertha	Bergungsdampfer	DK	1889
Hiev	Hebeschiff	Hamburg	1932
Hoffnung	Steinfischer	Burgstaaken	1961
Hollmann	Bergungsdampfer	Kiel	1894
Holsatia	Dampfer	Kiel	1890
Hurrah	Dampfer	Kiel	1894
Husum	Seeleichter	Hamburg	1908
Jaguar	Torpedoboot	dtsch. Reichsmarine	1932
Johann	Schlepper	?	1919
Johann Friedrich	Schoner	Barth i. Pom.	1874
Johanna	Dampfer	Hamburg	1903
John T. Essberger	Rettungskreuzer	Burgstaaken	1975
Jylland	MS	DK, dtsch. Beuteschiff	1945
Kanonenboot	Dampfer	Flensburg	1886
Kraft	Bergungsschiff	Hamburg	1932
Kriegslotsendampfer	„A“ im Fehmarnsund	Marineeinsatz	1917
Kriegslotsendampfer	„B“ im Fehmarnsund	Marineeinsatz	1917
Kyru	MS	DK	1986

Name	Typ	Heimathafen bzw. Nationalität	Unfalljahr
Laboe	Bergungsdampfer	Kiel	1909
Laura	Galeasse	Barth i. Pom	1864
Locquirec	Brigg	F	1872
Lühe	Dampfer	Danzig	1945
Luossa	MS	S	1941
Lupus	Schoner	Osternothafen	1869
M-126	Minensuchboot	dtsch. Kriegsmarine	1937
Maasholm	Rettungsboot	Burgstaaken	1949
Marie	Besanewer	unbekannt	1934
Mariechen	Steinfischer	Burgstaaken	1945
Matthäus Möller	Rettungsboot	Burgstaaken	1938
Meta (1)	Dampfer	Kiel	1878
Meta (2)	Dampfer	Kiel	1911
Minister Möller	Fördedampfer	Kiel	1917
Möwe	Schlepper	Hamburg	1898
Molthau	Schlepper	?	1919
Mulli	MS	Kiel	1945
M-371	Minensuchboot	dtsch. Kriegsmarine	1945
Nordsee	Hebeschiff	Hamburg	1898
Odin	Hebeprahm	DK	1937
Ohrt	Dampfschiff	Orth a. F.	1895
Olga	Artillerieschulschiff	kaiserl. Marine	1901
Øresund	Bergungsdampfer	DK	1889
Orkan	Marineschlepper	dtsch. Kriegsmarine	1937
Ostsee	Hebeschiff	Hamburg	1898
Pelikan	Fischkutter	Burgstaaken	1969
Phönix	Fördedampfer	Flensburg	1917
Podbielski	Dampfer	Kiel	1902
Polycarp	Tanker	NO, dtsch. Beuteschiff	1945
Präsident Koch	Dampfer	Kiel	1901
Preußen	Eisbrecher	Kiel	1947
Reiher	Schlepper	Hamburg	1898
Rolf	M.-Verkehrsboot	Fehmarnsund	1931
Ruben	Dampfer	S	1912
Rügen	Bergungsdampfer	Greifswald	1887
Ruth Dieter	MS	Bremen	1969
S–18	Torpedoboot	dtsch. Reichsmarine	1926
S–19	Torpedoboot	dtsch. Reichsmarine	1926
S–84	Torpedoboot	kaiserl. Marine	1898
S–89	Torpedoboot	kaiserl. Marine	1898
S–100	Torpedoboot	kaiserl. Marine	1906
Sachsen	Linienschiff	kaiserl. Marine	1894
Schwalbe	Fischkutter	Burgstaaken	1920
Sedan	Dampfer	Kiel	1872
Seelotse	Dampfer	Cuxhaven	1921
Seeteufel	Schlepper	Bremerhaven	1939

Name	Typ	Heimathafen bzw. Nationalität	Unfalljahr
Skandinavien	Bergungsdampfer	DK	1900
Skirner	Dampfer	Flensburg	1907
Sophia	Dampfer	unbekannt	1899
Sperber	Regierungsdampfer	Kiel	1894
Staberhuk	WSP-Boot	Heiligenhafen	1969
Stein	Bergungsdampfer	Kiel	1904
Stein	Motorschlepper	Kiel	1937
Stör	MS	Hamburg	1946
Stolpmünde	Dampfer	Stolpmünde	1887
Strande	Schlepper	Kiel	1958
Sturmvogel	Fischkutter	Burgstaaken	1920
Sundsvall	Dampfer	Danzig	1945
Svava	Bergungsdampfer	DK	1912
Svanjö	MS	FI	1955
Sygin	Bergungsdampfer	DK	1920
Theodor Heuss	Rettungskreuzer	Laboe	1964
Theodor Heuss	Fährschiff	Puttgarden	1987
Theresia L. M. Russ	Dampfer	Hamburg	1932
Thielbek	Dampfer	Hamburg	1945
Thor	Hebeprahm	DK	1937
Thyland	Dampfer	Lübeck	1936
Titan	Schlepper	Hamburg	1935
Tönning	Seeleichter	Hamburg	1908
Tom	Fischkutter	Orth a. F.	1934
Trave	Schlepper	Lübeck	1889
TS-1	Minensuchboot	dtsch. Kriegsmarine	1945
Uffo	Dampfer	S	1890
Urd	Bergungsdampfer	DK	1937
Verein	Dampfer	Burg a. F.	1898
Vigdis	MS	NO, dtsch. Beuteschiff	1945
Virgo	Dampfer	S	1912
Waltraud	Torpedofangboot	dtsch. Kriegsmarine	1943
Weisser Hirsch	Rettungsboot	Puttgarden	1939
Weser	Rettungsboot	Burgstaaken	1954
Wieck	Schlepper	Kiel	1925
Wille	Bergungsschiff	Hamburg	1932
Wyk	Steinfischer	S	1942
Zubr	Schlepper	RU	1981
Zwei Gebrüder	Ewer	unbekannt	1905

Zeittafel der Rettungsstation Puttgarden der DGzRS in Bremen

7. 6. 1898	Antrag auf Errichtung einer Rettungsstation in Puttgarden.
6. 12. 1898	Ruderrettungsboot *Helene* in Betrieb genommen, erster Vormann: Joachim Andrews.
10. 5. 1900	Fünf Menschen vom gestrandeten schwedischen Schoner *Karl Olof* gerettet.
6. 10. 1900	Einsatz des Rettungsbootes bei dem vor Westermarkelsdorf gestrandeten Vollschiff *Loch Linnhe*.
23. 11. 1904	Dem vor Puttgarden gestrandeten norwegischen Dampfer *Arbutus* Hilfe angeboten.
6. 3. 1911	Beim Abbringen des aufgelaufenen Schoners *Hinrich Wilhelm* geholfen, Vormann Matthäus Möller.
24. 12. 1916	Fünf Menschen von einem vor Staberhuk gestrandeten Schleppzug gerettet, Vormann J. Andrews.
5. 11. 1921	Einsatz bei dem auf dem Puttgarden-Riff gestrandeten Logger *Dresden*, Vormann Möller.
15. 1. 1937	15 Mann von dem gestrandeten Segelschulschiff *Duhnen* gerettet.
20. 1. 1937	Die restliche Besatzung von acht Mann von der *Duhnen* abgeborgen.
5. 5. 1937	Vormann Matthäus Möller gestorben als Folge der Duhnen-Strandung.
1937	Nachfolger von Vormann Möller wird Karl Steiniger aus Puttgarden.
1939	Helene wird von dem größeren Ruderrettungsboot *Weißer Hirsch* aus Heiligenhafen ersetzt.
1945	Rettungsstation Puttgarden außer Betrieb.
ca. 1948	Rettungsschuppen Puttgarden abgebrochen.
1. 6. 1986	Strandmotorrettungsboot *Bruntje* in Fährhafen Puttgarden stationiert, Puttgarden damit wieder Rettungsstation der DGzRS in Bremen.

Kurze Schiffstypenerklärung

Bark:
Segler mit drei Masten. Die beiden vorderen sind voll rahgetakelt, während der letzte Mast Gaffel- und Toppsegel trägt. Auch eine Viermast- oder Fünfmastbark führt am letzten Mast Gaffelsegel.

Barkentine:
Auch Schonerbark oder Dreimastschoner genannt. Der vordere Mast ist rahgetakelt, die anderen beiden tragen Gaffelsegel.

Besanewer:
Siehe auch Ewer. Flachbodiges kleines Fahrzeug, das im Gegensatz zum ursprünglich einmastigen Ewer noch einen Besanmast führt.

Brigantine:
Zweimastiger Segler, dessen vorderer Mast Rahsegel trägt, während der achtere Mast Gaffelsegel führt.

Brigg:
Segler mit Rahtakelung an beiden Masten.

Ewer:
Flachbodiger kleiner Segler mit einem Mast, Gaffelsegel und Seitenschwertern. Seine Heimat ist die Niederelbe.

Ewerkahn:
Wegen seiner Herkunft auch Weserkahn genannt. Von der Bauart ist er dem Ewer ähnlich, jedoch größer als dieser. Besaß später immer zwei Masten, mit unterschiedlicher, aber hauptsächlich Gaffelbesegelung.

Gaffelschoner:
Siehe Schoner.

Galeasse:
Mit großem Sprung und auf Kiel gebauter Segler, der hauptsächlich in der Ostsee zu Hause war. Hatte zwei Masten, von denen der achtere deutlich kürzer als der Großmast war. Neben Gaffelsegel führte er am Großmast auch ein Rahsegel.

Galeaßewer:
Weiterentwicklung des Ewers, aber größer als dieser und wegen seiner hauptsächlichen Verwendung in der Ostsee auch Ostsee-Ewer genannt. Besaß zwei Masten mit unterschiedlicher Besegelung.

Galiote:
Zweimastiger auf Kiel gebauter Segler mit rundem Vor- und Achterschiff. Die Takelage ähnelte der Galeasse.

Hulk:
Abgetakelter alter Schiffsrumpf, der noch zu Lagerzwecken dient.

Jacht:
Scharf auf Kiel gebauter kleiner Frachtsegler mit starkem Deckssprung, der nur einen Pfahlmast mit Gaffelsegel führt. War hauptsächlich an der schleswig-holsteinischen Ostseeküste zu Hause.

Jachtgaleasse:
Vom Typ her wie eine Jacht gebaut, jedoch größer und mit zwei Masten ausgestattet.

Jackasbark:
Bark, die am Großmast neben Rahsegeln als Obersegel unten ein Gaffelsegel trägt. Wurde von alten Fahrensleuten auch Polkabark genannt.

Kuff:
Segler mit breitem Rumpf, rundem Vor- und Achterschiff und zwei Masten. Führte neben Gaffelsegel am Großmast Rahsegel. Ihre Heimat war Holland und Ostfriesland. Zuletzt baute man sie schon auf Kiel, um auf die lästigen Seitenschwerter verzichten zu können.

Kufftjalk:
Zwischenform von Kuff und Tjalk, die trotz Kiel zusätzlich Seitenschwerter besaß.

Leichter:
Schleppkahn ohne eigenen Antrieb.

Logger:
Scharf auf Kiel für die Fischerei gebauter Segler der Nordseeküste mit zwei bis drei Masten, von denen der vordere der niedrigste war. Nach dem Ersten Weltkrieg wurden sie vielfach für Frachtfahrt umgebaut und motorisiert.

Mutte:
Kleiner Segler aus den friesischen Fehnorten mit plattem Boden, einem Mast und Seitenschwertern. Im Gegensatz zu Rundmutten genannten Torfschiffen fuhren die etwas größe-

ren Spitzmutten auch in den Küstengewässern.

Prahm:
Arbeitsfahrzeug ohne eigenen Antrieb. Als Hebeprahm wurde er in der Schiffsbergung verwendet.

Quatze:
An der Ostseeküste beheimateter Schiffstyp für den Transport lebender Fische. In der Mehrzahl waren sie mit einem Pfahlmast ausgerüstet. Es gab auch Galeaßquatzen und sogar Schonerquatzen, die bis nach England fuhren.

Rahschoner:
Schoner, die an einem oder beiden Masten außer Gaffelsegel noch Rahsegel führten.

Schnigge:
Wegen ihrer Herkunft auch Eiderschnigge genannt. Mit flachem Boden und völlig gebaut ähnelten sie der Kuff. Sie besaßen einen bis zwei Masten mit Gaffeltakelung und immer Seitenschwerter.

Schoner:
Ein scharf auf Kiel gebauter Segler mit zwei Masten, der Gaffelsegel führt. Der hintere Mast ist der Großmast, während der vordere fast immer etwas niedrigere der Schonermast ist. Es gab auch Gaffelschoner mit drei, vier oder fünf Masten und in den USA einen Schoner mit sieben Masten.

Schonerbark:
Siehe unter Barkentine.

Schonerbrigg:
Siehe unter Brigantine.

Schute:
Antriebsloser, häufig offener Schleppkahn zur Beförderung von Massengütern, z. B. Baggerschüttgut.

Slup:
Auch Schlup genannt von Schaluppe. Ein hauptsächlich in Pommern beheimateter scharf auf Kiel gebauter kleiner Segler mit einem Mast und sehr großem Gaffelsegel.

Tjalk:
Küstensegler aus Friesland und Holland mit flachem Boden, rundem Bug und einem Mast sowie zwei Seitenschwertern.

Vollschiff:
Segler mit drei Masten, die alle „vollgetakelt“ sind, also Rahsegel tragen. Das gleiche gilt für Viermastvollschiffe oder ein Fünfmastvollschiff, wie es die berühmte *Preußen* war.

Verzeichnis der benutzten Literatur

Brüders, Paul: Dampfer-Handbuch 1914, Hamburg 1914
Brustat-Naval, Fritz: Lichter über dem Meer, Wiesbaden 1950
Brustat-Naval, Fritz: Unternehmen Rettung, Herford 1970
Dahlström, H.: Das Bergungswesen und die Hebung gesunkener Schiffe, Berlin 1902
Ekrutt, Joachim W.: Der Kalender im Wandel der Zeiten, Stuttgart 1974
Eriksson, Bruno: Vrakligare, Stockholm 1982
Fleischfresser, Kurt: Mit auf den Kurs, Laboe 1982
Fornaçon, Siegfried: Die Elbinger Seedampfer, Münster 1979
Gröner, Erich: Die deutschen Kriegsschiffe 1815–1945, Band 2, München 1968
Henning, Richard: Das Wetter in Deutschland, Stuttgart 1947
Hildebrand/Röhr/Steinmetz: Die deutschen Kriegsschiffe, Biographien, Band 1–7, Herford 1979–1983
Kiecksee, Heinz: Die Ostseesturmflut 1872, Heide 1972
Landström, Heinz: Das Schiff, Gütersloh 1973
Lund, Kaj: Svitzer, Skibene gennem 125 År, Kopenhagen 1958
Meyer, Carl: Ein Teufelsjob, Herford 1974
Meyer, Jürgen: Vom Land zum Meer, Norderstedt 1976
Pedersen, Erik: Med Sejl, Damp og Motor, Rönne 1976
Pedersen, Erik: Bornholmske Strandinger, Rönne 1987
Peter, Karl H.: Der Untergang der *Niobe*, Herford 1976
Plötz: Auszug aus der Geschichte, 27. Ausgabe, Würzburg 1968
Rabbel, Jürgen: Rostocks eiserne Segler, Rostock 1986
Rahden, Heinrich: Die Schiffe der Rostocker Handelsflotte, Rostock 1941
Rotermund, W.: Die Ladung, Hamburg 1924
Rudolph, Wolfgang: Maritime Kultur der südlichen Ostseeküste, Rostock 1983
Hamburg 1975
Schmelzkopf, Reinhart: Die deutsche Handelsschiffahrt 1919–1939, Oldenburg/Hamburg 1975
Schmelzkopf, Reinhart: Die deutsche Handelsschiffahrt 1888–1919, Cuxhaven 1982
Schön, Heinz: Ostsee '45, Stuttgart 1983
Schwadke, Karl-Heinz: Deutschlands Handelsschiffe 1939–1945, Oldenburg 1974
Siersdorfer, Theodor, F.: Wächter am Strom, Hamburg 1975
Steinweg, Günter: Die Deutsche Handelsflotte im Zweiten Weltkrieg, Göttingen 1954
Symanski, Hans: Die Segelschiffe der deutschen Kleinschiffahrt, Lübeck 1929
Symanski, Hans: Deutsche Segelschiffe, Berlin 1934
Tesdorpf, A.: Über Schiffskatastrophen früherer und neuester Zeit, Neustrelitz 1913
Voß, Johannes: Chronikartige Beschreibung der Insel Fehmarn, Burg a. F. 1889
Wentzel, Hans-Günther: Alfred Dedow – der Prokurist und seine Reeder, Hamburg 1984
Weyer, Bruno: Taschenbuch der Kriegsflotten, München 1905
Wiechers, Karl-Heinz: Und fuhren weit über das Meer, Band 1, Norden 1984
Wirz, Hans: Seenot, Opfer, Siege, Bremen 1965
Wossidlow, Richard: Reise, Quartier in Gottes namen, Rostock 1952
Zemke, Friedrich-Karl: Deutsche Leuchttürme einst und jetzt, Herford 1982

Ohne Verfasser:
Alphabetisches Verzeichnis der Deutschen Handelsschiffe, Berlin, ab 1871, div. Jahrgänge
Amtliche Liste der Seeschiffe der Bundesrepublik Deutschland, Bonn, ab 1872, div. Jahrgänge
Bugsier-Reederei- und Bergungs A.G. und Nordischer Bergungsverein, Hamburg 1924
Bureau Veritas, Internationales Register, Paris
Danmarks Skibsliste, Kopenhagen, div. Jahrgänge
Der Krieg zur See (Obertitel), Der Krieg in der Ostsee, Band 1–3, Berlin 1929
Deutscher Fischerei-Almanach, Hannover, Hamburg, div. Jahrgänge
Die Vogelfluglinie, Neumünster 1963
Entscheidungen des Ober-Seeamtes und der

Seeämter des Deutschen Reiches, Hamburg, 1880–1939, alle Jahrgänge
Germanischer Lloyd, Internationales Register, Berlin, Hamburg, div. Jahrgänge
Handbuch für die Deutsche Handelsmarine auf das Jahr .... Berlin, ab 1879, div. Jahrgänge
Klassifikationsregister für die östlichen Wasserstraßen, Berlin 1935
Krigsforliste og Krigshavarerede Danske Skibe, Kopenhagen 1950
Lloyds Register of Ships, Internationales Register, London, div. Jahrgänge
Ostseehandbuch, Südlicher Teil, Berlin 1915
Segelhandbuch der Ostsee, 1. Ausgabe, Berlin 1878
Sveriges Skeppslista, Stockholm, div. Jahrgänge

Zeitschriften:

Brennecke/Pfitzmann:
„Der Schwanengesang der Feuerschiffe“, in: „Schiff und Zeit“, Heft 5, 1977
Fornaçon, Siegfried:
„Die Viermastschoner“, in: „Schiff und Zeit“, Heft 24, 1986
Reincke-Kunze:
„Ade Nr. 10.006“, in: „Kehrwieder“, Magazin für die Deutsche Seeschiffahrt, Heft 4, 1984
Schmelzkopf, Reinhart:
„Strandgut“, Heft 7 und 15, Cuxhaven 1984 und 1987
Ohne Verfasser:
Jahresberichte der Deutschen Gesellschaft zur Rettung Schiffbrüchiger in Bremen, div. Jahrgänge
Reichsgesetzblätter aus den Jahren 1874–1877
„Statistik des Deutschen Reiches“, Die Schiffsunfälle an der Küste des Deutschen Reiches, Berlin 1883–1908

Archive:

Archiv der Stadt Burg a. Fehmarn
Archiv Fehmarnsches Tageblatt
Archiv Peter-Wiepert-Museum, Burg a. Fehmarn
Commerz-Bibliothek Hamburg betr.
„Ostseezeitung Stettin“, div. Jahrgänge

Bilder mit Herkunftsnachweis

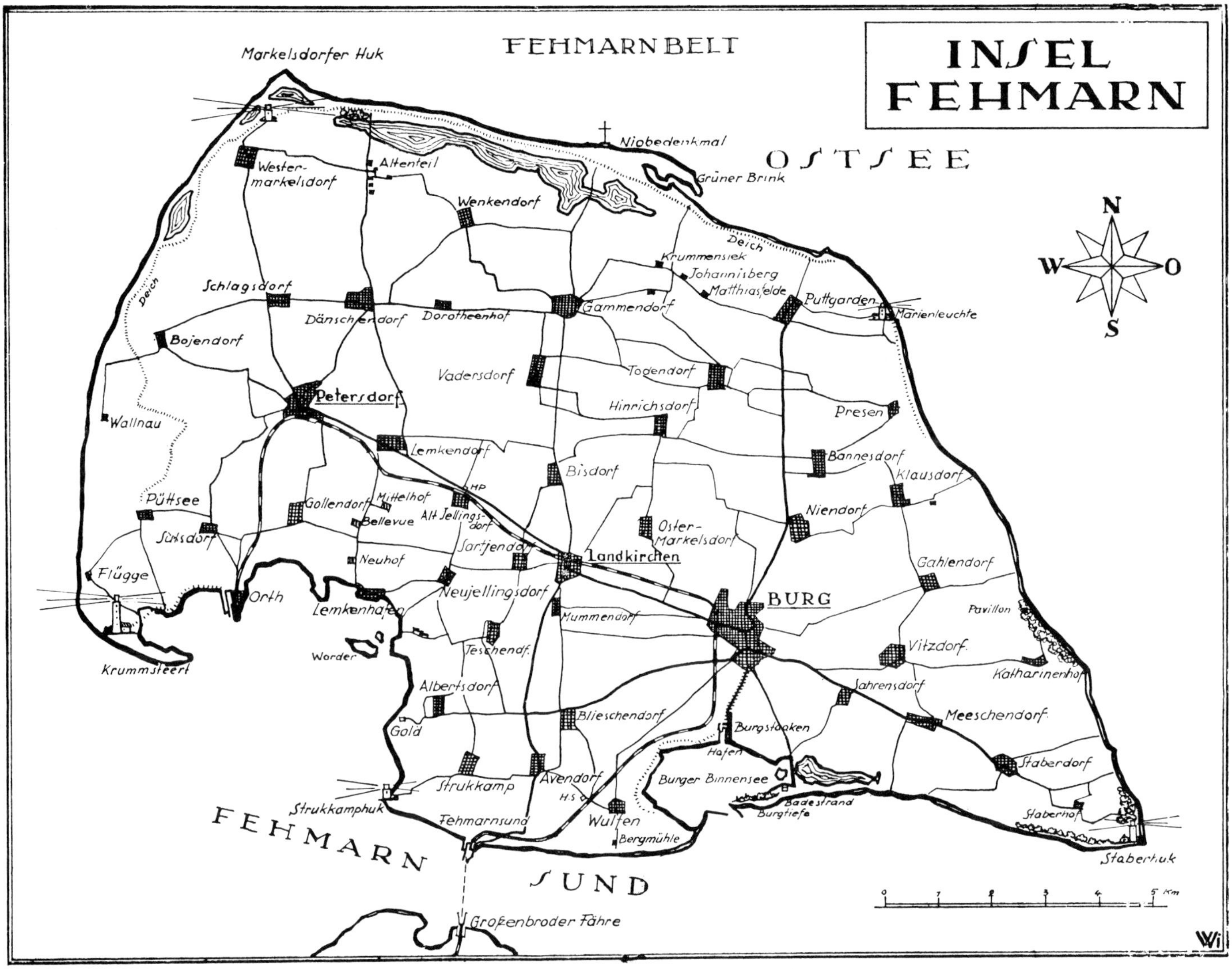

Fehmarn vor dem Bau der Sundbrücke